国家出版基金项目
NATIONAL PUBLICATION FOUNDATION

"十三五"国家重点图书出版规划项目

《医学·教育康复系列》丛书

组织单位

华东师范大学中国言语听觉康复科学与 ICF 应用研究院
华东师范大学康复科学系听力与言语康复学专业
华东师范大学康复科学系教育康复学专业
中国教育技术协会教育康复专业委员会
中国残疾人康复协会语言障碍康复专业委员会
中国优生优育协会儿童脑潜能开发专业委员会

总主编

黄昭鸣

副总主编

杜晓新　孙喜斌　刘巧云

编写委员会

主任委员

黄昭鸣

副主任委员（按姓氏笔画排序）

| 王　刚 | 刘巧云 | 孙喜斌 | 杜　青 | 杜　勇 | 杜晓新 |
| 李晓捷 | 邱卓英 | 陈文华 | 徐　蕾 | 黄鹤年 | |

执行主任委员

卢红云

委员（按姓氏笔画排序）

丁忠冰	万　萍	万　勤	王　刚	王勇丽	尹　岚
尹敏敏	卢红云	刘　杰	许文飞	孙　进	李　岩
李孝洁	杨　影	杨三华	杨闪闪	张　青	张　鹏
张志刚	张畅芯	张奕雯	张梓琴	张联弛	金河庚
周　静	周林灿	赵　航	胡金秀	高晓慧	曹建国
庾晓萌	宿淑华	彭　茜	葛胜男	谭模遥	

"十三五"国家重点图书出版规划项目

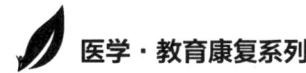

医学·教育康复系列

黄昭鸣　总主编
杜晓新　孙喜斌　刘巧云　副总主编

儿童语言康复学

刘巧云　著

Intervention for Child Language Disorders

南京师范大学出版社
NANJING NORMAL UNIVERSITY PRESS

图书在版编目（CIP）数据

儿童语言康复学/刘巧云著.——南京：南京师范大学出版社，2021.3（2024.7重印）
（医学·教育康复系列/黄昭鸣总主编）
ISBN 978-7-5651-4830-9

Ⅰ.①儿… Ⅱ.①刘… Ⅲ.①语言障碍—儿童教育—教育康复 Ⅳ.①G762

中国版本图书馆CIP数据核字（2021）第047938号

丛 书 名	医学·教育康复系列
总 主 编	黄昭鸣
副总主编	杜晓新 孙喜斌 刘巧云
书 名	儿童语言康复学
著 者	刘巧云
策划编辑	徐 蕾 彭 茜
责任编辑	赵 婼
出版发行	南京师范大学出版社
地 址	江苏省南京市玄武区后宰门西村9号（邮编：210016）
电 话	（025）83598919（总编办） 83598412（营销部） 83373872（邮购部）
网 址	http://press.njnu.edu.cn
电子信箱	nspzbb@njnu.edu.cn
照 排	南京开卷文化传媒有限公司
印 刷	南京爱德印刷有限公司
开 本	787毫米×1092毫米 1/16
印 张	23.25
字 数	551千
版 次	2021年3月第1版 2024年7月第3次印刷
书 号	ISBN 978-7-5651-4830-9
定 价	78.00元
出 版 人	张 鹏

南京师大版图书若有印装问题请与销售商调换
版权所有 侵犯必究

序

PREFACE

回顾我国言语听觉康复、教育康复行业从萌芽到发展的 22 年历程，作为一名亲历者，此时此刻，我不禁浮想联翩，感慨万千。曾记得，1996 年 11 月，我应邀在美国出席美国言语语言听力协会（ASHA）会议并做主题报告，会后一位新华社驻外记者向我提问："黄博士，您在美国发明了 Dr.Speech 言语测量和治疗技术，确实帮助欧洲、巴西、中国香港及一些发展中国家和地区推进了'言语听觉康复'事业的发展，您是否能谈谈我们祖国——中国内地该专业的发展情况？"面对国内媒体人士的热切目光，我竟一时语塞。因为我很清楚，当时，言语听觉康复专业在内地尚处一片空白。没有专家，不代表没有患者；没有专业，不代表没有需要。在此后的数天内，该记者的提问一直在耳畔回响，令我辗转反侧，夜不能寐。

经反复思量，我做出了决定：立即回国，用我所学所长，担当起一个华人学子应有的责任。"明知山有虎，偏向虎山行"，哪管他前路漫漫、困难重重。我满怀一腔热忱，坚定报国的决心——穷毕生之力，为祖国言语听觉康复的学科建设，为障碍人群的言语康复、听觉康复、教育康复事业尽自己的一份绵薄之力。

如今，我回国效力已 22 载，近来，我时常突发奇想：如果能再遇到当年的那位记者，我一定会自豪地告诉他，中国内地的言语听觉康复、教育康复事业已今非昔比，正如雨后春笋般繁茂、茁壮地成长……

20 多年的创业，历尽坎坷，饱尝艰辛。但我和我的团队始终怀着"科学有险阻，苦战能过关"的信念，携手奋进，在学科建设、人才培养、科学研究与社会服务、文化传承与创新等方面取得了众多骄人的成绩。2004 年，华东师范大学在一级学科教育学下创建了"言语听觉科学专业"。2009 年，成立了中国内地第一个言语听觉康复科学系，同年，建立了第一个言语听觉科学教育部重点实验室。2012 年 9 月，教育部、中央编办等五部委联合下发《关于加强特殊教育教师队伍建设的意见》（教师〔2012〕12 号），文件提出："加强特殊教育专业建设，拓宽专业领域，扩大培养规模，满足特殊教育事业发展需要。改革培养模式，积极支持高等师范院校与医学院校合作，促进学科交叉，培养具有复合型知识技能的特殊教育教师、康复类专业技术人才。"经教育部批准，2013 年华东师范大学在全国率先成立"教育康复学专业"（教育学类，专业代码 040110TK）。

2020 年华东师范大学增设"听力与言语康复学专业"（医学类，专业代码 101008T），这是华东师范大学开设的首个医学门类本科专业。听力与言语康复学专业旨在通过整合华东师范大学言语听觉科学、教育康复学、认知心理学、生命科学等学科领域的优质师资力量，建设高品质言语语言与听觉康复专业，培养适应我国当代言语语言听觉康复事业发展需要的，能为相关人群提供专业预防、评估、诊断、治疗与康复咨询服务的复合型应用人才，服务"健康中国"战略。

一门新学科的建立与发展，必然面临许多新挑战，这些挑战在理论和临床上都需要我们一起面对和攻克。据 2011 年全国人口普查数据显示，我国需要进行言语语言康复的人群高达 3000 多万。听力与言语康复专业立足言语听力障碍人群的实际需求，秉持"医工结合、智慧康复"的原则，紧跟国际健康理念的发展，以世界卫生组织提出的《国际疾病分类》（ICD）和《国际功能、残疾和健康分类》（ICF）理念为基础，构建听力与言语康复评估和治疗标准，为医院康复医学科及临床各科，诸如神经内科、耳鼻咽喉头颈外科、儿科、口腔科等伴随言语语言听力障碍的人群提供规范化的康复治疗服务。最令我感到自豪的是：2013 年，我们研究团队申报的"言语听觉障碍儿童康复技术及其示范应用"科研成果，荣获上海市科学技术奖二等奖。

教育康复学专业是我国高等教育改革的产物，它不仅符合当前"健康中国"的发展思路，符合特殊教育实施"医教结合、综合康复"的改革思路，而且符合新形势下康复医学、特殊教育对人才培养的需求。专业的设置有助于发展医疗机构（特别是妇幼保健系统）的康复教育模式，更有助于发展教育机构（特别是学前融合教育机构）的康复治疗模式。2015 年，我们研究团队申报的"基于残障儿童综合康复理论的康复云平台的开发与示范应用"科研成果，再次荣获上海市科学技术奖二等奖。

在新学科建设之初，我们就得到各级政府与广大同仁的大力支持。2013 年，教育部中国教师发展基金会筹资 680 万元，资助听力与言语康复学和教育康复学专业建设。本丛书既是听力与言语康复学和教育康复学专业建设的标志性成果，也是华东师范大学、上海中医药大学等研究团队在 20 多年探索实践与循证研究基础上形成的原创性成果，该成果集学术性、规范性、实践性为一体。丛书编委会与南京师范大学出版社几经磋商，最终确定以"医学·教育康复"这一跨学科的新视野编撰本套丛书。作为"十三五"国家重点图书出版规划项目，本套丛书注重学术创新，体现了较高的学术水平，弥补了"医学·教育康复"领域研究和教学的不足。我相信，丛书的出版对于构建中国特色的"医学·教育康复"学科体系、学术体系、话语体系等具有重要价值。

全套丛书分为三大系列，共22分册。其中："理论基础系列"包括《教育康复学概论》《嗓音治疗学》《儿童构音治疗学》《运动性言语障碍评估与治疗》《儿童语言康复学》《儿童认知功能评估与康复训练》《情绪与行为障碍的干预》《儿童康复听力学》《儿童运动康复学》9分册。该系列以对象群体的生理、病理及心理发展特点为理论基础，分别阐述其在言语、语言、认知、听觉、情绪、运动等功能领域的一般发展规律，系统介绍评估原理、内容、方法和实用的训练策略。

"标准、实验实训系列"为实践应用部分，包括《ICF言语功能评估标准》《综合康复实验》《嗓音治疗实验实训》《儿童构音治疗实验实训》《运动性言语障碍治疗实验实训》《失语症治疗实验实训》《儿童语言治疗实验实训》《普通话儿童语言能力临床分级评估指导》《认知治疗实验实训》《情绪行为干预实验实训》10分册。该系列从宏观上梳理残障群体教育康复中各环节的标准和实验实训问题，为教育工作者和学生的教学、实践提供详细方案，以期为"医学·教育康复"事业的发展拓清道路。该系列经世界卫生组织国际分类家族（WHO-FIC）中国合作中心下的中国言语听觉康复科学与ICF应用研究院授权，基于ICF框架，不仅在理念上而且在实践上都具有创新性。该系列实验实训内容是中国言语康复对标国际，携手全球同行共同发展的标志。

"儿童综合康复系列"为拓展部分，包括《智障儿童教育康复的原理与方法》《听障儿童教育康复的原理与方法》《孤独症儿童教育康复的原理与方法》3分册。该系列选取最普遍、最典型、最具有教育康复潜力的三类残障儿童，根据其各自的特点，整合多项功能评估结果，运用多种策略和方法，对儿童实施协调、系统的干预，以帮助残障儿童实现综合康复的目标。各册以"医教结合、综合康复"理念为指导，注重原理与方法的创新，系统介绍各类残障儿童的特点，以综合的、融合的理念有机处理各功能板块之间的关系，最终系统制订个别化干预计划，并提供相关服务。

在丛书的编写过程中，我们始终秉承"言之有据、操之有物、行之有效"的学科理念，注重理论与实践相结合、康复与教育相结合、典型性与多样性相结合，注重学科分领域的互补性、交叉性、多元性与协同性，力求使丛书具备科学性、规范性、创新性、实操性。

本套丛书不仅可以作为"医学类"听力与言语康复学、康复治疗学等专业的教材，同时也可以作为"教育学类"教育康复学、特殊教育学等专业的教材；既可供听力与言语康复学、康复治疗学、教育康复学、特殊教育学、言语听觉康复技术等专业在读的专科生、本科生、研究生学习使用，也可作为医疗机构和康复机构的康复治疗师、康复医师、康复教师和护士的临床工作指南。本套丛书还可作为言语康复技能认证的参考书，包括构音ICF-PCT疗法认证、言语嗓音ICF-RFT疗法认证、孤独症儿童ICF-ESL疗法认证、失语症ICF-SLI疗法认证等。

全体医疗康复和教育康复的同仁，让我们谨记："空谈无益，实干兴教。"希望大家携起手来，脚踏实地，求真务实，为中国康复医学、特殊教育的美好明天贡献力量！

博士（美国华盛顿大学）
华东师范大学中国言语听觉康复科学与ICF应用研究院院长
华东师范大学听力与言语康复学专业教授、博导
华东师范大学教育康复学专业教授、博导

2020年7月28日

前言
FOREWORD

语言障碍对儿童的基本生活、正常学习甚至整个家庭生活的质量形成巨大的影响。按国外语言障碍患病率最低水平 3% 推算，我国仅 0～14 岁语言障碍儿童即达 700.44 万（2018 年国家统计年鉴中，0～14 岁人口 23 348 万）人。在发展关键期内对语言障碍儿童给予及时、系统、有效的干预极为关键。然而目前我国语言障碍儿童的康复与教育事业尚处于起步阶段，相关康复理论与方法缺乏系统梳理。在康复训练实践工作中，语言康复训练存在着内容上的随机性、策略上的非递进性以及方法上的不明确性等问题。

鉴于此，我们团队自 2013 年以来一直致力于探索儿童语言康复的模式和方法。本书在系统梳理国内外语言障碍相关的核心概念、神经生理基础、儿童语言发展规律和常用评估方法与工具的基础上，提出了华东师大阶梯式儿童语言干预模式（Child Language Intervention ECNU Model，简称阶梯模式）。阶梯模式以儿童语言发展的主要阶段、支架式教学理论和最近发展理论为指导构建而成。该模式系统阐述了儿童语言康复的内容、策略和常见临床表现的应对方法。模式分为前语言、词汇、句子、语音、会话和讲述的训练内容、策略等版块。各版块均有相应的训练策略支撑，所有策略均遵循保质增量、活学灵用、小步递进、螺旋上升的训练原则，有相应的康复目标、实施程序和训练方法。此外，本书还特别强调儿童语言康复方案的撰写。在撰写过程中融入 SMART 原则、SOAP 记录要求、ICF 理念等。

本书的撰写工作是全国哲学社会科学重点课题"学前特殊儿童语言治疗标准研究"国家语委项目"儿童语言障碍的成因及教育训练策略研究"、上海市浦江人才计划"半结构化自闭症儿童前语言沟通能力评估工具的研发与应用"、上海市长宁区妇幼保健院 PI 团队建设项目"基于 ICF 的 0～3 岁高危婴幼儿言语语言筛查及干预研究"的成果之一。我的导师黄昭鸣教授、孙喜斌教授、杜晓新教授、高成华教授、韦小满教授等对本书的完成以及我个人的成长给予了热情的指点和帮助，他们给我的启迪难以言尽。虽说《儿童语言康复学》一书由我主笔，但撰写过程中我们的硕博士研究生团队共同参与了阶梯式语言康复策略的建设，多届学生数次易稿，常常为了策略的某个环节如何命名、如何落实讨论到深夜，希望通过我们的努力寻求简便易用的康复策略，从而提升儿童语言康复训练的效果。在此对我们的学生也是战友表示感谢，他们是博士及博士研究生张云舒、任登峰、刘敏、武慧多、郭强、刘敏（女）、陈思齐、胡伟斌、张雪茹；硕士及硕士研究生陈丽、严舒、周谢玲、周文苑、龚娇娇、王珩超、林青、王丹、范顺娟、张艳丽、段弘艳、贺晓琴、莫思霞、梁洲昕、王艳霞、陶仁霞、郝昱、黄婷、陈珊珊、张凯莉、李明英、薛炜、金黎明、范慧敏、姚权、马乃吉、邹玮、严方舟、岳姣姣、徐之佳、胡洋、苑可馨、员文轲、周明珠等。特别感谢梁洲昕同学在本书撰写过程中从始至终的陪伴，感谢赵航、王丽燕、高晓慧、胡金秀、卢海丹、韩琨、努尔蜀瓦克、陈姣姣、张蕾、杨淋先、朱红、郭琳琳等参与校稿，感谢程辰、张联弛、李岩、尹岚、周红省、张玉红、丁艳华、王洁、白锋亮等老师给出的宝贵建议。

　　本书即将付梓之际，我们特别感谢南京师范大学出版社徐蕾总编及编辑赵嫱的支持与厚爱。然而，由于儿童语言康复在我国尚处于发展期，我们对该新兴学科领域的理论和方法研究还不够深入，因而本书仍存在诸多不足之处，恳请广大读者批评指正。

刘巧云

2020 年 10 月 1 日于华东师范大学

目 录

第一章　绪论　001

第一节　儿童语言康复的对象与任务　003
一、语言、言语与沟通　003
二、儿童语言康复的对象　006
三、儿童语言康复的任务　010

第二节　儿童语言康复的主要流程　011
一、个人信息的搜集　011
二、语言能力的评估　012
三、语言康复训练方案的制订　012
四、语言康复训练的实施　012
五、评估监控　012

第二章　儿童语言康复的神经生理基础　013

第一节　语言与大脑偏侧化　015

第二节　语言的传入系统　018
一、听觉语言传入系统　018
二、视觉语言传入系统　019

第三节　语言中枢　020
一、运动性语言中枢　020
二、听觉性语言中枢　021

021	三、视觉性语言中枢
022	四、书写中枢
022	五、其他语言区域
023	**第四节 语言的输出系统**
023	一、呼吸系统
023	二、发声系统
024	三、构音与共鸣系统

025	**第三章 儿童语言发展的基本规律**
027	**第一节 0～6岁儿童语言发展的主要阶段**
027	一、0～3岁儿童语言的发展
031	二、3～6岁儿童语言的发展
034	**第二节 儿童前语言沟通能力的发展**
034	一、前语言沟通能力的定义和组成
035	二、要求技能的发展
035	三、模仿技能的发展
037	四、轮流技能的发展
038	五、共同注意的发展
040	**第三节 儿童语音感知与产生能力的发展**
040	一、语音的定义和组成
044	二、儿童语音发展的基本阶段
048	三、儿童语音发展中的特殊现象
050	**第四节 儿童词汇理解与表达能力的发展**
050	一、词汇的定义和分类
054	二、儿童词汇量的发展特点
055	三、儿童词类学习的发展特点
057	四、儿童词汇语义习得发展规律
058	**第五节 儿童句法能力的发展**
058	一、句子的定义和分类

二、儿童句子—句法发展基本阶段　　061
　　三、儿童句子习得的发展特点　　064
第六节　儿童语用能力的发展　　066
　　一、语用的定义及形式　　066
　　二、儿童会话能力的发展　　068
　　三、儿童讲述能力的发展　　073
第七节　儿童读写能力的发展　　076
　　一、读写能力的定义　　076
　　二、儿童读写能力的发展　　076

第四章　儿童语言习得的基本理论　　081
第一节　先天决定论　　083
　　一、先天语言能力说　　083
　　二、自然成熟说　　085
第二节　后天环境论　　087
　　一、模仿说　　087
　　二、强化说　　088
　　三、中介说　　090
第三节　先天与后天相互作用论　　092
　　一、认知相互作用说　　092
　　二、规则学习说　　097
　　三、社会互动说　　098
　　四、信息加工说　　100

第五章　儿童语言能力的评估　　103
第一节　语言评估的常用方法　　105
　　一、观察法　　105
　　二、访谈法　　107

108	三、测验法
114	四、语言样本分析法
119	**第二节　语言能力评估的主要内容及指标**
119	一、语言能力发展性评估
128	二、语言功能性评估
131	三、相关能力评价
142	**第三节　语言能力评估的常用工具**
142	一、普通话儿童语言能力临床分级评估量表
145	二、S-S语言发育迟缓评价法
147	三、语言行为里程碑评价法
148	四、其他语言能力评估工具
151	**第四节　语言能力评估的主要流程**
151	一、基本信息采集
153	二、语言及相关能力评估
155	三、评估数据的分析
156	四、评估报告的撰写
159	**第六章　儿童语言康复训练概述**
161	**第一节　儿童语言康复训练的常用模式、方法及原则**
161	一、儿童语言康复训练的常用模式
162	二、儿童语言康复训练的常用方法及技巧
170	三、儿童语言康复的原则
173	**第二节　阶梯式儿童语言干预模式的构建**
173	一、阶梯式儿童语言干预模式构建的理论基础
176	二、阶梯式儿童语言干预模式的组成
178	三、阶梯式儿童语言干预模式实施的原则

第七章　前语言沟通能力的训练　181

第一节　前语言沟通能力训练的内容　183
一、定义和组成　183
二、要求技能　183
三、模仿技能　184
四、轮流技能　185
五、共同注意　185

第二节　要求技能训练的策略及方法　187
一、阶梯式要求技能训练策略　187
二、常见临床表现及对策　191

第三节　模仿技能训练的策略及方法　193
一、阶梯式模仿技能训练策略　193
二、常见临床表现及对策　197

第四节　轮流技能训练的策略及方法　198
一、阶梯式轮流技能训练策略　198
二、常见临床表现及对策　201

第五节　共同注意训练的策略及方法　203
一、阶梯共同注意训练策略　203
二、常见临床表现及对策　207

第八章　词汇理解与表达能力的训练　209

第一节　词汇理解与表达能力训练的内容　211
一、定义和组成　211
二、主要训练内容　211

第二节　词汇理解与表达能力训练的策略及方法　215
一、阶梯式词汇理解与表达能力训练的策略　215
二、常见临床表现及对策　221

225　第九章　句子理解与表达能力的训练

227　第一节　句子理解与表达能力训练的内容
227　一、定义和组成
227　二、陈述句理解与表达能力训练的内容
228　三、疑问句理解与表达能力训练的内容

230　第二节　陈述句理解与表达能力训练的策略及方法
230　一、阶梯式陈述句理解与表达能力训练策略
237　二、常见临床表现及对策

242　第三节　疑问句理解与表达能力训练的策略及方法
242　一、阶梯式疑问句理解与表达能力训练策略
248　二、常见临床表现及对策

253　第十章　语音感知与产生能力的训练

255　第一节　语音感知与产生能力训练的内容
255　一、定义和组成
255　二、主要训练内容

259　第二节　语音感知与产生能力的训练
259　一、阶梯式语音感知与产生能力训练策略
266　二、常见临床表现及对策

271　第十一章　会话与讲述能力的训练

273　第一节　会话能力训练的内容
273　一、会话能力的定义和组成
273　二、主要训练内容

276　第二节　会话能力训练的策略及方法
276　一、阶梯式会话能力训练策略
281　二、常见临床表现及对策

第三节　讲述能力训练的内容　284
　　一、讲述能力的定义和组成　284
　　二、主要训练内容　284
第四节　讲述能力训练的策略及方法　287
　　一、阶梯式讲述能力训练策略　287
　　二、常见临床表现及对策　292

第十二章　读写能力的训练　295
第一节　识字训练的内容及方法　297
　　一、主要训练内容　297
　　二、常见临床表现　301
　　三、识字能力的训练方法　303
第二节　阅读能力训练的内容及方法　307
　　一、主要训练内容　307
　　二、常见临床表现　309
　　三、阅读能力训练的方法　311
第三节　书写能力训练的内容及方法　314
　　一、主要训练内容　314
　　二、常见临床问题　317
　　三、书写能力的训练方法　318
第四节　写作能力训练的内容及方法　320
　　一、主要训练内容　320
　　二、常见临床问题　322
　　三、写作能力训练的方法　322

第十三章　语言康复方案的制订与实施　325
第一节　语言康复方案的制订　327
　　一、语言康复目标的撰写　327

328	二、语言康复阶段方案的制订及应用
330	三、语言康复周方案的制订及应用
333	四、语言康复日方案的制订及应用
341	**第二节 语言康复方案的实施**
341	一、语言康复方案的实施
343	二、影响语言康复效果的因素
345	三、语言康复后的记录与方案调整
346	四、语言康复的终止

348	**主要参考文献**
348	一、中文文献
351	二、英文文献

第一章

绪 论

语言是人类进行沟通和学习的重要工具，语言能力是人们生活必备的技能。普通儿童在自然环境中能顺利习得母语中的语音、语义、语法等，逐步建立起听、说、读、写等语言能力。但有部分儿童因生理、认知、行为等因素在语言的理解和运用上存在困难或问题，影响了他们的生活和学习，这些儿童被称为语言障碍儿童。针对性的语言康复训练可以促进这些儿童语言能力的提升，满足其生活与学习的需要。本章将从儿童语言康复的对象与任务以及语言康复的主要流程进行介绍，以帮助康复师、家长厘清概念，更好地促进语言障碍儿童的康复。

儿童语言康复的对象与任务

PART 1
第一节

一、语言、言语与沟通

(一) 语言

语言是一种作为社会交际工具的符号系统。所谓系统，是指语言是各种要素及语言单位按照一定的组合规律和内部联系形成的结构整体。语言的要素包含语音、语义、语法和语用，语言的形式包括口语、书面语、手语等，语言的类型包括汉语、英语和日语等。每种语言都有自己独特的语音、语义、语法和语用体系。

虽然大部分儿童可以在五岁前习得母语口语，但语言的要素是非常复杂的。Bloom 与 Lahey (1978)等认为，语言的要素包括形式 (Form)、内容 (Content) 以及使用 (Use)[1]。其中语言形式包括语音 (Phonology)、词法 (Morphology) 和句法 (Syntax)；语言内容主要指语义 (Semantics)；语言的使用主要是指语用 (Pragmatics)[2]。每一个要素都涉及一个或多个语言分支学科。下面分别从语言形式、语言内容、语言使用三个方面进行具体介绍。

语音学研究的是语音和音节的结构、分布和系列，是支配声音及其结合的规则系统。语音学将音位作为主要研究对象。音位是能区分意义的最小语音单位，包括了音段音位和超音段音位。音段音位是由音素成分构成的音位，能独立占有一定时长，如 b、p 等，此处 b、p 指汉语普通话体系中的语音音位（本书中如果未有特别说明，相关语音均指普通话系统中的语音）。超音段音位是由语音非音质特征构成的音位，主要包括由音高特征构成的调位、由音强特征构成的重位（也称"势位"）以及由音长特征构成的时位，如声调等。

词法学研究词语的内部组织，它研究语义的最小单位——"语素"

---

[1] Bloom L, Lahey M. Language Development and Language Disorders[J]. Language, 1978(55):945.
[2] 王渝光，王兴中. 语言学概论[M]. 昆明：云南大学出版社，2005：45-159.

及其成词过程，有学者称其为"构词"①。复数、时态等都是词法学研究的内容。在英文体系中，如jump是一个单一的语素，jumping则是由两个语素组成的词汇。在汉语体系中，语素的概念似乎较难应用在分析词汇内部的结构上，也有学者发现，在中文系统中儿童在该方面无明显障碍②。但在特殊语境中，词法对中文语义的理解也是有影响的。例如：在"那辆自行车没有锁"这句话中，如果将"锁"作为动词，这表示那辆车没有被锁起来；而如果将"锁"作为名词，则表示该自行车缺一把锁。

句法学主要研究语言中词语组合成句子的规则。词语组合成句子依赖的不仅仅是顺序，也跟结构有关。例如，

妈妈看到了我，很开心。（妈妈因为看到了我而开心）

妈妈看到了，我很开心。（我因为妈妈看到了而开心）

语义学考察的是意义如何在语言中编码。它关心的不仅仅是字词作为词汇的意义，还有语境中词的所指、反义和同义等词语间的意义联系、蕴含和预设之类的句子间的意义联系。例如，

小明考100分，妈妈说："你可真棒呀！"（妈妈因为小明考试考了满分夸奖了他）

小明考30分，妈妈说："你可真棒呀！"（妈妈因为小明考试考得太差而批评了他）

语用即语言的运用，是指在特定情景中，说话者如何运用话语准确地表达自己的思想感情，从而实现自己的沟通意图；而听话者又如何准确地理解说话者所表达的思想感情及其话语背后的意图。语用学主要将言语行为看成是被各种社会常规所制约的一种社会行为③。一般而言，语言的使用涉及功能与情境两个层面。功能指目的，我们与人沟通时都隐含着某种目的，如吸引别人注意、分享信息、表达心中感受等。为了达成某一目的，个体在传达信息时，就会选择适当的词汇来表达。情境则是指规范或限制语言选择的物理环境或抽象的心理状态，如注意人际互动时的礼貌、顾及沟通对象的面子等。例如，见面打招呼时，在汉语体系中常使用"你好！"而不是说"怎么是你？"。

（二）言语

言语（Speech）是有声语言形成的过程，是在中枢神经系统控制下，通过外周发音器官复杂、精确的运动而实现的，包括呼吸、发声、共鸣、构音等。与言语活动密切相关的大脑功能区域是布罗卡区（Broca area，44区与45区），其功能主要是控制与协调下颌、唇、舌、软腭等构音器官的肌肉运动。在人们说话或唱歌时，需要有与言语产生相关的神经和肌群参与，当言语中枢或外周发音器官发生病变时，就会出现发音费力、发音不清，甚至发不出声音等现象，即言语障碍。代表性的言语障碍有构音障碍（Articulation disorder）、嗓音障碍（Voice disorder）以及流畅性障碍（Fluency disorder）等。

---

① 锜宝香.儿童语言障碍[M].北京：首都师范大学出版社，2016：2-20.
② 林宝贵.语言发展与矫治专题研究[M].高雄：复文图书出版社，1989：180-202.
③ 胡壮麟，刘润清，李延福.语言学教程[M].北京：北京大学出版社，1988：20-32.

（三）沟通

沟通 (Communication) 是指人与人之间利用各种媒介（如口语、书面语、表情、手势、图片等）进行信息交换的过程。信息交换包括人与人之间信息的交换、情感的交流、思想和经验的分享以及需求的表达等。沟通是多通道的，可使用语言、副语言、非语言和元语言的方式进行，如图1-1-1所示[①]。其中语言的内容前面已经详细介绍，这里主要介绍副语言、非语言和元语言。

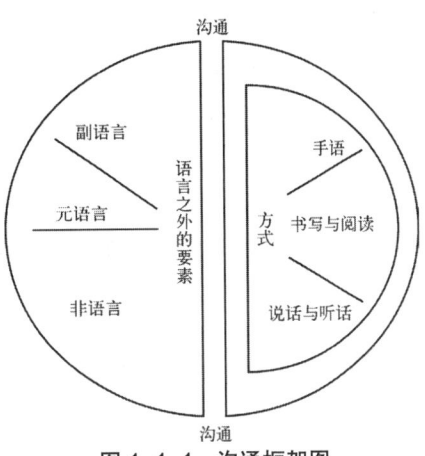

图 1-1-1　沟通框架图

副语言（Paralanguage）主要是指正式语言系统之外的特征所传达出来的信号，包括音调、音量、音色、语速以及语气等。例如，我们从演讲者颤抖的声音中得知他的紧张，从语无伦次的表达中得知他对内容不熟悉。副语言线索可以反映个体的情绪状态、人格特征以及在群体中的地位和职业。例如，打电话时你不小心拨错了号码，打给一位陌生人，对方的回答可以反映出他的情绪状态、人格特征等。

非语言（Nonlingustic）主要指手势、肢体动作、面部表情、眼神等。"她的眼神看起来像要把我吃掉"，这讲的就是非语言信息。非语言沟通在有些时候可替代语言沟通，如嗓子哑得说不出话时，可用眼神和手势表达自己的需求。非语言沟通还可以增强语言沟通的效能，如说话者丰富的表情，能让听话者感受到说话者对相关事物的喜好。此外，非语言沟通还可以了解沟通伙伴的沟通动机，如说话者心不在焉会让听话者感到对方没有沟通动机等等。

元语言（Metalanguage）主要是指使用语言思考语言。沟通时，如果聆听者或说话者听到语音错误、语义冲突或语法不正确等，马上就会意识到并做修正或思考是否有其他含义。这是一种高层次的心智能力。例如，当听他人说"松鼠踩死了大象"这句话时，我们会立马反驳："怎么可能？应该是大象踩死了松鼠吧！"

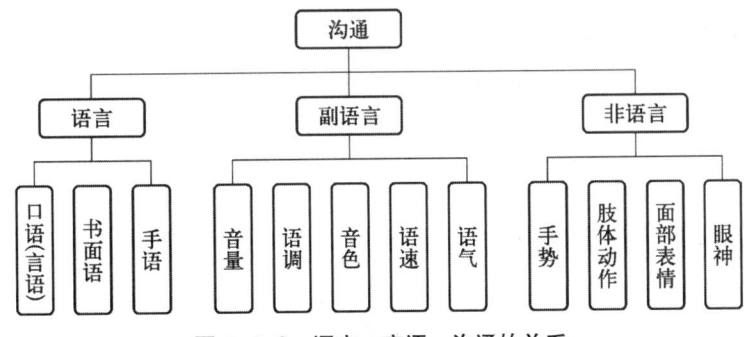

图 1-1-2　语言、言语、沟通的关系

综上所述，沟通是最广的概念，它包括了用语言、言语、副语言和非语言等进行信息交换的过程（如图1-1-2所示）。语言是一种人类独有的沟通工具，包括了口语、书

---

① 锜宝香. 儿童语言与沟通发展 [M]. 新北：心理出版社股份有限公司，2009：2-10.

面语和手语等多种媒介。其中，口语是最便捷且最常使用的，通过言语进行表达。言语是将语言符号以神经肌肉动作表达出来的行为。因此，我们可以说，沟通是一个最大的概念，可以用多种方式去完成，语言是其中的一种最为重要的符号体系，而言语是语言的表现形式之一。

二、儿童语言康复的对象

美国言语语言听力协会（American Speech-Language and Hearing Association，ASHA）将语言障碍定义为在理解或使用口语、书面语或其他符号系统时存在障碍。这种障碍可能包括以下几项中的一项或者多项：① 语言形式，② 语言内容，③ 语言运用。语言障碍是一个复杂的群体，其中包含不同类型的失调（Disorder）及迟缓（Delays），而这些失调或迟缓又有多样的特征、严重程度及原因。有些儿童所呈现出来的障碍特征可能是不恰当、沟通效率或效果不佳，有些儿童的语言表现则是明显的不成熟。

（一）儿童语言障碍的分类

由于语言本身的复杂性以及影响语言因素的多样性，各研究者根据其理论模型、病因和相关影响因素的不同将语言障碍分为不同的类型。

1. 按病因分

按病因可将语言障碍分为三类[①]：（1）中枢处理问题造成的语言障碍，该类障碍主要与大脑处理认知、语言学习活动的缺损有关，包括特定性语言障碍、智力障碍、孤独症、注意缺陷多动症、后天性脑损伤等；（2）外周神经系统问题造成的语言障碍，主要与感官、动作系统在接受与传导语言信息时存在的问题有关，包括听觉障碍、视觉障碍、肢体障碍等；（3）环境与情绪因素间接造成的语言障碍，主要指一些不利语言发展的成长环境，包括忽视、虐待等。

2. 按障碍的引发因素分

美国言语语言听力协会（2011）将儿童语言障碍分成三类：（1）特定性语言障碍(Specific language impairment)；（2）临床相关问题引起的语言问题，如智力障碍、孤独症、后天性脑损伤；（3）因贫困，忽视或孕期的酒精、药物感染等因素造成的儿童语言障碍。

3. 依据儿童主障碍类型分

由于语言障碍往往与儿童的主障碍并存，且主障碍更容易得到家长和康复师的关注，因此在特殊教育领域中，常按不同主障碍类型介绍语言障碍，如视觉障碍儿童的语言障碍、听觉障碍儿童的语言障碍、智力障碍儿童的语言障碍等[②]。

[①] Paul R, Norbury C F. Language disorders from infancy through adolescence: Listening, Speaking, Reading, Writing, and Communicating[M].United States of America: Elsevier,2012.
[②] 方俊明. 特殊教育学[M]. 北京：人民教育出版社，2005：12-17.

4. 按语言沟通的要素分

根据语言三大要素，语言障碍可分为语言形式方面的障碍，如语音障碍、词法障碍、句法障碍等；语言内容障碍，如语义障碍；语言运用方面的障碍，如语用障碍等。

5. 按语言符号的类型分

根据常用的语言符号类型分，语言障碍可分为口语理解和表达障碍、阅读障碍、书写障碍等。其中，口语不但发展早，而且是书面语及其他认知发展的基础。如果口语发展受到阻碍，则会影响到儿童多方面的发展。因此，在语言障碍康复训练中，口语理解与表达是语言康复师和语言病理学研究领域首先关注的内容。此外，阅读是学习间接经验的重要途径，在认知心理学、教育心理学等领域也受到诸多研究者的关注。

6. 按病原分

按病原分，语言障碍可分为原发性的语言障碍和继发性语言障碍。

（1）原发性的语言障碍

原发性的语言障碍儿童又可以分为两种：其一是指在学前阶段患有原发性语言障碍的儿童（Children with DLD, primary developmental language disorder），这类儿童仅存在语言障碍，且导致其障碍的生理学原因尚不明确；其二是指在学前阶段伴随有原发性语言障碍的儿童在学龄期出现语言读写障碍（Literacy disorder），该障碍又被称为语言学习障碍（Language-learning disorders）。

（2）继发性的语言障碍

继发性的语言障碍根据病因可分为六类，分别是智力障碍（Intellectual Disability）、因遗传基因导致的发展性语言障碍（DLD Associated with Disorders of Known Genetic Origin）、因感知觉损伤导致的发展性语言障碍（DLD Associated with Sensory Impairments）、因获得性神经损伤导致的发展性语言障碍（DLD Associated with Acquired Neurological Disorder）、因精神疾病导致的发展性语言障碍（DLD Associated with Psychiatric Disorders）、因环境不良导致的发展性语言障碍（DLD Associated with Environmental Disadvantage）[1]。详细分类如表1-1-1所示。

表1-1-1 继发性的语言障碍分类表

类 型	分 类
智力障碍	/
因遗传基因导致的发展性语言障碍	唐氏综合征（Down Syndrome） 威廉姆斯综合征（Williams Syndrome） 脆性X综合征（Fragile X Syndrome）
因感知觉损伤导致的发展性语言障碍	视力障碍（Visual Impairment） 听力障碍（Hearing Impairment） 听处理障碍（Auditory Processing Disorder） 中耳炎（Otitis Media） 盲聋（Deaf-Blind）

---

[1] Paul R, Norbury C F. Language disorders from infancy through adolescence: Listening, Speaking, Reading, Writing, and Communicating[M].United States of America: Elsevier,2012 : 68–77.

续表

类 型	分 类
因获得性神经损伤导致的发展性语言障碍	脑瘫（Cerebral Palsy） 创伤性脑损伤（Traumatic Brain Injury） 局灶性脑损伤（Focal Brain Lesions） 癫痫（Seizure Disorders）
因精神疾病导致的发展性语言障碍	孤独症谱系障碍（Autism Spectrum Disorder） 注意缺陷多动障碍（Attention-deficit Hyperactivity Disorder） 选择性缄默症（Selective Mutism）
因环境不良导致的发展性语言障碍	虐待或忽视（Abuse/Neglect） 胎儿酒精综合征（Fetal Alcohol Spectrum Disorder） 贫困（Poverty）

（二）不同障碍类型儿童语言特征的临床表现

语言障碍儿童常表现出以下方面的不足。

① 语言数量少：语言理解和表达的数量明显不足，这是语言障碍儿童普遍且主要的特征。

② 语法有缺陷：语言障碍儿童句法结构的学习和使用都很困难。

③ 非语言沟通技巧缺乏：语言障碍儿童很少使用手势、面部表情等进行表达。

④ 社交沟通不足或不当：社交沟通不足常表现为语用方面的不足，例如语言障碍儿童不能主动发起沟通，以及在沟通交流时容易出现不恰当地打断别人讲话或沟通内容与情境不符的现象。

⑤ 读写技能不足：语言障碍儿童在学校常伴有学业困难，如存在阅读、书写困难。

⑥ 与语言相关的能力有一项或者多项损伤：与语言相关的能力有语言形式（Language Form）、语言内容（Language Content）、语用（Language Use）、语言起步滞后（Delayed Language Onset）、解码（Decoding：Non-Word Reading）、阅读理解（Reading Comprehension）、非言语认知（Nonverbal Cognition）、执行功能（Executive Functions）和工作记忆（Working Memory）差。执行功能是指当个体集中注意力完成某个任务时所需要的一系列自上而下的心理控制过程[1]。例如，白天和黑夜任务中，当被试看到太阳时，要求被试抑制说出白天的冲动，而说出黑夜。各类障碍儿童在这些能力方面的损伤情况如表1-1-2所示[2]。

---

[1] Diamond,Adele (2013). Executive Functions,Annual Review of Psychology,64,135-168. DOI:10.1146/annurev-psych-113011-143750.
[2] Paul R, Norbury C F. Language disorders from infancy through adolescence: Listening, Speaking, Reading, Writing, and Communicating[M].United States of America: Elsevier,2012：135.

表 1-1-2 不同障碍类型儿童语言及认知特征

障碍类型	语言形式	语言内容	语用	语言起步晚	解码	阅读理解	非言语认知	执行功能	工作记忆
原发性的语言障碍	受损	相对较强	相对较强	是	易受损	受损	通常不会受损	可能受损	受损
唐氏综合征	受损	相对较强	相对较强	是	易受损	受损	受损	受损	受损
威廉姆斯综合征	通常不会受损	相对较强	受损	是	受损	受损	受损	受损	受损
脆性X综合征	受损	受损	受损	是	受损	受损	受损	受损	受损
视力障碍	通常不会受损	相对较强	易受损	是	替代	替代	通常不会受损	通常不会受损	通常不会受损
听力障碍	可能受损	通常不会受损	相对较强	不、父母为听力障碍者除外	易受损	可能受损	通常不会受损	通常不会受损	通常不会受损
创伤性脑损伤	可能受损	相对较强	易受损	不	易受损	受损	可能受损	受损	受损
局灶性脑损伤	通常不会受损	相对较强	相对较强	是	不确定	不确定	通常不会受损	通常不会受损	可能受损
孤独症谱系障碍	可能受损	相对较强	受损	是	可能受损	受损	可能受损	可能受损	可能受损
注意缺陷多动障碍	可能受损	相对较强	易受损	可能	可能受损	可能受损	通常不会受损	受损	受损
胎儿酒精综合征	可能受损	受损	易受损	可能	易受损	不确定	轻度受损	受损	受损

三、儿童语言康复的任务

在进行语言训练前，首先必须明确儿童语言康复的任务。语言康复的主要任务是改善、调整、预防不符合期望和不被接受的语言沟通行为，具体可分为以下四点。

① 帮助儿童习得新的语言沟通知识或技能，改善和消除儿童语言学习中潜在的问题。一方面，我们要通过各种方法，使儿童掌握更多的词汇和句法，让儿童能用更丰富的语言与人沟通。另一方面，帮助儿童消除错误沟通方式，并逐渐建立正确的沟通方式，例如某些孤独症谱系儿童以吐口水或其他不当方式试图引发别人的关注时，应教给儿童恰当的替代方式。

② 使用与维持已习得的语言知识或沟通技能。语言是后天习得的，如果不能在生活中运用并巩固，则会出现机械记忆或遗忘现象。听觉障碍导致的语言障碍儿童在习得语言之后较容易维持，一旦掌握，运用起来相对容易。而智力障碍儿童、孤独症儿童等，要实现从学习环境到生活运用的过渡存在巨大的挑战，需要通过专门的训练来完成。该任务与第一项任务同样重要，如果缺少了本项任务的完成，则会出现看起来儿童学会了某个词语，但一旦要用该词时，则完全想不起来，就跟没学过一样的表现。

③ 增强非语言、副语言、元语言技能对语言能力的补充和配合。例如教儿童情绪类词语"伤心"时，康复师不仅要教儿童说"伤心"这个词语，还应伴有相应的面部表情和相关的语气语调，还可以让儿童判断这样的语调是不是伤心的等等。

④ 最大限度地降低语言障碍对儿童生活的影响。语言是与人沟通交往的工具，一旦儿童的语言受损，其认知、情感、社会交往等功能也会受到影响。由于受生理情况的限制，部分儿童终身难以发展出口语，此时，可借助图片符号系统进行沟通，最大限度地提升儿童与外界交流的能力，降低语言障碍对儿童生活的影响。

总体而言，在语言康复训练中，应综合考虑以上任务。

儿童语言康复的主要流程

儿童语言康复是一项系统工程，主要流程包括个人信息的搜集、语言能力评估、语言康复训练方案的制订、语言康复训练的实施、评估监控五个环节，详见图1-2-1。

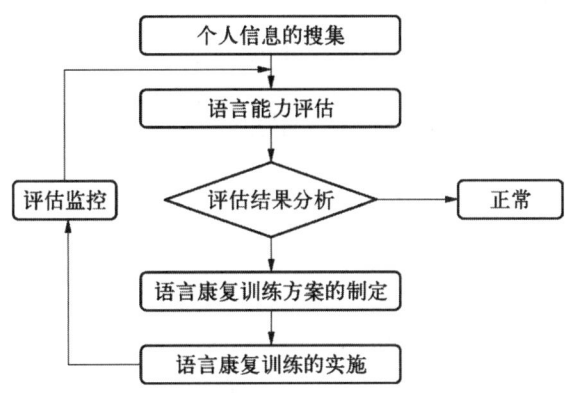

图1-2-1 语言康复的主要流程

一、个人信息的搜集

完整与详尽的个人信息是进行语言康复的重要前提。家长、康复师或主要看护者是儿童个人信息的主要来源。个人信息主要包括年龄、性别、发育史、疾病史、智力情况、个性心理特征、主要临床表现和语言康复训练史等。在个人信息采集过程中，要特别关注语言发展的过程信息和家庭沟通环境，并确认家长对儿童康复的期望。对学龄段儿童，还应该获得学业成绩、课文中涉及的词汇、短语、句子和习作等语言内容，并与家长充分沟通儿童学业上面临的困难和挑战等。通过对这些信息的了解与初步分析，可以大致判断儿童语言障碍的原因、目前的发展水平以及心理行为特点等，为进一步实施有针对性的测量评估和制订合理的康复计划奠定基础。

二、语言能力的评估

对语言障碍儿童进行评估既可选用标准化的语言评估量表，也可以通过非标准化的方法，如观察法等，了解儿童在自然情景中的语言表现。具体可参照本书第五章。评估需尽可能全面、具体，以便掌握儿童语言障碍的现状，结合上述儿童基本信息和家长期望等做出综合判断，明确儿童语言障碍的类型与程度。特别需要注意的是，在此过程中，应分析儿童语言发展的优势与弱势，以便在后续的语言康复训练中充分利用优势能力；同时改善劣势的语言能力。

三、语言康复训练方案的制订

综合评估结果和个人情况，制订系统的、针对性的训练方案。训练方案主要包括训练目标、内容与方法。训练目标包括短期、中期与长期目标。训练内容可从两方面考虑：一是根据儿童年龄与目前认知发展水平选择训练内容，如对无口语的儿童可进行前语言沟通能力训练；对早期语言发展期的儿童重点进行词语和句子的训练；对于发展中的儿童可重点训练会话及叙事等。二是对不同障碍类型儿童训练重点也有所不同。对听障儿童需重点进行语音方面的训练；对孤独症儿童则需加强前语言沟通技能；对小学中高年级听障儿童或特定性语言障碍儿童可进行阅读策略训练。训练方法根据内容而定，详见本书第七章至第十三章。

四、语言康复训练的实施

语言康复可通过集体教学与个别化训练（含一对一的个训及小组教学）来实施。在集体教学中，要依据儿童的语言水平制订康复计划，选择康复内容，实施分层教学。个别化训练需根据儿童的语言障碍程度及发展水平对其进行针对性的康复训练。此外，如果儿童既接受集体康复训练，又接受个别化康复训练，则应注意两类训练内容之间的衔接。承担集体教学与个别化康复训练的康复师要加强联系，互通信息，使集体教学与个别化康复训练有机融合，共同促进儿童语言能力的提高。此外，在语言康复训练过程中，应尽可能将家庭康复训练有效地开展起来。

五、评估监控

评估监控是一项循环反复的过程，其目的是要实现语言教学与康复训练效果的最优化。适时的评估监控有助于及时调整与完善康复训练方案。

第二章 儿童语言康复的神经生理基础

人类通过语言、非语言等符号来进行沟通交流，这些符号存储在大脑中。大脑既能接受外界输入的语言信息，解码其含义，又能将想要表达的意思通过语言符号系统进行编码，并指挥发音器官协调地表达出来。这些解码和编码的工作是在大脑的哪些部位完成的？相关部位受损伤会造成哪些方面的影响？语言依赖的生理基础包括听觉系统、发音系统和语言中枢处理系统等。其中听觉系统详见本丛书中的《儿童康复听力学》，发音系统参见《嗓音治疗学》《儿童构音治疗学》，本章主要从语言与大脑偏侧化、语言的传入系统、语言中枢、语言的输出系统四方面进行论述。

语言与大脑偏侧化

PART 1
第一节

大脑（又称端脑）是中枢神经系统重要的组成部分，也是与语言功能关系最密切的人体器官之一。大脑被大脑纵裂分为左、右两侧半球，两侧半球之间由胼胝体连接。大脑皮层约有 300 亿个神经元和 1 000 万亿条神经突触连接。成人大脑重约 1 400 克，新生儿的脑重约 390 克，达成人脑重的 25%[①]。3 岁时，儿童脑重约 1 011 克，相当于成人脑重的 75%。7 岁时，儿童的脑重约 1 280 克，基本上接近于成人脑重。脑虽只占人体体重的 2%，但耗氧量却达全身耗氧量的 25%。

大脑分为左、右半球，两个半球的功能各不相同。左半球多数接受来自身体右侧的感觉信息，指挥右侧身体的行动。右半球功能则相反。对多数人而言，语言能力和积极情绪主要由左半球控制。这种两半球的专门化被称为偏侧化（lateralization）。婴儿在出生时，大脑半球已经开始偏侧化了，多数新生儿在听到说话时，左半球会出现更大的脑电波活动。一旦完全偏侧化，特定区域的损伤将会导致它所控制的能力不能恢复到原先程度。

对大脑左右半球语言功能偏侧化的研究始于 19 世纪 60 年代。1861 年，法国外科医生布洛卡（Broca）遇到了一位名叫维克多·勒伯格（Victor Leborgne）的患者[②]。该患者只会发一个类似于"tan"的音。别人问他叫什么名字，他回答"tan"；问他其他问题时，他回答的依然是"tan"。但他的面部表情和行为举止表明他能理解语言。他的舌、唇、下颌和声带都能运动。他能吹口哨，甚至会哼旋律，但就是不能用语言表达，不仅口语表达不行，书面表达也不行。布洛卡对其进行了检查，6 天后该患者去世。隔天上午布洛卡对其进行了尸检，结果发现他左侧脑的前部有损伤，左额叶大范围受损，向后延伸到顶叶，向下延伸到颞叶。布洛卡在尸检当天下午举行的学术会议上报告了这一病例，他宣称："所有这一切使我们相信，在这一病例中，额叶损伤是造成失语的原因。"

---

① 静进. 神经心理学 [M]. 北京：中国医药出版社，2005：14-18.
② 顾凡及. 脑科学的故事 [M]. 上海：上海科学技术出版社，2011：4-5.

后来，他又陆续对 8 名类似的患者进行尸检，发现他们的左侧额叶都有类似的损伤。根据这些发现，布洛卡于 1864 年总结得出："我们用左脑说话！"

此后的 100 多年期间，大量的神经科学家专注于大脑左右半球与语言功能的相关研究，其中对人脑左右半球语言功能进行实验研究最著名的是 Wada 实验。1949 年日本神经科医生 Juhn Atsushi Wada 率先对精神分裂障碍患者进行临床研究。Wada 首先应用异戊巴比妥单侧颈动脉注射法选择性地麻痹左脑半球或右脑半球，以考察人类语言功能的变化。他发现药物注射后，一侧半球功能短暂丧失，除偏瘫、偏盲和偏侧感觉障碍外，还伴有失语症状。如果注入药物一侧为优势半球，则失语症状可持续 2 分钟，随后伴有认知不能和计数障碍。反之，药物作用于非优势半球，几乎不引起语言障碍，且不存在命名和计数障碍。有研究发现，对语言功能来说，右利手中 96% 的人以左半球为优势半球，4% 的人以右侧为优势半球；左利手中 70% 的人仍是以左半球为优势半球，15% 的人以右侧半球为优势半球，还有 15% 的人两半球的语言功能相等。Wada 实验得出结论：语言功能存在左右大脑半球不对称性，对大多数人来说，语言的优势半球为左半球。

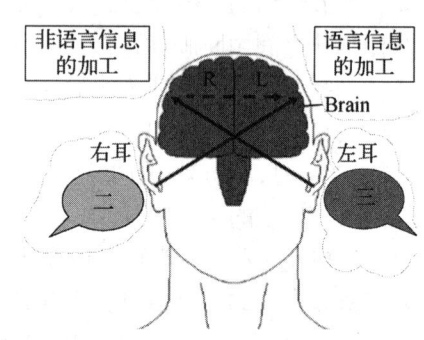

图 2-1-1 双耳分听实验示意图

Wada 实验考察了人脑语言产生运动功能的不对称性，而双耳分听实验则主要考察语言感知功能的两半球不对称性。所谓双耳分听实验（图 2-1-1），是指通过立体声耳机将成对的声音刺激送至双耳，然后请被试说出听到的声音。结果表明，左侧半球（右耳）在言语声感知方面更具优势，右侧半球（左耳）在音乐声感知方面更有优势[①]。

尽管如此，语言功能的左脑优势并不是绝对的。有研究认为大脑语言区在出生时甚至在出生前就已分化，左右两侧不对称。他们发现胎儿大脑左半球颞叶比右半球颞叶大，但分化发育比较缓慢。也有研究发现幼年期的两侧半球有同等的语言潜能，2～3 岁以后才逐渐形成差异。如果在 3 岁以前损伤一侧大脑半球，则另一侧半球可以发展语言功能。甚至在 8～10 岁以前左脑损伤，仍可由右脑补偿而逐渐恢复语言功能[②]。

左、右大脑半球传递信息的桥梁是胼胝体。当胼胝体被破坏后，左右脑信息将无法进行互通，这会直接影响到语言、运动等功能。一些癫痫患者因治疗需要被切断胼胝体成为"裂脑人"[③]。最著名的对裂脑人开展研究的学者是美国神经生理学家罗杰·沃尔科特·斯佩里（Roger Wolcott Sperry）。对裂脑人的研究发现（图 2-1-2），如让病人左手拿一把木梳，问他拿的是什么，他说不出来；如果让他用右手去拿同样的东西，他却能说出来。这是因为大脑中主管语言的中枢在左半球，而左半躯体的感觉都输送到右半球，裂脑人左右大脑之间交流信息的通路被断开了，来自左手的信息就无法到达"会说话"的左脑。

[①] 刘昌. 生理心理学 [M]. 北京：高等教育出版社，2012：230.
[②] 刘昌. 生理心理学 [M]. 北京：高等教育出版社，2012：231.
[③] 顾凡及. 脑科学的故事 [M]. 上海：上海科学技术出版社，2011：26-30.

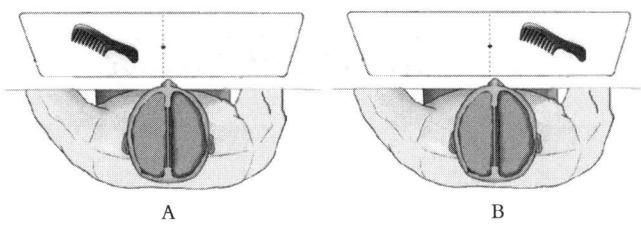

图 2-1-2 裂脑人研究示意图

左半球多数支配着躯体的右侧，包括言语中枢、听觉中枢、动作记忆中枢、积极情感表达中枢、感觉及运动功能中枢；右半球多数控制着身体的左侧，以及非言语中枢、触觉中枢和消极情感表达中枢。进一步研究发现，对于大多数人来说，语言加工发生在大脑左半球，各种语言成分（句法、词汇和语音加工）均定位在左半球的外侧裂周（Perisylvain Sector）附近。右半球也有助于理解隐喻、声调、表情以及体态等活动，右半球还与语言应用有关。对于多数人来讲，关于左右脑与语言的关系[1][2]，如表2-1-1所示，但对某个人来说，偏侧化的程度受任务类型、利手、语言体系、性别和后天生活习惯等因素的影响。

表 2-1-1 左右脑与语言的偏侧化的关系

		左半球	右半球
手势语		+	+
韵律学语言	节奏（rhythm）	++	
	变调（inflection）	+	+
	音色（timbre）	+	++
	曲调（melody）		++
语义学语言	词的识别	+	+
	语言意义	++	+
	概念	+	+
	视觉意义（空间）	+	++
句法学语言	语序	++	
	关系	++	
	语法	++	

从表2-1-1中可以看出，除曲调外，左半球在语言加工，尤其是句法加工方面，具有明显的优势。但右半球在语言韵律和语言理解方面有着独特的价值和意义，尤其在韵律加工方面具有显著的优势。在中文系统的康复中，左右脑功能均需要关注。

---

[1] 彭聃龄. 汉语儿童语言发展与促进 [M]. 北京：人民教育出版社，2008：346.
[2] Kolb.Fundamentals of Human Neuropsychology[M]. NewYork: W.H. Freeman and Company, 1996.

语言的传入系统

语言的传入主要是通过两种方式实现的：一种是有声语言，主要通过听觉系统传入；另一种是图像语言，如文字、符号、标志、图形、色彩等，主要通过视觉系统传入。

一、听觉语言传入系统

当语言以声波的形式传递给听者时，听觉感知过程即开始。听觉器官的构成如图 2-2-1 所示。

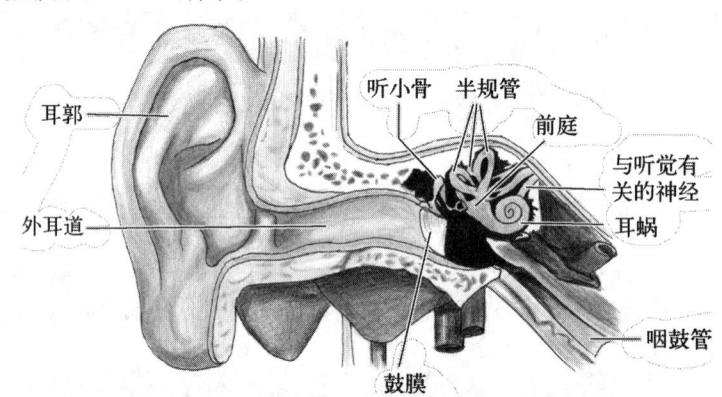

图 2-2-1 听觉器官的构成

首先，声波通过耳郭进入耳道，在内耳进行初步的声学分析。内耳的毛细胞与螺旋神经节内双极细胞的外周支神经纤维相联系。编码后的听觉神经信息传给双极细胞。双极细胞将这些信息沿其中枢支神经纤维——听神经向脑内传递，首先到达延脑的耳蜗神经核，发出纤维大部分在脑桥内经过斜方体交叉至对侧，至上橄榄核外侧折向上行，称外侧丘系。外侧丘系的纤维经中脑被盖的背外侧部上行，大多数纤维止于下丘。从下丘向左右两个内侧膝状体传递信息，也有少数外侧丘系直接止于内侧膝状体。少数蜗神经前后核纤维不交叉，进入同侧的外侧丘系。最后由内侧膝状体将听觉信息传递到颞叶听皮层（Brodmann41 区、22 区、42 区），见图 2-2-2。

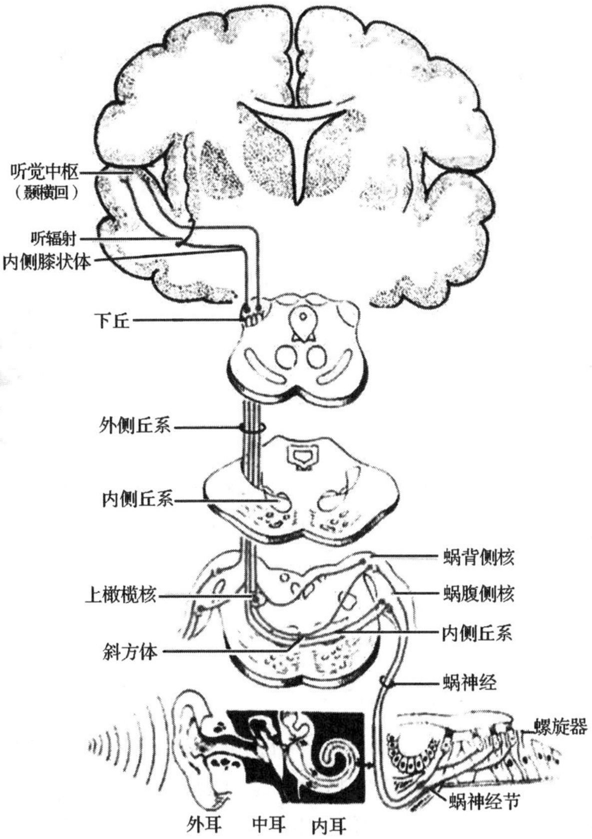

二、视觉语言传入系统

与听觉通路相似，视觉图像信号的传导中，眼球接受光波刺激，将光刺激转变为神经冲动，视网膜内的双极细胞是第一级神经元。其周围突至视觉感受器（视网膜内的视锥细胞和视杆细胞），其中枢突至节细胞，即第二级神经元，其轴突在视神经盘处组成视神经，经视神经管入颅，起自视网膜鼻侧半的纤维交叉至对侧，起自视网膜颞侧半的纤维不交叉；交叉至对侧的纤维和不交叉的同侧纤维汇集组成视束。视束向后绕过大脑脚，大部分终止于后丘脑的外侧膝状体。位于此处的第三级神经元胞体发出纤维组成视辐射，经内囊后肢投射到端脑距状沟周围的视觉中枢，见图2-2-3。

视觉传导通路的不同部位受损，可引起不同的视野缺失：①一侧视神经受损，同侧视野全盲；②视交叉中间部受损，双眼颞侧视野偏盲；③一侧视交叉外侧部受损，同侧眼鼻侧视野偏盲；④一侧视束及以上的视觉传导路（外侧膝状体、视辐射或视觉中枢）受损，双眼呈对侧视野同向性偏盲（如右侧受损则右眼视野鼻侧半和左眼视野颞侧半偏盲）[①]。

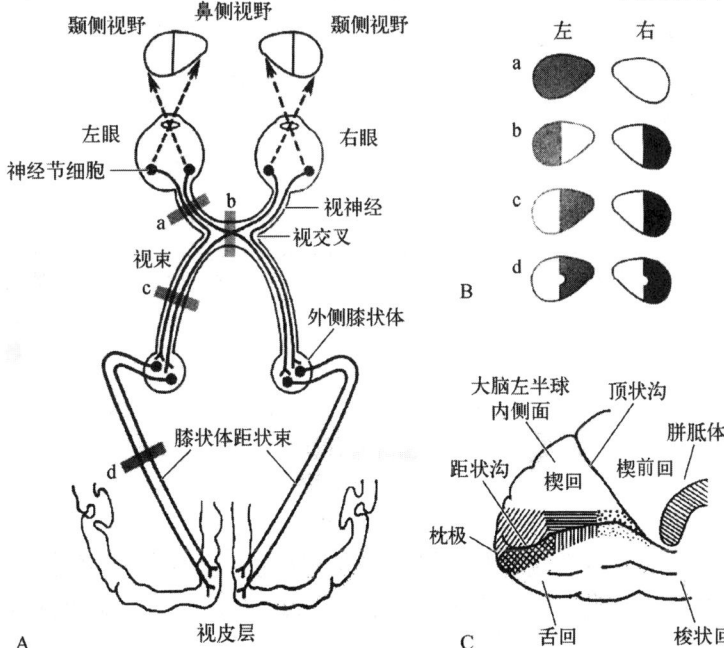

图 2-2-2 听觉传导通路

图 2-2-3 视觉传导通路

---
① 黄文华，徐飞. 人体解剖学 [M]. 北京：人民卫生出版社，2018.

语言中枢

人类的语言活动在大脑皮层上有较集中的代表区，称为语言中枢。与语言相关的中枢主要存在于左半球，主要包括运动性语言中枢、听觉性语言中枢、阅读中枢和书写中枢等。

一、运动性语言中枢

运动性语言中枢位于额下回后部，该中枢又称布洛卡（Broca）中枢，也有学者称之为前语言区。当前布洛卡区的语言功能区比当初布洛卡本人描述的脑区更大。该区损坏后除了出现言语障碍外，还会出现大量的语法问题，表 2-3-1 是一名布洛卡脑区损伤者的语言样本。从该语言样本中我们可以看出，由于语法缺失，患者所说的话类似电报句。

表 2-3-1　布洛卡区损伤患者的语言样本[①]

> 问：你为什么来医院？
> 答：是……嗯……星期一……嗯……爸爸……嗯……医院……和嗯……星期三……星期三九点和星期二……医生……两个……两个……医生……嗯……牙……
>
> 问：说说你是做什么工作的。
> 答：纸……一天四百吨！……和……硫……机器嗯……木头……两个星期八个小时……八个小时……不！十二个小时，十五个小时……干活干活……干活！……是的，嗯，四年前生病了。
>
> 问：说说你最近看过的电影。
> 奥德赛！骗子！在下面……学习……大海……（潜水动作）……进入……潜水员！亚美尼亚……船……女孩……嗯！警察……嗯……我懂了！……收银员……钱……嗯！烟……我知道……这家伙……

布洛卡区有损伤时，语言表达可能会出现以下几种情况：一是不完全的运动失语症，能发个别语音，但不能构成词句，也不能把词句按语法结构进行排列，而发出的语音杂乱无章，让人难以理解；二是语言重

---

① John C, L Ingram. Neurolinguistics: An Introduction to Spoken Language Processing and its Disorders[M]. Cambridge: Cambridge University Press, 2007: 48–49.

复症,即一个词或音节说出之后,强制性地自动反复说,使这个词或音节不由自主地传入下一个词或语言的产生过程中;三是完全性失语症,患者甚至连单个字都不能发出。

二、听觉性语言中枢

听觉性语言中枢又称韦尼克氏区(Wernicke)中枢,位于颞上回后部,又称为后语言区。当前谈的韦尼克氏区同样比1874年Karl Wernicke本人谈及的脑区范围更大。听觉性语言中枢与视觉性语言中枢之间没有明显界限,包括颞上回、颞中回后部、缘上回以及角回。韦尼克氏区接收来自于颞横回的语言信息并进行分析,将这些信号与储存在记忆库中的信息进行匹配,从而解码翻译,因此韦尼克氏区也称听觉性语言中枢。当韦尼克氏区受损时,患者能够听见别人说的话,但无法理解话中意思,甚至无法听懂自己说的话。但此类患者语量正常或过多,有时甚至滔滔不绝,需要制止才能使其停止说话。但在对话时,该类患者由于听理解障碍严重,经常答非所问。说话时发音和语调正常,但缺乏实词,说得多,却不能表达意思,经常出现词义错误和新造词。

布洛卡区与韦尼克氏区由弓状束连接。布洛卡区将来自韦尼克氏区的信息处理成相应的言语运动程序,然后传到与头面部运动有关的皮质区,启动唇、舌、喉肌的运动而形成言语。表2-3-2说明了布洛卡区失语与韦尼克氏区失语的区别。

表2-3-2 布洛卡区失语与韦尼克氏区失语的区别

布洛卡失语症状	韦尼克氏失语症状
发音费力,非流畅性语言	言语流畅,有韵律感,但缺乏实质性的内容
缺乏功能词	表达中有功能词和语法变化
简短的话语	正常的话语句长
理解能力比较好	理解能力较差
能意识到自己存在缺陷	不能意识到自己存在缺陷

三、视觉性语言中枢

视觉性语言中枢主要位于顶下小叶的角回,又称阅读中枢。视觉性语言中枢存储以视觉为基础的语言记忆痕迹。角回与缘上回负责整合视觉、听觉、触觉、语言表征,能够使听觉、躯体感觉与视觉联合皮质相互联系。当给予视觉信号时,角回和缘上回能够扫描韦尼克氏区,且能激发视觉资料相匹配的听觉信息,同样,当给患者提供听觉信息的时候,角回和缘上回也可以扫描视觉联合皮质[①]。角回与缘上回这两处的功能虽存在争议,但比较公认的是角回是视觉、听觉、触觉等感官信息交流的地方,缘上回把运动知觉记忆与听觉指令联结起来,使得顶叶与颞叶之间可以互通信息。

阅读中枢出现问题则可能产生阅读障碍。阅读障碍(Dyslexia)是一种特殊的学习障

---

① 李胜利. 语言治疗学[M]. 北京:人民卫生出版社,2013:4.

碍，它的特点是难以准确或流利地识别词汇，拼写和解码能力较差。这些困难通常是由于语音要素的掌握不足造成的，继而还可能造成阅读理解经验的减少，阻碍词汇和背景知识的增长。

四、书写中枢

书写中枢位于额中回后部的手运动区。书写中枢的主要功能包括储存对侧手书写文字的记忆痕迹。此处受损，虽然患者其他的运动功能仍然保留，但写字、绘画等精细运动会出现障碍。

五、其他语言区域

其他结构如基底节、丘脑、下丘脑、小脑等发生损伤也会影响到语言的理解与表达。这些结构虽然本身不负责语言处理，但这些结构如果损伤则会造成大脑皮质与语言区的联系受到影响，间接导致语言功能受损。

语言的输出系统

PART 4
第四节

语言运动信息转变为运动冲动,经锥体束至运动神经核团支配构音器官,同时锥体外系也有神经支配这些核团,影响控制发音肌肉的肌张力和共济运动,以保证声音的音调和音色。有声语言产生过程涉及三大系统:呼吸系统、发声系统及共鸣系统。参与发声及构音的器官和组织包括:肺、横膈膜、声带、舌、软腭、齿、唇及喉腔、咽腔、口腔、鼻腔等,如图 2-4-1。

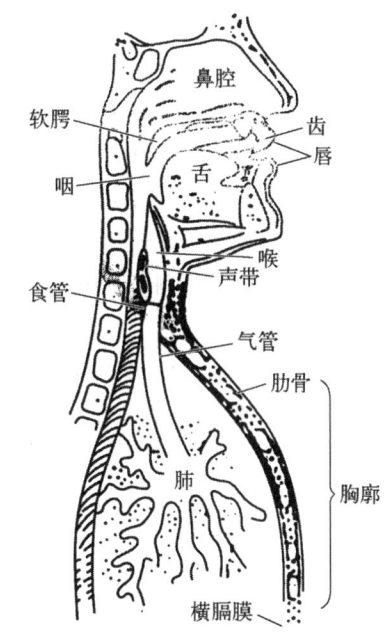

图 2-4-1 发声与构音器官和组织

一、呼吸系统

呼吸运动由肺、气管、支气管、胸廓、横膈膜和辅助横膈运动的腹肌肌群组成。呼吸运动是语言产生的动力源,呼出的气流使声带振动,产生嗓音。说话时呼吸的条件是:气流维持一定的呼气压且保持一定的时间,呼气压水平能适当控制。在神经支配下,呼气肌和吸气肌的协调运动,完成说话时的呼吸运动。

二、发声系统

喉为发声系统的重要组成部分。喉腔的发声包括从肺产生呼气流的过程和声门将呼气流转变成间断气流并生成声波的过程。两侧声带外展或内收,致声门的打开或闭合,控制气流通过的大小,参与此运动的是喉内肌。气流形成的声门下压作用于声带,使两侧声带边缘在靠近到一定程度时产生振动，发出浊音；开启声带，发出清音。声调的高度由喉来调节：当环甲肌伸展声带变薄而且紧张度高时，振动频率增加，音调高；反之，声带变厚且松弛，频率降低，音调下降。

三、构音与共鸣系统

喉部产生声音，在声道形成语音。声道是指由咽腔、鼻腔以及它们的附属器官所组成的共鸣腔。当气流通过咽腔、口腔、鼻腔时，会产生不同共鸣。构音系统由唇、舌、下颌和软腭等组成，这些部位灵活协调的运动改变声道的形状，为形成不同的声音做准备。形状和大小发生变化的声道，为语言的共鸣腔。主要的运动调节包括：喉外肌参与舌骨运动及咽腔收缩。舌骨上肌群通过舌骨向上牵拉喉，舌骨下肌群则向下牵拉，参与构音运动。

软腭位于上腭的后三分之一，将咽上部与口咽腔中部分开。腭帆提肌受咽神经丛分支支配，腭帆张肌受三叉神经支配，两者联合运动把软腭向后上方牵拉，阻断从中咽到上咽的通道，同时可使鼻咽腔闭锁，改变鼻腔；腭舌肌、腭咽肌使软腭向下运动，受咽神经支配。口腔的运动比较多样：下颌关节的运动是通过咀嚼肌和舌骨肌来进行。舌的运动比较复杂。舌外肌由舌的外部进入舌，使舌体前后、上下移动，改变舌的方向；舌内肌在舌的内部可以使舌上下、前后水平方向移动，改变舌的形状。与构音相关的运动是舌体的前后移动、上抬和下降等。

唇位于口腔的前端，围绕口裂的肌肉和从周围向口裂集中的肌肉，统称为颜面肌，这些肌肉受面神经支配。唇和构音相关的运动是双唇的开闭和拢唇。相关内容参见卢红云《口部运动治疗学》。

第三章 儿童语言发展的基本规律

语言的发展是一个由少到多、由量变到质变的有规律的过程。0~6岁是儿童语言发展的关键时期。了解儿童语言发展的基本规律，可以为儿童语言康复提供参考依据。通过参照儿童语言发展的基本规律，可了解语言障碍儿童的语言发育情况，有助于康复师对儿童进行早期诊断和早期干预。本章将介绍0~6岁儿童语言发展的主要阶段及儿童前语言沟通技能、语音、词汇、句法、语用、读写能力发展的基本规律。

0～6岁儿童语言发展的主要阶段

第一节 PART 1

儿童的语言发展受生理成熟和认知能力发展的影响，具有一定的规律性。根据发展过程中呈现出的重要特点，可将语言发展划分为不同的阶段。由于儿童3岁以前主要接受家庭教育，3岁之后则进入学龄前阶段于幼儿园接受教育，因此本书分别介绍0～3岁儿童语言发展阶段的特点和3～6岁儿童语言发展阶段的特点。

一、0～3岁儿童语言的发展

0～3岁这一时期，儿童在语言、运动、心理等各方面的发展极为迅速。0～3岁儿童的语言发展阶段大致可以分为三个阶段：① 0～1岁是前语言阶段，此阶段是儿童在语言获得过程中的语音核心期，是儿童口语发生的准备阶段；② 1～2岁是口语发生阶段，此时儿童开始进入正式的学说话阶段；③ 2～3岁是基本掌握口语阶段，这一阶段儿童能用基本的口语与人交往[①]。见图3-1-1。

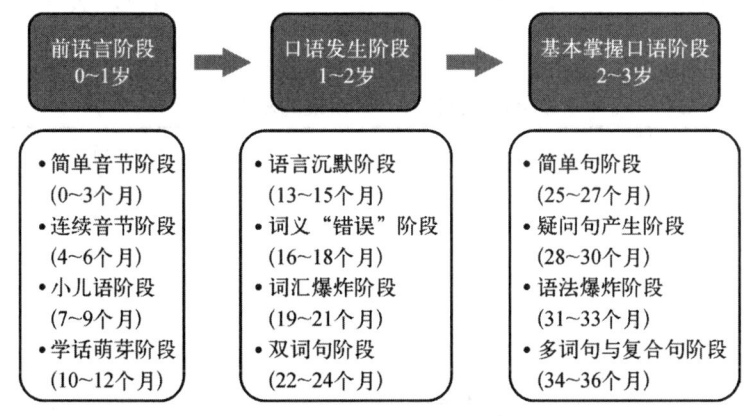

图3-1-1 0～3岁儿童语言发展的阶段

---

① 张明红.学前儿童语言教育[M].上海：华东师范大学出版社，2003：119–160.

（一）前语言阶段

儿童出生后的第一年为前语言阶段，是语音习得的核心期。在这一阶段里，儿童前语言感知能力、前语言发音能力和前语言交际能力得到发展[1]。具体可分为以下四个子阶段。

1. 简单音节阶段（0~3个月）

此阶段的婴儿听觉较敏锐，对语音比较敏感，具有一定的辨音能力。婴儿首先学会辨别语音和其他的声音，比如12天的新生儿能对言语声和敲击声做出不同的身体反应，包括目光的凝视与转移、吮吸的停止与继续等，然后再获得辨别不同语音的能力，比如24天的新生儿能区别男性与女性的言语声，父母与陌生人的言语声。

在发音方面，处于这一阶段的婴儿能发出一些简单的单音节，比如两个月婴儿能发出的音有 a、ai、e、ei、hai、ou、ai-i、hai-i、u-è，还能调节哭声的长短、音量和音高，通过不同的哭声表达不舒服、要吃奶等不同的要求。

0~3个月婴儿的前语言交际，表现在与成人面对面进行"交谈"时，会产生交际倾向，并做出相应的动作反应。比如，两个月的婴儿在满足生理需要后，会以微笑来回应成人的语言刺激。

2. 连续音节阶段（4~6个月）

这期间婴儿可以辨别一些语调、语气和音色的变化，从而判断出交往对象的态度。此时婴儿的发音多为元音和辅音相结合的连续音节，且有从单音节过渡到重叠音节的过程，例如4~8个月婴儿连续音节阶段的发音可见表3-1-1。处于此阶段的婴儿与成人交往中出现了学习交际"规则"的雏形，具体表现为：① 婴儿能以语音应答成人的话语逗弄；② 用语音与成人"对话"时，婴儿出现轮流"说"的倾向；③ 婴儿同成人之间的一段"对话"结束后，会发一个或几个音来主动引起另一段"对话"；④ 在4~10个月这段时间，婴儿逐渐学会使用不同的语调来表达自己的态度，而且这种表达往往伴有一定的动作和表情。

表3-1-1　4~8个月婴儿连续音节阶段的发音

hei	heng	hu
pei	a-bu	à-dù
a-en	a-fu	a-i
a-ia	a-m	a-me
a-hu	à-pu	ba-ba
dù-dù	ei-en	en-ei

---

[1] 张明红. 学前儿童语言教育 [M]. 上海：华东师范大学出版社，2003：119-120.

3. 小儿语阶段（7～9个月）

这一时期的婴儿能辨别更多的语调、语气和音色的变化；能理解简单的词、手势和指令，但理解具有情境性；能认出故事中曾听过的、熟悉的字和词汇。此阶段婴儿出现"小儿语"，所谓"小儿语"是指听起来似有提出问题、发出指令和表达愿望等含义，但实际上成人难以听懂的婴儿的发音。同龄婴儿之间凭借"小儿语"可以相"谈"甚欢；玩耍时能用语音来吸引成人的注意。

4. 学话萌芽阶段（10～12个月）

进入这一阶段后，婴儿开始真正理解成人的语言，这一点可通过婴儿的话语反应来判定。此时婴儿能发出的不同的连续音节明显增加，近似词的发音增多。第一个有意义的词通常出现在这一时期。10个月之后，婴儿的语言交际功能得到扩展，能执行成人简单的指令，并与相应的动作建立联系，如婴儿听到成人说"阿姨再见"时就会挥挥小手；而且能将一定的语音与实体相联系，但这种联系缺少概括性，比如婴儿会指着正在行驶的玩具小汽车说"呜呜"。

（二）口语发生阶段

经过之前近1年的语言准备阶段，1～2岁时幼儿开始进入学习口语的全盛期，因此该阶段称为口语发生阶段。根据婴儿语言发展的基本情况又分为以下4个子阶段。

1. 语言沉默阶段（13～15个月）

幼儿处于这一阶段时，喜欢听成人说话，语言理解迅速发展，能理解较多的名词和动词，能理解呼应句，即呼唤句和应答句。但幼儿的发音热情则进入了一个沉默期，甚至出现发音紧缩的现象，即原先听起来会发的音也"消失"了。

2. 词义"错误"阶段（16～18个月）

在此阶段，幼儿可理解更多的句子，可以使用述说自己所发现事情的述事句，以及述说自己意愿的述意句；也会给经常见到的物体命名。但是在述说或命名时常出现词义泛化、窄化、特化等情况；有些幼儿则继续讲"小儿语"，且常使用一些特殊的发音策略，比如省略音、替代音和重叠音等。

3. 词汇爆炸阶段（19～21个月）

随着幼儿词汇理解能力的不断提高，这一阶段能理解的词语数量和类型"与日俱增"，而且语言理解逐步摆脱具体情境的制约。幼儿掌握新词的速度突飞猛进，进入"词汇爆炸"阶段。该阶段幼儿平均每月新增25个词，18个月时幼儿大约可以说20个词，21个月时则能说出约100个词，而2岁时基本可以说出300个词。

4. 双词句阶段（22~24个月）

此阶段的幼儿不断向成人提问，语言上出现"反抗行为"，常把"不"挂在嘴边。此阶段幼儿最明显的进步体现为双词句快速增长，如出现"宝宝饭饭""妈妈车车"等两个词语组成的句子，虽然该句子尚不完整，但为进一步发展做了铺垫。此时幼儿语言中还出现了代词"我"的使用。同时本阶段的幼儿阅读绘本的兴趣较为浓厚，可通过阅读学习更多的词汇。

（三）基本掌握口语阶段

1. 简单句阶段（25~27个月）

随着词汇量的增加，幼儿的语言理解与表达能力也有进一步提升。在理解方面，幼儿能够理解的词语接近1000个，对语义理解更加精准，基本能理解成人常用句子。在口语表达方面，幼儿表达的语音逐步稳定、规范，双唇音、唇齿音等都已基本掌握，但在舌尖音、舌根音等方面还存在一定困难，在幼儿口语表达中存在发音不准确现象。在语用方面，幼儿能够使用接尾策略进行交流，即幼儿使用对话者最后一词或词组进行回复。因而，在幼儿1.5岁至3岁阶段会有如下现象，成人问幼儿："你想要香蕉还是苹果？"幼儿将手伸向香蕉，却回复"苹果"。

2. 疑问句产生阶段（28~30个月）

幼儿在2岁左右开始掌握6W疑问句（Who，谁；How，如何；Where，哪里；What，什么；Why，为什么；When，什么时间）。在28个月之后，幼儿进入疑问句快速发展阶段，能够使用疑问句向他人提问，回答他人提出的问题。与此同时，儿童掌握的陈述句也呈现多样化趋势，其中简单句约占90%，复合句占10%。幼儿使用疑问句和陈述句与他人交流、沟通，从外界获取个人所需信息，表达个人需要及情感。

3. 语法爆炸阶段（31~33个月）

3岁左右的幼儿的平均句长约为5~6个字，该年龄段幼儿快速掌握母语中多种常用句型，进入语法爆炸阶段。幼儿能够提取句法规则，并整合内化。幼儿思考问题的语言逐步由自言自语式的"外部语言"转化为不出声的"内部语言"，他们的语言调节能力不断提高，然而也会出现不恰当的规则使用问题。如家长对幼儿说："你要吃什么？吃青菜还是吃米饭？"幼儿可能会说"吃豆浆"。此外，部分幼儿还会表现出口语表达流畅性问题，如说话结结巴巴，停顿不恰当等。随着语言能力的提高，这些暂时性问题会消失。

4. 多词句与复合句阶段（34~36个月）

该阶段，幼儿已经掌握基本的句法规则，能够表达完整单句，表达的句法复杂程度也不断提高。幼儿开始掌握含有嵌套结构的"附属句"，如"我看到妈妈买了香蕉"。此外，幼儿在口语中使用的复句也不断增多，其中联合复句约占60%~90%，偏正复句约占 10% ~ 30%。联合复句中,以出现频率由高到低排列分别是并列复句、递进复句、选择复句;偏正复句中,以出现频率由高到低排列分别是因果复句、转折复句、条件复句。在语用方面,幼儿能够熟练使用句子进行恰当交流,例如,幼儿可以使用完整句子进行提问、回答、问候、请求等。幼儿在句法能力提高的同时,词汇量也迅速增加,能够在句子中不断学习新的词语。

二、3~6岁儿童语言的发展

3~6岁期间,儿童的语言能力随着年龄的增长而逐步提高。参照教育部2012年发布的《3~6岁儿童学习与发展指南》,这一时期儿童的语言发展主要目标设定在倾听与表达、阅读与书写准备两大方面。在倾听与表达上,3~6岁儿童应达到以下3个目标:第一,认真听并能听懂常用语言;第二,愿意讲话并能清楚地表达;第三,具有文明的语言习惯。在阅读与书写准备方面,3~6岁儿童也应达到3个目标:第一,喜欢听故事,看图书;第二,具有初步的阅读理解能力;第三,具有书面表达的愿望和初步技能。根据年龄将3~6岁儿童的语言发展划分为3~4岁、4~5岁、5~6岁3个年龄段,该文件对3个年龄段末期幼儿在语言上大致应达到的发展水平提出了期望。具体各年龄段儿童语言发展见表3-1-2、表3-1-3、表3-1-4。

表3-1-2　3~4岁儿童语言发展目标

倾听	(1) 别人对自己说话时能注意听并做出回应。 (2) 能听懂日常会话。
表达	(1) 愿意在熟悉的人面前说话,能大方地与人打招呼。 (2) 基本会说本民族或本地区的语言。 (3) 愿意表达自己的需要和想法,必要时能配以手势动作。 (4) 能口齿清楚地说儿歌、童谣或复述简短的故事。 (5) 与别人讲话时知道要看着对方。 (6) 说话自然,声音大小适中。 (7) 能在成人的提醒下使用恰当的礼貌用语。
阅读准备	(1) 主动要求成人讲故事、读图书。 (2) 喜欢跟读韵律感强的儿歌、童谣。 (3) 爱护图书,不乱撕、乱扔。 (4) 能听懂短小的儿歌或故事。 (5) 会看画面,能根据画面说出图中有什么、发生了什么事等。 (6) 能理解图书上的文字是和画面对应的,是用来表达画面意义的。
书写准备	(1) 喜欢通过涂涂画画表达一定的意思。

除上表3-1-2所列,3~4岁阶段末期的幼儿在倾听方面,还应具备以下能力:能执行三步听指令,比如先拿伞,再穿外套,然后出门;听别人说话时,能自然注视着对方;听完故事后,能回答故事里有谁、发生了什么等简单的问题。在阅读准备方面,应该知道一些有关阅读的常识,如书有封面和封底,阅读时应从前往后一页一页地翻阅等。这一时期的儿童关于书写方面的准备则表现为乐意观看别人写字。

表 3-1-3　4~5 岁儿童语言发展目标

倾听	（1）在群体中能有意识地听与自己有关的信息。 （2）能结合情境感受到不同语气、语调所表达的不同意思。 （3）方言地区和少数民族幼儿能基本听懂普通话。
表达	（1）愿意主动与他人交谈，喜欢谈论自己感兴趣的话题。 （2）会说本民族或本地区的语言，基本会说普通话。少数民族聚居地区幼儿会用普通话进行日常会话。 （3）能基本完整地讲述自己的所见所闻和经历的事情。 （4）讲述比较连贯。 （5）别人对自己讲话时能回应。 （6）能根据场合调节自己说话声音的大小。 （7）能主动使用礼貌用语，不说脏话、粗话。
阅读准备	（1）反复看自己喜欢的图书。 （2）喜欢把听过的故事或看过的图书讲给别人听。 （3）对生活中常见的标识、符号感兴趣，知道它们表示一定的意义。 （4）能大体讲出所听故事的主要内容。 （5）能根据连续画面提供的信息，大致说出故事的情节。 （6）能随着作品的展开产生喜悦、担忧等相应的情绪反应，体会作品所表达的情绪情感。
书写准备	（1）愿意用图画和符号表达自己的愿望和想法。 （2）在成人提醒下，写写画画时姿势正确。

4~5 岁末期儿童的语言发展，在书写准备方面，还应了解一些有关语言、文字、标志的常识，比如，幼儿应知道口语是可以写下来的，语言和文字是多样的。

表 3-1-4　5~6 岁儿童语言发展目标

倾听	（1）在集体中能注意听老师或其他人讲话。 （2）听不懂或有疑问时能主动提问。 （3）能结合情境理解一些表示因果、假设等相对复杂的句子。
表达	（1）愿意与他人讨论问题，敢在众人面前说话。 （2）会说本民族或本地区的语言和普通话，发音正确清晰。少数民族聚居地区幼儿基本会说普通话。 （3）能有序、连贯、清楚地讲述一件事情。 （4）能使用常见的形容词、同义词等进行表达，语言比较生动。 （5）别人讲话时能积极主动地回应。 （6）能根据谈话对象和需要，调整说话的语气。 （7）懂得按次序轮流讲话，不随意打断别人。 （8）能依据所处情境使用恰当的语言，如在别人难过时会用恰当的语言表示安慰。
阅读准备	（1）能专注地阅读图书。 （2）喜欢与他人一起谈论图书和故事的有关内容。 （3）对图书和生活情境中的文字符号感兴趣，知道文字表示一定的意义。 （4）能大体说出所听故事的主要内容。 （5）能根据故事的部分情节或图书画面的线索猜想故事情节的发展或续编、创编故事。 （6）对看过的图书、听过的故事能说出自己的看法。 （7）能初步感受文学语言的美。
书写准备	（1）愿意用图画和符号表现事物或故事。 （2）会正确书写自己的名字。 （3）写、画时姿势正确。

儿童在 5~6 岁末期在语言发展上应达到的目标，还包括：① 能辨别在一定语言情境中的同音词，如她在弹"琵琶"而非"枇杷"；② 在与人谈话时，能够根据对方的反应做出语言调整，比如在对方未完全听清或理解时，能够重复自己的话语，纠正发音或进行解释等；③ 知道书写的顺序是从左往右或者从上往下的。

儿童前语言沟通能力的发展

"前语言阶段"（Prelingustic stage）是指婴儿从出生到产生第一批真正有意义的词之间的时期，即语言发生的准备阶段。一般将儿童是否会正确说出"爸爸"或"妈妈"作为区分儿童语言阶段和前语言阶段的标志。前语言阶段婴儿逐步发展出要求技能、模仿技能、轮流能力和共同注意能力等。前语言沟通能力是儿童前语言能力发展的关键能力，是儿童后续口语能力发展的重要预测指标，对儿童后期的社会化进程有重要影响。本节将围绕前语言沟通能力四个主要方面的发展进行介绍。

一、前语言沟通能力的定义和组成

（一）前语言沟通能力的定义

前语言沟通能力是指前语言期儿童能够协调对人和环境的注意，恰当回应外界刺激并利用目光、表情、手势动作等非语言形式发起和维持沟通的能力。前语言期的结束是以儿童能够使用有意义的词为标志的，也就是儿童产生语言前的阶段，一般是指 12 个月之前的阶段。因此，前语言沟通能力是儿童能产生第一个意义词之前的使用非语言进行沟通的能力。

（二）前语言沟通能力的组成

Bruner 认为儿童前语言沟通功能主要有行为调节、社交互动和共同注意等三种[①]。行为调节是指儿童用行动来调节他人的行为，即要求行为。社交互动是指儿童用行动来获得或维持他人对自己的注意，最突出的表现是社交中的轮流。共同注意是儿童与他人注意并分享同一事物，

[①] Bruner J. The Social Context of Language Acquisition[J]. Language and Communication,1981,1: 155–178.

对词汇的学习有重要影响。模仿作为人一生中重要的学习手段，是儿童学习非语言和语言沟通形式的重要基础。前语言沟通能力还与认知发展等密切相关，本书将重点讨论与语言发展密切相关的要求技能、模仿技能、轮流能力和共同注意四项内容。

二、要求技能的发展

要求技能是指儿童通过行动调节他人的行为以达到自己目的的能力。要求技能是儿童早期实现沟通意图的重要手段，主要表现在对物品和动作的要求上。Crais等人[①]的研究表明前语言期儿童的要求行为主要通过发声（vocalization）、注视（look）、伸手够物（reach）、手指指示（point）、给予（give）等方式实现。

对物品的要求方面，5个月的婴儿即可通过发声和看着物品的方式表示想要该物品；7个月的婴儿可以通过展开手掌伸手够物的方式表示想要该物品；8个月的婴儿在手掌展开伸手够物的同时发出声音以表示想要该物品；9个月的婴儿通过展开手掌再合上手掌够物的方式表示想要该物品；10个月的婴儿通过触摸成人或手指指示的行为以发起要求行为；11个月的婴儿通过展开手掌再合上手掌的方式够物，同时通过发出声音的方式表现出要求行为；11个月末的时候，婴儿能够通过在物品、成人和物品之间进行视线转移的形式发起要求行为。

在动作的要求方面，5个月的婴儿通过发声的方式表示想要成人做出动作；6个月的婴儿通过注视同时发出声音的方式表示要求动作；7个月的婴儿通过手掌展开伸手够物的方式表示要求动作；8个月的婴儿通过手掌展开伸手够物同时发声的方式表示要求动作；9个月的婴儿通过展开手掌再合上手掌的方式够物以表示要求动作；10个月末时婴儿通过展开手掌再合上手掌够物同时发声的方式表示要求动作；11个月的婴儿通过把物品给成人的方式发起要求动作的行为。

对成人的拒绝，5个月末时婴儿能用身体动作拒绝成人；6个月的婴儿通过推开成人的手臂以示拒绝；7个月的婴儿通过推开成人的手臂同时发声的方式以示拒绝；13个月的婴儿通过"摇头"表示"不"，以拒绝成人。

三、模仿技能的发展

模仿是在实现沟通意图的过程中，个体观察到另一个人的动作时自愿以对方为榜样所产生的行为。前语言阶段的儿童尚不具备口语沟通能力，他们的模仿还很简单。模仿行为是他们与人进行交流的一种重要的非言语沟通方式，一开始成人不断逗引儿童产生模仿行为，并通过游戏的方式不断推进模仿的方式和内容，此时模仿成为儿童和成人活动的链接，起着沟通纽带作用。

已有研究认为镜像神经元是人类模仿能力的基础，个体观察他人行为时可以激活自己大脑中负责编码及执行这些行为的皮层，包括运动皮层，从而进行具身模仿（embodied

---

① Crais E, Douglas D D, Campbell C C. The Intersection of the Development of Gestures and Intentionality[J]. Journal of Speech, Language, and Hearing Research, 2004, 47: 678–694.

simulation）并完成动作的输出。已有神经学的研究表明，恒河猴运动前皮层 F5 区与人类大脑 Broca 区具有一定的同质性，由 F5 区对手部和嘴巴部位运动特别敏感，可推断模仿对口语表达有直接的影响，甚至可能对语言理解也有重要影响。在行为学层面也有一些证据表明模仿能力对语言的发展有影响。Charman 等人对 13 名婴儿的纵向追踪研究表明，20 个月时候的模仿能力会影响 44 个月时的语言能力发展。另有一些研究表明，模仿声音更多的婴儿在出生后的第二年中能表达出更多的词语[①]。儿童早期的模仿行为以被动模仿为主，而后逐渐发展有意识的对动作和声音进行主动模仿的能力，而对语音的模仿就意味着儿童即将要发展出有意义的口语。

（一）动作模仿

前语言阶段儿童的动作模仿主要有"早期手势""游戏和日常活动动作""作用于物体的动作""模仿成人的动作""假扮动作"等。一般情况下，60% 以上的儿童在 8 个月前会模仿"再见"的手势，几乎所有婴儿 16 个月时都能掌握并会应用这个手势；15% 的儿童在 8 个月时会模仿点头，80% 的儿童在 16 个月时能掌握并会应用这个动作来表示"好"或"同意"；30% 左右的儿童在 8 个月时会模仿摇头，95% 以上的儿童在 16 个月时能掌握并应用这个动作来表示"不好""不要""不想"；60% 的儿童在 8 个月时能模仿使用遥控器，95% 的儿童 16 个月时能完成这一动作的模仿；10% 的儿童在 8 个月时能模仿"用笔画"，95% 以上的儿童 16 个月时能完成这一动作的模仿；11% 左右的儿童在 10 个月左右能模仿"用钥匙开门"的动作，74% 的儿童在 16 个月时能完成这一动作的模仿[②]。

表 3-2-1　婴儿动作模仿能力情况（%）

动作	再见	点头	摇头	使用遥控器	用笔画	钥匙开门
8 个月	60	15	30	60	10	11
16 个月	100	80	95	95	95	74

上述研究还表明，从发育顺序来看，儿童能在 10 个月时依次模仿出"举高手要抱抱""伸手指或手臂指向一些有趣的事物""当有人离开时，做再见的手势"；11 个月时能模仿"玩弄手机或者遥控器"和"把电话放在耳边"；12 个月时能模仿"唱歌""跳舞""虫虫飞""用杯子喝东西""用梳子梳自己的头发""用勺子吃东西"；14 个月时能模仿"抱拳表示谢谢"和"把手中的玩具给人"；15 个月时能模仿"伸展手臂"和"展示手中的东西"。在 15 个月后，儿童能逐步学会模仿"用嘴巴吹烫的食物""用抹布擦桌子""用扫把扫地""用牙刷刷牙""闻花儿的香味""闭上眼睛装睡"等。

前语言阶段儿童的动作模仿技能可以帮助他们更好地理解语言，然后逐步学会利用这些动作进行有意义的交流。

---

① Charman T, Baron-Cohen S, Swttenham J, et al. Testing Joint Attention, Imitation, and Play as Infancy Precursors to Language and Theoryo Fmind[J]. Cognitive Development, 2000, 15（4）：481-498.
② 梁卫兰，郝波，张致祥，等. 北京地区婴儿动作、手势沟通能力发展研究[J]. 中国儿童保健杂志，2005，13(6)：475-477.

（二）声音模仿

声音模仿是指儿童对物体和人的声音进行听觉感知并复制的行为。这一技能在发展早期不具备社会性，比如，新生儿通过啼哭来表达饥渴或不舒服，这是一种与生俱来的本能，不具有互动和社交含义，也不是通过模仿习得。3个月时，婴儿开始"咕咕咕"发声，这时候成人会反复逗弄他们，儿童逐渐开始模仿，过程中学会模仿"咕咕咕"的声音，这种模仿才具有社交含义。儿童往往在成人的逗引下用"咯咯咯"的笑声来回应成人，儿童越回应，成人越逗他们，这样形成的良性循环可极大促进儿童对语音的模仿。6个月时儿童"咿咿呀呀"发出更多的语音，和前一阶段一样，成人会学着儿童的样子来发"哦哦哦""呀呀呀"等音与之互动。在此过程中成人会改变一些语气、音调和语音内容，儿童也慢慢模仿起来，在这种互动中儿童牙牙学语。12个月左右时儿童就能模仿出少量简单词语了，特别是对拟声词的模仿和简单的如"ma""ba"这些有意义词的模仿。此阶段的儿童变得更加主动地去模仿成人的发音，总是在不断练习。虽然儿童还说不好，但通过不断模仿和互动，大多数儿童在15个月左右时基本都能说出真正有意义的词语。

由此可见，这种"咕咕声""咿咿呀呀"语，以及对拟声词和语音的模仿是学习口语的重要基础，一方面这是在为口语学习奠定语音基础，另一方面语音模仿也是一种重要的交际行为，为后期的沟通交流奠定良好的基础。

四、轮流技能的发展

轮流技能是指在沟通过程中沟通双方交替进行交流的能力，具体表现为沟通双方中的一方发起沟通，另一方聆听后再回应。为使沟通能够顺利进行，沟通双方要能紧密协调，做到在短时间的间隔后迅速回应。轮流技能在沟通中具有重要作用，轮流沟通能有效唤起婴儿的积极状态，帮助婴儿学习口语对话的模式，从而有效维持婴儿和成人之间的互动。在轮流沟通或游戏中，婴儿通过发声行为让成人有反应，从而让自己感觉到自己具有控制外部环境的能力。此外，有研究表明早期母婴之间的轮流沟通能有效促进婴儿元音或音节的发音。一项以3个月婴儿为研究对象的随机控制实验中，实验组母婴之间有节奏地交替沟通，控制组母婴之间是随机的无交替的沟通。研究人员对两组婴儿的发音情况进行记录，结果表明，当成人与婴儿维持交替的沟通模式时，婴儿发出的类似音节的声音比例更高[1]。

另有研究表明早在3个月的时候，婴儿在与母亲面对面的互动中便开始表现出轮流技能，但此时婴儿与母亲之间沟通的重叠率在33%以上，也就是说在所有的沟通轮流中，母亲的沟通行为尚未结束而婴儿的沟通行为已经开始的情况超过了33%。这种情况会一直持续到婴儿5个月大时[2]。5个月后，这种重叠会降低到20%以下，婴儿开始采用类

---

[1] Bloom K. Quality of Adult Vocalizations Affects the Quality of Infant Vocalizations[J]. Journal of Child Language,1988,15（3）：469-480.
[2] Hilbrink E E,Gattis M,Levinson S C. Early Developmental Changes in the Timing of Turn-taking: Along Itudinal Study of Mother-infant Interaction[J]. Frontiersin Psychology,2015,6（1492）：1-12.

似于真正的轮流模式与母亲开展沟通。这种重叠的下降可能反映了婴儿对轮流的基本理解，如在开启自己的沟通行为之前，需要等待对方的沟通行为结束。但这种理解还不能达到成人那样有意识地预期上一个沟通行为的结束。此外，在母亲沟通行为结束到婴儿沟通行为开启之间的间隔时间上，相比较 9 个月和 12 个月，婴儿在 3～5 个月的间隔时间更短，而到了 18 个月时这种间隔时间又回到了 5 个月时的水平。换句话说，在 9 个月和 12 个月时，婴儿在轮流速度上变慢了。产生这一现象的可能原因：一是此时婴儿的口语发展进入一个新时期，第一批有意义的词开始出现。婴儿需要将他的语言技能整合到已有的沟通模式中去，婴儿将花费更长的时间开启自己的沟通行为。二是婴儿开始逐渐对沟通的意义有所理解，开始将沟通对象看作有特定意图的。总的来说，在语言获得之前，婴儿已经表现出了一定的轮流技能和明显的互动能力。

五、共同注意的发展

共同注意是指协调自我与他人注意相同焦点的过程。在协调过程中可以参考对方提供的口语、视线、手势等来确定对方的注意焦点并调整自己注意的指向。共同注意分成两种形式，即回应式共同注意和发起式共同注意。一般而言，回应式共同注意能够促进语言理解能力的提升，而发起式共同注意则能促进语言表达能力的提高。婴幼儿通过共同注意既能够扩大交流环境、增强与他人的互动，更好地适应环境，又能够在与他人互动交流时，推断他人意图，使沟通和社会交往更有效。许多研究也表明共同注意对语言发展具有预测作用，如 Morales 等人对 6～18 个月婴儿的研究表明共同注意能够很好地预测口语发展[1]；Mundy 等人研究 9～18 个月婴儿的共同注意也得到类似结论[2]。Mundy 等人在 2003 年对 29 名婴儿采取纵向研究，在婴儿 14、18、24 个月时分别测量了他们的共同注意并进行了脑电图扫描，发现婴幼儿 14 个月和 18 个月共同注意的差异与 24 个月的口语能力差异相一致[3]。

关于儿童共同注意能力的发展过程，分布式并行加工网络模型（Parallel and Distributed Information Processing Model，PDPM）[4]认为，与回应式共同注意相关的后部皮层注意网络（包括顶叶和颞上皮层）在婴儿 3 个月时就开始发展；而与发起式共同注意相关的前部皮层注意网络（包括前扣带皮层和内侧额叶皮层）则发展较晚。这一神经模型与最新的行为研究结果相一致。在回应式共同注意方面，婴儿在两个月大时，对人脸有显著的偏爱；在 4 个月时能察觉出注意方向的变化；5 个月开始婴儿能够对自己的名字发出积极主动的反应[5]；6 个月时能跟随对他人视线（转头与视线转移）以注视位于

---

[1] Morales M,Mundy P,Christine E F,et al. Responding to Joint Across the 6-through 24-month Age Period and Early Language Acquisition[J]. Journal of Autism and Developmental Disorders,2000,21（3）：283-289.
[2] Mundy P,Block J,Delgado C,Pomares Y,et al. Individual Differences and the Development of Joint Attention in Infancy[J]. Child Development,2007,78（3）：938-954.
[3] Mundy P,Fox N,Card J. EEG Coherence,Joint Attention and Language Development in the Second Year[J]. Developmental Science,2003,6（1）：48-54.
[4] Mundy P,Jarrold W. Infant Joint Attention,Neural Networks and Social Cognition[J]. Neural Networks,2010,23（8-9）：985-997.
[5] 王伟平，苏彦捷. 孤独症儿童基于眼睛注视的社会性注意[J]. 中国特殊教育，2006（6）：12-17.

其视野范围 1 米以内的物品[1]；9 个月时能够跟随他人手指指示行为（手指指示与转头）以注意位于其视野内 1 米以外的物品[2]；12 个月时，婴儿开始看向成人所指示的方向或物品，然后回头看向成人，并且在物品和成人的眼神间来回交替，以确定和成人所注意的是同一个焦点，还会很快加入"da"等简单的声音[3]；18 个月时，婴儿跟随他人视线（转头与视线转移）以注意位于其视野外的物品[4]。对于发起式共同注意，从 8 个月开始婴儿能够稳定地在物品和成人之间进行视线转移[5]；手指指示和主动展示行为始于 9～10 个月，之后这两种类型的发起式共同注意行为会稳步增加[6]。

总的来说，婴儿共同注意发展特点为：早期以回应共同注意为主，后期逐渐具有发起共同注意的能力，一般认为 9 个月时婴儿共同注意发生，到 12 个月时婴儿的共同注意趋于稳定，18 个月时婴儿的共同注意发展成熟。

---

[1] Gredebäck G, Astor K, Fawcett, C. Gaze Following is not Dependent on Ostensive Cues: A Critical Test of Natural Pedagogy. Child Development, 2018: 1-8.
[2] Mundy P, Block J, Delgado C, et al. Individual differences and the development of infant joint attention[J]. Child Development, 2007, 78（3）: 938-954.
[3] 林志成. 联合注意：早期发展的里程碑[J]. 心理科学，2007, 30（5）: 1155-1157.
[4] Butterworth G E. Origins of Mind in Perception and Action. In Moore C, Dunham P (Eds.), Joint Attention: Its Origins and Role in Development. Hillsdale, NJ: Lawrence Erlbaum Associates, 1995: 29-40.
[5] Venezia M, Messinger D S, Thorp D, et al. The Development of Anticipatory Smiling. Infancy, 2004, 6（3）: 397-406.
[6] Crais E, Douglas D D, Campbell C C. The Intersection of Development of Gestures and Intentionality[J]. Journal of Speech, Language, and Hearing Research. 2004, 47（3）: 678-694.

儿童语音感知与产生能力的发展

儿童的语音习得是指儿童在自然交流中习得语音系统的过程。语音习得包括语音感知和产生两个部分。语音系统包括音位、音位结构规则、韵律等。语音感知指大脑对经由听觉器官传导而来的声波进行语音识别的过程。语音产生是说话者经过一系列复杂的信息加工处理，最终将所要表达的信息通过发音器官的协调运动以声波形式传递给听话者的过程。语音习得是儿童语言习得的重要一步，对语言发展有重要的影响。由于个体差异，儿童语音习得过程中会有各自的特点，因此本节内容主要探讨儿童语音发展的内容及规律。

一、语音的定义和组成

语音是口头语言的物质载体，是由人类发音器官发出的表达一定语言意义的声音。从音质角度来分析，语音包括音段音位和超音段音位。

（一）音段音位

音段音位是由音素成分构成的音位，能独占一定时长。

发元音时，气流在发音器官的通路上没有明显的阻碍，除声带外，其他部位的肌肉保持均衡的紧张状态。由于呼出气流畅通无阻，因此口腔外的气流较弱。元音发音时声带振动，因此声音比较响亮。根据舌位的高度，可分为高元音、中元音、低元音，中元音又可分为半高元音、半低元音；根据舌最高点的位置可以分为前元音、央元音、后元音；此外，根据发音时双唇圆展与否，可分为圆唇和不圆唇音。详见图3-3-1。

发辅音时，气流在发音器官的通路上受到一定的阻碍，只有形成阻碍的那一部分器官紧张，其他部分不紧张。由于呼出的气流在通道中受阻而积蓄了力量，因此呼出口腔外的气流较强。有些辅音发音时声带不振动，即清辅音，因此声音不够响亮；而有些辅音发音时声带振动，即浊辅音，但是由于气流在通道中受阻，因此声音仍旧不如元音响亮。声源主要是利用口腔内部器官的成阻释放气流发出声响，且只有形成阻塞的部位特别紧张，所释放出的气流也较为急促。在汉语拼音中，不同的元音或辅音组成了音节中的声母和韵母。

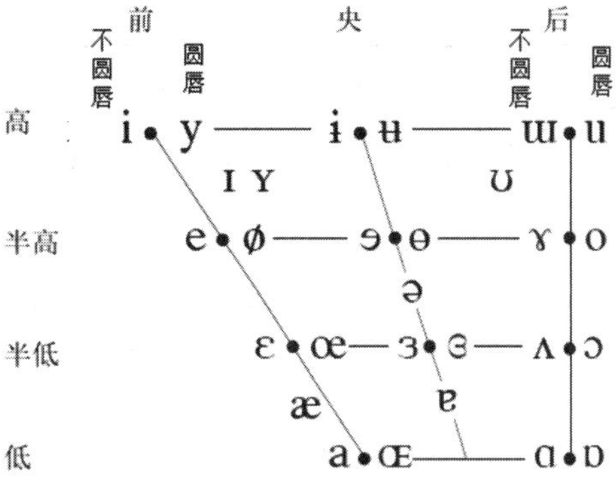

1. 声母

汉语普通话语音系统中，将音节开头的辅音称为声母，汉语中一共有 21 个声母（不包括两个零声母 w 和 y）。根据清浊与否、发音部位、发音方式和送气与否四个维度将声母划分为不同的类别，详见表 3-3-1。

图 3-3-1　汉语元音分类表

根据发音时声带是否振动，可以分为清音和浊音，发音时声带振动称为浊音，声带不振动称为清音。在汉语 21 个声母中，只有四个浊辅音：m、n、l、r。

根据发音部位的不同，21 个声母可以分成双唇音、唇齿音、舌尖前音、舌尖中音、舌尖后音、舌面音和舌根音。

根据发音方式的不同，可以分为鼻音、塞音、塞擦音、擦音和边音五种。鼻音指的是发音时气流主要从鼻腔流出，形成鼻腔共鸣。塞音指的是发音时两个部位闭合，将气流阻塞在该处，然后阻塞部分打开将气流突然释放出来。塞擦音是指发音时两个部位先完全闭合，然后再打开一条缝隙，让气流从中擦过去。擦音是指发音时两个部位形成一条缝隙，让气流从其中擦过去。边音是指发音时气流从舌的两边流出去。

根据释放气流时间的长短可分为送气音和不送气音。送气与否的分类仅存在于塞音和塞擦音中，释放气流时间长的称为送气音，释放气流时间短的称为不送气音。送气音和不送气音往往成对存在，例如，发 b 时，双唇迅速打开，气流释放时间短，而发 p 时，双唇则较缓慢地打开，气流释放时间较长。

表 3-3-1　普通话声母表

发音部位			唇音		舌尖音			舌面音	舌根音
			双唇音	唇齿音	舌尖前音	舌尖中音	舌尖后音		
鼻音	清音								
	浊音		m			n			
塞音	清音	不送气	b			d			g
		送气	p			t			k
	浊音								
塞擦音	清音	不送气			z		zh	j	
		送气			c		ch	q	
	浊音								

续表

发音部位		唇音		舌尖音			舌面音	舌根音
		双唇音	唇齿音	舌尖前音	舌尖中音	舌尖后音		
擦音	清音		f	s		sh	x	h
	浊音					r		
边音	清音							
	浊音				l			

2. 韵母

汉语普通话中，声母后面的音叫作韵母。汉语普通话中的 37 个韵母，主要可以按照两个维度进行分类，详见表 3-3-2。

第一个维度是根据韵母中第一个韵母发音的口型特点来分，包括开口呼、齐齿呼、合口呼和撮口呼。开口呼韵母包括 a、o、e 本身以及以它们开头的音；齐齿呼韵母包括 i 以及以 i 开头的韵母；合口呼韵母包括 u 以及以 u 开头的韵母；撮口呼韵母包括 ü 以及以 ü 开头的韵母。

韵母分类的第二个维度是内部结构特点，主要考虑了构音器官的不同运动，可以分为单韵母、复韵母、鼻韵母三大类。单韵母主要由一个元音组成，要求快速形成准确的形状。如发 a 时，要求下颌打开，舌随着下颌快速下降；复韵母则有一个运动过程，根据运动的方向，又可分为前响复韵母、后响复韵母和中响复韵母三类；鼻韵母根据发音时主要作用部位的不同，可分为前鼻韵母和后鼻韵母两类。前鼻韵母韵尾鼻音 n 发音时，舌尖抵住上齿龈，然后让气流在鼻腔形成共鸣。由于发音时舌尖起主要作用，因此，这一类韵母被称为前鼻韵母。后鼻韵母以 ng 结尾，发音时，舌后部抬起，靠近软腭，气流在鼻腔形成共鸣。由于发音时舌后部起主要作用，它们一般被称为后鼻韵母。

表 3-3-2　普通话韵母表

		开口呼	齐齿呼	合口呼	撮口呼
单韵母 （8个）	单韵母	-i a o e er	i	u	ü
复韵母 （13个）	前响韵母	ai ei ao ou			
	后响韵母		ia ie	ua uo	üe
	中响韵母		iao iou(iu)	uai uei(ui)	
鼻韵母 （16个）	前鼻韵母	an en	in ian	uan uen	ün üan
	后鼻韵母	ang eng ong	ing iong iang	uang ueng	

在汉语普通话的语音系统中，声母和韵母之间的组合不是任意的，具体可归纳出普通话声韵拼合的几条主要规律。

① 开口呼韵母不与舌面音 j、q、x 相拼。

② 齐齿呼韵母不与唇齿音 f，舌根音 g、k、h，舌尖后音 zh、ch、sh、r，舌尖前音 z、c、s 相拼。

③ 合口呼韵母不与舌面音 j、q、x 相拼，合口呼韵母（除 u 外）不与唇音声母 b、p、m、f 相拼。

④ 撮口呼韵母只能与舌尖中音的 n、l 和舌面音 j、q、x 相拼。

此外，不与声母相拼的韵母包括 e、er、ueng；不能进入零声母音节的韵母：-i、ong，且 -i 只与 z、zh、c、ch、s、sh 声母相拼。

（二）超音段音位

超音段音位是由语音非音质特征构成的音位，主要包括由音高特征构成的调位、由音强特征构成的重位（也称"势位"），以及由音长特征构成的时位。在汉语普通话体系下，儿童超音段音位感知与产生主要内容包括声调、音调、语调、响度、时长、语速以及音节停顿等。

在普通话体系中，声调包括一声调、二声调、三声调和四声调四种。其中，一声调和四声调感知与产生较为容易，二声调和三声调的感知与产生则较为困难。

音调是基频的听觉心理感知量，是个体对声音高低的主观感觉。对于不同性别和年龄段的群体而言，其音调都有各自的正常范围。音调感知训练主要提高儿童感知声音高低及变化的能力。音调产生训练则主要是训练儿童能够以适合自己性别和年龄段的音调发音。

语调是由说话时语音高低轻重配置而形成的。由于语调是负载在一定语言基础上的，进行语调的感知与产生训练时，可提取一定的语调模式，主要包括平调、升调、降调、升降调、降升调等。

响度指在一定强度的声波作用于人耳后，大脑对该声音强度的主观感受。响度感知与产生的训练内容从人交谈时响度等级的维度主要可分为耳语声、轻声、交谈声、大声和喊叫声五个级别。

时长是指声音持续的时间。可结合单音节、双音节和三音节的长度进行考虑，一般以三个类型的时长为主，分别是 250 ms、350 ms 和 500 ms。

语速是指发音速度，一般每分钟 260～280 个字是人容易接受的状态。在康复训练过程中，可结合音乐中的快、中、慢节奏进行训练，一般可使用 120 拍/分钟、88 拍/分钟、36 拍/分钟。研究表明新闻播报的语速从 20 世纪 60 年代的每分钟 180～200 字左右到七八十年代的 240 字左右，90 年代的 260 字左右再到现在的 290～300 字左右，大概经历了 4 个语速变换期[1]。

停顿是指语句或词语之间声音上的间歇。说话是靠声音传情达意的，要达到好的效

---

[1] 韩磊. 新时期广播新闻播音语速加快现象探究[J]. 西部广播电视，2014（21）：27-28.

果，必须注意停顿的位置。停顿位置的不同，可能会影响儿童对语言的理解，所表达的语义完全不同。因此，停顿训练也是语言障碍儿童康复训练必不可少的部分，在语音感知与产生训练中主要训练儿童对音节停顿的感知与产生能力。

二、儿童语音发展的基本阶段

儿童语音的发展具有一定的阶段性和顺序性。以能够产生第一批真正的语音为分界线，可以将儿童语音的发展过程分为语音发生准备阶段和音位系统发生发展阶段。

（一）语音发生准备阶段

语音发生准备阶段从婴儿呱呱坠地开始，到可以说出第一批真正的词结束。这个阶段又可再细分为三个小阶段，分别为非自控音阶段、咕咕声阶段、呀呀语阶段。

1. 非自控音阶段

非自控音阶段主要是指新生儿出生后的 0～20 天，在该阶段新生儿尚不能控制自己主动发出声音。

（1）声音感知

胎儿已有对声音的初步反应。胎儿听觉反应的问题现在虽然还难以定论，但已有研究表明，胎儿时期，大约在 20 周开始，听觉系统便逐渐地发育起来，胎儿后期的听觉已比较灵敏[1]。新生儿出生不久就对声音有反应，而且对人的声音比对其他声音更感兴趣。具体可以表现为：两三天的婴儿可对"沙沙声"做出反应；出生 36 小时的婴儿可通过听声音控制自己吮吸奶嘴的速度；出生 58 小时的婴儿可区分 200 Hz 与 100 Hz 的声音，对低音更感兴趣。

（2）声音产生

第一声啼哭是人的第一次发声。哭声表明发音器官已经为语音的发生做好了最基本的准备。这一阶段新生儿的发音以哭声为主，也有一些是咳嗽声和吃奶时的发音。新生儿在一周后，就可以产生不同的语调、停顿时长和韵律的哭声，这为后期超音段音位的发展奠定了基础。根据李宇明记录的某女孩 D 在 20 天内发出的非自控音来看，该女孩较早出现了发音部位靠后的喉辅音，接着出现双唇音和喉壁音、小舌音等；从发音方法上来看，主要包括不送气塞音、送气塞音、鼻音、浊擦音、搭嘴音、吸气音；其中，浊辅音较多。元音有不圆唇的低元音和发音部位稍高的前元音[2]。

2. 咕咕声阶段

咕咕声阶段主要指儿童出生的 21 天到 5 个月这一时间段，在此阶段儿童对声音的感知和产生能力都有了较大的发展。

---

[1] 金星明. 言语－语言发育及听力障碍的语言训练 [J]. 临床儿科杂志，2003（12）：820-823.
[2] 李宇明. 儿童语言的发展 [M]. 武汉：华中师范大学出版社，1995：59.

(1) 声音感知

在此阶段，婴儿已能够初步区分音高、音长、音色和语音情感等。具体表现为：7周的新生儿能区别升调和降调 ba[①]；在聆听成人话语录音时，表现出运动与节律的同步性；[②] 聆听 ba/pa 刺激声材料，吮吸反应不同；[③] 2 个月婴儿听到不同情感的声音后表情不同；3 个月会找声源；4 个月区分男、女声。

(2) 声音产生

从辅音上看，这一阶段儿童主要发展的是舌音，特别是出现了舌尖音中的边音 l 和卷舌塞擦音 zh 和 ch。边音和卷舌塞擦音的出现是一大进步，因为这些音的发音难度是辅音中最高的。这说明婴儿的舌部这一比较重要的发音器官已经开始灵活起来。在元音方面，除舌尖元音等极个别音外，普通话所需要的元音都已出现。此外，两三个月之后婴儿的发音已与情景发生关系[④]。

3. 呀呀语阶段

儿童从出生后 6 个月到 1 岁左右说出第一批真正的词这一时间段，被称为呀呀语阶段。

(1) 声音感知

在此阶段，儿童已经把声音的感知纳入了语言的范畴，出现了早期的话语理解反应，这标志着儿童语言活动的开始。李宇明采用的话语反应判定法测定儿童话语理解情况，结果发现儿童大约在 6 个月时，就已有话语理解的萌芽，能对个别简单的词语做出指令性的反应。虽然儿童此阶段还不能说出一个真正的词，但其听觉已经开始语言化了。

(2) 声音产生

在此阶段，儿童模仿发音的能力大为提高。在其呀呀语中，很多发音很像成人语言中的词；许多音流的音高变化已经非常接近成人的语调。此阶段儿童的发音，出现了两个相辅相成的过程：一是语音扩充，即儿童随着他的成熟而发出越来越多的声音；二是语音收缩，即母语中没有的音的发音逐渐减少。

（二）音位系统发生发展阶段

音位是语音中能区分意义的语音类聚，音位往往不是一个音，而是由若干变体组成的一簇音。一般认为，儿童在 1 岁左右开始到说出第一批真正的词时，就已开始掌握音位系统，到 3 岁左右时，音位系统已经基本形成，到五六岁时，儿童音位系统的发展基本成熟。

---

① Morse P A . The Discrimination of Speech and Nonspeech Stimuli in Early Infancy[J]. Journal of Experimental Child Psychology, 1972, 14（3）：490-492.
② Condon W S, Sander L W. Neonate Movement is Synchronized With Adult Speech: Interactional Participation and Language Acquisition[J]. Science, 1974, 183（4120）：99-101.
③ Eimas P D, Siqueland E R , Jusczyk P W & Vigorito J. Speech Perception in Infants. Science, 1971, 171：303-306.
④ 李宇明 . 儿童语言的发展 [M]. 武汉：华中师范大学出版社，1995：64.

1. 语音感知

（1）音位感知

在呀呀语阶段，儿童已经把声音的感知纳入了语言的范畴，开始出现对语言的理解。但是，这并不等同于儿童能够感知音位的不同。儿童音位感知的发展，可以从音段音位和超音段音位两种角度来探讨。

① 音段音位的感知。

在儿童掌握音位区别性特征之前，还不具备把音节切分为辅音、元音等更小的语音单位的能力。在掌握的音节数量增多的过程中，儿童逐渐发展出把音节切分为更小的语音单位的能力，这才真正开始音位系统的发展。研究发现 10 个月到 24 个月儿童首先能区分元音，最先区分出的是 a，然后才能区分前元音和后元音，高元音和低元音；之后是能够区分辅音，先后顺序为塞音、擦音和鼻音、流音、滑音。较小的儿童就可以正确辨别 book 和 look 这种差异较大的语音，但对于 book 和 look 这种仅有清浊对立的语音，要到 2 岁时才能区分[1]。

在汉语普通话中，刘巧云等人采用 92 对韵母最小音位对和 87 对声母最小音位对分别对 3～5 岁儿童的音段音位感知能力进行了分析，发现 4 岁儿童就已完成相同结构、不同开口组韵母的感知；相同开口不同结构组仅 1 对在 5 岁习得；相同开口相同结构组韵母习得发展略慢，有 2 对在 5 岁后形成；前鼻音与后鼻音韵母习得较为缓慢，eng/ong、in/ing 两对韵母 5 岁时仍未习得；在声母方面，擦音与无擦音发展较早，在 3 岁及 3 岁前即已习得；4 岁左右完成对送气与不送气音的感知；清辅音与浊辅音的感知也基本在 4 岁完成；相同部位不同方式、相同方式不同部位以及卷舌音与非卷舌音的感知识别在 5 岁后仍存在一段持续发展的过程[2]。

② 超音段音位的感知。

目前对超音段音位感知的研究还较少，未得出一致的结论。心理语言学家也发现，在一至三岁儿童的自发言语里，很少有把词语中的重音念错的，间接说明儿童很早就能听辨重音。但阿特肯森－金（K. Atkinson－King）发现 5 岁的儿童仍然区分不出仅重音位置不同的 hotdog 和 hot dog，区分不出 greenhouse 和 green house[3]。

声调系统的掌握远远先于语音系统的其他方面，在儿童两岁以前，我们就可以从儿童的语言中辨别出这些儿童说的是有声调的语言，还是没有声调的语言。

（2）音位组合感知

在不同的语音体系中，音位的组合都具有自己的一套规则。例如，在汉语普通话中，舌根音、舌尖前音和舌尖后音不能同齐齿呼、撮口呼的韵母组合，只能同开口呼、合口呼的韵母组合（汉语普通话中不存在 gi，但却存在 gu）。最初，儿童尚未习得这些组合规则，会对音流中出现的不符合规则的音位组合同样进行切分。随着经验的增加，儿童逐渐习得音位组合规则，只对符合音位组合规则的音位进行切分。有研究认为，儿童

---

[1] 李宇明. 儿童语言的发展 [M]. 武汉：华中师范大学出版社，1995：71-72.
[2] 刘巧云，赵航，陈丽，等.3～5 岁听健儿童音位对比识别习得过程研究 [J]. 听力学及言语疾病杂志，2011，19(2)：116-119.
[3] Atkinson-King R B K . A First Language: The Early Stagesby Roger Brown[J]. Language, 1975, 51(3):764-770.

到四岁才具有掌握音位组合规则的能力。

2. 语音产生

在一岁之前，儿童的发音都不能看作真正的语音。儿童真正的语音应是从他主动说出第一个词开始。儿童掌握了一定数量的词之后才能建立起音位系统。

（1）儿童声母习得的顺序

根据李嵬等人[1]的研究，儿童有意识地发出一个音位，即认为该音位已"出现"，即使该音位出现在错误的位置上。如果一个音位"出现"在同一年龄组90%以上的儿童语音系统中，则把符合上述条件的最小年龄组定为该音位出现的年龄段；当儿童有意识地发出该音位的正确率达66.7%时，即认为该音位已"习得"，如果一个音位"习得"在同一年龄组90%以上的儿童语音系统中，则把符合上述条件的最小年龄组定为该习得的年龄段。李嵬等人的研究中21个声母出现和习得年龄段见表3-3-3。

表3-3-3　21个声母出现和习得年龄段

年龄组（岁：月）	1：6～2：0	2：1～2：6	2：7～3：0	3：1～3：6	3：7～4：0	4：1～4：6	4：7及以上
音位出现	d、t、m、h、g、n、j、q、x	f、s、zh	b、l	p、k、ch	sh	zh、ch、r	
音位习得	d、m	n	b、h、t、f、x	g、k	p	j、q、l、r、s	z、c、sh、zh、ch

黄昭鸣等人[2]的研究发现，在儿童发展过程中各声母音位习得可分为如下五个阶段：第一阶段为b、m、d、h四个声母的习得；第二阶段为p、t、g、k、n五个声母的习得；第三阶段为f、j、q、x四个声母的习得；第四阶段为l、z、s、r四个声母的习得；第五阶段为c、zh、ch、sh四个声母的习得。详见图3-3-2。

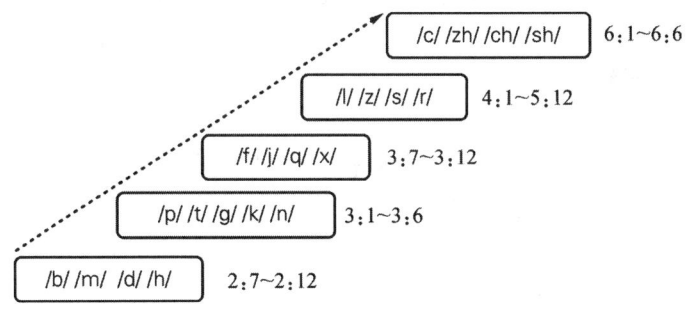

图3-3-2　21个声母习得五阶段

（2）儿童韵母习得的顺序

有研究显示儿童的普通话韵母出现的先后顺序依次是 a、e、u、o、i、ü。这个顺序与发音时舌位的前后、口型的大小以及唇的圆展密切相关，口形以儿童最自然的开闭 a 最早出现，再出现扁、圆，最后撮口。另外，单韵母的出现早于复韵母[3]。双元音构

---
[1] 李嵬，祝华，姜涛，等．说普通话儿童的语音习得[J]．心理学报，2000，32（2）：170-176．
[2] 黄昭鸣，朱群怡，卢红云．言语治疗学[M]．上海：华东师范大学出版社，2017：309．
[3] 龚勤．早期儿童语音习得的若干特点探析[J]．黄石理工学院学报：人文社会科学版，2011，28（5）：48-52．

成的韵母和韵尾开始出现时,儿童对韵头的把握比较准确,韵尾一般发音不到位,音长不够长。因此,儿童的发音听起来似乎听不到韵尾,比如儿童开始说"抱抱"的时候,听起来像是说"爸爸",这其实是因为双音滑动有从不充分到充分的过程。总之,韵母的发音产生规律基本上可以总结为:口形是先开口呼、合口呼,再齐齿呼,后撮口呼;结构上,先习得单韵母,再习得复韵母。

（3）儿童声调习得的顺序

据李嵬等人[①]对129名的说普通话的1.5岁至4.5岁儿童语音习得的研究,发现儿童声调习得完成得最早,一般在1.5岁以前就已基本结束。司玉英在《普通话儿童语音习得的个案研究》中发现调位的习得最早,但其认为习得时间约在2岁,这可能是由于普通话儿童的个体差异造成的。她还指出,变调在被试5岁前也已完成。此外,普通话四声的习得也是不平衡的,第二声、第三声的习得要晚于第一声和第四声[②]。Li and Thompson 对台湾地区说汉语儿童的横向调查也证实了这一点[③];Clumeck 在研究两个1岁10个月到3岁5个月儿童的发音时也有同样的发现,他认为普通话的第三声变调规则可能是导致这一现象的原因[④]。

三、儿童语音发展中的特殊现象

（一）发音紧缩

在儿童语音发展过程中,会出现发音紧缩的现象。在呀呀语阶段儿童能发出一些音,包括母语中有的和没有的,但到了音位系统的发生和发展阶段后,儿童丧失了发一些音的能力,此后所发的音基本上是属于母语范畴的,对于早期的一些母语中没有的音,他一般不再发了,甚至也听辨不出来了。这种发音紧缩的现象,是从非语言的音素发音向语言的音位发音的过渡中所出现的语言化现象,也是"语音母语化"开始的一种表现。

（二）音韵历程

在语音发展过程中,儿童常会出现系统地改变某些语音的发音,而且这些改变是有规律的,这称为音韵历程或语音历程。

1. 分类

音韵历程依语音改变的性质大致可以分为以下3大类:音节结构历程（syllabic structure processes）、同化历程（assimilation processes）、替代历程（substitution processes）。

（1）音节结构历程

音节结构历程是指说话者所发出词语的音节结构发生改变,主要表现为省略音节中的

---

① 李嵬,祝华,姜涛,等. 说普通话儿童的语音习得 [J]. 心理学报,2000,32（2）: 170–176.
② 司玉英. 普通话儿童语音习得的个案研究 [J]. 当代语言学,2006,8（1）: 1–16.
③ Li C N, Thompson S A. The acquisition of tonein Mandarin-speaking children[J]. Journal of Child Language, 1977, 4（2）: 185–199.
④ Clumeck H. The Acquisition of Tone[M]. Child Phonology. Academic Press, 1980: 257–275.

某个音素，有时也会出现添加个别音素的现象。以英语为母语的儿童常出现的音节结构历程有音节末辅音省略、非重音音节省略、音节重复、辅音群简化、子音省略。而普通话的音节结构不会在韵母前出现多个辅音的现象，因此辅音群简化在以普通话为母语的儿童中不会出现，而声母省略在结构历程中出现率较高，如"yuè liàng"（月亮）发成"yuè liang"，这种历程对语音的清晰度影响较大。

（2）同化历程

同化历程是指在语音产生的过程中，音素受到其临近语音环境（phonetic context）的影响，会将该音素同化为临近语音而产生音误。根据其同化历程出现的前后顺序不同将其分为前行性同化（progressive assimilation）和回逆性同化（regressive assimilation）。前行性同化，例如将"葡萄"说成"葡刨"，前面的"p"将后面的"t"同化。若将"葡萄"说成"涂萄"，则是后面的"t"将前面的"p"同化，即为回逆性同化。

（3）替代历程

替代历程是指说话者用一个音素替代另一个音素的历程，根据构音特征的不同分为送气化、不送气化、后置化、前置化、唇音化、卷舌化、不卷舌化、塞音化、塞擦音化、擦音化、鼻音化、去鼻音化、边音化、齿槽音化（又称舌尖音化）。如将"qì qiú"（气球）说成"jì qiú"，用不送气塞擦音"j"替代了送气塞擦音"q"，则为替代历程中的不送气化；如将"gē gē"（哥哥）说成"dē dē"，用舌尖塞音"d"替代了舌根塞音"g"，则为替代历程中的齿槽音化。

2. 汉语普通话儿童的音韵历程

目前针对普通话体系下儿童音韵历程的研究比较缺乏。张凯莉等人[①]分析了3~5岁儿童声母的音韵历程，结果发现声母中替代历程在三种音韵历程中出现率最高，在替代历程中出现最多的是不卷舌化，其次是卷舌化；4岁是儿童的音韵历程实现抑制的关键年龄，4岁儿童除不卷舌化外，各替代历程均完成抑制，不卷舌化历程一直持续到5岁。

由于台湾地区和大陆地区在发音习惯上存在着一定的差异，对台湾地区以汉语普通话为母语的儿童的研究结果较大陆略有差异。对于台湾地区以汉语普通话为母语的学龄前儿童而言，音韵历程中出现最多的是不卷舌化，其次是后置化。[②]随着儿童年龄的增长，音韵历程的发生率逐渐降低，音韵历程整体化得到抑制的年龄大约在5岁半到6岁，就塞音历程而言，儿童出现抑制的年龄大约在4岁[③]。

此外，由于生活经验或语言环境的不同，有些儿童语音的发展会存在个体差异性，如某儿童的名字叫"qiāo qiāo"（悄悄），家长在日常生活中，不断地输入并要求儿童发出"qiāo qiāo"（悄悄），导致儿童尚未习得"dì dì"（弟弟）时，已经能清晰地发出"qiāo qiāo"（悄悄）。

---

① 张凯莉，刘巧云. 3~5岁健听儿童声母音韵历程分析 [J]. 中国听力语言康复科学杂志，2019（2）：125-129.
② 郑静宜. 学前儿童华语声母之音韵历程分析 [J]. 特殊教育学报. 2011（34）：137-171.
③ 张维珊. 二至六岁幼儿塞音化音韵历程 [D]. 台北护理健康大学听语障碍科学研究所，2005：11.

儿童词汇理解与表达能力的发展

个体必须积累了一定数量的词汇，才能与别人进行交谈。每个词都有形式和内容两个方面，对口语词而言，词的形式是语音，内容是语义。普通儿童词汇语义掌握的特点体现在词汇量增加、词类范围的扩大和词义理解的精确和加深等方面。本节内容通过对普通儿童词汇量、词类和词义的发展，探索总结儿童词汇—语义能力的发展规律。

一、词汇的定义和分类

（一）词汇的定义

词汇，又称语汇，是指一种语言里所有的（或特定范围内的）词和短语的总和。词是具有固定的语音形式和特定意义的能够独立运用的最小造句单位。词组，又称短语，是词和词的语法组合，按短语结构是否固定分为固定短语和自由短语。

（二）词汇的分类

现代汉语将词分成实词和虚词。实词，仅指能单独充当句子成分的含有实际意义的词，一般分为名词、动词、形容词、数词、量词和代词。虚词，指有语法意义或功能的词。一般分为副词、介词、拟声词、连词、助词、叹词。研究表明儿童习得词汇首先是从实词开始的[1]，而且学龄前儿童掌握的词汇以实词为主[2]。在学龄前儿童词汇发展中，名词占主导地位，大约占58%；其次是动词，大约为24%；再次是形容词，大约10%[3]。由此可见，儿童早期词汇以名词、动词和形容词为主，见表3-4-1。

---
[1] 赵寄石，楼必生. 学前儿童语言教育[M]. 北京：人民教育出版社，2003：98-99.
[2] 但菲，刘彦华. 婴幼儿心理发展与教育[M]. 北京：人民出版社，2008：69-375.
[3] 白银婷. 3~5岁上海特殊儿童实词理解能力评估及参考标准制定的探索研究[D]. 上海：华东师范大学，2013.

名词，指表示人、事物、时间和方位等实体或抽象事物的实词，包括指人名词、指物名词、方位名词、时间名词和抽象名词等。其中，指人名词是代指人的名词，包括亲属称谓词（如爸爸、妈妈、爷爷等）和一般指人名词。指物名词是代指物的名词，包括动物类（如猫、狗）、食物或饮料类（如鸡蛋、牛奶）、身体部位类（如眼睛、手）、衣物类（如衣服、裙子）、玩具类（如洋娃娃、玩具车）、交通工具类（如汽车、飞机）、个人用品类（如牙刷、毛巾）和家居用品类（如电视、冰箱）等。时间名词是指表示时间的名词，如"早上、昨天、后来"。方位名词指表示地理方位的名词，如"上面、前面、中间"。抽象名词指表示情感、意见、概念等抽象事物的名词，如"正义、公平"等。

动词，指表示人或事物的动作、行为、发展、变化的实词，包括动作动词、趋向动词、心理动词、能愿动词、判断动词、存现动词和使令动词等。其中，动作动词指表示动作行为的动词，主要包括生理性动作动词（如吃、喝）、五官类动作动词（如看、听）、操作性动作动词（如打、抱）和抽象化动作动词（如欢迎、帮助）。趋向动词是指表示移动趋向的动词，如"来、回、出去"。心理动词是指表示心理活动的动词，如"思考、喜欢"。能愿动词是指表示可能、意愿或必要的动词，如"能够、愿意、应该"。判断动词是指表示判断的动词，如"是、为"。存现动词是指表示存在的动词，如"有、没有"。使令动词是指表示祈使、要求的动词，如"请、让"。

形容词，指表示人或事物的性质、形状或动作、行为、变化的状态的实词。其中，外形形容词是指描述人或事物形态的形容词，如"红、大"。性质评价类形容词指用以评价人或事物性质的形容词，如"好、硬、优秀"。机体感觉类形容词指用以描述身体感觉的形容词，如"疼、饿、热"。品性行为类形容词是用以评价人物品行的形容词，如"听话、认真"。事件情景类形容词指用以描述事件情景的形容词，如"好玩、危险、简单"。情绪情感类形容词指用以表示情绪的形容词，如"开心、高兴、伤心"。社会生活类形容词指用以描述社会生活的形容词，如"进步"。

表 3-4-1　词语的分类

词类	内容	举例
名词	指人名词	▲ 亲属称谓词，如爸爸、妈妈、爷爷、阿姨、弟弟、哥哥 ▲ 一般指人名词 　● 年龄类，如宝宝、小朋友 　● 性别类，如男孩、女孩 　● 职别类，如医生、老师、护士 　● 姓名类，如小丽、小明、小红 　● 才识类，如天才 　● 体态类，如胖胖 　● 品性类，如坏人、好人 　● 状况类，如聋人、病人 　● 关系类，如同学、朋友 　● 临时类，如客人、主人 　● 集合类，如海军、空军

续表

词类	内容	举例
名词	指物名词	▲ 动物类，如猫、狗、老虎、鱼、鸽子、孔雀、天鹅、鸭 ▲ 食物或饮料，如面包、牛奶、鸡蛋、豆浆、果汁、苹果、香蕉 ▲ 身体部位，如嘴巴、耳朵、眼睛、鼻子、手、肩膀、胸、腰 ▲ 衣物类，如衣服、裤子、鞋子、衬衫、袜子、围巾、毛衣、背心 ▲ 玩具类，如洋娃娃、飞行棋、玩具车、积木、橡皮泥 ▲ 交通工具，如汽车、飞机、轮船、摩托车、三轮车、自行车 ▲ 个人用品，如牙刷、牙膏、毛巾 ▲ 家居用品，如电视、冰箱、空调、电饭煲、烤箱
	方位名词	上面、里面、下面、外面、前面、后面、中间、旁边、左边、右边
	时间名词	▲ 次序时间词，如后来 ▲ 非定位时间词，如现在、刚才、从前、今天、昨天、明天 ▲ 定位时间词，如晚上、早上、下午、中午、星期天、星期一、夏天、冬天
动词	动作动词	▲ 生理性动词，如吃、喝、哭、笑、咽、咬 ▲ 五官类动词，如看、听、吐、闻一闻、唱歌、眨眼、瞪
	趋向动词	来、回、出去、进、下来、起来、过来、上去、出来、回去
	心理动词	怕、喜欢、想、讨厌、知道、爱、认为、注意、害怕、相信
	能愿动词	能、许、要、会、敢、愿、肯、愿意、可以、应当、应该
	判断动词	是、像、叫（称呼）、当、属、姓、等于、表示
	存现动词	有、没有、在、不在、没、剩
	使令动词	叫、让、请、喊、帮、使
形容词	外形形容词	▲ 颜色形容词，如红、黄、蓝、白、黑、绿、紫、橙 ▲ 空间形容词 ● 大小类，如大、小 ● 高矮或长短类，如高、长、短、矮 ● 高低类，如高、低、平 ● 宽窄类，如宽、窄 ● 厚薄类，如厚、薄 ● 深浅类，如深、浅 ▲ 其他，如脏、破、快、干净、圆、远、新、弯、空、美丽、清楚
	性质评价类	好、坏、对、行、错、软、紧、生、熟、瞎、硬、巧、稀奇、年轻
	机体感觉类	饿、疼、烫、饱、辣、冷、甜、香、热、臭、好吃、累、暖、凉、咸
	品性行为类	听话、调皮、懒、厉害、勇敢、凶恶、狡猾、懂事、聪明、认真
	事件情景类	好玩、危险、早、晚、准、难、忙、闲、随便、仔细、简单、迟
	情绪情感类	高兴、急、快乐、开心、舒服、快活、难受、烦、可惜、伤心、恶心
	社会生活类	进步

短语分为固定短语和自由短语（词组）。固定短语，又称固定词组，指结构比较固定的惯用的短语，包括成语和习惯用语。自由短语，又称自由词组，有联合词组、主谓词组、动宾词组、偏正词组和补充词组等 5 种基本的结构。

后续将进一步发展复指词组、连谓词组、兼语词组、方位词组、介宾词组、量词词组、"的"字词组、"所"字词组、比况词组，详见表 3-4-2。

表 3-4-2　词组的分类及举例

内容	举　　例
联合词组	● 指人名词类并列词组，如爸爸和妈妈、爷爷和奶奶、叔叔和阿姨 ● 指物名词类并列词组，如鼻子和眼睛、围巾和帽子、鸡蛋和牛奶
补充词组	● 写得认真、出去一趟、吃个痛快
主谓词组	● 女孩爬、男孩跑、小朋友跳
动宾词组	● 吃香蕉、画汽车、踢毽子、吹泡泡、打篮球
复指词组	● 你们三位、钱旭红院士
连谓词组	● 上街买菜、打着雨伞去超市买水果
偏正词组	● 蓝裙子、大手套、圆圆的饼干、长围巾、又大又红的苹果
兼语词组	● 请小红注意、派小明去上海、让人去拿
方位词组	● 篮子里、床上、桌子上面、椅子下面、湖旁边
介宾词组	● 在教室里（看书）、从今天（开始）、把问题（搞清楚）
量词词组	● 一条、这只（青蛙）、这一大堆
"的"字词组	● 木头的橱子、教语文的老师
"所"字词组	● 所见、所想、所喜欢的
比况词组	● 像狐狸一般、排山倒海般

（三）儿童最初习得的 50 个词

从前语言阶段至语言发生阶段，包括出现模仿动作、模仿发音、听懂第一个词、说出第一个有意义的词语和说出 50 个词语等数个重要的语言发育历程[1]。金星明等学者以上海市 610 名 0～36 个月的儿童为研究对象，发现了说汉语的儿童最初表达 50 个词语的发育进程[2]（见表 3-4-3）。

表 3-4-3　儿童最初表达的 50 个词语

爸爸	鱼	狗	弟弟	眼睛	阿姨	裤子
妈妈	宝宝	球	糖	耳朵	大	叔叔

---

[1] Tamis-LeMondaCS, BornsteinMH, Baumwell L.Maternal responsiveness and chidren's achievement of language milestones [J].Child Dev, 2001, 72（3）：748-767.
[2] 金星明，马骏，章依文，等．儿童最初表达 50 个词语发展进程的初步研究 [J]．中国循证儿科杂志，2009（3）：301-305.

续表

爷爷	汪汪	咦	妹妹	月亮	娃娃	
奶奶	吃	手	饭	肉	我	
阿婆	猫	脚	鞋子	饼干	门	
呜呜	拿	灯	鸟	嘎嘎	要	
姐姐	蛋	阿公	喵喵	电视	谢谢	
鸡	鸭	哥哥	不要	菜	衣服	

在儿童词语学习过程中，康复师了解儿童词语习得的判定标准至关重要。对于儿童词语习得，判定标准如下：① 儿童持续使用某词指认某样物品。② 说出来的词与正确的音韵相似，而且是可以辨认的。③ 说出来的词语不能是模仿大人所示范的，如妈妈说"叫爸爸"。④ 需要在适当的情境中使用这个词语，如：看到鱼说"鱼"，看到电视上的鱼时也会说"鱼"。

二、儿童词汇量的发展特点

（一）儿童词汇量的增速由慢到快

比较和总结德国心理学家斯特恩（L. W. Stern），美国心理学家史密斯（M. E. Smith），德奥心理学家 C. 德勒（C. Bühler），我国北京、天津、广州等十个省、市协作进行的《十省、市研究》以及中央教育科学研究所幼儿教育研究室等对儿童各年龄段词汇量发展的研究，大致得出不同年龄段儿童习得（既能理解又能表达）的词汇量如表3-4-4所示。

表 3-4-4　儿童词汇量发展

年龄段	1:0	1:0~1:6	1:6~2:0	2:0~2:6	2:6~3:0	3:0~4:0	4:0~5:0	5:0~6:0
词汇量	10个以内	50~100个	300个左右	600个左右	1100个左右	1600个左右	2300个左右	3500个左右

注：1:0 表示一岁零个月；1:6 表示一岁六个月。

从上表中可以看出，0~6岁普通儿童词汇量随年龄增长而增长。普通儿童在出生时即具有听力，但是直到1岁半之前儿童能表达出的词语数量在100个以内，词汇量增长的速度非常缓慢。但在一岁六个月到两岁这短短的半年之内，儿童能表达的词汇量相比一岁至一岁六个月增长了2.5倍。6岁前词汇量增长速度迅猛，数量增加到3500个。儿童初期50~100个词增长速度较慢的现象表明，最初儿童的音义结合需要发音器官、听觉器官和中枢神经系统的协调配合，搭建初期的词语神经网络学习模型，这需要相当长时间，且前50个词都是日常生活中使用频率特别高的词。

（二）儿童理解的词汇量远大于表达

国内外研究发现，18个月儿童词汇理解量已经达到200个，而使用的词语只有10～50个；30个月儿童理解的词语达到2400个，表达的词语约为425个；36个月儿童理解的词语到达3600个，表达的词语约是600个；48个月儿童理解的词语达到5600个，而表达的词语约900～1000个。由此可见，儿童理解词汇量远大于表达词汇量，理解词汇量是表达词汇量的5～6倍。造成理解和表达数量差异如此巨大的原因，一方面在于同义词、近义词的存在；另一方面从处理过程来看，理解的难度低于表达的难度，因为表达需记忆和提取等更多能力的支撑。

三、儿童词类学习的发展特点

在儿童学习词语的过程中，实词的发展自始至终处于绝对优势地位，每个年龄段比例都在90%以上，发展起点早、速度快。实词中名词比例最高、动词次之，再次为形容词；名词、动词和其他实词的比例随年龄增长不断下降，而虚词的比例则呈上升趋势。儿童各类词语的发展遵循从具体到抽象、从近到远的原则。儿童词汇量的发展以实词为主，虚词主要在句子中习得。

（一）儿童名词的发展：具体名词的发展先于抽象名词，顺序与个人兴趣及成长环境相关

锜宝香研究发现，汉语儿童具体名词习得的顺序为"生活中所接触的亲属名称→动物→食物或饮料→身体部位→衣物→玩具→交通工具→个人用品→家居用品等"。各儿童名词习得根据家庭成长环境、家庭经济水平、主要照料者的性别和文化程度等环境的不同和儿童个人兴趣的不同而变化，如家里开水果店的儿童很早就认识各种水果。在方位名词发展方面，方位词的发展与儿童年龄增长有密切关系，其发展具有一定的顺序，且不同的方位名词的使用频率不同。根据张仁俊的研究，儿童获得空间词的顺序为里（3:0～3:6）、上（2:0～4:0）、下（3:0～4:0）、后（3:0～4:0）、前（4:0～4:6）、外（3:0～4:6）、中（4:0～5:0）、旁（4:0～5:0）、左（4:0～?）、右（4:0～?）[①]。

（二）儿童动词的发展：动作动词数量占绝对优势，且先于其他动词

儿童动词习得也具有从具体到抽象的特点。在儿童3岁前习得的动词中，动作动词（如"打""吃"等）最多，其次为趋向动词（如"去""来"等）、心理动词（如"想""要"等）和存现动词（如"有""在"等）。

---

① 张仁俊. 儿童对空间词汇的掌握[J]. 华东师范大学学报：教育科学版，1985（4）：35-46.

（三）儿童形容词的发展：由单一到复合，规律复杂

儿童从 2 岁开始使用形容词，到 5 岁时习得形容词约 170 个。孔令达等研究者对 5 岁前儿童调查发现，儿童最初习得的 170 个形容词中有 116 个是单音节词，54 个是双音节词[①]。从内容方面看，外形特征占优势，170 个形容词中 59 个是表示外形特征的形容词，如"大""小""多"等，是占比例最高的一类形容词。各类形容词发展的基本顺序是：外形特征、性质评价、机体感觉、品性行为、事件情景、情绪情感、社会生活。在同样表示外形特征的形容词中，又表现出从单一特征到复杂特征发展的趋势：如"大、小"在 2 岁即习得，而"肥"在 5 岁习得。这一特征在颜色形容词中也有所体现，如黑德和约翰逊的研究发现，国外儿童颜色词的习得遵循红、绿、黑、白、黄、棕、紫这一顺序；柏林和凯的研究指出，儿童颜色词的习得遵循七阶段，分别是：①白和黑，②红，③绿或黄，④黄或绿，⑤蓝，⑥棕，⑦紫、粉红、橙、灰；而大陆协作组的调查发现，儿童在 2 岁时习得红色，在 2 岁 6 个月时习得黑、白、绿、黄，在 3 岁时习得蓝色，在 5 岁 6 个月时习得紫和灰，在 6 岁 6 个月时习得棕色。[②]此外，成对的形容词如"高、矮"，其中表示积极意义的无标记形容词"高"的习得年龄为 2 岁半，表消极意义的有标记形容词"矮"的习得年龄为 3 岁半。以上特点表明，形容词的习得过程非常复杂。

（四）儿童代词的发展：近指早于远指

代词主要包括指示代词和人称代词。指示代词的发展遵循从单一到复合，如指示代词主要是近指代词"这"和远指代词"那"及在二者后面添加量词、方位词等所形成的"这个、那个、这里、那里、这边、那边"等复合指示代词，从第一人称到第二、三人称的发展规律。最早使用的人称代词是"我"（1.5 岁），然后是"你"（2 岁）。在使用频率上，第一人称最多，其次第二人称，第三人称最少。

（五）儿童量词的发展：以"个"为主

儿童在 2 岁前就开始使用量词，但直到 7 岁时其量词的发展水平还不是很高。儿童个体量词习得早于集合量词。在个体量词中，儿童主要使用"个"来替代其他量词。4 岁时真正掌握的个体量词仅有"个"；5 岁左右时掌握"只""条""本"；7 岁时真正掌握的集合量词只有"双"。

（六）儿童虚词的发展：数量少但使用频率高

虚词的数量少但使用率较高。儿童虚词使用频率最高的是助词，其次为代词，然后是副词和介词。阎克乐和邹春岚统计的 3～4 岁儿童 32 个 40 频次以上的高频词中，虚

---

① 孔令达，胡德明，欧阳俊林，等. 汉族儿童实词习得研究 [M]. 合肥：安徽大学出版社，2004.
② 李宇明. 儿童语言的发展 [M]. 上海：华中师范大学出版社，1995：112.

词占 1/4[①]。而亓艳萍和季恒铨统计的 5 个高频词是"我、的、一、小、了",其中虚词占 2/5。

四、儿童词汇语义习得发展规律

（一）从表面义到深层含义

随着词汇量的扩大、词类的增多,儿童对词义的理解逐渐深化。从最初词语的表面义逐渐扩展到深层含义（如比喻义和引申义）,从一种意义到多种意义。儿童以最先习得的事物为原型,然后通过认识的不断加深和词汇的积累,逐渐建立以原型为中心的语义网络。比如儿童刚开始认识猫,对"猫"的理解先是猫的外形和叫声、会捉老鼠等,然后理解猫是一种动物,最后才能知道猫的比喻义（如她像小猫一样乖巧）。

（二）过程从模糊到精确

对词语的认识可能会出现两种现象。一种是词义扩大,比如用"球"称呼所有圆形的物体,西瓜也称为球;另一种是词义缩小,比如只认为自己的玩具车是车,其他的都不是车。在词汇发展的过程中,儿童的词义习得会逐渐精确,主要表现为：① 扩大的词义逐渐缩小,如能区分西瓜和球；② 缩小的词义逐渐扩大,如能用"车"代表有轮子并且能移动的物品,并且也会出现更多与"车"相关的词,如推车、自行车和汽车等。

[①] 阎克乐, 邹春岚. 对 3～4 岁儿童语言的初步探讨 [J]. 河北师范大学学报：哲学社会科学版, 1979（1）：36-44.

儿童句法能力的发展

PART 5
第五节

语法由一系列语法单位和有限的语法规则构成，是语言最为抽象的基础性系统，是语言的民族特点和一个人语言能力最为基础的表现。当掌握的词汇达到一定数量之后，根据有限的语法规则，就可以创造出无限的句子，用于交流和沟通。

一、句子的定义和分类

（一）句子的定义

关于句子，现学术界主要有以下几种观点。① 句子是具有句调、能够表达一个相对完整意思的语言单位[①]。② 句子是人们交流思想的基本语言单位[②]。③ 句子是语言中最大的语法单位，又是交际中最基本的表述单位，句子的最大特点是有一个完整的语调。说话中任何带有一个完整语调的语言片段都是句子。④ 句子由词、短语组成，是能够表达一个完整的意思、体现说话人的一个特定意图的语法单位。口语中的句子都有一定的语调，句子前后都有隔离性的语音停顿；书面语中，句子的末尾用句号、问号或感叹号表示语调和停顿。

综上所述，句子构成的必备要素包括完整的语调、完整的意思表达、用于交际等。在普通话中，句法是语法发展的关键，语法是语言发展的重要内容。明确句子的发展阶段，掌握语法系统发展的规律，是掌握一门语言的重要标志。

具体来说，句子是具有一个语调，能够表达一个相对完整的意思的语言单位。在形式上，句子内部有确定的语调，即贯穿句子始终的音高变化，句子之间有明显停顿。在功能上，句子可以在一定语境下传达相对完整的信息，实现交际目标。

---

① 黄伯荣，廖序东. 现代汉语下册（增订四版）[M]. 北京：高等教育出版社，2007：57-83.
② 张斌. 蕴涵、预设与句子的理解 [J]. 世界汉语教学，2002（3）：5-9.

（二）句子的分类

句子可从句类、句型、句式角度进行分类（见图3-5-1）。句型方面，基于汉语句子语法结构分为单句与复句[①]；就句类而言，根据汉语表达语气将句子分为祈使句、陈述句、疑问句、感叹句；句式方面，根据句中出现的特殊标记划分类型，如把字句、被字句等[②]。

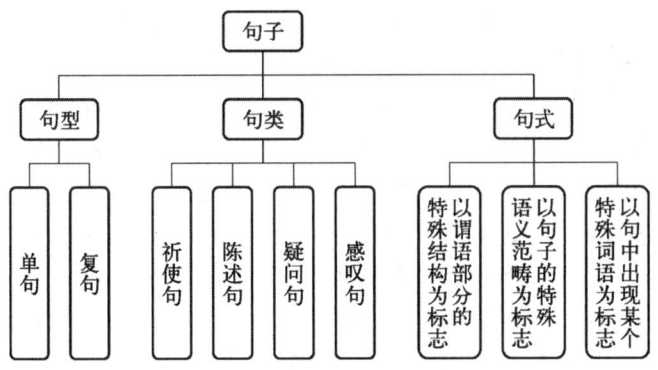

图3-5-1 句子的分类

单句，指由短语或单个的词构成的句子。它是有特定的语调，能独自表达一定意思的语言单位，不可再分析出分句的句子。单句可分为主谓句和非主谓句，其中主谓句又可分为名词谓语句（如："今天星期六。"）、动词谓语句（如："肩膀磨破了。"）、形容词谓语句（如："太阳暖暖的。"）及主谓谓语句（如："这件事大家都赞成。"）。非主谓句分为名词性非主谓句（如："多么真挚的感情啊！"）、动词性非主谓句（如："出太阳了。"）以及形容词性非主谓句（如："太妙了！"）[③]。

复句，指由两个或两个以上意义相关、结构上互不做句子成分的分句组成的句子。复句中的各分句之间一般有停顿，书面上用逗号或分号、冒号表示；复句前后有隔音性语音停顿，书面上用分号或问号、叹号表示。复句中分句之间的关系有时用关联词语来表示，叫关联法；有时不用或不能用关联词语表示，叫意合法。口语中多用意合法，书面语多用关联法。根据分句间的意义关系划分，复句可以分为联合复句和偏正复句两大类。联合复句又分为并列复句（如："绿既是美的标志，又是科学、富足的标志。"）、顺承复句（如："小明一时没听懂，接着明白过来了。"）、解说复句（如："我们的祖先在历史的黎明时便幻想出一个神话式人物，叫大禹。"）、选择复句（如："小明是忘了，还是故意不来？"）、递进复句（如："这种桥不但形式优美，而且结构坚固。"）；偏正复句又分为转折复句（如："工作虽然很紧张，但是心情是很愉快的。"）、条件复句（如："除非是到了春天，你才能看到这遍山的杜鹃花。"）、假设复句（如："如果你愿意，我就陪你去白云山看看。"）、因果复句（如："因为他有坚定的信念，所以遇到困难从不气馁。"）、目的复句（如："你把意见整理一下，明天好交大会讨论。"）等。

[①] 陈炳迢. 现代汉语的句型系统[J]. 复旦学报：社会科学版，1981(A1)：88-95.
[②] 张登岐. 现代汉语[M]. 北京：高等教育出版社，2005：195-202.
[③] 黄伯荣，廖序东. 现代汉语下册(增订四版)[M]. 北京：高等教育出版社，2007：83-87.

祈使句的概念有多种界定，从儿童语用的角度来说，祈使句指人们在运用现代汉语进行言语交际时，在字面意义和一般性会话含义中传达说话者要听话者做某事或不做某事或说话者要听话者与说话者共同做某事或不做某事的指令行为，并运用相应的指令语气的句子。祈使句的两大特征：① 祈使的语气。在日常生活中可以根据说话者的语调，来区别出说话者表达的意义。例如命令、请求、劝说、禁止等。② 祈使的功能。祈使句的主要作用就是要求听话者做某事，祈使的目的就在于说者要求他人在未来实施某种行为。当说话者使用祈使句的时候交际的主要目的就在于要求听话人去做或者不做某事，有时也会包括说话人自己。祈使句句末一般用感叹号，某些语气较弱的祈使句也可用句号结尾。句末词可以用"吧"等语气词，也可不用。祈使句中的主语常常被省略。

陈述句，指用来表达一个事实或者说话人的观点的句子，句末语调为降调，采用句号。儿童在日常生活中使用频率较高的句子是陈述句。陈述句可以分为肯定句和否定句。肯定句不含否定词或否定意义（如："小明是老师们喜爱的一名学生。"），否定句往往包含否定词或表达否定语义，又可分为一般否定句（如："小丽不喜欢吃苦瓜。"）和双重否定句（如："没有人不被她的故事感动。"）。

疑问句，指表达疑问或疑惑的句子，它与陈述句、感叹句、祈使句的最大区别是疑问语气。疑问句的内容可分为提出和回答两方面。在提出问题的过程中，首先要求理解疑问词，并能够做出相应的语义解释，筛选并使用正确的疑问词询问想要了解的信息，然后基于一定的语法规则编码词语形成疑问句。在回答问题的过程中，要求回答者把这个问题分解成已了解的信息和需要提供的信息，然后从记忆中（或从呈现在面前的图片中）搜索与已有信息相匹配的内容，并加以提取，将其放在疑问词的位置上代替疑问词，形成陈述句回答问题①。疑问句一般可分为是非疑问句（如："你真的要走吗？"）、特指疑问句（如："妈妈在哪里？"）、选择疑问句（如："她是去广州还是去上海？"）和正反疑问句（如："昨天你吃没吃蛋糕？"）②。

感叹句，指带有浓厚感情的句子，表达快乐、惊讶、悲哀、厌恶、恐惧等。感叹句表现形式多样，一个单词、短语或词组可形成感叹句，句中往往含有感叹词，句子一般用降调，句末用叹号。例如："天气真好呀！"

以谓语部分的特殊结构为标志的句式包括双宾句、兼语句、连谓句等。双宾语是指一个谓语动词后带两个宾语的句子：靠近动词的宾语为近宾语，一般用于指人，回答谓语"谁"的问题；离谓语动词较远的宾语为远宾语，一般用于指物，回答谓语"什么"的问题（如："妈妈拿给小红一个苹果。"）。兼语句是指由兼语短语充当谓语或独立成句的句子；谓语由一个动宾短语和一个主谓短语嵌套而成，动宾短语的动词以使令性动词最为常见（如："妈妈请爸爸来开门。"）。连谓句是指一个主语带有两个或两个以上紧密连接谓语的句子，即连动短语充当谓语（如："小明站着不动。"）。

以句子的特殊语义范畴为标志的句式包括存现句、比较句、被动句等。存现句是指某处或某时有某人或物存在、出现、消失的句子（如："桌子上放着一个苹果。"）。比较句是指用来比较不同人或事物在性状、程度上差别的句子（如："哥哥比弟弟高。"）。被动句是指主语与谓语之间表达被动关系的句子，主语是谓语动词的被动者、受事者

---

① 缪小春. 幼儿对疑问词的理解 [J]. 心理科学，1986（5）：1-5.
② 邵敬敏. 现代汉语疑问句研究 [M]. 上海：华东师范大学出版社，1996.

（如："葡萄吃光了。"）。

以句中出现的某个特殊词语为标志的句式包括"把"字句、"被"字句、"连"字句、"是"字句、"有"字句等。"把"字句是一种特殊的主动式动词谓语句。在该句式中，动词对宾语进行了一定的"处置"，其基本结构为"主语+把+宾语+动作"（如："哥哥把窗子打开了。"）。"被"字句是被动句的一种特殊形式，句中以"被（给、叫、让）"为典型标志，其基本结构为"宾语+被+主语+动作"（如："房间被妈妈打扫干净了。"）。"连"字句是汉语中重要的句子结构之一，以"连"字为典型标志，其常见结构为"主语+连+名词+都/也+动词结构"（如："小明连水也不喝就走了。"）。"是"字句是指由"是"构成的判断句，用来判断主语和宾语的关系（同一关系，如："鲁迅是周树人。"从属关系，如："苹果是一种水果。"）。"有"字句是指句子中以"有"为典型标志的句子，可以表达事物的所属、存在、达到等关系（如："小明有个红色杯子。""桌子上有一个梨。""小红有三岁吧。"）。

二、儿童句子—句法发展基本阶段

儿童语法的发展有着可遵循的阶段和顺序。在尚未形成完整句法的早期阶段，有以下几个较有代表性的发展阶段，见表3-5-1。

表3-5-1 儿童语法发展基本阶段

发展顺序（岁）		语法发展阶段
1:0～1:6	单词句	以"词"代"句"；音义指向不明确；音义结合不稳定。
1:6～2:0	双词句	习得组合功能，语义概念促发，语用导向为主。 初步习得语法，但语序和完整度上欠缺。
2:0～3:0	无修饰句	语法趋于完整，句子简单，以最基本主谓宾结构为主。
3:0～4:0	简单修饰句	在语法完整的基础上，增加修饰词与句长。 基本达到简单交流目的。
4岁以后	复杂句	语法趋于复杂，与成人语法逐渐趋近，句式掌握内容多样。

（一）单词句发展阶段

语法的发展随着儿童词汇量增长会有显著的变化，按照一般的发展规律，9～12个月儿童开始说出第一个有意义的词语，即进入了口语沟通交流阶段。虽然真正意义上句子的表达要在24个月以后才会有所发展，但是儿童在1岁到1岁6个月期间，已经有了句子的发展萌芽，即用一个单词表达一个句子的含义。如可以用"妈妈"这一词语，代替想要表达的所有内容。当儿童饿了的时候，叫"妈妈"代表"妈妈我饿了"或者"妈妈我要吃"；当儿童想要玩具的时候，叫"妈妈"代表"妈妈我想玩××玩具"或"妈妈，把××玩具给我"；等等。

这一时期，儿童可以用单独的一个词表达一个句子的意思。若把单词句阶段的"词"

看作句的话，此处的句子具有音义指向的不明确性和音义结合的不稳定性。

（二）双词句发展阶段

儿童在完全掌握单词句之后，会向双词句进行过渡。双词句阶段大约是在1岁半至2岁期间。儿童进入双词句的标志是发展出了词的组合功能，如当儿童表达想要妈妈抱自己的意愿时，会用"妈妈抱"代替单词句阶段的"妈妈"。此处需要注意的是，双词句不等于双音节词和三音节词。叠词（如"饭饭"）、三音节词（如"巧克力"）或多音节词（如"克拉玛依"）等虽然由多个音节构成，但是表达的是单个词的意思，并不具备词的组合功能。所以，只有儿童意识到并且习得词的组合功能后，才算进入到了双词句阶段。这一阶段主要的组合方式是施事与动作、动作与物品等词语的组合。在双词句阶段，还有一个与双词句密不可分的特点——也有学界将其单独列为一个阶段——电报句阶段，其特点是掌握了一些初步的句法结构，如定中结构（如"鲜艳的玫瑰"）、状中结构（如"非常高"）和中补结构（如"说清楚"）等等。值得注意的是，电报句虽然从句法角度上，较之前阶段已经有了较大的进步，但是在语序和句子的完整度上还存在一些问题。有时候儿童想要表达的意思和表达出的意思还会有些差异，如语序上的错误，如儿童说"爸爸蛋饼吃"，其实际想表达的意思是"爸爸，我要吃蛋饼"。

在单词句和双词句发展阶段，儿童日常用语也会有所发展。日常用语是指儿童在尚未习得句子之前，能理解和表达的简单的交流用语，包括一些简单的指令，如在家里或课堂上的基本指令（"坐下""吃饭"等）以及与人打招呼等基本礼仪（"谢谢""拜拜""叔叔好"等）。这一部分内容的习得与掌握既有利于儿童日常的沟通与交往，也利于儿童基本常规的建立和简单句子结构的习得。

（三）无修饰句发展阶段

在儿童语法发展的初期阶段，有一个从不完整句到完整句的表达过程，优先发展的是无任何修饰成分的简单句，如主谓、谓宾和主谓宾等结构。同时还包括基本指令和基本问答，见表3-5-2。无修饰句的后期，儿童的语法发展更为规律化、系统化和结构化，开始步入了成熟的语法发展阶段。

表3-5-2 无修饰句内容举例

内容	举例
A. 基本指令	投球。（对着儿童说）
B. 基本陈述	爸爸抱小熊。
C. 基本问答	是非疑问：这个是你的吗？
	特指疑问：这是谁？阿姨在干什么？

（四）简单修饰句发展阶段

简单修饰句发生在儿童语法发展的爆炸时期。儿童在无修饰句基础上加入形容词、副词、代词等使得句法更加丰富，句子修饰成分更多，句子类型变得多样。简单修饰句包括了简单指令、简单修饰、简单问答等，见表3-5-3。在这个时间段内，虽然儿童的句子发展不算完整，语法、语序上也还有错误，还有可能会出现搭配不当等情况，但是这一时期是儿童语法发展中极为关键的阶段，是掌握句子最重要的一个阶段。因为这一阶段的句子是日常生活中使用频率最高的，而且在这一时期会掌握大部分的语法结构形式，同时在词语的使用上也有较大的突破。主要表现在可以灵活运用的词语数量显著增长，以及对抽象词理解的加深。总之，这一阶段在内容上既是对上一阶段的延续，又为下一阶段复杂句的发展做了铺垫。

表3-5-3 简单修饰句内容举例

内容	举例
简单指令	先敲铃铛，再拿球。
简单修饰	一个修饰词：妹妹戴红色的帽子。
	两个修饰词：家里有一张方方的桌子。
简单问答	选择疑问句：你是要苹果还是要香蕉？
	正反疑问句：我们去吃饭好不好？
	特指疑问句：我的小汽车在哪里？我们什么时候去动物园？电视是什么样子的？杯子是做什么用的？

（五）复杂句发展阶段

复杂句是儿童语法发展的较高阶段。复杂句包括复句、特殊句式、特指疑问句和比喻句（见表3-5-4）。虽然在现实生活中，我们未必以句子复杂程度衡量儿童语法的发展能力，但复杂句的掌握一定是在简单修饰句的基础之上的。部分儿童在4岁之前掌握了部分复杂句，而到5岁时多数儿童能习得90%的成熟句法[1]。复杂句的发展，不但是广度上逐渐宽泛，更是一个不断纵向加深的过程。

表3-5-4 复杂句内容举例

内容	举例
复句	并列：我一边唱歌，一边跳舞。
	顺承：我刚到家，就下雨了。
	因果：因为天黑了，所以开灯。
	递进：这件裙子不但舒服，而且很好看。

---

[1] 锜宝香，等．沟通障碍导论：以实证本位观点为导向[M]．台北：华腾文化股份有限公司，2017：4-11．

内容	举例
特殊句式	可逆句：哥哥抱妹妹。 比较句：老鼠比大象小。
特指疑问句	灯为什么不亮了？ 苹果和香蕉属于什么类？
比喻句	红红的脸蛋像苹果。

三、儿童句子习得的发展特点

不同的语法体系有着不同的组合规则和聚合规则，例如属于分析语系的汉语，主要是通过独立的虚词和固定的词序来表达语法意义。既没有丰富的词形变化，也不依靠词尾变化来表达语法功能。所以，当研究语言习得机制时，并非单就语法这一方面展开探讨，更重要的是结合内在语法体系实际发展的特征。在以汉语为母语的语言体系中，儿童句子的发展主要有以下几个特点。

（一）理解策略由词义理解到语序理解

儿童在早期从自身的生活环境、说话人的动作、交谈者的手势等方面总结一定的规则，作为理解策略（Comprehension Strategy）来理解所听到的句子。理解策略的运用，在一定程度上辅助了儿童对句子整体的理解。更为具体地剖析理解策略的使用情况，可以知道儿童早期句子习得多是由语义促发，并以语用功能为导向的。缪小春等[1][2]研究了简单句中词义和词序在儿童句子理解中的作用，结果发现随着年龄的增长和认知的发展，儿童会由最初使用语义上的词义策略逐渐过渡到使用句法上的词序策略。

（二）习得语义结构早于句法结构

句子作为一个由各种成分组织起来的语言单位，不但包含将各个不同成分连接起来的句法结构，还包括表达意义的语义结构及作为交际功能的语用结构。这三个层面既有区别又有联系，在发展上看，属于非同步性发展。一般来讲，儿童优先发展的是语义，其中以语用作为导向，再经过发展，掌握一定的规律后，才会逐渐习得句法结构。

（三）句法结构的发展由简到繁

汉语儿童的句法结构发展是一个由简单到复杂的过程，是一个从松散到逐渐严谨的

---

[1] 缪小春.汉语语句的理解策略：词序和词义在汉语语句理解中的作用[J].心理科学杂志，1982（6）：22.
[2] 缪小春，陈国鹏，应厚昌.词序和词义在汉语语句理解中的作用再探[J].心理科学通讯，1984（6）：1-7.

过程。在句类的理解上是一个由陈述句起始逐步扩展到其他句类的过程。有研究表明儿童句法发展的规律是：陈述句→疑问句→被动句→否定句→被动疑问句。朱曼殊等[①]（1979）从年龄（2到6岁）角度，对儿童陈述句的研究表明，随着年龄增长，各类句法结构出现的顺序大致是：不完整句→主语—谓语、主语—动词—宾语、主语—动词—补语→主语—动词—宾语—宾语、简单修饰句、简单联动句→复杂修饰句、复杂连动句、递系句（兼语句）、宾语中有简单主语—谓语结构→复合句、宾语中有复杂主语—谓语结构→主语中有主语—谓语结构、联合结构。

（四）句子长度的发展随年龄增长

句子长度是衡量儿童语言发展的重要指标之一。一般用句子平均长度（Mean Length of Utterances，MLU）进行衡量。所谓句子平均长度，是指在采集的儿童自发语言的样本中，平均每句话所包含的有意义单位的数目。由于汉语语言同时拥有表音的拼音文字和表意的汉字两套体系，所以在句子长度的统计上有以字为单位的统计方法和以词为单位的统计方法。吴天敏和许政援等以字数为单位，研究表明两岁以前儿童的句长多为5字以下（84.4%）；2岁以后以6～10字为主：2∶0～2∶6岁时儿童6～10字句占比为53.3%，2∶6～3∶0岁时占比为48%；这两个年龄段中11~15字长的句子也随着年龄的增长有较大的发展，从2岁到2岁6个月时占比7.6%上升至2岁6个月到3岁时的占比23.6%[②]。吴淑华等对3岁半、4岁、5岁和6岁4个年龄阶段各10人的复句调查中，平均分句数目分别是2、2、2.7和2.4，按词数统计，平均句子长度分别为8.5、12、12和12.6[③]。

---

① 朱曼殊，武进之．缪小春．幼儿口头言语发展的调查研究 1. 幼儿简单陈述句句法结构发展的初步分析 [J]. 心理学报，1979, 11（3）：29–34.
② 吴天敏，许政援．初生到三岁儿童言语发展记录的初步分析 [J]. 心理学报，1979（2）：153–165.
③ 吴淑华，龙厚禄．幼儿口头言语发展的调查研究 [J]. 南充师院学报：哲学社会科学版，1980（3）：13.

儿童语用能力的发展

PART 6
第六节

语用即语言的运用，它作为语言的重要组成部分，在人的生活和学习过程中发挥着重要的作用。语言运用能力的高低，直接影响到沟通交流的质量。根据交流对象、交流情境的不同，恰当地选用语言进行交流，是语言表达的最高阶段。本节将从语言的功能、语用的定义、语用的形式几个方面详述儿童语用能力的发展。

一、语用的定义及形式

语用学是研究语言运用的科学。具体说来，语用学研究在特定的语境中，说话者（书写者）如何应用话语，准确地表达自己的思想感情，从而实现自己的动机；而听话者（阅读者）又如何准确地理解说话者所表达的思想感情及其话语背后的意图。

通过定义可知，影响语用的要素包括语境、交流者（两人或多人）、沟通意图。其中，沟通意图是指语用的功能，即交流双方希望通过语言实现的某种目的。

儿童最常见的语用形式主要为会话活动和讲述活动两类。会话活动是指交谈双方围绕一个话题进行交谈的活动；讲述活动是指说话者就自己生活经历或某一故事进行讲述的活动。会话活动是日常生活中最常见的语言活动，更侧重于交谈双方的信息交流或补充；讲述活动是一种较为高级的语言运用及认知加工过程，更侧重于儿童对讲述内容的独立构思和表述能力。

（一）会话活动的定义和分类

长期以来，有关会话活动在组织方式、内容选择上并没有达成完全统一观点，但可以确定，会话活动是围绕具体的、贴近儿童日常生活的话题组织起来的一种语言教育形式。会话活动的训练重点在于引导儿童学习倾听他人的会话，并运用自己具备的语言知识，在符合会话规则的情况下与他人进行信息和情感的沟通，达到人际交往的目的。

会话活动形式众多，按照有无媒介，会话活动可以分为面对面会话和通过媒介会话；按照组织形式不同，会话活动可以分为集体会话和个别会话；按照会话情境不同，会话活动可以分为日常生活中的会话、有计划的会话和开放性的会话三种基本形式。如表3-6-1所示，本节参考普通儿童发展的五大领域中的语言活动板块，将会话活动的不同形式结合常见话题进行介绍。

表 3-6-1　会话活动形式及话题举例

会话活动形式		话题举例
日常生活中的会话活动	日常集体会话	在散步时间，康复师发起集体会话活动，引导儿童观察周围的环境变化，组织儿童来谈论花草树木的特征。 集体会话中渗透"请、谢谢"等礼貌用语。
	日常个人会话	成人与儿童一对一会话：成人与个别儿童谈论儿童当天的服装，或来园路上的所见所闻，渗透礼貌用语的训练。 儿童与同伴一对一会话：儿童之间围绕新买的玩具或者是最近的出游活动开展会话。
有计划的会话活动	儿童喜欢的、感兴趣的和经验范围之内的话题	问题解决类话题：新玩具谁先玩？ 健康类话题：我爱洗手、我会保护眼睛； 社会类话题：我的好朋友、我的妈妈； 科学类话题：小蚂蚁真可爱、下雨天； 艺术类话题：我喜欢的图画书；
开放性的会话活动	开放性的话题	在会话活动中，康复师示范说"我喜欢小狗，因为小狗很可爱，你喜欢什么小动物？"引导儿童谈论自己独特的经验和感受。

1. 日常生活中的会话

日常生活中的会话是发展儿童口语的重要途径，带有极大的情境性和感情色彩，可以在任何情况下开始和结束，不受空间、年龄和对象的限制，包括日常个别会话、日常集体会话。日常个别会话可以发生在成人和儿童之间，也可以发生在儿童与儿童之间，并且一般围绕当下的情境开展。日常集体会话的话题更加自由，由康复师组织多个儿童同时进行，可以有多个话题。另外，礼貌用语也需要渗透在日常会话中进行训练，康复师需要在个别会话和集体会话中提醒儿童使用礼貌用语，包括在与他人见面时，提醒儿童要说"你好"；当儿童向他人发出请求时，需要提醒儿童说"请"；在获得他人的帮助后，需要提醒儿童说"谢谢你"等。

2. 有计划的会话

有计划的会话活动是指康复师依据事先制订好的计划和方案，组织儿童进行的会话活动。会话活动的话题应该是儿童熟悉的、喜闻乐见的话题。这类活动需要精心设计和准备，为儿童创造良好的语言环境，鼓励每个儿童积极参与。另外，旨在解决问题的会话也是有计划的会话活动的重要内容之一，此类会话活动不但可以锻炼儿童的对话能力，而且可以帮助解决儿童在人际交往中所遇到的一些问题，综合提升儿童的沟通技能。常见的问题解决过程包括陈述问题事件和选择解决方案两个过程，在陈述问题事件阶段，康复师可以引导儿童谈论发生的问题事件和自己的感受；在选择解决方案阶段，康复师可以提出解决方法的建议，如"石头剪刀布""谁大谁谦让"等，进一步引导儿童共同谈论解决方案，提升语言运用能力。

3. 开放性的会话

开放性的会话活动是较为特殊的会话活动形式，在话题形式、语言交往和康复师指导上都具有开放性的特点。其重点通过康复师的接纳和开放的态度，引导儿童表达自己的感受和想法，甚至激发创造性的想法。如在"我喜欢的动物"这个会话活动中，康复师可以示范说："我喜欢小狗，因为小狗很可爱，你喜欢什么小动物？"之后鼓励儿童谈论自己的经验和感受。儿童只需说出自己的想法，简单说明原因即可。

（二）讲述活动的定义和分类

讲述活动是儿童语言教育活动中一种重要的组织形式，该形式以培养儿童独立构思和表述一定内容的语言能力为基本目的，重点为帮助儿童建立独立组织和表述语言的能力，是建立在一般会话基础之上的能力。

讲述能力的发展在儿童的语言发展中占据重要地位。讲述活动根据分类方式的不同可以分为多种类型：从是否具有讲述的凭借物来看，讲述可以分为看图讲述、实物讲述和情景表演讲述三种；从讲述活动的编码特点来看，可以分为叙述性讲述、描述性讲述、说明性讲述和议论性讲述。其中，叙述性讲述是在一种相对正式的语境中进行独白的语言能力，通过叙述性讲述的训练，儿童可以逐渐意识到在集体面前讲述和日常会话语境下的不同，逐渐提高独立构思与清楚讲述的能力，并不断提升语言清晰度和流畅性。因此叙述性讲述在儿童讲述能力发展中具有重要地位。

二、儿童会话能力的发展

会话活动是儿童日常生活中占据比例较高的语言活动。儿童会话能力的发展主要体现在三个方面：沟通意图、语用预设和会话技能。

（一）沟通意图

沟通意图是个体希望通过某种行为或活动达到目的，对个体行为与活动的产生有引发和维持功能。沟通的产生需要信息传递者有沟通意图，信息接收者对前者的沟通行为有回应。沟通意图的被了解程度与信息传递者编码的方式、动机表达的清晰程度有关。常见的沟通意图有要求（拒绝、反对）、回应、回答等，见表 3-6-2。与沟通意图不同，沟通动机与想不想沟通和想要沟通的程度有关，沟通动机常常与"有""无""强""弱""多""少"等词相结合使用，以表达个体沟通动机的程度[①]。

表 3-6-2　沟通意图的不同表达方式

类型	定义
1. 命名	使用名词、代词等表达人物、对象或地方。
2. 要求（物品）	使用行为或语言要求物品，包括存在视线之内和视线以外的物品。
3. 要求（活动、动作）	使用行为或语言要求他人进行一些动作或活动。
4. 要求（信息）	使用行为或语言询问一些事情或物品，包括使用发问语调的句子。
5. 寻求注意	使用行为或语言使他人注意自己、物品、活动等（包括指向、展示、说明等）。
6. 回答	使用行为或语言来回应他人的信息请求。
7. 回应	使用行为或语言来表示接受说话者的发言。
8. 拒绝	使用行为或语言拒绝一些事情或物品。
9. 反对 / 抗议	使用行为或语言尝试停止一些不愿意做的事情或行为。
10. 意见 / 评语	使用语言来表达或形容人物、对象或地方，而非出于回应。
11. 迎接 / 送别	使用行为或语言表示看到他人的存在或离去（包括打招呼、称呼等）。
12. 提供信息	使用行为或语言传递一种信息。
13. 情感流露	使用行为或语言来表达情感（包括开心、伤心、惊吓等）。

1. 前语言阶段沟通意图的发展（0 ~ 9 个月）

婴幼儿在该阶段出现的一些非口语行为（如哭叫、用手抓取、目光接触、微笑、用手去指等），有可能是其表达沟通意图的方式。在成人与婴儿的互动中，成人会将婴幼儿的某些行为理解成具有沟通意图，并给予适当或夸张的回应，此时婴幼儿也会受到强化再回应回去。在诸如这种具有沟通意图的互动中，婴幼儿习得最基本的沟通模式，并发展出各式各样的表达沟通意图的方式。表 3-6-3 列举了该阶段婴幼儿表达沟通意图的方式。

表 3-6-3　前语言阶段沟通意图的发展举例

沟通意图	举例
1. 要求（物品）	指向想要的玩具。
2. 要求（活动、动作）	把有包装的饼干拿给妈妈，让妈妈帮忙拆开。
3. 要求（信息）	指着平时放玩具的地方（因为玩具不见了），同时望向妈妈。
4. 寻求注意（注意自己）	拉妈妈的手，引起妈妈的注意。
5. 回答	妈妈问："要不要？"儿童点头表示要。

---

① Paul R, Norbury C F. Language disorders from infancy through adolescence: Listening, Speaking, Reading, Writing, and Communicating[M]. Louis: Elsevier, 2012:243-244.

续表

6. 回应	妈妈说:"丢到垃圾桶。"儿童会将果皮丢进去。
7. 拒绝	用手推开妈妈的手(因为妈妈手里有药)。
8. 迎接/送别	挥手(表示再见)。
9. 提供信息	指向自己的袜子让妈妈看(因为袜子上有一个洞)。
10. 情感流露	开心地望向妈妈(看见妈妈下班回家)。

2. 单词句及双词句阶段沟通意图发展（10～24个月）

该阶段儿童语言理解和表达能力大大增加，儿童可使用简单的词语或词语组合来表达沟通意图。如单词句阶段（10～18个月），儿童用"妈妈"常表示多个意思：妈妈抱；妈妈我要吃；妈妈我要玩等。双词句阶段（18～24个月）儿童用"苹果削"表示让其他人帮忙削苹果。表3-6-4列举了词语阶段婴幼儿表达沟通意图的方式。

表3-6-4　词语阶段沟通意图的发展举例

沟通意图	举例
1. 命名	狗、果汁
2. 要求（物品）	车车（视线之内）；球球（视线之外）
3. 要求（活动、动作）	举高双手并说:"抱抱"。
4. 要求（信息）	看见不认识的物品，问:"什么？"
5. 寻求注意（注意动物）	看到路边一只猫，拉着妈妈的手说:"猫猫。"
6. 意见/评语	大、这里、我的
7. 回答	妈妈:"要不要喝水？"儿童:"要！"
8. 回应	妈妈:"苹果真好吃呀！"儿童笑笑表示同意。
9. 拒绝	妈妈:"给妹妹一块糖。"儿童:"不！"
10. 问候	早晨和妈妈挥手，并说:"拜拜。"

3. 句子阶段沟通意图发展（24个月以后）

该阶段儿童的句法逐渐完善，开始步入完整的造句系统，基本能用句子表达自己的沟通意图。和前语言阶段、词语阶段儿童表达沟通意图方式相比，此阶段儿童沟通意图的表达更加明确化和具体化。表3-6-5列举了句子阶段婴幼儿表达沟通意图的方式。

表3-6-5　句子阶段沟通意图的发展举例

沟通意图	举例
1. 要求（物品）	"我要吃面包。"
2. 要求（活动、动作）	"妈妈，把球给我！"
3. 要求（信息）	"妈妈去哪儿了？"
4. 回答	奶奶:"妈妈呢？"儿童:"去超市买水果了。"
5. 拒绝	"妈妈，我不想洗头。"

续表

沟通意图	举例
6. 反对/抗议	"不要再说了！"
7. 意见/评语	"这是我的玩具。"

（二）语用预设

语用预设指在沟通互动情境中，说话者（书写者）在谈论人、物、活动及理论时，会考虑听话者（阅读者）的相关知识、背景等，以便在遣词造句及提供信息的质与量上有所选择。语用预设能力和三方面能力有关：① 语言能力，即能根据沟通对象的语言能力调整自己的遣词用句；② 认知能力，能够判断听话者对所会话题、内容的理解程度；③ 社会认知能力，即能推断出沟通对象在沟通情境中的感受。因此，当儿童的语言、认知与社会能力越来越强时，在与人交谈过程中也能更加关注沟通对象的需求和感受。

一般而言，儿童的语用预设能力在3岁之后才逐渐发展出来；学龄期儿童的语用预设能力会逐渐完善。

（三）会话技能

会话技能是儿童会话能力中最重要的一部分，儿童在家庭、社区和学校中的互动都受到会话技能的影响。会话技能包含话题发起、话轮转换、话题维持、话题修补和话题结束5个部分。

1. 话题发起

人们总是围绕某个话题进行交谈，这一话题与儿童的语言能力、生活经验和已有的知识相关。虽然前语言期的婴儿不能成功发起话题，但能够使用一些非口语的沟通方式引起成人的注意，并在这个过程中，逐渐意识到话题发起的作用。儿童随着年龄增长，开始使用语言符号与他人进行沟通。成功发起某一话题，通常需要具备以下条件：① 引起沟通对象的注意；② 清楚地表达或说出沟通信息；③ 指认出谈论的物品或事件；④ 了解沟通话题的概念。

儿童在话题发起上存在差异，如不同儿童在话题内容、话题发起方式、话题发起频率上有所差异。但整体而言，儿童的话题发起能力存在以下特点：① 随着年龄增长，成功发起话题的概率增加；② 随着年龄增长，发起话题的方式由非口语方式变成口语方式；③ 话题内容由围绕自身的事、物逐渐扩展到环境中的事、物，最后可以涉及环境中未出现的事、物。

2. 话轮转换

话轮转换即交际一方说话或者表达某种动作行为，然后停下来，期待交际另一方说话或者做出相应的动作行为。无论话轮的长短，只要说话人改变，就意味着该话轮结束。会话参与者在会话过程中，得到话轮，然后放弃话轮，然后再得到话轮再放弃话轮。话轮不断更迭，交际双方的会话才能够继续进行下去。一次会话至少包括两个话轮，即"A发话—B回应"，由此构成话轮转换的基本模式"A—B—A—B……"。

成人会构建出一定的情境，与前语言阶段婴儿进行沟通互动。在这个过程中，婴儿通过动作、眼神或不清晰言语来维持话题。词语阶段的儿童在与母亲对话中表现出对话轮转换规则的初步意识。句子阶段儿童在与同伴会话中表现出对话轮转换规则的意识。4岁儿童会通过提前说出下句话的起始词或重复的无意义音来让对方知道自己的话还未结束。

总而言之，儿童话轮转换的能力随着年龄增长，发展得越来越好。学前儿童已经能够意识到交谈时听话者和说话者的需求，从而进行话轮转换，以便将沟通互动维持下去。此外，话轮转换技能的发展也会受到儿童本身语言能力、话题、沟通对象等因素的影响。

3. 话题维持

为了维持会话，参与交谈的人必须依据他人所传递的信息给予适当的回应，才能将话题维持下去。前语言阶段的婴儿通常以视线接触、手势动作或不清晰的言语等方式将话题维持下去。此时，他们的话题维持通常只有1~2个话轮；与前语言阶段儿童的话题维持能力相比，词语阶段儿童的话题维持能力有所提高，但交谈的回应比较依赖情景中具体的事物；句子阶段儿童的话题维持比较容易受语境的影响。

4. 话题修补

在交谈过程中，当对方不清楚说话者所传递的信息时，会要求说话者澄清，说话者根据对方请求重新修正自己的话语。根据修补对象的不同，可以将修补分为自我修补和他人修补。自我修补主要指儿童自己对交谈的内容进行修补；他人修补指除儿童之外的其他人对交谈的内容进行修补。

常用的修补方式有以下6种：① 改变原来话语中词汇的语音形式；② 删除一部分原来所说的话语；③ 修正或替换词汇；④ 将沟通对象听不清楚的话语再重复说一遍；⑤ 加入一些更细节、更特定的信息；⑥ 提供定义、背景情境等线索，帮助听者理解。

词语阶段的儿童一般会采用改变原来话语中词汇语音形式的方式进行话题修补；句子阶段的儿童会采用删除一部分原来说的话或使用修正、替换词语的策略进行话题修补；综合运用阶段的儿童会将沟通对象听不清的话语再重复一遍，但在重复过程中会加入一些更细节的信息进行话题修补。

5. 话题结束

儿童结束话题的方式一般有直接结束和间接结束两种。婴幼儿时期儿童的话题以直接结束为主；但随着年龄的发展，儿童逐渐掌握以间接结束的方式结束话题。

三、儿童讲述能力的发展

讲述是一种脱离语境进行有组织表述的语言能力。讲述分为叙述性讲述、描述性讲述、说明性讲述和议论性讲述，对于儿童而言主要采用叙述性讲述。在叙述过程中，讲述者既需要由记忆系统启动与叙说主题相关的知识，选择适当的词语表达概念，选择适当的句子表达判断，也需要考虑所叙说内容的合理组织，还需要考虑听者的注意力与感受等等。讲述者只有综合考虑上述因素，才能将一个故事或事件适当地叙述出来。

儿童讲述能力会随着年龄、语言、认知能力的发展而发展，一般可以从故事结构、故事情节和故事聚合性3个方面考查。

（一）儿童讲述中故事结构的发展

儿童讲述的故事能反映出其概念发展与认知情况的特征，因此，分析不同年龄儿童讲述故事中的结构，可以了解儿童讲述能力的发展。

Applebee将儿童的叙事能力分为6个阶段：① 2岁时儿童处于话语的累积期（Heaps），此时儿童所叙述的话语既简短，又没有条理，绝大多数时必须依赖成人的提示和帮助；② 2至3岁时儿童处于有顺序的叙述期（Sequences），儿童能将事件按顺序罗列，存在一定的逻辑性，但多数是对日常琐事的平铺直叙；③ 到了3至4岁，这时儿童处于简单的叙事阶段，此时儿童已不再简单局限于记流水账式地将事件详细讲述，而拥有了运用想象和虚构能力，能够根据"事实"进行创编故事；④ 4岁至5岁，儿童处于叙事的联结期（Chains），儿童在叙事时开始使用连接词，叙事的事件增多，但事件与事件之间会存在跳跃幅度过大的现象，缺乏过渡性情节；⑤ 5~7岁是儿童叙事能力发展的分水岭，这时儿童发展出真正的叙事（True Narratives），此阶段儿童能够讲述一个结构完好的故事，能够说明谁在何时、何地发生了何事，完整地表述故事的开端、发展、高潮和结局[1][2]。

也有专家使用"顶点分析法"归类儿童的故事结构的发展层次，可分为5种典型的类型[3]：

① 双事件叙事：讲述的内容为依序讲述两个事件，通常会出现在4岁以下儿童的身上。

② 青蛙跳叙事：这是4岁儿童最常出现的故事结构类型。一般儿童可以说出两个以上的事件，但并非依照逻辑或发生的顺序呈现，常常跳来跳去，并会省略重要的信息，显得没有组织。

③ 流水线叙事：这是4~8岁儿童使用最普通的叙事结构类型。他们可以依照顺序叙说一系列的事件，在讲述的故事中较多地会使用"然后……然后……"，但整个叙事内容像流水线，单调无趣或看不出故事的主题。

④ 结束于高点的叙事：讲述的故事内容包括所有的信息，但单单遗漏结果或问题（冲

---

[1] Applebee A N.The Child's Concept of Story：Ages Two to Seventeen [J].1978：209.
[2] 王海澜.幼儿的叙事及叙事能力发展特征分析 [J].教育导刊，2011（7）：25-28.
[3] 李琳.学前儿童语言叙事能力的宏观结构研究 [J].家教世界：创新阅读，2012（12）：90-92.

突）解决的部分，此类型一般出现在 5 岁左右的儿童身上。

⑤ 典型叙事：叙事内容包含一个连贯故事所需要的所有信息，按照事件发生的顺序进行讲述，阐述的内容合乎因果逻辑，且主题明显。一般而言，6 岁儿童已经发展出此类型的故事结构。

（二）儿童讲述中故事情节的发展

虽然故事结构的研究包括了情节变化的层面，但也有研究者以儿童讲述故事中的情节变化来研究不同年龄阶段儿童的发展差异[①]，具体见表 3-6-6。

表 3-6-6　儿童讲述中故事情节发展表

阶段	情节类型	具体说明
第一阶段（学前）	描述顺序	儿童的讲述中会说出人物或角色、事件发生的时间、地点及行动，但未提及因果关系。
第二阶段（学前）	行动顺序	儿童的讲述中会依照人物的行动顺序展开，但未出现因果关系的顺序。
第三阶段（学前）	反应顺序	儿童的讲述中包括一连串的行动，每一个行动会引起其他行动，但未提及计划，且没有清楚的目标导向行动。
第四阶段（约 6 岁）	缩短与简化情节	儿童的讲述中会说出主角的目标或动机，但未清楚表明达到目标的计划；计划必须通过听者的推论才能得知。
第五阶段（约 7～8 岁）	5a——不完整情节	儿童的讲述中会提及尝试达到目标的计划，但三个主要的故事要素（引发事件、行动、结果），其中一个可能会漏掉。
	5b——完整情节	儿童的讲述中会包含一个主角的目标或计划，能说出该人物为达成目标的依据；至少有引发事件、尝试/行动和结果。
	5c——多重情节	叙事中出现的反应顺序或缩短与简化情节组成的一个连锁性描述，或是由完整或不完整情节组合成文。

（三）儿童讲述中故事聚合性的发展

另有研究者从故事的聚合性（cohesion）角度入手，对儿童讲述故事时的连贯性进行研究。故事的聚合性是指讲述者为了使故事更为连贯而使用特定的词汇（如连接词、代词）或者是短语来联结不同的内容，使故事成为一个连贯的整体而不是松散的句子，这种顾及讲述内容整体性的能力随着年龄的增长而发展得越来越好。台湾地区学者的研究证明，在台湾地区学习汉语的儿童，在 2～3 岁时讲述故事中尚未使用连接词串联起故事情节或内容，而到 5～6 岁时，儿童会使用"然后""后来"等连接词连贯故事的情节[②]。武进之、应厚昌、朱曼殊也对 2 岁至 6 岁半的儿童的语言连贯性进行追踪性研究，他们将儿童语言的连贯性分为四类：①不连贯，大多表现为和主试的一问一答，或对画

---
① 锜宝香. 儿童语言与沟通发展 [M]. 新北：心理出版社股份有限公司，2009：239-243.
② 锜宝香. 儿童语言与沟通发展 [M]. 新北：心理出版社股份有限公司，2009：253-254.

面上的人物做列举式的描述，句子大多不完整或不明确。②部分连贯，全部叙述中有某一段话或某几句话的意思连贯。③基本连贯，基本上能把故事情节连贯地叙述，但中间有些话语不连贯。④连贯，能连续地叙述一段话，其意思前后连贯，使听者能理解其内容。研究结果显示，3岁前儿童的语言表达不连贯，3岁半时表现出部分连贯性的语言，4岁时大部分达到基本连贯，5岁时儿童达到连贯，6岁时大部分达到连贯（如表3-6-7所示）①。

表 3-6-7　3~6 岁儿童语言连贯性的特点

语言连贯性		不连贯	部分连贯	基本连贯	连贯
年龄组（人次）	2岁（2）	100			
	2岁半（5）	100			
	3岁（4）	100			
	3岁半（11）		100		
	4岁（9）		22	78	
	5岁（11）		27.4	36.4	36.4
	6岁（11）			9	91

注：1. 年龄分组如下。

2岁（1岁11个月~2岁4个月）　2岁半（2岁5个月~2岁10个月）

3岁（2岁11个月~3岁4个月）　3岁半（3岁5个月~3岁10个月）

4岁（3岁11个月~4岁10个月）　5岁（4岁11个月~5岁10个月）

6岁（5岁11个月~6岁10个月）

2. 表中数据均为百分率，表示各年龄总人次的百分率。

---

① 武进之，应厚昌，朱曼殊. 幼儿看图说话的特点 [J]. 心理科学，1984(5)：8-14.

儿童读写能力的发展

听、说、读、写是语言的四项核心能力。人类语言能力亦是依循听、说、读、写的顺序发展而成的。上面的各章节已经具体介绍了儿童听、说能力的发展，本节简要探讨儿童读写能力的发展。

一、读写能力的定义

读写能力即是读和写的能力。读写主要指使用书面语沟通（McLaughlin，1998）或是使用某种语言进行阅读和书写表达的能力，以及对于日常生活中使用阅读与书写的想法或心态[1]。联合国教科文组织也对读写能力进行了定义：读写能力意味着能够识别、理解、解释、创造、交流、计算和使用与不同情形相关的印刷或手写材料的能力。读写能力借助标识或文字符号进行沟通，是后天习得的能力。儿童的读写能力在其语言发展过程中发挥着重要作用。儿童的读写能力指儿童根据不同语境识别和理解文字、标识等书面符号的意义，并且能使用这些符号表达意义的能力。这种能力与读写知识、技能和态度相关。

二、儿童读写能力的发展

从读写能力发展的维度划分，儿童读写能力的发展可分为纵向发展和横向发展两个维度。就儿童读写能力发展的纵向维度而言，儿童的读写能力发展可分为早期读写阶段、初期读写阶段、过渡期读写阶段、独立期读写阶段，见表3-7-1。

---

[1] Indrisano R, Chall J S. Literacy development[J]. Journal of Education, 1995, 177（1）: 63-83.

表 3-7-1 儿童读写能力发展整体阶段

发展顺序	发展阶段	具体表现
0 至 6 岁	早期读写阶段	在儿童接受正规读写教学之前,他们已从观察周围环境中学习到一些有关读写的知识、技能和态度。
小学一年级	初期读写阶段	儿童开始接受正式读写教学,开始学习识字写字,并进行阅读的尝试,将听说的语言与书面语联系在一起。
小学二年级	过渡期读写阶段	儿童的识字与写字量进一步扩大,儿童阅读越来越流畅,且会使用简单与复杂的句子书写不同文体的文章。
小学三年级	独立期读写阶段	儿童继续发展读写能力,并运用所习得的读写能力学习其他方面的知识。

儿童读写能力的发展从早期读写能力（emergent literacy）的发展开始。在儿童接受正规读写教学之前,他们已从周围环境的读写活动中学习了一些有关读写的知识。在听、念故事的过程中,儿童认识到书本能够进行阅读,并且习得拿书与翻页的能力。这些行为是儿童早期读写能力的表现。

1966 年,Marie Clay 第一次提出了"早期读写能力"的观点。1986 年,Teale 和 Sulzby 在 *Emergent Literacy: Writing and Reading* 中对"早期读写能力"这一概念进行了规范化界定[①]。他们认为,早期读写能力是指幼儿在正式学习读写之前所具有的关于读写的知识、技巧和态度,幼儿在正式入学前已经学习了很多有关读写的知识技能。早期读写能力具体包括印刷文字知识、字母知识、语音意识、语音记忆等方面。早期读写能力的发展很大程度上会影响儿童后续读写能力的发展。

口语是听说的语言形式,而书面语是读写的语言形式。儿童在接受正式读写教学之前,开始学习识字和写字,并进行阅读的尝试,将口语与书面语联系在一起。随着年龄的增长,儿童的识字与写字量不断增长,儿童阅读的能力也随之提升,而且儿童使用简单与复杂句子书写不同文体的文章的能力日益提高。到小学三年级时,随着课程内容不断丰富,儿童的读写能力快速发展,已能运用所习得的读写能力来学习新概念、掌握新知识。

就儿童读写能力发展的横向维度而言,儿童读写能力发展可分成相对独立又相互影响的两个方面：儿童阅读能力与儿童书写能力。儿童的阅读能力指儿童理解书面符号意义的能力,儿童的书写能力则是使用书面符号表达意义的能力。在此所提到的书面符号不仅指文字,也包括标示、图表等其他记录语言的书写符号系统。

（一）儿童阅读能力发展

儿童阅读能力可分为儿童识字能力与儿童文本理解能力。汉字是象形文字,是音、形、义的统一体。在汉语语言系统中,儿童识字能力是指能掌握汉字的音、形、义。具体来说,儿童以某个字的字形为线索,掌握其字音、字义。

---

① Teale, William H, Ed. Sulzby, Elizabeth, Ed. Emergent Literacy: Writing and Reading. Writing Research: Multidisciplinary Inquiriesin to the Nature of Writing Series [J]. Beginning Reading, 1986:218.

（二）儿童识字能力发展

Frith 将儿童识字能力发展划分为不同的层面，提出"三阶段理论"。

第一阶段：字符阶段（logographic phase）。

儿童将字词作为一个整体的视觉图形来记忆。在此阶段中，儿童获得的词汇大多是表示具体事物或概念的词。这种策略在儿童掌握前几十个词时较为有效，但随着词汇量的增加，相似词越来越多，字符策略所发挥的作用也越来越受限。

第二阶段：拼音阶段（alphabetic phase）。

儿童掌握和运用字形—音位（grapheme phoneme）对应规则来识记字词。由于掌握了字形—音位规则，儿童的词汇量迅速增加。明确的语音意识成为儿童由字符阶段发展到表音阶段的关键因素。

第三个阶段：字形阶段（orthographic phase）。

儿童可以不借助或较少借助语音知识，直接将词语分析为基本的字形单元，从而达到识别的作用，即 read by sight，阅读速度极大提高[1]。

综上来看，Frith 的儿童阅读能力发展理论是基于英语语言而言的，并不完全适用于汉语儿童。汉字是表意文字，是一种"不透明"的文字。汉语与英语的构词、构句规则不同，字形与语音之间缺乏对应规则。而且汉语以音节为基本语音单元，音位在汉字中未能得到表征。

在汉语习得早期，儿童读写能力发展借助语音意识的同时，更多采用字符策略。刘文理等人在汉语儿童识字能力的研究中发现：① 一年级下学期的高识字能力儿童已发展起正字法、形旁及声旁规则的意识。对于汉字中规则的意识促进了儿童识字能力的发展。② 熟练、自动的字词识别技能是语音、语义编码能力交互作用的结果。语音技能决定了低年级儿童识字能力的高低；语义技能保证了中年级儿童识字能力的继续发展。

（三）儿童文本理解能力发展

识字能力的发展是儿童文本理解能力发展的基础。儿童文本理解能力即儿童对整个文本的大意、结构、推论的掌握能力。

文本大意指儿童通过对文本整体认知来筛选、整合文本的主题信息。文本结构即儿童理解文本的组织结构。文本推论即儿童根据文本的语境及提供的信息结合已有认知经验推测文本隐含意义或缺失信息的能力。文本理解能力的发展是一个渐进的过程，林宝贵通过使用其所编制的"中文阅读理解测验"量表建立了有关常模并发现小学四年级以下儿童理解文本大意的能力较差，三年级以上的儿童理解文本大意的能力较好；且随着年龄的增长，儿童理解文本大意的能力不断提高[2]。儿童理解文本结构的能力受文本文体及文本组织结构的影响，同时儿童到小学三年级才对文本结构有概念。相关研究也表明文本推论能力随年级的增长而不断发展。

---

[1] Frith U. Beneath the surface of developmental dyslexia. k patterson & al surface dyslexia, 1985: 301–331.
[2] 林宝贵，锜宝香. 中文阅读理解测验指导手册 [R]. 台北：台湾师范大学特殊教育中心，1999：16-17.

（四）儿童书写能力发展

儿童书写能力即儿童能根据字音或字义写出字形的能力，可分为写字能力与写作表达能力。国内外学者从不同方面对儿童写字能力进行研究，不论是拼音文字还是汉字，都经历了由涂鸦向文字书写能力发展的历程。

在拼音文字语言系统中[①]，儿童写字能力的发展经历了七个发展阶段，是一个连续的过程，各阶段都有其独特的特点，一般而言前一阶段是后一阶段发展的基础。不同的儿童会以不同的速度经历这几个阶段，在有些儿童写字能力发展过程中还可能会出现跳跃式发展阶段，并且发展具有可逆性。当儿童写字能力发展遇到困难时可能会出现从后一阶段返回到前一阶段现象。这七个阶段具体表现如下。

阶段一：涂鸦。儿童会在白纸上涂鸦并"假装"在书写，他们有时能够"读"出他们所"写"的内容。这些涂鸦在开始时大多是随意行为，但随着儿童能力的发展，会表现出从左到右的书写顺序。这一顺序在拼音文字中是书写能力习得的关键经验之一。

阶段二：画图。儿童能画图并"读"出他们所画的内容，将绘图作为一项重要的表达方式。

阶段三：发明字母。许多儿童（但不是所有）会发明自己的"字母"，这些字母看起来像是随意的记号，但儿童能够说出这些记号的意思。发明字母代表儿童具有了书写的意识。

阶段四：随机字母。当儿童对字母表熟悉之后，他们会开始书写字母，通常是重复特定的几个字母，或者他们名字里的字母等。在这一阶段，儿童所写的字母和他们所"读"的信息之间并非等价关系。

阶段五：摹写单词。儿童对周围单词的敏感性越来越高，常常会摹写日常所见的单词，包括商标、标志、班级的名字等。

阶段六：拼写发展。拼写的发展与儿童语音敏感性的发展息息相关。儿童在开始的时候可能会使用一个字母代替一个单词或一个音节（例如 d 代表 dog，或 bb 代表 baseball）；随后，幼儿可能使用首尾音代替整个单词（例如 trk 代表 truck）。随着拼写能力的逐步发展，儿童单词的书写会越来越规范，但仍会存在一些错误（例如 kcrem 代表 ice cream）。

阶段七：通达书写。儿童的书写越来越熟练，他们开始注意成人如何使用拼写规则，并能纠正自己错误的拼写。随着拼写规则意识的加强，儿童能够正确拼写的单词越来越多。

国内研究者根据系统观察情境下汉语儿童的写字作品，从汉字笔画、部件和整字的角度，综合相关文献，归纳和总结了汉语学前儿童写字能力发展的七个阶段。

阶段一：无意义的涂鸦。

阶段二：有结构的线条。

---

① Oken-Wright P. Transition to Writing: Drawing as a Scaffold for Emergent Writers[J]. Young Children, 1998, 53（2）: 76–81.

阶段三：简单的曲线和符号（包括数字、英文字母、箭头等）。
阶段四：以图画或者以其他简单的字替代目标汉字。
阶段五：像字而非字的符号，抽象的汉字字形。
阶段六：有一些小错误但十分接近正确汉字字形的书写。
阶段七：基本符合规范的汉字字形。

（五）儿童写作表达能力的发展

写作表达是一种以文字为媒介，以传播、交流为主要目的，以事、物、情、理为内容，以书面文字为工具，以读者为对象，将思想、知识、情意、感受恰当表达出来的认知活动，是将个人在写作情境中所形成的意念或构思转化为具体产品的一种历程。Hayes 和 Flower[1] 提出了一种写作历程模式，包括三大部分：计划、转化和检查。计划指产生想法并加以组织，设立目标；转化即将想法转化成语言；检查即阅读和回顾已完成的文章。儿童从入学时其写作能力就受到重视。小学低年级就有看图写话，看图写话是写作起步阶段的训练。儿童写作能力的评价包括如下方面：立意、中心、内容、结构及语言。随着儿童年龄增长、词汇量不断积累和认知不断发展，儿童的写作表达能力也不断提高。

---

[1] Flower L, Hayes J R. A cognitive process theory of writing[J]. Collegecompositionandcommunication, 1981, 32（4）:365-387.

第四章

儿童语言习得的基本理论

儿童为什么能习得语言？儿童又是为什么能如此快速地掌握语言？这是语言学最基本的理论问题，同时也是从事相关理论探讨的语言学家所必须回答的问题。不同的学派、不同的学者对此有不同的回答。有的学者持先天决定论，有的学者持后天环境决定论，也有学者持先天与后天相互作用论。本章对语言发展研究中常出现的儿童语言习得的相关理论进行了梳理，并阐述各个理论对儿童语言康复实践的启示。

先天决定论

第一节

儿童语言习得的先天决定论强调遗传因素对儿童语言发展的决定性作用，该理论认为人的语言能力是先天习得的，忽视甚至否定后天环境因素的影响。先天决定论中影响较大的理论主要为先天语言能力说和自然成熟说。

一、先天语言能力说

（一）先天语言能力的基本观点

先天语言能力说是 20 世纪 50 年代后期由乔姆斯基（N. Chomsky）提出的一种儿童语言习得学说。这一理论对语言学和言语语言病理学都产生了重要的影响。由于多数儿童在 4 岁内就能习得母语的语法规则，如果仅通过经验学习与归纳，儿童是不可能在如此短的时间内就掌握复杂的语言基本规则的。因此，先天语言能力说认为儿童语言习得的决定性因素不是环境经验和强化学习，而是先天遗传的语言能力。换言之，语言习得的基础知识在儿童出生时便已具备。乔姆斯基认为人类的神经系统内存在一个包含先天语言概念的生理结构，即包含了先天的普遍语法知识。正是如此，不同种族、不同语言环境的儿童才都能按照基本相同的方式和顺序掌握本族语言。

乔姆斯基认为语言是人类所特有的，而语言的本质是语法结构，且存在一种适用于所有语言的普遍规则。儿童生来便具有一种语言获得装置（Language Acquisition Device，LAD），该语言习得机制包含两样内容：① 一套包括若干范畴和规则的语言普遍特征，这种语言普遍特征为世界上全部语言所共有，包括形式和内容两方面的语言共性（如区分名词、动词、形容词等）；② 先天的评价语言信息的能力。儿童习得语言，就是运用先天的评价语言信息的能力，为这套普遍的语言范畴和规则赋予各种具体语言的值①。

根据 LAD 的工作原理，一种语言所包含的规则只是普遍语法的一个子集(subset)。儿童语言习得的过程就是由普遍语法向个别语法发展的过程。首先生活环境为儿童提供少量的某一具体语言的语法规则信息，之后 LAD 发挥对语言材料的"过滤"作用，将这些普遍语言规则下的独特规则进行整合，从中归纳出一套属于某一语言的语法规则，以此帮助儿童在相对较短的时间内学习语言。简言之，在先天语言能力说看来，学习的过程如同"选择"的过程。儿童利用 LAD 像知识渊博的科学家那样整理自己的材料，然后建立一种理论。LAD 的活动有一个临界期，逾期则退化，这也是成人的语言学习能力低于儿童的原因。一旦儿童的 LAD 没有在临界期内被顺利触发，那么之后即使为儿童提供语言学习的环境，他们的语言能力也不能顺利地发展。

乔姆斯基还描述了语言能力（competence）和语言表现（performance）②。语言能力指的是普遍的语法规则，它是内在的，因此相对而言儿童学习语言是不依赖于外在环境的；语言表现，是语言的实际产生，由于疲劳或注意力分散等因素，语言的实际产生过程中是有可能出现错误的。

另外，乔姆斯基还提出了表层结构和深层结构的观点③。表层结构是指在一个句法序列中字词的实际排列，即所听到的短语或句子。深层结构主要包括了抽象的句子构成规则，它位于表层结构之下。语法转换则是连接表层结构和深层结构并产生不同形式句子的一种运算。从长远来看，这种转换可以当作通过组合或重组字词来改变句义的一个过程，实则反映了语言创造的本质。因此，乔姆斯基的理论通常也被称为生成转换语法（Generative-transformation grammar）理论④。语法的转换可以通过删除、添加、代替和重组词等来形成不同的句子。例如：

女孩踢球。

谁踢球？（疑问的转换）

是女孩在踢球吗？（另一疑问的转换）

球没有被女孩踢。（否定的转换）

球被女孩踢。（肯定的转换）

总之，先天语言能力说将儿童习得语言的过程阐述为一个积极主动且富有创造性的过程，而不像之后提及的后天环境论，把儿童看作只会对刺激做出反应的被动模仿者。儿童习得的不是一个个具体的话语，而是关于语言的一系列规则。

（二）先天语言决定论对语言康复的启示

根据先天语言能力说的观点，在语言康复中，应该将训练重点聚焦在句法上，注重句法结构对语言学习的重要性。因此康复师应将掌握句子的基本结构作为语言康复的重要目标，在此基础上进行内容替换，从而表达不同的含义。例如，当儿童学会说"小猫

---

① 李宇明. 儿童语言的发展[M]. 武汉：华中师范大学出版社，1995：39.
② 石定栩. 生成转换语法的理论基础[J]. 外国语，2007，(4)：6-13.
③ 乔姆斯基. 乔姆斯基语言哲学文选[M]. 徐烈炯，尹大贻，程雨民，译. 北京：商务印书馆，1992：8-9.
④ 石定栩. 生成转换语法的理论基础[J]. 外国语，2007，(4)：6-13.

吃鱼"时，可提示、引导儿童说出"小狗吃肉""小羊吃草""小鸡吃米"，从而帮助儿童掌握"××吃××"的句法结构。儿童一旦掌握了该结构，就可以结合新的内容形成大量同类型但内容不同的句子，如"奶奶吃饭""爷爷吃菜"等，由此提高儿童句子的理解与表达能力，最终促进儿童语言的运用。

二、自然成熟说

（一）自然成熟说的基本观点

自然成熟说是由心理学家伦内伯格（E. H. Lenneberg）提出的一种儿童语言习得的理论。伦内伯格在1967年发表的著作《语言的生物学基础》（*The Biological Foundation of Language*）中就提出了鉴定一种能力是先天的6条标准[①]：

① 这种行为在需要之前就出现了；
② 它的出现不是主观决定的；
③ 它的出现不是靠外部原因激发的；
④ 习得这种行为往往有个"关键期"；
⑤ 直接教授和反复训练对这种行为的习得影响很小；
⑥ 它的发展具有阶段性，通常与年龄和其他方面有关。

如果某种能力满足以上6个条件，则可以称其是与生俱来的。伦内伯格证明了语言能力完全符合这些标准，因此他认为语言能力是先天的。

虽然伦内伯格和乔姆斯基都赞同先天决定论，但伦内伯格的观点是以生物学和神经生理学为出发点，指出语言是人类独有的遗传特性。这表现为人类在语言方面具有高度专门化的生理机制，包括发音器官、语言中枢神经，以及专门进行语言活动的听觉系统。伦内伯格认为，尽管存在文化和环境的不同，但世界各地普通儿童的语言习得均按照相似的顺序和速度发展[②]。例如，所有普通儿童都在大约6个月时进入咿呀学语期，在1岁左右时才能说出第一个词，快2岁时可使用两个词的短语，4~5岁时已掌握语言的基本句法。这一语言发展的过程与行走能力的发展类似，二者均取决于生理成熟因素。在成熟过程发展异常缓慢的情况下（如患有唐氏综合征的儿童语言的发展），语言发展的顺序仍旧与普通儿童相同，只是进程会更为缓慢。

伦内伯格还提出了语言习得的关键期假说（Critical Period Hypothesis）。他认为语言是大脑功能成熟的产物，在儿童发育时期，语言能力主要受大脑右半球的支配，在成长过程中，语言能力从右半球移到左半球，即大脑的偏侧化（Lateralization）。在大脑偏侧化之前，如果左半球受损，语言能力就留在右半球；如果在偏侧化之后左半球受损，就会失去语言。偏侧化通常具有一个关键期，这个关键期是从2岁左右到青春期（11~12岁）。在关键期内，人类在语言学习上更为轻松，掌握得也较快，只要有特定的环境，儿童不经专门训练就可使用任何一种语言（甚至使用两种上的语言），且能达到当地人

[①] 李宇明. 儿童语言的发展 [M]. 武汉：华中师范大学出版社，1995：43-45.
[②] R. M. 利伯特. 发展心理学 [M]. 詹克明，韦乔治，等译. 台北：五洲出版社，1987：242-244.

的流利程度。但是青春期以后，语言的学习就变得困难了。在大脑损伤所致语言障碍的情况下，年幼儿童的语言能力往往恢复得较快；而青春期以后，恢复语言能力的可能性就小了[①]。

语言习得的关键期学说，可以解释为什么成人的语言学习能力不如儿童，为什么兽孩和吉妮（Genie）被发现之后，语言能力不能得到顺利发展。但语言习得的关键期的起止时间至今还是人们在探索的问题。

（二）自然成熟说对语言康复的启示

根据自然成熟说，康复师应该尊重儿童语言发展的规律，了解儿童的发展顺序和年龄特点，设置的康复目标不能远远超过儿童当前的水平。总之，语言康复应抓住儿童语言发展的关键期，早发现、早干预，以免错失儿童语言发展的最佳时机。

---

① Lenneberg E H, Chomsky N, Marx O. Biological foundations of language[J]. Hospital Practice, 1967, 2（12）: 59-67.

后天环境论

与先天决定论相对的是后天环境论。支持该观点的学者们以巴甫洛夫（I. P. Pavlov）的条件反射和两种信号系统学说、华生（J. B. Waston）的行为主义学说作为理论基础。后天环境论否定或轻视儿童语言发展中先天遗传的作用，将语言看作一种习惯。1924年华生在《行为主义》一书中就指出："不管语言如何复杂，正如我们平时所理解的，它起初是一种十分简单的行为，它是一种操作性习惯。"行为主义者认为，儿童掌握一门语言是在后天环境中通过学习获得语言习惯的过程，语言习惯的形成是一系列"刺激—反应"（Stimulus-Response，S-R）的结果。以行为主义为理论背景出发的后天环境论根据在语言习得的侧重点上的不同，在内部又划分为模仿说、强化说和中介说。

一、模仿说

持模仿说观点的学者认为，儿童语言的习得是通过对成人语言的模仿而完成的。成人的语言是刺激（S），儿童的模仿是反应（R）。模仿说可以分为早期的机械模仿说和后期的选择性模仿说。

（一）机械模仿说的基本观点

机械模仿说是较早的行为主义理论，也是合乎一般人观念的理论。它是美国心理学家阿尔伯特（F. Allport）于1924年提出的，流行于20世纪20～50年代。该学说强调儿童学习语言是对成人语言的简单翻版，在这一过程中儿童完全是机械被动的接受者。显然，机械模仿说忽视了儿童在语言习得过程中的主动性和创造性，也无法很好地解释儿童语言发展过程中的一些根本问题和重要现象。但应该承认的是，模仿在儿童语言发展过程中有举足轻重的作用。

（二）选择性模仿说的基本观点

1975 年，怀特赫斯特（G. J. Whitehurst）对传统的机械模仿说加以改造，提出了选择性模仿说。怀特赫斯特的研究指出，儿童语言的习得并不是对成人语言的机械模仿，而是选择性模仿。选择性模仿是对示范者的语言结构进行模仿，而不是对具体内容的模仿。当儿童对于某种语言现象具有一定的理解能力时，就会模仿成人话语的结构，并在新的情景中用以表达新的内容，或组合成新的结构。这样习得的语言既有了学习和模仿的基础，又有了新颖性。怀特赫斯特等人把这种理论表述为"理解、模仿、产生假说"（CIP Hypothesis）。选择性模仿不仅在形式上与示范的内容相似，更重要的是在功能上相似，是在正常的自然情景中发生的语言习得模式。

支持该学说的学者认为，当儿童对于示范例句有了一定的理解后，儿童不仅可以原原本本地模仿示范例句，还可以对示范例句进行选择性模仿。较之之前的机械模仿说，选择性模仿说注意到了儿童学习语言的主动性，在一定程度上说明了儿童语言习得的原因。它认识到儿童的创造必须以一定的模仿范式为基础，新创造出的句子是对已有范式的概括和重组。但是，选择性模仿说仍然不能充分解释幼儿语言习得的过程，比如儿童在没有模仿范式的情况下，仍能创造性地理解和产生许多新句子。

（三）模仿说对于教育康复的启示

模仿说对于教育康复的启示主要表现在以下两个方面：其一，模仿的过程在语言康复中是不可缺少的，因此康复师要发挥自身的示范作用，引导儿童对自己的话语进行模仿。其二，如果儿童的短期目标是掌握某一类句子或者词语组合的表达，比如"××不要××"（如"小明不要杯子"）或者"××的××"（如"黄色的沙发"），康复师首先应该帮助儿童在一定程度上理解该类句子或词组，然后更换范例中的具体内容，引导儿童模仿其中的语法结构，最后通过在日常生活的不同情景中使用这一结构，来提高儿童灵活运用该结构来表达不同内容的能力。

二、强化说

强化说是行为主义中最有影响的儿童语言习得理论，盛行于 20 世纪四五十年代。它以刺激 - 反应论和模仿说为基础，强调"强化"（reinforcement）在儿童语言习得中的重要作用，认为儿童的语言是通过不断地强化来习得的。强化说的代表人物是美国心理学家斯金纳（B.F. Skinner），他在巴甫洛夫条件反射（Conditioned Reflex）学说和桑代克的学说的基础上，提出了操作条件反射理论。

（一）强化说的基本观点

1957 年斯金纳出版的《言语行为》（*Verbal Behavior*）集中反映了行为主义的语言

学习观。斯金纳没有将语言描述为一个心理或认知的系统,因为他认为这样会排除语言是一种经验学习的可能性,而且使得语言超出科学研究的范围。因此,斯金纳通过行为分析来系统地解释语言行为的习得。语言行为是社会行为的一种形式,它是由一个语言群体的行动所维持的,是在恰当刺激、反应、强化的情境下习得的。其中,斯金纳特别强调了"强化"的作用。他用"强化"来解释各种语言行为,并提出了"自动的自我强化"这一概念[①]。例如,儿童模仿别人说话,并自动强化自身的试探性语言行为,如不断地增加讲话的频次。他认为,语言的发展始于儿童最初偶然发出的一些声音,这些声音被父母有区别地加以强化。这样,那些不是母语中的音位逐渐从儿童的发音中消失,而那些属于母语的声音由于得到父母的强化而成为儿童的主要发音。与此同时,父母发出的跟初级强化物相关的声音又成为儿童的次级强化物,比如父母在喂哺时跟婴儿交谈的声音。然后,随着父母声音中的强化值增大并且成为儿童自身的发音,儿童自己发出的声音也变成了强化物。正是由于父母的直接强化和儿童的自身强化,儿童才能逐步掌握各种音位、音节乃至词语。

斯金纳在其 1973 年的著作《关于行为主义》中,又提出了"强化依随"的概念来解释儿童语言行为的形成过程。"强化依随"是指他人发出的强化刺激紧跟在儿童语言之后发生,被强化的是儿童偶然无意发生的动作,反应和强化只是一种时间上的先后关系,并非有意的行为。例如,婴儿偶然地发出"m"音之后,父母就笑着过来抱他,"抱"这个动作就强化了婴儿发"m"的语言行为。"强化依随"是渐进性的,当儿童对成人的示范话语模仿得比较相近时,这种模仿就得到强化;然后成人再逐步强化儿童更加接近示范句的话语。正是通过这种渐进性的强化过程,儿童最终习得了较为复杂的句子结构[②]。

强化说认为人类没有先天的语言结构知识和语言处理机制,而是强调环境在儿童语言习得过程中的作用,认为儿童的生活环境和社会交往活动才是最为重要的。因为儿童所处的环境不仅为其提供了语言模式,也提供了模仿范例以及语言发展所必需的经验。儿童首先模仿自己周围的语言,成年人则对儿童的模仿表示赞同或其他形式的奖励,以此强化儿童的语言,增加儿童正确说话的可能性。而儿童为了获得更多的奖励和赞同,则会重复别人和自己的语言行为,逐渐养成语言习惯,最后在习惯的基础上形成与成人一样的语言能力。

环境对于语言行为的重要性,还体现在语言习得必须要有一个能够进行互动的人,为其搭建说话的平台。这也是为什么语言行为被定义为由一个语言群体塑造并维持社交行为的一种形式。例如,社交的强化能够促进婴儿的咿呀声、对单词短语的回应以及语法特征的产生。可想而知,如果没有社交环境,儿童则不能够发展自身的语言。

(二)强化说对语言康复的启示

该理论对于语言障碍康复的启示在于,一方面康复师可使用系统的语言行为评估法调整和改善儿童不符合年龄和社会期望的语言行为;另一方面康复师及儿童的照料者要

[①] 乔姆斯基 N,王宗炎. 评斯金纳著《言语行为》(中)[J]. 当代语言学,1982(3):37-41.
[②] 李宇明. 儿童语言的发展 [M]. 武汉:华中师范大学出版社,1995:34.

遵循行为主义理论的原则来进行语言康复。该理论认为一个人可以通过训练掌握任何一个可观察到的行为，以及通过操纵一个刺激物、一个反应和一些形式的强化物元素来教语言。因此康复师可以通过塑造正确的回应和强化儿童的正确输出来教导儿童语言行为；也可以选择特殊目标的回应，即首先创造恰当的先行事件，再强化儿童正确的回应。值得注意的是儿童的正确回应次数需要有一个明确规定的成功标准（如10个中有8个回应正确）。

运用"强化"的一个例子是：假如儿童说一些类似"想要洗澡"的话，照料者可能会说："想要洗个澡啊，宝宝真乖，那我们现在去洗澡吧！"照料者用自身的语言回应强化了儿童的表述，并开始放洗澡水。但是如果照料者忽略或者惩罚儿童，儿童极有可能不再表达这一需求。另一个例子是：康复师教一个孩子词语时，可能会用玩具汽车来创造一个游戏。如果康复师指着汽车问："这些是什么？"孩子说："汽车。"康复师就会回应："非常好！"许多康复师均表示恰当地运用刺激和强化策略是不可缺少的语言训练技巧。

三、中介说

中介说（Mediational Theory）又被称为传递说[①]，它是在行为主义心理学和结构主义语言学的基础上发展起来的一种语言学习理论。早期行为主义的刺激—反应理论反对人类语言活动的任何内部事件，坚持认为语言行为实际上开始于特定情境中的特定语言反应之后的强化刺激。但实际上人类的很多语言行为并没有直接的可被观察到的外部刺激和强化过程，同时，还有许多语言都没有产生可被观察到的外部反应。因此中介说正是为了弥补早期刺激—反应理论的不足而提出的一种改良理论，其主要代表人物有美国心理学家奥斯古德（C. Osgood）、莫勒（O. H. Mowrer）、苏皮斯（P. Suppes）和斯塔茨（A. W. Staats）等。

（一）中介说的基本观点

中介说的学者认为，语言能力的发展是一系列刺激—反应的链锁和结合。语言行为中的一个词、一句话都具有刺激的性质，它可以诱发出条件反应，而一种反应又产生出另一种刺激，之后再诱发另外一种条件反应。如此循环，形成一系列联想的链锁和序列，形成一个马尔科夫链（Malkov Chain），即刺激—中介过程—反应。例如：当听到"他感冒了"，可以想到"他没有去学校""他要吃药"或是"他为什么感冒了"等，这些隐含的反应又可以成为刺激，引起新的反应。支持中介说的学者把由任何外在刺激引起的反应区分为隐性反应和显性反应，其中隐性反应可以转化为显性反应，在隐含反应转化的外显反应出现之前，隐含反应会产生一系列的隐含联想，这些联想叫作"中介系统"（Mediation System）。中介系统说明了刺激和反应的传递性，以此分析所受到的刺激，然后将隐含反应所引发、产生的联想转化为现实中的语言。

---
① 桂诗春. 新编心理语言学 [M]. 上海：上海外语教育出版社，2000：174-175.

与早期的刺激—反应论相比，中介说在刺激和反应之间增加了传递性刺激和传递性反应这样的内在环节，据此来阐述客观环境怎样通过语言作用于人、语言怎样表现非当时当地的事物、新的话语怎样被创造等问题，这是一个很大进步。中介说学者认为，人类的语言反应不仅可以由外部的刺激所引起，而且还可以由作为刺激和反应之间的内部状态而引起。该理论中的"中介系统"包括已经内化了的非言语反应（即隐含反应）和产生这类刺激的自我刺激作用。这些隐含反应通常被认为是由外部事物的反应模式所派生出来的，并用以解释儿童的词汇和句法结构的习得过程。

（二）中介说对语言康复的启示

根据中介说的观点，康复师可以让儿童通过模仿和选择性强化训练先习得某个词，再将该词与环境结合而成为以后习得其他词语的刺激，从而帮助儿童更好地习得下一个词，这样便形成了一个儿童的词语习得链。同样地，康复师引导儿童习得词语组合的语法结构的过程亦是如此。词汇结构的习得在语言康复中具有重要的意义。儿童在语言理解的过程中习得某一结构的规则性，一方面能够增强词语联想的强度，使儿童可以习得该词所属的词语类型；另一方面也可以增加或者降低不同词语类型之间的联想强度，从而使符合母语规则的句法结构得到确定。语言环境和联想的强度，往往也决定了儿童语言中不同词类和句法结构的"出现优先权"，即习得顺序。

先天与后天相互作用论

先天决定论和后天环境论的观点都较为极端，对儿童语言的习得没有给出全面、较满意的解释。前者只强调了先天因素而否定或忽视了后天因素；后者只强调后天因素而否定或忽视了先天因素。先天与后天相互作用论在这样的争论中应运而生。相互作用论者以皮亚杰（J. Piaget）的认知说（Cognitive Theory）为理论基础，认为儿童语言习得是先天能力和客观经验相互作用的结果。由于他们是用一组认知的程序来解释语言的行为，所以，在心理语言学界又被人称为"程序派"（Process Approach）。

而随后的一批学者的研究更是博采众长，他们都承认语言发展受到先天和后天的多种因素的影响，认为先天的能力和后天的环境因素是相互作用、相互依赖的。他们在对各种理论进行发展和兼收并蓄的基础上，由于强调重点不同而又表现为不同的倾向。社会互动说、规则学习说和信息加工说都考虑到了在语言交往中的主体和客体的相互作用，因此将这些学说也归入相互作用论中。

一、认知相互作用说

著名的瑞士心理学家皮亚杰从20世纪20年代开始对儿童的认知过程进行研究，提出了一整套的儿童认知发展理论。在这套儿童认知发展理论中，他针对儿童的语言习得也提出了自己的观点。皮亚杰关于儿童语言习得的认知相互作用说是建立在他的认知发展理论基础之上的，因此，在介绍他对于儿童语言习得的观点之前，我们有必要先了解皮亚杰认知发展理论[1]。

---

[1] R. M. 利伯特. 发展心理学 [M]. 詹克明, 韦乔治, 等译. 台北：五洲出版社，1987：172-183.

（一）皮亚杰的认知理论

皮亚杰的认知理论核心是"发生认识论"。皮亚杰从发生学的角度来研究人类认识（思维、智力、认知等）的发展和结构，强调认识的个体心理起源和历史发展。他认为，儿童认知的发展既不是起源于先天成熟，也不是来源于后天经验，而是起源于主体的动作。动作是儿童感知的源泉，同时又是儿童思维发生的基础。主体通过动作对客体进行适应（Adaptation），这是儿童心理发展的真正原因。

1. 儿童心理发展的影响因素

皮亚杰认为制约儿童心理发展的因素有以下四个：

① 成熟。儿童某些行为的出现是由于躯体结构或神经通路的机能。它们的成熟在整个心理成长中起一定的作用。

② 物理环境。包括儿童对外物的体验和来自动作的逻辑经验。前者通过作用于物体来感知物体的特性，后者是通过作用于物体来理解动作间的协调结果。

③ 社会环境。包括社会生活、文化教育、语言等。

④ 平衡。皮亚杰认为上述三种因素都是儿童心理发展的必要条件，而平衡才是决定性的因素。平衡是个体保持认知结构处于一种稳定状态的内在倾向性。这种倾向性是潜藏于个体发展背后的一种动力因素。自身与环境达到平衡的具体途径是同化（Assimilation）与顺应（Accommodation）[①]。当遇到外界新的事物时，儿童总是试图运用其原有的图式（Scheme）去进行同化，如果同化成功，儿童就会满足自己现有的认知图式，处于暂时的平衡状态；而当某种作用于儿童的外界信息不能与其现有的认知图式相匹配时，便会做出顺应，即儿童通过调节自己的认知图式或创立新的图式，去顺应新的事物，从而达到一种新的平衡状态。平衡是一种动态的过程，是主体不断成熟的内部组织与外部环境之间的相互作用，是同化与顺应这两种机能的平衡。个体认知发展的过程就是不断地取得主体（儿童）和客体（环境）之间协调一致的过程。正是在这种不断寻求平衡的过程中，儿童得以实现自身的认知发展，从低一级水平的图式达到高一级水平的图式，并形成不同的发展阶段。

2. 认知发展阶段

个体认知发展具有阶段性，这是皮亚杰理论中的又一重要观点。他提出了儿童认知发展的四个阶段：感知运动阶段、前运算阶段、具体运算阶段和形式运算阶段（见表4-3-1），并对认知发展的阶段提出了如下观点：

① 在不同的发展阶段，儿童的认知具有不同的质的特点；

② 阶段与阶段之间的关系是非连续性的；

③ 在同一发展阶段内，各种认知能力的发展水平是平衡的；

④ 阶段间的发展顺序是不能改变的，即各阶段由低到高的发展顺序是不能逾越或互换的。任何个体都按照固定的次序经历相同的发展阶段。

---

① 桂诗春. 新编心理语言学 [M]. 上海：上海外语教育出版社，2000：188-189.

表 4-3-1　皮亚杰认知发展的阶段

感知运动阶段（0~2岁）
通常分成六个亚阶段 **阶段一：0~2个月** ● 儿童展现了反射性的有声行为 ● 儿童展现了反射性的感知运动行为 **阶段二：2~4个月** ● 儿童能够协调手-眼运动 ● 儿童能够协调手-口运动 **阶段三：4~8个月** ● 儿童作用于客体并开始学会寻找客体 ● 儿童模仿一些声音和牙牙学语 **阶段四：8~12个月** ● 儿童开始走路 ● 第一个词被使用 ● 儿童基于他最后看到物体的记忆来寻找物体 ● 儿童开始认识到他有能力来移动物体 **阶段五：12~18个月** ● 物体恒存性变得很明显 ● 儿童能够自信地走路 ● 当一个人在做某事时儿童可能会模仿他的行为（如：拍手或躲猫猫） ● 儿童有对于物体属性和功能的经验（如：用勺子吃燕麦粥、敲桌子、在小狗面前滴落东西等） **阶段六：18~24个月** ● 当参照物不在时儿童会使用词来找（如：妈妈不在房间时会喊"妈妈"） ● 儿童用思考来解决问题 ● 习得基础的因果关系 ● 儿童会玩象征性游戏，即用一个事物来代替另一个事物（如：用一个纸巾盒当作一个玩具篮子，用一根木棒当作一把枪）
前运算阶段（2~7岁）
通常被分为两个阶段：前概念阶段（2~4岁）和直觉阶段（4~7岁） **前概念阶段：2~4岁** ● 儿童以自我为中心，难以认识他人的观点 ● 儿童泛化词的意义（所有男性都叫"爸爸"） ● 儿童窄化词的意义（"车车"仅指自己的玩具车） **直觉阶段：4~7岁** ● 继续自我中心主义 ● 儿童呈现了思维的具体化（如：在大富翁游戏中，很难理解到5个100元人民币代表着同等量的500元） ● 感觉主导思维 ● 儿童在同一时间只能处理一个变化维度的事情 ● 分类技能提高但是仍然不充分 ● 儿童缺乏守恒的概念（如：当看到一个黏土球也能够揉成一个蛇的形状，并且是同等量的黏土，对这个现象不能理解）
具体运算阶段（7~11岁）
● 儿童脱离了自我中心，认识他人观点的能力得到提高 ● 儿童习得序列和守恒的技能 ● 儿童使用逻辑因果关系 ● 儿童使用有效地分类技能

形式运算阶段（11岁以后）
● 儿童去掉自我中心主义，能够认识他人的观点 ● 儿童展现了抽象的思考和说话能力 ● 儿童能够运用推理和演绎的思考过程 ● 儿童能够使用文字推理和用"如果……那么……"造句 ● 儿童学会使用假设推理

（二）认知相互作用说的基本观点

在行为主义盛行时期，皮亚杰的关于儿童语言习得的观点最初并不为人们重视，直到20世纪50年代末，乔姆斯基对行为主义学说展开批评之后，人们才逐渐发现皮亚杰理论的价值，并将皮亚杰的理论与儿童语言习得的学说结合起来进行研究。与此同时，皮亚杰领导的日内瓦心理学派也开始对儿童语言习得研究给予关注。

皮亚杰关于儿童语言习得的观点如下：

① 人类有一种先天的认知机制。但这种先天的机制不是乔姆斯基所说的由普通语法构成的语言能力。皮亚杰认为这种认知机制是人类一般性的加工能力，它不仅适用于人类的语言活动，而且也适用于人类其他的认知活动。

② 儿童并没有特殊的语言学习能力。儿童的语言能力只是认知能力的一种。认知发展先于语言发展，语言发展以最初的认知发展为前提，认知发展的顺序和普遍性决定了语言发展的顺序和普遍性。相对应地，语言的普通性只是认知普通性的一部分，它不是人类与生俱来的普遍语法，而是表现为人类普遍具有的认知策略。

③ 儿童的语言发展能力不是先天就具有的，也不是后天学习得来的。它是儿童作为认知主体和客观环境相互作用的结果，是通过同化和顺应达到一个阶段的平衡，并逐渐发展到更高阶段的过程。

（三）认知程序说

在皮亚杰提出认知发展理论之后，人们运用这种理论不断地对儿童语言习得进行深入研究，并取得了一些新的发展。其中有一部分研究者强调人类存有的先天的认知程序机制，并且用这种机制来解释儿童的语言习得，因此，他们的理论又被称为认知程序说。认知程序说吸收了乔姆斯基的先天语言能力说和皮亚杰认知发展理论的一些观点，在此基础上有所发展。该派的主要代表人物有伯克利加州大学的心理学家斯洛宾（D. Slobin）、麻省理工学院的心理学家福多尔（J.A. Fodor）、纽约州立大学的里沃（A.S. Rever）、加州撒拉大学的普雷马其（D. Premach）和英国撒克斯大学的苏热兰德（N.S. Sutherland）等人。认知程序说的学者的观点如下：

儿童虽然没有先天语言知识，但具有一种先天的语言材料加工的程序机制（即概括能力和认知能力）。这一机制适用于一切认知能力，可以用特殊的方式加工整理语言输入材料。它不但决定着语言的形式和内容，而且也同样支配着语言行为之外的其他认知行为。斯洛宾认为儿童语言习得的过程是凭借一种先天的程序机制从语言输入（Language input）中提炼、概括语言的规则，并最终形成一种语言生成能力的过程。因此有些句子即使儿童没有听过或说过，他们也能理解或产生。儿童最终习得语言的结果表现为语言的普遍特征，不过这种语言普遍特征是先天分析机制进行加工整理的结果，而非乔姆斯基所说的与生俱来。

注重语言运用对语言能力的作用。人类的语言行为有两个特点是其他行为所没有的：一是刺激材料（听到的语言）是有一定结构，二是反应材料（说出的话）是受规则支配的。但同时他们也认为这些特殊情况还不足以把语言能力与其他认知能力截然分开。因此该学派既重视心理因素，又强调语言因素，他们认为语言能力与语言运用是同等重要的。一方面，语言能力是语言运用的前提，所以没有语言能力的有机体，则无语言运用可言。因此只有承认"语言能力"才能解释语言千变万化的现象。而另一方面，语言运用是语言能力的证据，是确认人类具有其他动物所没有的语言能力的标志。认知程序说研究的侧重点在语言运用如何体现出语言能力，而非如何用语言能力来解释语言运用[1]。

强调后天环境的作用。认知程序说认为后天的学习对于儿童语言习得是必不可少的。儿童习得语言的过程是从周围环境可接触的语言输入中不断归纳、提炼语言规则的过程。因为语言的规则存在于语言材料和语言输入之中，而不是存在于儿童的大脑之中，所以语言仍要通过学习才可以习得。他们也承认语言习得机制（LAD）的存在，但认为这种机制所表现出来的内容是具体的，而非抽象的。它不仅包括一套语言普遍特征，而且也包括语言分析的普遍过程（这种过程先于语言习得的过程而存在）。儿童最终能够习得一种语言是因为他能够从所听到的语言输入中产生一套可以接受语言普遍规律的结构。

该学派还通过儿童习得结构的先后顺序，分析儿童最容易犯的错误，然后在此基础上来总结儿童语言习得过程中存在的共同规律。斯洛宾通过对 14 个主要语系约 40 种语言的儿童语言习得模式的跨语言比较研究，总结了五条儿童语言习得的普遍规律[2]：① 后置的语法形式要比前置的语法形式更早习得；② 儿童首先掌握语言中的无标记成分，然后在有限的情况下使用合适的标记，接着出现对标记的过度概括，最后达到成人的系统；③ 儿童对语法形式和语义内容一一对应的语言现象较早习得；④ 儿童倾向于在一组表示同一语义功能的若干语法手段中先使用同一种手段；⑤ 语义上前后一致的语法规则习得较早，而且不会出现明显的错误。

对于儿童语言习得过程中普遍出现的错误现象，认知程序说认为，这主要是由于儿童对语言所做出的假设几乎完全一致，并且按照同一认知程序去分析所接触的语言。

（四）认知相互作用说对语言康复的启示

第一，康复师要尊重儿童在语言康复活动中的主体性，让他们成为语言学习活动的主体。在正式康复之前，康复师应充分了解儿童的需要、兴趣、能力和个性特点等，并以此为依据来选择康复内容，确定康复方法，在活动过程中充分发挥儿童的积极性、主

---

[1] 刘润清. 心理语言学诸派及其观点简介 [J]. 当代语言学, 1982（1）: 1-9.
[2] 李宇明. 儿童语言的发展 [M]. 武汉: 华中师范大学出版社, 1995: 51.

动性和创造性。

第二，康复师要注意将语言领域的康复和日常生活及游戏中的自然语言交流结合起来，为儿童创造更多运用语言进行交流的机会，促进他们完成语言的学习。

第三，优先促进儿童相关认知能力的发展。支持认知相互作用说的学者认为，儿童在产生字词前必须首先习得其概念。如果相关的认知能力尚未开始发展，那么儿童的语言能力是不会提高的。因此康复师必须评估儿童的认知能力，然后在语言本身发展之前帮助儿童发展这些认知能力。例如，一个孩子如果没有接触过狗或者还没有发展客体永久性的概念，那么当儿童不认识小狗或者小狗不在视线范围内时，他是不可能说出这些词语的。所以，康复师在教儿童说话之前，应该先帮助他们建立稳固的客体永久性的概念。再比如，儿童对于颜色的认识能力有其年龄规律，对于颜色词的习得也有年龄差异。例如，以 90% 以上儿童习得某颜色的命名能力作为该年龄的掌握标准，则 3 岁汉族儿童能命名的颜色仅为"红"和"白"，对"蓝"的命名正确率仅达到 26.6%，对"橙"的命名正确率仅达 6.7%。所以康复师在教导儿童颜色词时，应该充分考虑儿童颜色认识的年龄特点。

二、规则学习说

规则学习说是在乔姆斯基的先天语言能力说和行为主义学习理论的双重影响下形成的一种儿童语言习得理论。该理论的主要代表人物有布朗、弗拉瑟（C. Fraser）、伯科（J. Berko）、欧文（S. Ervin）、布雷恩（M. Braine）、塔格茨（G.E. Tagatz）等。

（一）规则学习说的基本观点

规则学习说[①]的主要观点如下：

它强调先天因素与后天环境因素在语习得过程中共同起作用。该理论认为，儿童身上存在着一种帮助儿童理解母语结构的先天处理机制，但这种先天的语言处理机制并不是乔姆斯基先天语言能力说的语言普遍特征，而是一套程序和规则。儿童所处的语言环境为这个处理机制提供语言输入，儿童从可接触到的语言输入中发现规则的存在，继而制定、应用并评价这些规则。规则学习说的语言发展模式显示出先天因素跟后天环境因素之间的互相补充和互相依赖。

儿童语言习得主要是语言规则的习得。先天语言处理机制使儿童从他们所接触到的语言中发现语言的普遍特征以及个别特征，并从接触到的语言材料中归纳出语言的结构规则，因而儿童对语言规则的习得是儿童语言发展不可分割的一部分。儿童对语言规则的归纳是刺激—概括的学习过程。由于语言规则是不规整的，所以在儿童早期的语言习得过程中，对规则过分概括的现象是必然会出现的。

儿童的语言发展过程是一种在先天处理机制参与下的操作性条件反射。儿童在这一过程中所表现出来的作用是主动的，而不是被动地接受刺激并做出反应。

---

① 肖苏亦. 有关语言习得的三种主要理论 [J]. 当代语言学，1985（4）：1-5.

虽然规则学习说没有解释规则—归纳过程的确切性质及其程序，以及对于儿童怎样使用内在的、先天的语言处理机制来产生和理解话语也未能给出清晰的说明。但规则学习说同行为主义学习理论最大的不同是，它强调了儿童语言学习有先天的能力存在；与乔姆斯基学说最大的不同是，它认为儿童学习语言的先天能力中不包括语言的普遍特征，语言学习是一种在先天能力参与下的条件反射，对语言规则的学习是归纳而不是演绎。

（二）规则学习说对语言康复的启示

规则学习说首先强调了儿童语言是在先天因素和后天环境因素相互作用下习得的，其次儿童习得的是语言规则，另外还注重儿童的主动积极学习。因此该学说对教育康复的启示是，首先康复师要创造各种情境，充分调动儿童学习的积极性和主动性。然后康复师要明白在语言康复中，具体内容是难以穷尽的，因此帮助儿童掌握一种语言的规则远比学习众多词句更为重要。以学习句子为例，康复师可以通过句式仿说的形式来进行句子的结构式教学。句式仿说作为一种有效的教学方法，对儿童句子表达能力的康复具有事半功倍的效果。例如通过例句"小猫吃鱼"，诱导儿童说出目标句"小狗吃肉"，从而让儿童了解句子的形式和内容，掌握"××吃××"的句式，再以此类推，将其运用到其他同结构句子的学习中去。

三、社会互动说

社会互动说认为儿童语言的发展受到包括社会、语言、认知以及生理等多种因素的影响，这些因素相互依赖、相互作用，并且互为因果。这一理论的主要代表人物是布鲁纳（J. Bruner）、贝茨（E. Bates）和麦克惠尼（B. Macwwhinney）。

（一）社会互动说的基本观点

社会互动说并不聚焦于内在的语言能力，而是规定了人类的语言结构可能是由相关的社会交往功能引起的。虽然这个理论没有明确地用行为的概念来解释语言学习，但是其认为语言可能是由社会互动引起的观点与行为主义的观点是相似的。

社会互动说的支持者强调语言的功能，而非语言结构。在社会互动说看来，儿童语言习得不仅需要对语法规则的习得能力，也需要一定的生理成熟和认知发展基础，更需要在社会交往中发挥语言的交际职能。他们认为社会互动发生在情境中，互动的变化依赖于情境的变化，而语言的发展源于人们主动地与他人进行社会互动。例如，布鲁纳发现，初生婴儿会搜寻人脸并去回应其他人。该学说认为，儿童与成人之间语言交往的相互影响是决定儿童语言发展的重要因素。因此这一学说特别重视儿童与周围环境的社会活动，并主张发挥同伴、照料者、周围环境和固有的社会经验在儿童的语言习得方面的积极作用。

心理学家维果斯基认为语言是社会互动的工具，相关的语言知识是通过社会互动与儿童的本身文化工具和社会经验获得的，所以维果斯基强调口头指导和成人的榜样示范。

他认为对话的同伴是儿童语言习得的重要促进者，为其提供支架或必备的交流结构。父母在儿童语言发展中具有重要的支持作用，他们把自己语言输入调整到适合儿童的水平，并回应儿童的语言输出。不同于皮亚杰支持认知发展先于语言发展，维果斯基认为儿童首先在人际互动中习得语言，随着语言的发展，儿童将逐渐使用内部语言来建构自己的行动和指导思想[1]。例如成人可以观察到，幼儿在玩过家家时经常自言自语，但随着他们的成熟，儿童学会了用安静的内部语言来调节自己的思想。

该理论还认为，儿童与语言环境都是一个动态系统。儿童不是被动的语言受益者，而是一个积极主动的语言加工者[2]。他们会将自己的一系列先天倾向融入语言学习的环境中，会暗示他们的父母及成人提供适当的语言经验。因此，儿童语言习得的速度在很大程度上取决于儿童自身。而且口语和书面语言在人的一生中是不断发展的。例如，青少年随着他们的成熟，将不断提升语言的丰富性和实用性；成人在更换工作或职业时一定能在他们新的岗位上学到新的词汇。

社会交往是儿童的一种天性。儿童说话之前就已经能用体态与成人交际，并听懂一些成人的话语；在单词句和双词句阶段，儿童以语言、体态或者体态与语言相结合的方式作为交际手段；最后过渡到完全用语言进行社会交际。

社会互动说的理论主要来自两个方面的证据：一个是正面的证据（positive evidence），即人们经常可观察到的成人在与儿童进行语言交往所使用的语言对儿童语言习得的影响；一是儿童语言习得的负面证据（negative evidence），即一些脱离现实语言环境或者语言交际环境被剥夺的儿童未能获得正常语言能力的案例，如在印度发现的"狼孩"和被剥夺环境交往的"吉妮"[3]。

① "兽孩"的例子。到目前为止，人们已经发现了30多个由狼、老虎、熊等野兽抚养的在兽群中长大的孩子，这样的孩子被称为"兽孩"。兽孩从小就没有与人进行语言交流的机会，所以没有一个能学会语言。例如，1920年在印度的加尔各答曾发现两个女性狼孩，都不会说话，身上带有很多狼的特性。约一岁半的阿玛拉被发现不久就死去了。约有八岁的卡玛拉被送到保育院中生活了九年，但是仅学会了六句话。

② 吉妮（Genie）的例子。1970年，美国加利福尼亚的一个女孩，一岁后一直被他的父亲幽禁在一间小屋里，不让任何人与她讲话。到13岁（人们给她取名"吉妮"）被发现时她除能听懂自己的名字和"sorry"（对不起）以外，没有其他语言能力。

（二）社会互动说对语言康复的启示

在社会互动说的指导下，康复师要在康复实践中注重儿童的主动交流。换句话说，康复训练建立在儿童主动交流提高的基础上。为了激发儿童使用语言，康复师可以提供外在的情景和内容，包括言语的和非言语的，用以鼓励儿童使用语言来使自己需求得到满足。例如，康复师可以鼓励儿童说出"我要泡泡"之后，再把泡泡水给儿童，这是在交流技能康复的过程中较为明确的行为策略。

---

[1] 桂诗春. 新编心理语言学 [M]. 上海：上海外语教育出版社，2000：584.
[2] 桂诗春. 新编心理语言学 [M]. 上海：上海外语教育出版社，2000：196.
[3] 李宇明. 儿童语言的发展 [M]. 武汉：华中师范大学出版社，1995：53-54.

四、信息加工说

信息加工理论认为儿童的语言发展是由注意、工作记忆、有组织的知识基础等机制推进的,但同时也受这些机制的制约[1]。

从信息加工的立场出发,注意在语言学习中显得很关键。婴儿很早就会注意大人讲话或与讲话有关的事件。例如,婴儿对熟悉的声音比不熟悉的声音表现出明显的偏爱,而且总是试图听到熟悉的声音。相比之下,他们更可能注意与其讲话时话语更短、更简单、更有节奏感的人[2]。成人似乎明白(或许是无意识地)注意对儿童语言学习的重要性。例如,成人在与他们的孩子讲话时总是指着他们正在谈到的人或物,以此来集中孩子的注意力;聋童的妈妈打手势时,总会尽力让她们的孩子同时看到她的手势和提及的事物。

该理论认为语言学习涉及假设检验、演绎推理和积极建构语言系统。儿童在学习母语的过程中,可能会形成一些关于词语含义和构句方法的假设,然后他们会根据他们所听到的特定语言输入来检验这些假设,最后将正确的假设组成一套完整的规则来规范语言理解和应用[3]。

信息加工说将行为主义和认知主义理论很好结合在一起,并吸取了人本主义以及格式塔学派的相关理论,提出一种折中的观点,这种理论主张既重视外部的条件刺激和反应行为,又重视内部心理过程的作用,即学习的发生要同时依赖外部条件和内部条件。主要的代表人物是美国的著名教育心理学家加涅(R.M. Gagne),他的语言习得理论主要倾向于用信息加工的模式来解释学习活动。他认为,学习过程是信息接收和使用的过程,语言的学习是主体和环境相互作用的结果。

(一)信息加工说的基本观点

信息加工说的支持者更多关心认知功能,而不是认知结构或概念。换句话说,信息加工说的理论家对语言是如何习得的更感兴趣。他们认为人类信息加工的系统是一种装置,这个装置能够编码来自环境的刺激,解释这些刺激,然后将结果存储在记忆中,并允许提取先前存储的信息[4]。在这一装置的运行中,首先需要关注的是处理和加工信息的输入和输出,这一过程包括了组织、记忆、转换、注意和辨别等步骤。其中,长时记忆和短时记忆尤其重要。语言的学习依赖于信息加工的机制,这种观点被称作认知联结主义。

近年来关于信息加工和语言障碍的关系得到研究者的关注,研究者对于语言障碍儿童是否同时伴随信息加工问题很感兴趣。研究认为与儿童语言障碍相关的信息加工有两

---

[1] Bates E, Macwhinney B. Competition, Variation, and Language Learning[J]. Mechanisms of Language Acquisition, 1987:157-193.
[2] Kaplan P S, Goldstein M H, Huckeby E R, etal. Dishabituation of Visual Attention by Infant-versus Adult-directed Speech: Effects of Frequency Modulation and Spectral Composition[J]. Infant Behavior & Development, 1995, 18(2):209-223.
[3] Karmiloff - Smith A, Johnson H, Grant J, etal. From Sentential to Discourse Functions: Detection and Explanation of Speech Repairs by Children and Adults [J]. Discourse Processes, 1993, 16(4):565-589.
[4] 桑标. 当代儿童发展心理学 [M]. 上海:上海教育出版社, 2003:131.

大分类：语音加工和短时听觉加工[①]。语音加工包括意识到并操作语音的能力，如词的押韵、词的细分和音节划分法等。如果一名儿童在词的韵律或者理解"b-ɑi"是"bɑi"方面有困难，那么他极有可能存在语音处理问题。短时听觉加工处理的是感知短暂声音的能力，换言之，当这些短暂声音突然出现在他人的言语声中时，听话者能够比较言语声并记录下它们的变化。

在对儿童短时听觉加工技能的研究中，研究者对儿童整个加工能力和加工速度感兴趣。例如，语言障碍儿童可能无法准确复述他人快速说的数字串"5-9-3-6-2"，因为该儿童可能在听记忆数字串的长度或者用不同的速度复述数字串方面存在困难，抑或二者皆有之。如果儿童在短时听觉加工上有困难，那么通常也会难以处理其他任务，尤其是当这些任务的信息快速呈现时。例如，记住和执行又长又复杂的指令，逐字复述句子，复述有意义或无意义的字词列表，以及其他开发他们听能力、记忆能力或听觉信息反馈能力的任务。

（二）信息加工说对语言康复的启示

从信息加工说的基本观点可以看出，信息加工支持者更关注语言的习得，主要是语言输入的过程中如何通过听觉系统进行加工和记忆的。这些儿童虽然听力没有任何问题，但存在"听觉信息处理"的问题，这类儿童通常被称为"听处理障碍"。听处理障碍将影响儿童的听觉理解甚至是阅读理解能力，一般训练可从以下几个能力的训练着手。

听觉语言分辨。该能力是指儿童能够区别不同语言刺激的能力。常用测试形式为：听"报"和"泡"并判断这两个音是一样的还是不一样的。但这种测试的有效性被很多专家质疑。尽管听觉辨别所扮演的角色在语言发展中有很大争议，但研究者发现听处理障碍儿童相比普通儿童来说听觉分辨能力较差。

听觉语言注意。该能力是指儿童忽略不规则的听觉刺激，将听觉聚焦在重要信息上的能力。听觉注意差的儿童在过滤不相关刺激上有困难。没有适当的听觉注意，儿童的心智将同等地聚焦于所有的输入刺激上。由于儿童无法将更多的听觉注意分配到重要信息上，所以他们只能获得表面的感觉经验，也无法进行最理想的语言学习。

听觉语言记忆。该能力是指儿童在头脑中存储言语刺激，并记住他所听到的事情的能力。研究者发现语言障碍儿童在听觉记忆上也存在困难，因此听觉记忆可能是伴随语言障碍存在的一个因素。但是尚未有充分的证据表明听觉记忆是造成语言障碍的原因之一。

听觉语言速度。该能力是指处理不同速度的听觉刺激的能力。许多研究发现语言障碍儿童难以处理快速呈现的听觉输入刺激。反之，如果输入信息的速度慢下来时，儿童处理起来则容易得多。

听觉语言序列。该能力是指在出现听觉刺激时识别暂时顺序的能力。尽管在语言发展中听觉序列一直被争论，但研究发现和普通儿童相比，语言障碍儿童在听觉序列任务中表现更差。

---

① Weismer S E, Evans J L. The Role of Processing Limitations in Early Identification of Specific Language Impairment [J]. Topics in Language Disorders, 2002, 22（3）:15-29.

第五章 儿童语言能力的评估

对儿童语言能力进行准确评估是开展语言康复训练的重要基础。通常需要在不同情境下采用多种方法对儿童语言能力做出综合、全面的评估。儿童语言能力评估主要通过筛查、鉴别、计划和监控四个逐层递进的环节，可先快速发现疑似语言障碍儿童，然后通过标准化或非标准化的工具进行明确诊断，同时确定基线期的水平，为儿童制订合理的干预计划，并在过程中进行监控。本章从评估方法、评估内容、评估指标、评估工具、评估流程等方面对儿童语言障碍的评估做出详细阐述。

语言评估的常用方法

第一节

常用的语言评估方法包括观察法、访谈法、测验法、语言样本分析法。临床上康复师可根据疑似或高危语言障碍儿童的发展情况，选择一种或多种评估方法，评估儿童的语言及相关能力。

一、观察法

观察法是指在一段时间内，在现实情境中有目的、有计划地考察和描述儿童语言沟通行为的方法。观察法往往能收集到儿童在日常生活中真实、典型的行为表现。观察法不需要将儿童的表现与标准进行对比，只需要描述其在特定方面的表现。因此，该方法适用于一些不宜使用测验法或其他方法进行语言评估的儿童，或者作为对测验法或其他方法评估结果的补充。

依据不同的标准，观察法有不同的分类。根据观察情境的自然性，可以分为自然观察和实验观察；根据观察的手段，观察法可以分为直接观察和间接观察；根据观察者的角色，可以分为参与观察和非参与观察。语言能力评估常要求在自然状态下对儿童进行观察，因此评估者可以在康复室中直接观察，也可以借助各种仪器或装置，如录音机、录像机等设备观察和记录儿童的语言沟通行为。

观察法主要用于对某些特定的语言行为是否发生、发生频率、背景或与之相关的因素等方面的取样。具体而言，就是通过在康复室内与儿童互动进行直接观察，或是通过观看儿童在家庭或学校中与父母、兄弟姐妹及同伴互动的录像进行间接观察，获得儿童语言能力的总体印象。此外，观察内容有时也有必要包括儿童的想象性游戏、注意广度、粗大及精细运动技能、社会兴趣及社会互动等，通过观察法能够记录到的与语言能力相关的目标行为。

观察方案一般由康复师根据实际需要进行设计，包括观察清单或评定表格，以便检查和计数特定的行为。检查疑似有语言障碍的儿童会话能力的观察表，举例见表 5-1-1。

表 5-1-1 会话能力观察分析表

观察内容	观察项目	出现次数	举例
会话技能	谈话发起		
	倾听行为		
	恰当地回应内容		
	恰当地插话		
	维持话题		
	转换话题		
	恰当地结束谈话		
	了解听者的观点		
	谈论与主题相关的内容		
	采用适当的回应长度		
口语行为和交流功能	命名事物或行为		
	询问事物或行为		
	描述事物或行为		
	询问信息		
	提供信息		
	请求允许		
	要求		
	承诺		
	同意		
	威胁或警告		
	道歉		
	抗议、争辩或不同意		
	表现幽默、开玩笑		
	使用问候语		

设计方案过程中重要的是要界定所要观察的行为，即要在开始观察之前，通过对家长的访谈或是前期的评估情况来确定对儿童交流的哪些方面的评估需要特别关注，从而确定行为观察的目标。所要观察的行为必须可观察和可测量。所谓可观察是指这个行为一定是外显行为，即观察者可以直接看到这个行为的出现、维持、变化和结束。可测量则意味着观察者可以从这个行为出现的频率、持续时间、强度或其他维度给出数量化的评定[①]。

设计观察方案时另外需要特别考虑的是使用与设计目标相符的记录系统。数据收集

---

① 莫雷，温忠麟，陈彩琦. 心理学研究方法 [M]. 广州：广东高等教育出版社，2007：273.

的形式要便于康复师评定特定行为的频率，或在量表上能够反映行为出现频率的排序。因此常采用 3 点或 5 点式记分方法。

在儿童语言能力的动态评估、功能性评估以及基于课程的评估中常采用观察法。

动态评估即"前测—干预—后测"评估模式。在动态评估中，需将儿童置于学习情境中，鼓励儿童将自己思考的过程说出来，观察和分析儿童的学习过程，找出其思考模式中的错误，然后尝试促使其发生改变。动态评估的结果不是记录一个分数，而是需要提供以下三个方面的信息：① 儿童是如何处理任务的，其错误的模式和自我监控能力如何；② 在进行干预后，儿童行为的改变程度如何；③ 能够促使儿童改变的最具可能的干预风格及方法是什么。

功能性评估就是用结构化的方式来衡量障碍对儿童参与活动或经验的影响，也包括对新学习的交际行为增加儿童在现实生活情境中的自主应用程度方面的评估。

基于课程的评估（CBAs）常用在学校中，可由教师、康复师根据课程内容进行编制。该方法能够有效评估基于课程的语言使用情况，而且对于追踪不同文化和语言背景下学生的进步情况，比传统的标准化测验更为灵敏。

二、访谈法

访谈法是指通过对家长、教师及其他对儿童有深入了解的成人进行访谈，从而收集到一些有关儿童语言能力的有效信息的方法。

按照有无结构可将访谈分为非结构性访谈、结构性访谈以及半结构性访谈。

非结构性访谈是指访谈人员只按照一个粗线条的访谈提纲进行的非正式、非标准化的访谈，这种访谈法对具体的提问方式、提问顺序、回答方式、记录方式等没有统一的要求，访谈人员可以根据具体情况对这些内容作灵活调整。结构性访谈是根据统一的设计要求，通过结构化的问题进行的标准访谈。通常要求访谈者按照一定的顺序提问，并且对如何回答问题和访谈记录的方式也有统一的要求。半结构性访谈则往往兼具有非结构性访谈和结构性访谈的特点。

在编制访谈提纲或访谈问卷时应注意以下几个方面：① 访谈问题要聚焦，一个问题只能聚焦在儿童语言发展的某一个具体的方面，不要同时涉及若干个不同的方面；② 问题的表达要清晰明确，通俗易懂，能够被访谈对象所理解，尽量避免使用专业术语，必要时可以设计统一的指导语，对问题回答的范围和内容以及方式等向访谈对象做出解释说明；③ 问题的顺序安排要合理，访谈开始时可以提一些简单、易于回答的问题，对于较为敏感或涉及隐私的问题一般放在访谈结束之前提出，以免引起访谈对象的消极情绪反应；④ 访谈态度要中立，不要在提问时流露出自己的偏见或是价值导向。

目前，国外已发展出一些与标准化测验一样具有较高信度、效度等心理测量学指标的访谈问卷，如语言发展调查问卷（Language Development Survey）、社会沟通问卷（Social Communication Questionnaire）等。这些访谈问卷能够使儿童的临床档案更为丰富，使我们能在有限的时间内掌握更多关于儿童相关功能水平的详细情况。

发展量表属于临床上常用的一种结构性访谈工具量表。通常情况下，这种工具量表没有完全进行标准化，无法提供常模分数，因此不适用于在初期判断儿童是否具有明显交流缺陷。但是，一旦证明儿童存在某些方面的语言障碍，发展量表可能有助于进一步了解该儿童在某一方面所具备的基线功能的年龄等价水平。目前，国外已形成了一些较为成熟的发展量表，如交流发展顺序清单—修订版（Sequenced Inventory of Communicative Development-Revised）、理解—表达发生语言量表 -3（Receptive-Expressive Emergent Language Scale-3）等。

三、测验法

儿童语言能力测验通常包括标准化测验和目标参照测验两种。

（一）标准化测验

标准化测验也称常模参照测验，是语言能力评估中最主要的正式评估方式，是一种脱离语境的在标准化情境下开展的测验形式。该方法用设计出的一系列测试题首先给语言发展正常的儿童施测，然后分年龄组计算出可接受范围变异的得分，即为常模。以常模为参照标准编制的测验即为常模参照测验，其优点在于可以将儿童个体的行为与普通儿童群体进行比较，因此标准化语言测验通常可以作为鉴别儿童语言发展是否显著落后普通儿童的重要依据。

标准化测验之所以能够作为鉴别儿童语言发展是否显著落后于普通儿童的依据，是因为其具备以下一些测量学特征：

1. 标准化

标准化包括测验内容、施测条件、评分规则以及常模的标准化。测验内容标准化是指对所有接受测试的个体采用相同或是等值的测试内容施测。如果测试内容不同，测得的结果便不具有可比性。施测条件的标准化是指所有接受测试的个体具有相同的测试情境、相同的指导语、相同的测试时限等。评分规则标准化是指测试所制定的评分规则要使不同评分者的评分结果保持最大程度的一致性。常模的标准化是指样本必须具有代表性，要包含具有未来所适用的人群的特征。理论上来讲，常模样本的抽取通常要考虑地区（多个地区）、性别、社会经济、民族等方面的因素。

2. 信度

信度是测量结果的稳定程度。如果一个测验多次的测量值是一致和准确的，或者说接近真值，则认为这个工具是可靠的，具有较高的信度。信度的评价方式包括重测信度、评分者信度、内部一致性信度、分半信度以及复本信度。重测信度是指对同一批被试进行两次测验，计算两次分数的相关性。如果相关性高则认为测验稳定。评分者信度指不同施测者用同一测验测试同一批被试，并分别打分，打分的一致性高说明这个测试受施测者的特征影响不大。内部一致性信度是指将一个测验分成几个相似的子测验或是测验的几个部分，每个子测验或部分测验与整个测验所测得的结果相近程度。分半信度是将测验分成对等的两半，其中一半测验的得分与另一半测验得分的相关程度，是内部一致性信度的变型。复本信度是指一个测验的两个复本在测量本质上是等同的，如 PPVT 测验就具有 A、B 两个测验复本。

3. 效度

效度是指一个测验是否测得了它想要测得的东西。如果系统误差小，则认为该测验是有效的。效度有多种类型，测验中通常报告的效度有内容效度、结构效度以及效标关联效度。内容效度是指测试的条目对于所测内容的范畴是否具有代表性。结构效度是指测试工具是否已测量其所要测量的理论结构。效标关联效度又称实证效度，是指一个测验对特定情境中的个体行为进行估计的有效性。在测验手册中通常要求提供以上类型效度的数据，特别是效标关联效度，没有提供效标关联效度数据的测验一般不算结构良好的工具。

4. 集中程度及离散程度

如果测量的样本足够大，其得分应该呈正态分布（图 5-1-1）。

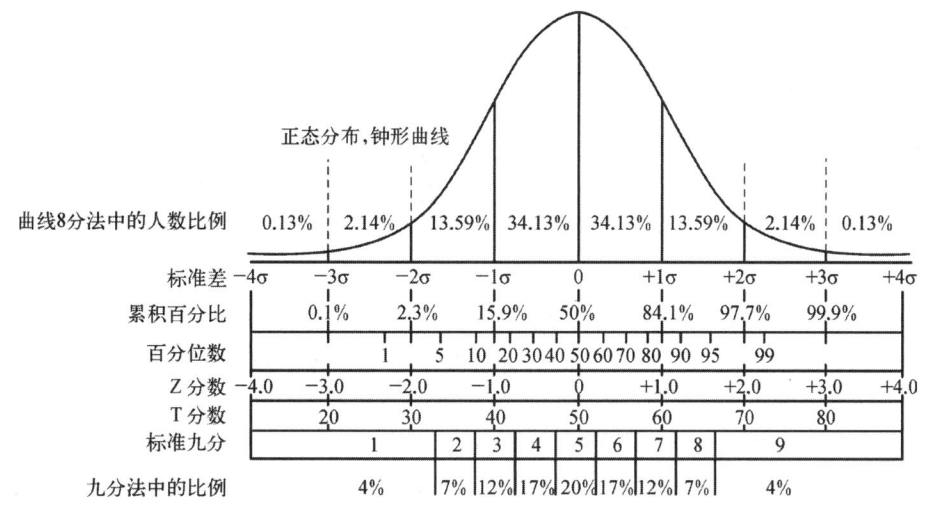

图 5-1-1　正态分布图

在使用标准化测验时，我们通常假设在标准群体中，得分呈正态分布。当分数呈正态分布时，大部分得分会落在测验的算术平均数附近。平均分表示测量的集中趋势。但大多数人的得分会在算术平均数上下波动，很少有人正好得这个分数。曲线下的面积代表得到每个分数段的人数比例，离中心越远，得这一分数的人越少。

5. 诊断准确性

诊断准确性指测试能够准确区分儿童诊断类型的程度。当一个测验或工具被用于区分一个儿童是否具有某种特定的障碍时，诊断的准确性就成了我们能够在多大程度上确信这一结果的关键。测量工具中最常用的诊断准确性的指标是特异度和敏感度。特异度是指该测试能够准确识别为无障碍的儿童人数占通过"金标准"诊断出的无该障碍人数的比例。敏感度是指测试能够准确识别出有障碍的儿童人数占诊断"金标准"检出的有障碍人数比例。这些诊断准确性指标都是以"金标准"作为参照标准得出的。"金标准"是指临床上公认的诊断疾病或障碍最可靠、最准确、最好的诊断方法,也称标准诊断方法。

6. 测量标准误

通过测量得到的任何测验值都是真值的估计值。在实际测验中,无论怎样我们都无法百分之百地确信所测值为真值,因为总是会有一些测量误差。就同一个测试而言,如果一个人测试的次数够多,其测试的分数可以形成一个分布。理论上讲,这些测试分数也会形成一个正态曲线,其平均值即为测验真值,而这些分数的标准差即为标准误。标准误存在的原因是由于人的行为不是恒定不变的,一个建构良好的测验通常会报告测验的标准误(SEM)。标准误使我们可以根据观测值来确定置信区间,用置信区间估计真值。数学公式如下:

$$真值的置信区间 = 观测值 \pm 标准误$$

标准误和置信区间非常重要,因为它提醒我们儿童的测试分数代表的是一个范围,而非一个点,而且它对于跨时间的得分比较也具有重要意义。

7. 标准参照分数

标准化测验中,测验所得到的原始分即粗分通常不能用于解释被试的情况,只有将原始分与标准样本中其他被试的得分相比较,测验的分数才有意义。常用的标准参照分数有四种,包括标准分、百分等级、当量分数以及标准九分数。

(1)标准分

标准分是一种具有相等单位的量数,是一种以标准差为单位度量原始分数距离该群体平均分数多少个标准差的量数。标准分数的主要优点在于范围内的得分具有同等的单位,即具有等距性的特点。如标准分85分与100分的差距与115分与130分的差距是一样的。这一特性使得这些分数便于统计处理,同时也更好地服务于研究目的。标准分也可以用于确定两个分值之间的真实差距,如干预前和干预后的得分。常用的标准分数主要有Z分数、T分数以及离差智商。① Z分数。原始分与常模平均数之差除以标准差即为Z分数,即平均数为0,标准差为1的标准分。② T分数。T分数与Z分数非常相似,即平均数为50,标准差为10的标准分。③ 离差智商。又称为发展商数(Development Quotient,DQ),即平均数为100,标准差为15的标准分,是最常见的标准分,IQ测验通常都会采用这种计分方法。很多语言测验也使用DQ。按照这种计分方式的测验,标准分在85分到115分都是在平均数的一个标准差之内。标准分在70到84之间,则落在了平均数以下1个标准差到2个标准差的范围内,以此类推。

(2)百分等级

百分等级说明在常模群体中得分低于某一得分的人数比例。得分为第10个百分等级说明只有10%的人数低于其得分。通过正态曲线下得分的理论分布,图5-1-1标示出百分等级分数所对应的其他标准分。百分等级易于理解和解释，经常被用于向家长和老师说明儿童在语言方面的表现。但是百分等级不是一个等距量表，不能像标准分数一样假设其等级之间的距离是相等的。

（3）当量分数（Equivalent scores）

当量分数是指按照一定的水平将原始分进行分级，如年龄（年龄当量）、年级（年级当量），代表原始分所对应的特定的年龄或年级组常模的中间值。需要注意的是在进行当量分数的比较时，儿童不是与自己相似的群体比较，也就是说不是跟与自己同年龄或同年级的常模进行比较，而是按照该儿童的得分将其划分到能代表其原始分水平的年龄段或年级段。如 PPVT-IV 粗分为 55 分的儿童会得到 1 个 4 岁的年龄当量。如果这个儿童实际年龄为 7 岁，在报告年龄当量时不应将该儿童与其他 7 岁年龄组的儿童相比较。

与标准分数不同，当量分数在量表上不具有等距性，1 个 3 岁的儿童其发展水平延迟一年与 9 岁的儿童其发展水平延迟一年是不能等同的。因此，年龄当量不适用于确定儿童发展是否有显著缺陷。只有标准分数的比较能够使我们断定一个儿童的表现是否显著低于普通儿童。也就是说如果需要确定儿童的得分是否显著低于该年龄应有的语言水平时，我们需要使用标准分数来进行判断。一旦确定其具有明显缺陷，我们可能使用年龄当量这一更容易理解的度量标准向家长和老师解释儿童语言发展能力情况。但只有当儿童的标准分数显著低于正常水平时才可以这样做，如果儿童的分数落在正常的范围内，就没有必要再使用年龄当量，否则可能会产生误导。

（4）标准九分数

标准九分数是将原始分数分成九个部分的标准分数系统。若原始分服从正态分布，它是以 0.5 个标准差为单位，将正态曲线下的横轴分成九段，最高一端为 9 分，最低一端为 1 分，中间一段为 5 分，除两端外（1 分和 9 分）每段均有半个标准差宽。第 5 段包括了分布在中间的 20%，第 4 段和第 6 段每段占总体的 17%，以此类推，第 1 段和第 9 段时分别占总体的 4%（图 5-1-1）。标准九分数是一种能够较为明显地反映儿童测试表现的方法，且当儿童分数接近中间段时，其反映程度是最好的。

对于标准化测验，我们要判断其是否可接受，需要考查该测验的测量学标准。事实上，目前为止，标准化测验是区分儿童与其他儿童是否具有显著差异的唯一有效、可信、公正的方法。但是即便标准化测验具备较高的测量学标准，在对其测量结果进行解释时也要慎重，同时要报告使用的是哪种标准化测验。

标准化测验用于反映儿童是否显著区别于普通儿童，当发现存在显著差异时，还需要通过其他评估形式了解儿童的基线功能。

（二）目标参照测验

目标参照测验指用以判定个体康复目标是否达成的测验形式，测验题目的编制根据目标而定[①]。目标参照测验的主要目的在于了解个体在所测试内容上的水平，其出发点是个体本身的绝对水平，而不是个体间水平的差异。目标参照测验既可以在结构化的评

---
① 余嘉元. 运用蒙特卡罗方法研究目标参照测验的质量控制问题 [J]. 心理科学，1993（4）：52-54.

估中进行，也可以在自然情境下进行。语言目标参照测验可以分为语言理解目标参照测验和语言产生目标参照测验。

1. 语言理解目标参照测验

前面讲到的标准化测验是一种正式的、非语境化的测验形式，但在语言的实际运用当中通常是有语境的，因此，我们除了要在正式的、非语境化的情况下评估儿童的语言理解能力外，还应在语境化的情况下观察儿童语言理解能力。理论上讲，目标参照测验更适合考查儿童在语境化情况下的语言理解表现，并且可以比较在语境化情况下和非语境情况下相同测试内容的不同反应。

在语言理解目标参照测验中应注意以下几个方面的问题。

第一，避免过度提示。不要对所要观察的东西提供过多的线索，特别是在语境化的情况下，要避免让儿童根据常识进行猜测。例如让儿童"把勺子放进碗里"就是儿童在日常生活中常会遇到的情境，因此也更容易被猜测到，而相比之下"把勺子放进衣服口袋里"可能就与儿童的生活经验差异更大，因此也更难以被猜测。

第二，选择合适的语言刺激。在进行语言理解测验时，我们要明确测验的目标词，除目标词外，其他词汇应当都是儿童熟悉的词汇。例如，对于多数 3 岁儿童，当目标词为"红色"时，用"把红色的苹果给我"可能要比用"把红色的樱桃给我"更合适，因为相比之下"苹果"更为常见，是多数低龄儿童所熟悉的水果。如果用"把红色的樱桃给我"作为测试句时，儿童没有做出反应可能是由于儿童不理解"樱桃"这一并不常见的词汇所导致的。总之，当我们设计语言理解目标参照测验时，应仔细斟酌呈现给儿童的语言刺激。

第三，明确正确的反应。语言理解目标参照测验可以使用自然反应或结构化反应。自然反应包括行为依从和问题回答。行为依从适用于观察低龄儿童，包括触摸、移动、拿起、指出物品或是完成某些动作等。回答问题是另外一种自然反应的形式。通常儿童发展水平达到 24 个月时，才能够采用回答问题的反应方式。对儿童的回答可以进行语义和语法准确性的计分。语法准确性只考察回答的语法类型是否恰当。例如问一个儿童苹果是什么颜色的，他如果回答说"蓝色"，可以说在语法上是正确的，但在语义上是错误的。通常儿童在语义完全掌握之前会出现语法正确而语义错误的现象。结构化反应类似于标准化测试，最常见的结构化反应的理解评估是指出图片。发展水平在 24 个月以上或是更大的儿童一般可以完成指图任务。词语理解、句子理解等都可以通过这种形式进行评估。物品操作是另外一种结构化的反应形式，即给儿童呈现一套物品，要求儿童完成指定的操作任务。发展水平在 20 个月左右的儿童一般可以采用这种反应方式。物品操作评估也可用于评估词语理解和句子理解，也可以通过让儿童表演发生了什么以及接下来要发生什么，评估其对会话的理解及推断能力。还有一种用于目标参照测验的结构化反应是辨别反应。该反应类型主要用于考察一些元语言能力，即要求儿童对语言进行评价而不只是应用语言。这一反应类型适合发展水平在 5 岁以上的儿童。另外，就测试题目而言，辨别反应比指图或实物操作任务更容易编制。例如，要求儿童判断以下句子是否正确："小明把椅子推倒了"和"椅子把小明推倒了"。这种方法也可用于会话、推断等方面理解的评估。

第四，最小化随机猜测的影响。无论采用哪种反应方式，都需要有足够多的反应次数，即对应的题项数量要足够。就确立治疗目标而言，目标参照测验优于标准化测验的地方在于标准化测验在测试每一个结构时通常只有一个或两个条目，很难确保儿童的表现不是基于猜测，特别是在图片指认形式的测验中，即使儿童随机指认，结果也有可能是正确的。因此，要求目标参照测验的每个测验组成部分包括更多的条目。通常每个测试内容应包括4个以上的项目，要求儿童至少做对3个才算在这一内容上通过。另一种避免猜测的方式是使用对比的句子进行测试：例如，"小明推小红"和"小红推小明"，并要求儿童正确指认或演示两个句子。

2. 语言产生目标参照测验

语言理解评估的难点在于避免猜测和无关因素的干扰，而语言产生评估的难点在于获得反映儿童语言表达能力的代表性样本。常用于语言产生目标参照测验的方法有引发模仿、引发产生和结构分析三种。

（1）引发模仿

引发模仿要求儿童"跟我说一样的"，是引发语言产生最简单的方式。但在测试时，可能会存在儿童改变表达方式的问题，如康复师要求儿童复述"这支铅笔是我的"，但儿童可能会说"这支铅笔是你的"；或者康复师要求儿童复述"桌子上有一个红色苹果"儿童可能会说"红色的苹果在桌子上"。虽然意思没有发生改变，但与康复师的要求不符。引发模仿通常是语言产生评估中最后使用的方式。

（2）引发产生

通过设置情境，引发儿童产生特定的语言。主要有模式引发、角色扮演、游戏以及叙述四种方式。

模式引发是指向儿童示范一组模式相似的语言，然后要求儿童产生新的类似的语言，例如"我用勺子吃饭，用刀切菜，用笔写字"。角色扮演中，我们可以要求儿童扮演一定的角色，如让儿童扮演布娃娃的妈妈，让她问："布娃娃是不是饿了？要不要吃东西？"从而评估儿童产生疑问句的能力。还可以采用游戏的方式引发儿童语言产生，例如，和儿童一起看一张内容丰富的图片，评估人员示范游戏形式，描述图中的一个元素，如让儿童找出"戴红色帽子的男孩"，然后进行游戏轮替，看儿童能否产生类似模式的句子。叙述引发法是一种较为有效的评估儿童连续讲述能力的方法。评估人员按照图画书给儿童讲一个简单的故事，然后要求其进行复述。也可以给儿童一些本身能够反映一个故事的图片材料，让儿童根据图片建构故事。

（3）结构分析

结构分析是一种了解自发的交流行为样本的规律性的评估方法，主要用于了解儿童自发产生的沟通，找出其结构、形式、功能以及影响沟通使用的情境。结构分析的关键在于能够引发一个有代表性的交流样本。通过记录、转录并分析这些语言样本，找出其中我们所关注的但却未出现过的语言结构和功能，然后采用引发产生的方法尝试能否引导其产生这些语言结构或功能，如果引导不成功，就试着直接引发模仿。

在诱导儿童语言产生时应注意保持耐心，给予儿童说话的时间和空间，不要压制儿童的问题和需求；耐心聆听并积极回应，温暖而友好，能够跟随儿童的话题及步伐，不要突然转换到下一个话题或行为。不要问儿童你已经知道答案的问题；能够从儿童的角度出发，考虑儿童的认知水平，对时间、空间方面的意识以及动机等。总之，相比于常模参照测验，目标参照测验的优势在于其灵活性比较大，必要时可以将几种方法联合起来使用以得到更多的语言信息。

在临床评估过程中，时常会遇到一些不配合测验的儿童，导致预先安排的测验，特别是标准化测验无法完成。这种情况下，康复师可先确认该儿童是否与普通儿童存在显著差异即达到了标准化测验所要达到的主要评估目标，而这一点往往并不难做到。接下来即可以采用其他评估方法，如目标参照测验、行为观察或访谈问卷等方法进行评估。通过这些方法，建立基线期的功能水平并确定干预目标。

Nelson[1]曾经探讨了四种难以进行评估的儿童，即非常害羞和安静的儿童、不配合的儿童、多动和冲动的儿童以及残疾儿童。对于害羞的儿童，应减慢评估速度，给予其更多的时间热身。从需要较少言语的理解程序开始，能够使评估更顺利地进行。评估者也可以通过故意叫错常见物品和假装犯规的方式，引导这些儿童参与目标参照测验和行为观察。对于不顺从和多动或冲动型的儿童，评估者应保持严肃的语调，并且要求父母在观察室等候而不能出现在儿童的视野内。Nelson建议使用暂停的方法来获得不配合儿童的合作，这可能会使评估时间更长，但它通常会获得一些关于儿童实际能力的有效信息。还应避免给儿童超过评估者权力的话语权，例如不要询问儿童"你想做××吗？"或带有"好不好？"的指令，以防止给儿童拒绝评估者的机会。对于多动和冲动型的儿童，从环境中去除外来的、无关的刺激能够使多动的儿童专注于评估材料。灵活安排评估地点也可使这类儿童更好地进行测试，除了让他坐在桌子旁边外，还可以安排在地板上、桌子下面等地方。Nelson还建议经常休息，将评估时间分割成小块，而不要像普通儿童一样连续完成评估任务。对于有身体残疾的儿童，应避免因其身体功能的障碍对评估的反应方式造成的不利影响。如可以给有口语表达障碍的听障儿童几种不同的替代交流模式，例如图片、符号、标识或书面语，以帮助他们最好地进行沟通。对于盲童，可以要求其命名或描述他们所感知到的对象或讲述他们经历的事件。总之，即使无法通过标准化测验获得儿童语言能力的信息，我们仍然能够利用多种评估方式来确定一个儿童是否存在沟通障碍，了解基线功能，以及确定该儿童通过何种方式进行沟通可能会更好，从而制定有效的干预计划。

四、语言样本分析法

儿童在非正式情境下的语言样本分析是评估的重要组成部分，是对标准化测验的重要补充。语言样本分析是将儿童口述的语料一音不漏地转写成文本形式，再采用量化分析或质性分析的方式来探讨儿童语言能力。语言样本分析可以很好地反映儿童所表现出的语言形式（音韵、词法、句法）、语言内容（词汇使用、语句意义整合）、语言使用（语

---

[1] Nelson C. Practical procedures for children with language disorders [M]. Austin, TX: Pro-Ed, 1991.

用)、语速、序列组织能力(如依照事情发生或是执行的顺序描述)等。

语言样本的分析具有以下三个方面的优点:① 可用于不同语言或文化背景下的儿童;② 在没有标准化数据的情况下,可以对儿童的语言反应进行前后对比;③ 除了可提供儿童的语音、语义及语法外,还是唯一可提供自然背景下语用技能的方法。但想要获取具有代表性的、切实有用的语言样本,需要花费一定的时间。

(一)语言样本的收集

Miller 等人认为,语言样本至少应包括 50 ~ 100 句话语,如果能达到 200 句以上则更能体现语料的代表性。在收集语言样本时,最好能够通过录音或录像的方式记录下来。

1. 语言样本收集的注意事项

为获取可靠、确切的语言样本,评估人员应注意以下几点:① 开始收集语言样本前应与儿童建立良好的合作关系;② 尽可能减少无关的干扰;③ 在采集样本时尽可能等待儿童说话,评估人员不需要以说话去填充安静的时间;④ 在通过活动来获得儿童语言样本时,尽量挑选儿童感兴趣的主题或材料,并且要能够根据不同的儿童改变评估主题和材料;⑤ 要收集主题内容多样化的语言样本;⑥ 收集不同环境背景下儿童的语言样本(如康复室、游乐场、家、学校或幼儿园等);⑦ 收集不同诱导方式下产生的语言样本(如会话、叙事、对图片的回应);⑧ 如果评估人员无法收集某些场合(如家庭、游乐场、学校或幼儿园等)的语言样本,可以要求其他人(如父母或教师等)协助收集;⑨ 在收集语言样本的过程中,尽量避免使用"是否"的问题,以及其他可能引发儿童简短回答的问题;⑩ 在必要时可以限定主题或回应。这种方法对于个案以刻板或固定答案回应方式特别有用。如可以用"告诉我关于……?"而最好不要用"这是……?"或"什么是……?"的问题。

2. 语言样本的诱发方式

语言样本可以采用谈话法、看图说话法或故事复述的方式诱发。

谈话法指通过与儿童对话的方式诱发儿童语言样本。如让儿童介绍环境中或生活中的活动、物品、玩具,让儿童介绍捉迷藏的游戏,说汽车、飞机、娃娃或是其他玩具的玩法,或者说布娃娃身体部位或其他物品的组成。

看图说话法指给儿童提供一些图片,让儿童根据图片内容进行讲述。但需要注意的是,图片一定是能够说明许多活动的图片,如 Kenneth G. Shipley 和 Julie G. McAfee 等人在采用图片诱发语言样本时所采用的以公园为主题的图片(如图 5-1-2 所示)。如果图片只显示很少的活动情景,没有什么可描述的内容,甚至只能诱发出命名,那就无法评估出儿童综合运用语言的能力。

故事复述法即由评估人员先读一遍,接着让儿童尽可能详细地复述一遍。采用故事复述法时,也常常给儿童提供一些图片,以有助于叙事语言样本的取样。图 5-1-3 即为 Kenneth G. Shipley 和 Julie G. McAfee 等人诱发叙事语言样本时所采用的图片材料。

图 5-1-2 语言样本刺激图：公园　　　图 5-1-3 语言样本刺激图：Lydia 与动物们

（二）语言样本的整理

在整理语言样本时除了要逐字转录儿童的整个语言样本外，还要注意以下一些方面：

① 要包括语言背景中其他说话者的谈话内容，且要注明句子的说话者。可以给每个说话者编一个缩写，如"F"表示儿童的父亲，"M"表示儿童的母亲，"C"表示儿童本人等；

② 转录到不清晰或部分不清楚的语句时，可以使用破折号表示有几个字是不清楚的；

③ 尽可能地少用标点符号；

④ 在句子结束时用"/"标示；

⑤ 转录时应连续记录每一个句子，但可省略正式开始前的语句；

⑥ 除需记录相关的非语言背景信息外，还需要记录一些伴随产生的副语言（Paralinguistic）线索。

（三）语言样本的分析角度

语言样本分析不仅要分析儿童语言中的错误，还要找出可以判定儿童交流水平的模式或规则方面的证据，以及影响语言产生的背景因素。具体而言，可以从以下几个角度进行考查：

1. 语言的形式

语言的形式即要考查儿童主要是使用单字、词汇还是句子。这些句子是否全部都是主语—谓语—宾语的形式；能否正确使用否定句、疑问句或是被动句；能否使用复杂句等。

2. 语义的理解

语言的理解是指儿童能否恰当地回答不同类型的问句（例如什么、哪里、谁、什么时候、为什么、怎么样等）；是否会对来自不同语义类别（如概念义、色彩义）的词汇产生混淆等。

3. 语言的运用

语言的运用考察儿童是否表现出不同的语用能力，如要求提供信息、要求协助或要求得到物品；回应、陈述和提供信息；是否能进行谈话轮替；是否能表示谈话的状态和对谈话做出修补等。

4. 说话的速率

说话的速率考察儿童说话的速度是否过快或过慢；有儿童与其对话者之间的对话轮替是否有过长的停顿；儿童是否经常使用插入语或在说特定的字词前先停顿；是否时常有词语的替换等。

5. 顺序性

顺序性是指儿童是否能按顺序描述一件事情；是否能有序地讨论最近发生的事情或重述一则故事等。

（四）语言样本分析常用指标

1. 平均句子长度

平均句子长度（mean length of utterance，MLU）是能够反映儿童语法和词汇发展情况的指标，对评估儿童的语言发育有重要意义，已成为国内外大多数语言专家公认的指标。MLU 由 Brown 在 1973 年提出，计算方法是以词为单位对自然语言进行统计。普通话中词语没有形态的变化，其计算方法有两种，即以字为单位计算每句话中字的数量和以词为单位计算每句话中词的数量。目前多采用第二种，如下所示：

$$平均句子长度（MLU）= \frac{词语数}{句子数}$$

在计算平均句子长度时，以下内容不计算在语言样本内① 模仿，即模仿上一个句子，而不是儿童自发产生的语句；② 简略回答，即一些以完整的问句诱发出的简略的回答或是答非所问的语言样本；③ 不完整的句子，如儿童没有说完的句子；④ 不清晰的句子，即儿童句子中不清晰的部分；⑤ 背诵的语句；⑥ 句子中的起始错误和修正，包含自我修正或改变原来说法的部分；⑦ 噪音，除了可以被识别为有意义词语外的一切不希望出现／存在的声音；⑧ 口头禅或是语气助词；⑨ 相同的句子；⑩ 数数或列举。

MLU_5 是指最长 5 句话的平均句子长度，周兢等指出 MLU_5 能够反映汉语儿童语法复杂程度的最高水平[1]。在计算 MLU 时，要特别注意语言样本必须是自然状态下的语言样本，并且要有多个语言样本。

---

[1] 周兢. 汉语儿童语言发展研究：国际儿童语料库研究方法的应用与发展 [M]. 北京：教育科学出版社，2009：40–57.

2. 相异词比率

相异词比率（type-token ratio，TTR）即儿童语言样本中所使用的不同词汇在总词汇中所占的比例，是计算功能性词汇能力的一种指标，反应儿童语言样本中使用词汇的多样性。计算公式如下：

$$相异词比率（TTR）= \frac{样本中不同词汇数}{样本词汇总数}$$

计算相异词比率时，首先要算出样本词汇总数，然后算出样本中不同词汇数，如在一段语言样本中"我"出现了10次，在计算样本中不同词汇数时只算1次。国外研究发现，3~8岁的儿童，相异词比率约为1∶2，也就是说，儿童语言样本中词汇总数是不同词汇数的2倍。

Retherford 对 TTR 做了修订，她采用计算语言样本中不同类型的词汇以取代计算样本中全部词汇。她将词汇分为：名词、动词、形容词、副词、介词、代词、连词、肯定词（如 yes、ok）、否定词（如 no、not）、冠词和以"wh-"开头的疑问词等类型。计算方法为各类词的数目除以语言样本的总词数，此方法还可计算儿童用词种类的多样性。

此外，语言样本分析还是对儿童语用能力评估的主要方法，具体的评估方式和评估指标见第三节语言综合运用能力评估部分。

语言能力评估的主要内容及指标

语言能力的评估可以分为语言能力发展性评估和语言功能性评估,发展性评估通常包括前语言沟通能力、语音能力、语义能力、语法能力以及语用能力的评估。按照《国际功能、残疾和健康分类》(International Classification of Functioning, Disability and Health, ICF)的理论框架,功能性语言评估需从身体结构、身体功能、活动与参与以及与语言相关的背景性因素四个方面进行评估。在康复实践中,为了能够为语言康复训练提供更加综合、全面的信息,康复师还需补充儿童语言相关的能力进行评估结果。本节将从语言能力发展性评估、语言功能性评估和相关能力评估三个方面展开介绍。

一、语言能力发展性评估

语言能力发展性评估是从发展的角度出发对儿童的语言能力进行评估。参照普通儿童语言发展的基本规律,发展性评估通常包括对前语言沟通能力、语音能力、语义能力、语法能力以及语用能力等评估内容。

(一)前语言沟通能力的评估

前语言沟通能力是前语言期儿童能够协调对人和环境的注意,恰当回应外界刺激,并利用眼神、表情、手势动作等非口语形式发起沟通、表达需求的能力,是儿童学习语言前的必要准备。

1. 评估内容

在对儿童的前语言沟通能力进行评估时,通常包括发起和回应的共同注意、要求技能、轮流技能和模仿技能等内容,如《早期社会沟通量表》(Early Social-Communication Scales, ESCS)即包含了相关内容。除此之外,在一些研究或量表中还包括了其他的评估内容。①

理解或使用面部表情及手势。如《Bishop 儿童沟通核查表》（Bishop's Children's Communication Checklist，CCC）中分量表"对话和谐性"对理解和使用面部表情做了考察；《非语言准确性诊断分析量表第二版》（Diagnostic Analysis of Nonverbal Accuracy-2，DANVA-2）则是专门用于评估个体接收性非语言沟通能力的评估工具，其主要目的是评估儿童对面部表情和音调所透露出的情绪的识别能力。② 言语。主要指儿童所发出的"a""daba""zaza"等无意义音。如《沟通与象征性行为发展量表》（Communication and Symbolic Behavior Scales Developmental Profile，CSBS-DP）将言语作为一个重要的因子，通过5个子项目考察了儿童的该项能力。③ 象征性行为。即运用具体事物来表示某种抽象概念或思想感情的行为。CSBS-DP、《沟通功能与方式核查表》（The Checklist of Communication Functions and Means）、《潜在沟通行为》（Inventory of Potential Communicative Acts，IPCA）等对儿童的象征性行为能力进行了考察。④ 刻板行为、问题行为等不适当行为。《潜在沟通行为》（Inventory of Potential Communicative Acts，IPCA）将儿童的刻板行为、问题行为作为评估儿童前语言沟通能力的一项指标。⑤ 听觉感受能力。在《前语言阶段语言发育进程的研究》中，将儿童对声音有反应、听到语音转动头或眼等项目归为听觉感受能力这一维度。

前语言能力评估

2. 评估指标

前语言沟通能力的评估指标主要包括以下三种：

① 行为出现的频次，通常指在某一特定情境或某段时间内，目标行为出现的次数。

② 正确率，指正确反应的次数占总次数的百分比，计算方法：正确反应次数/试验总数 × 100%。

③ 完成等级，指目标行为的完成程度，一般按照既定的标准将儿童目标行为的完成程度划分不同的等级。

（二）语音能力的评估

语音能力评估包括语音感知能力评估和语音产生能力评估。

1. 语音感知能力的评估

语音感知能力评估主要考察儿童把握音段音位多种特性，从而将声音识别出来的能力，即语音识别的能力。

（1）评估内容

主要包括声母、韵母和声调的识别能力的评估。常用评估工具为《语音均衡式识别词表》和《最小音位对比识别词表》。语音均衡是指词表

语音感知能力评估

中语音出现的概率与日常生活中出现的概率相一致。语音均衡式识别能力评估是考察儿童识别日常生活中常用词语的能力。汉语普通话系统中常用的语音均衡式识别能力评估词表是中国聋儿康复研究中心孙喜斌教授研发的《儿童语音均衡式识别能力评估词表》。如图5-2-1为语音均识别"白""柴""埋"三个词的测试材料。

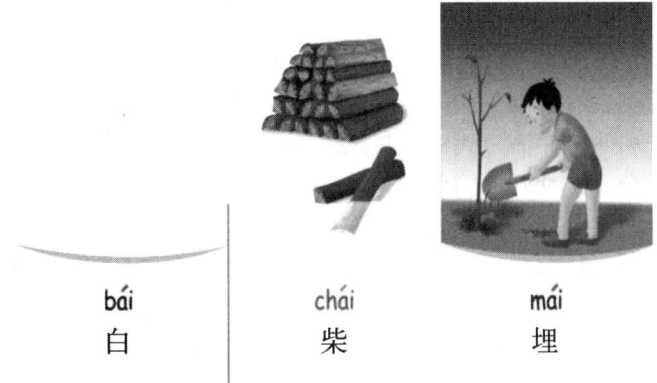

图5-2-1　儿童语音均衡式识别能力评估举例

最小音位对比识别是指对汉语语音中仅有一个维度差异的音位对进行识别。汉语普通话系统中常用的音位对比识别能力评估词表为《儿童音位对比式识别能力评估词表》。该词表根据汉语言声母和韵母的声学特征及构音特点编制而成。如图5-2-2是声母"m"和"b"进行识别的测试材料。

图5-2-2　儿童音位对比式识别能力评估举例

（2）评估指标

语音感知能力的评估指标为语音的识别率，包括声母识别率、韵母识别率和声调识别率。计算方法为：

声母识别率＝正确识别声母的个数／声母识别总项目数 ×100%

韵母识别率＝正确识别韵母的个数／韵母识别总项目数 ×100%

声调识别率＝正确识别声调的个数／声调识别总项目数 ×100%

当识别正确率比较高时，还可以使用反应时作为指标。

2. 语音产生能力的评估

语音产生主要考察儿童正确发音的能力。

（1）评估内容

语音产生主要考察儿童正确发音的能力。汉语普通话系统中主要考察儿童正确发出声母、韵母、声调以及连续语音的能力。目前的评估工具主要采用两种评估方式：一种是采用图片或实物等方式诱导儿童自主发出目标音。这种方式的优势是能够考察儿童自然状态下语音产生的情况，但缺点是有时会受到儿童词汇量或认知能力的限制，例如儿童不认识或无法用目标词汇描述实物或图片上所示物品，因此有时也会采用另一种方式，即让儿童跟读。这种方式的优点在于能够更好地诱发出儿童的语音，但同时诱发出的语音可能存在模仿的成分，而不是儿童自然状态下的语音。

语音产生能力评估

（2）评估指标

语音产生能力评估的常用指标为语音习得率。包括声母习得率、韵母习得率以及声调习得率。

黄昭鸣、韩知娟等人对汉语普通话儿童的构音情况进行了研究，按照习得人数占常模总人数的 90% 以上作为某一语音习得的标准，则儿童在 6 岁前应习得除 c、zh、ch、sh 外的其他全部声母，即对个体而言声母习得率应达到 70% 以上；除前鼻韵母与后鼻韵母、鼻韵母与无鼻韵母仍然发生混淆外，应习得其他全部韵母，韵母习得率应达到 90% 以上；应习得全部四个声调，即声调习得率应达到 100%。

（三）词语理解与表达能力的评估

词语指称或表征世界上人、事、物及其之间的概念或知识。在儿童所掌握的词汇中，实词始终占有绝对优势。在实词中，掌握名词的比例最高，其次是动词，再次为形容词。研究发现，名词、动词、形容词占学龄前儿童实词总量的 90% 以上。在儿童语言评估中，常常采用词语理解和命名的方式评估儿童语义的理解与表达能力。

1. 词语理解能力的评估

（1）评估内容

词语理解能力评估主要考察儿童理解核心名词、动词和形容词的能力。词语理解能力评估最常用的方法是指认法，即要求儿童根据目标

词语理解能力评估

词从多个选项中指认出正确的答案。目标词可以单独给出或在上下文中给出。由美国学者 Dunn 夫妇编制修订的皮博迪图片词汇测验-第四版（Peabody Picture Vocabulary Test-Fourth Edition，简称 PPVT-4）采用的就是这种评估方式。该测验主要用来测试 2 岁 6 个月及以上人群的词汇理解能力，具有标准化的可参照常模。李孝洁等人在《语言发育迟缓儿童词语理解与表达能力的应用研究》中也采用这种形式考查了儿童词语理解的能力。图 5-2-3A 即为词语理解测验的测试材料举例，如让儿童从该四幅图片中指认出"猫"。

A.词语理解　　　　　　　　　B.词语命名

图 5-2-3　词语能力评估举例

（启智博士语言能力测试与训练仪，Dr.Language™，上海慧敏医疗器械有限公司）

（2）评估指标

语言学家通常从两个维度即广度（Breadth）和深度（Depth）来研究词汇知识。词汇广度指的是学习者知道或掌握的词语数量。词汇深度是指学习者对词语不同方面知识的掌握程度。目前的词语理解测验多数侧重于考查儿童的词汇广度，即词汇量。

2. 词语表达能力的评估

（1）评估内容

词语表达评估主要考查儿童能够自主命名名词、动词和形容词的能力。词语表达可采用命名法、词表法以及语言样本分析法对儿童进行评估。

词语命名能力评估

命名法是指对事物或者事物的图片或模型进行贴标签的方法。该方法可用于考查儿童词汇表达能力。图 5-2-3B 为词语命名能力评估的测试材料举例。出示图片要求儿童回答："这是什么？"从而考查儿童对图片中事物的命名能力。词表法是指将儿童能够理解或表达的词汇从词表中勾选出来的评估方式。有研究者通过问卷的方式在儿童最初掌握的词汇和有关儿童语法发展研究的基础上，罗列生活环境中最常用的词语，按词性和用途进行分类。要求家长勾选和补充儿童能自发表达的词语。除了以上两种方法外，也可通过语言样本分析法考查儿童能够表达的词汇量，可参考本章第一节相关内容。

（2）词语表达的评估指标

词语表达能力越强的儿童，能够使用的词汇数量和词汇类型越多，而存在语言障碍的儿童则可能会表现为过度使用名词，词汇的种类有限，同时可能出现词汇使用不当、过度类化或类化不足以及词汇提取困难等问题。因此词语表达的评估指标除了词汇广度、深度外，还有词汇使用的恰当性、类化程度以及词汇的提取速度等。在语言样本分析中常常会采用相异词比率（TTR）来反映儿童语言样本中使用词汇的多样性。

（四）句子理解与表达能力评估

句子是最小言语交际单位、最大语法单位，功能上可以在一定语境下传达相对完整的信息，实现交际目标。

1. 句子理解能力评估

（1）评估内容

句子理解能力的评估主要考查儿童对常见的不同类型的句子的理解能力，通常采用指认法、句法判断任务、实验操作反应任务以及代词指称反应法等。

句子理解的标准化测验常采用指认法，即要求儿童根据目标句指认出与句子相匹配的图片。图 5-2-4A 为句子理解能力评估的材料举例，目标句为"姐姐拿苹果"，请儿童指出相应的图片。

句子理解能力评估

A. 句子理解

B. 句子表达

图 5-2-4　句子能力评估举例

（启智博士语言能力测试与训练仪，Dr.Language™，上海慧敏医疗器械有限公司）

所谓句法判断任务，就是从句法方面判断句子的正确与否。即施测者说出几种不同错误类型的句子，如词序不当、句子成分残缺、句子主成分搭配不当、修饰不当等，让儿童判断。句法判断任务通常会跟评估表达性语法能力的句子纠正任务一并完成。

实验操作反应任务主要用于了解学前儿童对并列、递进、条件和选择复句的理解，例如准备红、黄、绿、蓝、白五种颜色的圆木块和方木块。要求儿童听句子拿出一个或几个木块。如"不仅仅把白的圆木块拿给我，还要把绿的方木块拿给我"；"只有我拿绿的方木块时，你才能拿绿的圆木块"。

代词指称反应法主要用于了解儿童对因果复句的理解。评估题干为陈述A、B二人由于某种心理的（行为的或心态的）原因而处于一定的关系状态。复句中的第一分句描写二人的关系状态，第二分句用关联词"因为"说明引起所处关系的原因。句子中包含了代词，全部句子的结构形式是："A怎么样B，因为他……"，如"李明表扬张林，因为他做了好事"。儿童听完测试句后，回答"他是谁"的问题。

（2）评估指标

句子理解能力的评估指标主要包括理解的句子类型及复杂程度和句子的可接受性两方面。① 理解的句子类型及复杂程度指儿童能够做出正确反应（指认、操作或回答）的句子类型及复杂程度。儿童能够做出正确反应的句子类型越多，复杂程度越高，说明儿童的句子理解能力越强。② 句子的可接受性是指所给出的句子是不是一个具有良好结构的句子。严格地说，可接受性判断并不等于语法性判断，因为这类判断是判断者根据自己的感觉做出的，即凭直觉认为一个句子是好的、可以接受的句子或者是不好的、不可接受的句子，而并不出自严密的语法分析。

2. 句子表达能力评估

（1）评估内容

句子表达能力的评估主要考查儿童自主表达句子的能力，一般采用句子复述、句式仿说、扩展修饰语、优化句子以及语言样本分析法等对儿童的句子表达能力进行评估。

句子复述也称句子回忆（sentence recall）或句子模仿（elicited imitation）。

句式仿说是指康复师先用特定的句式描述某个场景，然后让儿童提取该句子的句法结构并描述另一场景。图5-2-4B为句式仿说能力评估的材料举例，例句为"小猫吃鱼"，仿说句则应为"小狗吃肉"。句式仿说能力测验一般从语法和语义两个维度进行打分，除了考查儿童语法结构的掌握能力外，还要考查儿童能否将所习得的语法结构有效迁移，正确表达其他类似的语言情境。

扩展修饰语即康复师根据图片，说出一个简单句，如"这是一个苹果"，要求儿童扩句，如"这是一个又大又圆的苹果"或"这是一个香香甜甜的苹果"。让儿童明白扩句的规则是"句子越长越好"。

优化句子是指康复师根据图片说出原句，如"这是一个苹果"，要求儿童运用比喻修辞优化句子，如"这是一个圆圆的像太阳一样的苹果"或"这是一个红红的像灯笼一样的苹果"，让儿童明白所说句子必须要说明它像什么。

除上述方法外，还可以通过语言样本分析对儿童的表达性语法能力进行评估。

（2）评估指标

反映儿童句子表达能力的常用评估指标有平均句长、句子类型、句子复杂程度、句子丰富性以及句子生动性。① 平均句子长度（MLU），详见第一节语言样本分析部分内容。② 句子类型，包括陈述句、疑问句、祈使句、感叹句等。③ 句子复杂程度，包括简单句、复合句、复杂句等。④ 句子丰富性，即句子中修饰语的丰富性，从数量上包括无修饰语、一个修饰语、两个修饰语等；从修饰语的类型上可包括定语修饰语、状语修饰语和补语修饰语等。⑤ 句子生动性，即句子所使用的修辞手法。

（五）语言综合运用能力评估

语言综合运用能力评估通常从交流行为、会话能力及叙事能力几个方面进行评估。

1. 交流行为评估

语用交流行为是儿童最早出现的语用行为。语用交流行为主要包含两方面的内容：第一个是言语倾向，即说话者要表达的社会交往意图，如协商、讨论、指示等，评估指标包括引起注意、请求动作、询问信息、请求物品、陈述等；第二个是言语行动形式，即个体采用什么样的方式来表达自己的愿望倾向，如指令和回答、宣告和回答、标记和回答、陈述和回答等，评估指标在此基础上进一步细化，如陈述和回答可进一步细化为同意先前说话者表达的提议、做一个宣布性质的陈述、表达一个愿望等。

2. 会话能力评估

会话是指两个或两个以上的人就某一主题进行的交谈。会话是人们最常采用的语言运用方式，也是儿童沟通能力发展的重要途径。

（1）评估内容

会话主要以话轮的形式展开，话轮是会话中的基本组织单位，是会话参与者彼此交谈时一个说话人的一次言谈行为，通常是指说话者在任意时间内连续说出的一番话，其结尾以说话者和听话者的角色互换或各方的沉默为标志。因此，会话能力的评估主要就是对话轮进行评估，具体包括话轮的转换、会话的发起、会话的维持、会话的修补，以及会话的总体情况。

会话能力的评估通常采用主题和活动来引发儿童的交谈，通过录像和录音的方式获得儿童自然的语言样本，将儿童的语言转录成文本后进行语言样本分析。儿童语言研究交换系统（CHILDES 系统）为句法研究、语篇分析、会话分析和语音研究提供了便利。即按照一定的格式（CHAT）将语言样本输入 CHILDES 系统中，并根据评估人员的需要进行编码和计算（CLAN）。

（2）评估指标

评估指标包括数量及质量两方面。数量主要包括会话发起数量、会话维持数量、会话修补数量等；质量方面的指标主要包括儿童会话所用的语言形式和会话的内容、方式、时机等是否适宜。其中语言形式主要涉及言语、非言语以及言语伴随非言语等。

3. 叙事能力评估

（1）评估内容

叙事是一种脱离语境进行有组织表达的语言能力。叙述者需要由记忆系统启动与叙述主题相关的知识、选择适当词语表达概念，组织恰当句子表达判断、考虑听者的注意力和感受等。叙事包括口语叙事和书面语叙事。在儿童语言综合运用能力评估中主要采用口语叙事式，可以先给儿童出示图片（如图5-2-5），简单介绍故事人物、背景，图中问号表示无图片提示下儿童接续故事，然后转录儿童的话语进行评分。

叙事能力评估

图 5-2-5　叙事能力评估材料举例

（2）评估指标

国外有学者建议从故事的宏观结构、故事的微观结构、叙事的艺术风格三个方面对儿童的叙事能力进行评估。

故事的宏观结构是指叙事主题的内容和组织，通常关注叙事中的故事语法和情节构成的复杂性，包括故事语法元素的数量、类型，故事元素间的组织程度，以及故事内部的聚合性。对故事宏观结构的分析方法主要有叙事六要素分析法、故事语法及叙述层次分析法等。有研究者将叙述结构分为摘要、人物时地背景、行动、观点、解决方法和结语六个部分。也有研究者提出按要素进行故事语法分析，如背景、引发事件、内心反应（主人公的想法、意图或对引发事件的情感反应）、内在计划（主人公达到目标的计划）、意图（直接后果，即主人公是否成功达成目标）、反应（主人公对直接后果的想法）等。美国学者Applebee用叙述层次分析方法来评估2～5岁儿童想象故事，她认为儿童叙事发展有6个基本的发展阶段，分别是零乱叙述，相关叙述，简单地按事件顺序的叙述，有时脱离人物或者事件主题的叙述，按时间顺序或因果关系围绕一系列主要事件的叙述，围绕高潮有逻辑、完整的叙述。

故事的微观结构主要包括产生性（总字数、总句数和平均句长）和复杂性（词汇的丰富性和语法的复杂性），主要指标包括：① 相异词汇数；② 总词汇数；③ 话语总数；④ 词水平的平均句长；⑤ 包含一个或者一个以上从句的句子总数；⑥ 包含一个或者一个以上从句的句子数占总句子数的比例；⑦ 平均句长。陈冠杏在《小学低年级高功能自闭症学生口语叙事能力之研究》中采用总字数、总句数、平均句长与命题四个指标对儿童的叙事能力进行评估；周凤娟在《学龄前儿童中文看图叙事能力》中以平均句长作为微观结构的评量指标；季田甜则以平均句长、相异词汇比、不同词汇数和单位时间词汇产出量四个指标评价儿童的叙事能力；锜宝香《小学低阅读能力学童与一般学童的叙事能力：故事结构之分析》则分析了儿童叙事时的总词汇数、相异词汇数、语句类型与总句数。

叙事的艺术风格即儿童是否能够使用恰当的语言技巧、灵活多变的语言形式叙述一个生动形象、内容丰富、引人入胜的故事。目前，以该维度作为切入点评估儿童的叙事能力的研究较少。

二、语言功能性评估

为系统解决残疾人融入社会的问题，2001 年 5 月 22 日，所有 191 个世界卫生组织（World Health Organization，WHO）成员国，在第 54 届世界卫生大会上一致通过的《国际功能、残疾和健康分类》，强调健康状态是由人体功能和背景性因素之间相互作用造成的。美国言语语言听力协会（American Speech-Language and Hearing Association，ASHA）在言语语言治疗实践范围和言语语言治疗专业的首选实践模式中将 ICF 作为语言评估的基本框架。

（一）ICF 理念及框架简介

《国际功能、残疾和健康分类》，从残疾人融入社会的角度出发，对个人的健康状态进行全面的分类，构建了"生物—心理—社会"模式。该模式强调健康状态是由人体的各种功能和背景性因素之间相互作用造成的，其中人体功能包括身体功能、身体结构、活动与参与，背景性因素包括环境因素和个人因素，具体情况如图 5-2-6 所示[1]。

由于 ICF 的总目标是要提供一种统一、标准的语言和框架以全面地描述健康状态以及与健康相关因素的状况，其采用了规则的编码系统。该编码系统包括两个部分，即功能和残疾、背景性因素。第一部分包括：① 身体功能和身体结构，② 活动和参与两大成分；第二部分包括：① 环境因素，② 个人因素（ICF 并未对个人因素进行编码）。在每一成分中，"章"代表第一级水平，每一章下面又细分为二级、三级和四级类目，分别用字母加 1 位数、3 位数、4 位数和 5 位数加以区分。其中，字母 b 表示身体功能，s 表示身体结构，对于活动与参与成分，ICF 及 ICF-CY 并未分开编码，统一用 d 表示，环境因素用字母 e 表示。编码系统的具体框架如图 5-2-7。

---

[1] World Health Organization. International classification of functioning, disability and health: ICF[M]. Geneva: World Health Organization, 2001：1-38.

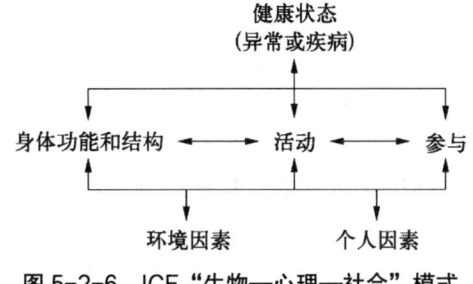

图 5-2-6 ICF"生物—心理—社会"模式

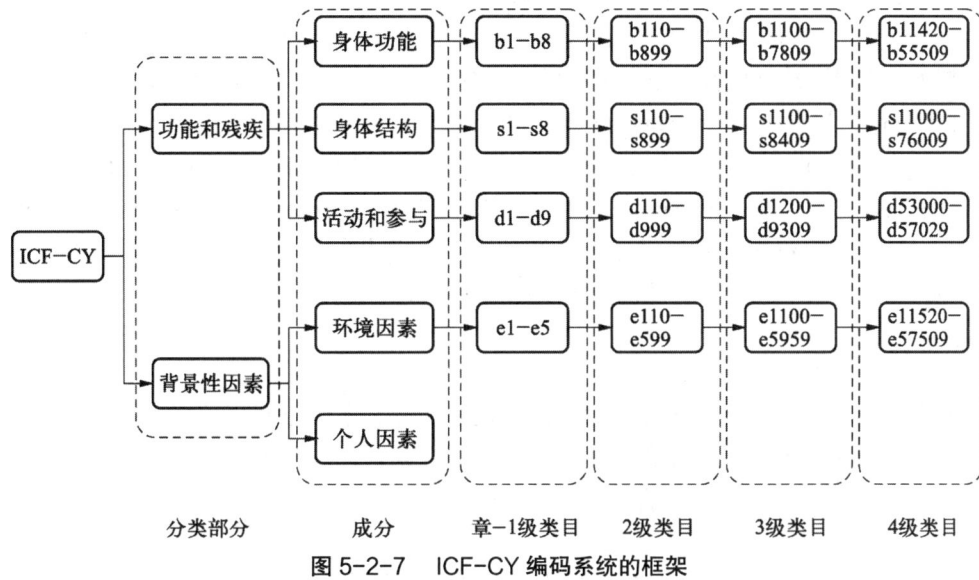

图 5-2-7 ICF-CY 编码系统的框架

(二)评估内容

ICF 包含 6 000 多个类目,涉及健康的不同方面,在日常的临床实践中,康复师或研究者只需要关注与目标方面的健康状况相关的核心类目即可。因此,在对儿童的语言进行功能性评估时,仅需关注与儿童语言相关的结构、功能、活动与参与以及背景性因素。

1. 身体结构

身体结构是指身体的解剖部位,如器官、肢体及其组成成分。在身体结构方面,语言的功能性评估主要涉及:与口语理解相关的结构,例如外耳、中耳、内耳、听神经、听理解中枢等;与口语表达相关的结构包括语言表达中枢、呼吸系统、发声系统、构音系统等。

在目前的临床检查中,主要使用尺测量头围,使用电耳镜检查外耳道和鼓膜,借助影像学技术如颅脑计算机断层成像(Computed Tomography,CT)、计算机体层血管成像(CT Angiography,CTA)等,颅脑磁共振成像技术,如磁共振成像(Magnetic Resonance Imaging,MRI)、功能磁共振成像(Functional Magnetic Resonance Imaging,FMRI)等,单光子发射计算机断层成像术(Single-Photon Emission Computed

Tomography，SPECT）、正电子发射断层成像术（Positron Emission Tomography，PET）等技术检查与语言相关的身体结构是否正常。

2. 身体功能

身体功能是指身体各系统的生理功能（包括心理功能）。在身体功能方面，除语言精神功能外，还应综合考察儿童的听功能、视功能、言语功能以及认知功能。

目前可采用电生理学检查来评估儿童的身体功能，如脑电图（electroencephalogram，EEG）、事件相关电位（event related potential，ERP）、脑干听觉诱发电位（brainstem auditory evoked potential，BAEP）、视觉诱发电位（visual evoked potential，VEP）等。也有相关研究者采用行为测试或行为问卷调查的方式来考察儿童与语言相关的身体功能，如小儿行为测听（pediatric behavioral audiometry）、小龄儿童听觉发展问卷（LittlEARS auditory questionnaire，LEAQ）评估儿童的听功能，LEA-SCREENER 图形视力表测试评估儿童的视功能，中国-韦氏幼儿智力量表（Chinese Wechsler Young Children scale of Intelligence，C-WYCSI）评估儿童的认知功能，儿童语言发展快速筛查表评估儿童的语言精神功能，最长声时测量、黄昭鸣-韩知娟词表评估儿童的言语功能等。

3. 活动与参与

活动是由个体执行一项任务或行动，代表了功能的个体方面。参与是投入到一种生活情景中，它代表了功能的社会方面。在 ICF 中并未对活动和参与进行分开编码。根据相关研究，与儿童语言相关的活动与参与主要包括交流中各种信息的理解与表达、交谈等内容。

在活动与参与方面，目前大多数的评估工具侧重于对儿童的语言活动进行评估，如：语言发育迟缓评价法（Sign-Significance relations S-S）、普通话儿童语言能力临床分级评估表（mandarin clinic evaluation of language fundamental，MCELF）、学前儿童语言发展量表-第五版（Preschool Language Scale-Fifth Edition PLS-5）、学前儿童语言障碍评量表（the preschool children language barrier rating scale）、皮博迪图片词汇测验（Peabody picture vocabulary test，PPVT）、"梦想"普通话标准化评估工具（Diagnostic Receptive and Expressive Assessment of Mandarin，DREAM）等。可用于评估儿童语言参与情况的工具主要有儿童沟通情况检核表-2（Children's Communication Checklist-2，CCC-2）、聚焦 0～6 岁儿童沟通结果量表（Focus on the Outcomes of Communication Under Six，Focus）、语言行为里程碑评估及安置程序（Verbal Behavior Milestones Assessment and Placement Program VB-MAPP）等。

4. 背景性因素

"生物—心理—社会"理论模型明确指出背景性因素包括环境因素和个人因素。环境因素包括人们生活的自然、社会和态度环境，这些构成了个体生活背景的外部世界的所有方面；环境因素考察儿童所处家庭的教养方式、沟通对象与儿童的语言交流情况、亲子阅读、游戏互动的情况等。个人因素与大量的社会和文化差异密切相关，因此 ICF

并未对个人因素进行编码[①]。在个人因素方面，需要关注儿童的年龄、性别、性格特点、兴趣爱好、自信心、满意度等[②]。

目前针对语言障碍儿童背景性因素的评估和调查尚未形成较成熟的评估或调查工具。康复师可自编问卷或提纲，采用问卷法或访谈法对上述相关内容及指标进行调查评估。

（三）评估指标

根据ICF的编码系统，身体结构评估指标为结构损伤程度，结构的损伤可以包括解剖结构上的畸形、缺失或身体结构上的显著变异。身体功能评估指标为功能损伤程度，功能损伤是生理功能或精神功能的丧失或异常。活动的评估指标为活动受限程度，活动受限是个体在进行活动时可能遇到的困难。参与的评估指标为参与局限程度，参与局限是指个体投入到生活情境中可能经历到的问题程度。背景性因素的评估指标为某环境因素或个人因素发挥妨碍作用或促进作用的程度。

三、相关能力评价

（一）发育测试

1.Gesell 发育量表

Gesell发育量表（Gesell Developmental Scale，GDS）是国际公认的经典发育诊断量表，适用于4周~6岁的儿童。该量表由美国儿童心理学家A. Gesell在研究婴幼儿行为发育模式的基础上设计并提出发育商（Development Quotient，DQ），即以正常的行为模式为标准来鉴定观察到的行为。此量表用来判断小儿神经系统的完善和功能的成熟，因此不是测量其智商，而是发育商。测试内容分为5个能区：适应性行为、粗大运动、精细动作、语言功能和个人—社会性行为。各能区的测试水平是各种生物因素与社会环境因素共同作用的反应。适应性行为能区是最重要的能区，是儿童对物体（玩具）的组织、相互关系的理解、知觉、解决问题能力的反映，是未来"智力"的先驱；粗大运动是测试姿势反应，头的稳定，坐、站、爬、走等粗大运动能力；精细动作测试手和手指抓握，操纵物体，手眼协调等能力；语言能区是测试儿童语言理解、表达能力，模仿能力及思维能力等；个人—社会性行为能区是测试儿童应人及自理能力。Gesell发育量表以DQ来表示测试结果，如果适应性行为DQ在85以下，提示可能有某些器质性损伤，DQ在75以下，表明有发育落后。一次测验约需60分钟。结果判定标准见表5-2-1。

[①] 邱卓英.《国际功能、残疾和健康分类》应用指导（三）[J]. 中国康复理论与实践（3）：47-51.
[②] 程凯，邱卓英.ICF理论与方法在儿童听力语言残疾康复中的应用研究[J]. 中国康复理论与实践，2007（5）：490-492.

表 5-2-1　Gesell 发育诊断量表结果判定标准

发育商	评价标准
DQ > 85	正常
76 ≤ DQ ≤ 85	边缘状态
55 ≤ DQ ≤ 75	轻度发育迟缓
40 ≤ DQ ≤ 54	中度发育迟缓
25 ≤ DQ ≤ 39	重度发育迟缓
DQ < 25	极重度发育迟缓

2. 小儿神经心理发育量表

该量表是我国首都儿科研究所专家自主研发的发育量表。评定内容分为五大能区，包括：大运动、精细动作、适应能力、语言、社交行为。五个能区评估后都可以得出相应的发育年龄、发育商，最后得出总的发育年龄、发育商。该评估量表不仅用发育商来评估儿童的智能发育速率，也可用智龄来表明其发育水平，便于康复专业人员为其制订相应的康复计划。2016 年新修订的《儿心量表（2016 版）》具有良好的鉴别力，信度较高，内容效度良好，且有较高的结构效度，与经典的 Gesell 量表相比具有本土文化背景优势，且评分简便、易于操作，可作为临床及儿童发展促进工作使用的诊断评估工具。《儿心量表（2016 版）》新增加了社交互动警示行为指征，进一步拓展了该量表筛查和诊断的范围。

3. 贝利婴儿发育量表

贝利婴儿发育量表（Bayley Scales of Infant Development，BSID）是由心理学家 Nancy Bayley 设计的用于评定婴幼儿发育水平的量表，由心理量表、运动量表和婴儿行为及记录三部分组成。其中心理量表 163 项，内容包括知觉、记忆、学习、问题解决、发音、初步的语言交流、初步的抽象思维等活动；运动量表 81 项，内容包括坐、站、走、爬等粗大动作能力以及用双手操作技能。使用年龄范围是 2～42 个月婴幼儿，每次评估约 45 分钟。该量表测试后可以计算出心理发育指数和运动发育指数。

4. 韦氏智力测验

韦氏智力测验是世界上应用最广泛的智力测验诊断量表。2012 年 10 月美国正式发表韦氏学龄前智力测验第四版（WPPSI-Ⅳ），2014 年 8 月中文版正式发布。WPPSI-Ⅳ 按年龄分为两个阶段测验。根据使用年龄韦氏智力测验分为韦氏学龄前儿童智力测量表（Wechsler Preschool and Primary Scale of Intelligence，WPPSI），适用年龄为 2 岁 6 个月至 6 岁 11 个月，韦氏学龄期儿童智力测量表（Wechsler Intelligence Scale for Children，WISC），适用年龄为 6～16 岁，韦氏成人智力测量表（Wechsler Adult Intelligence Scale，WAIS），适用年龄为 16 岁及以上。下面以 WPPSI 为例介绍该测试的内容。

（1）2岁6个月至3岁11个月：该年龄段幼儿的测试材料主要是图片以及需要动手操作的图形和积木为主。施测结果包括总智商、3个主要指数和3个辅助指数。总智商由5个核心分测验的分数合成，反映幼儿的语言接收和表达的基本能力，配合动手操作对看到的视觉图形进行分析和组织的能力，以及反映幼儿记忆当前看到的形象材料的能力。其结果包括6个指数。3个主要指数是指言语理解指数、视觉空间指数和工作记忆指数，分别反映幼儿对语言信息的接收、理解、准确表达能力，对图案材料的分析组织能力，以及对图案材料的短时记忆能力。3个辅助指数是指语言接收指数、非言语指数和一般能力指数，分别反映幼儿能否能听懂别人的话或说出常见物品名称的能力、对图片材料反应和思考的能力，以及幼儿在不考虑工作记忆的作用时所能达到的认知能力水平。

（2）4岁至6岁11个月：该年龄段的幼儿认知能力发展水平已逐渐提高，抽象思考的能力开始出现，因此施测材料除了包括4岁前幼儿的测试内容外，还包括了测量抽象思考能力的语言类分测验以及考察反应速度和视觉—动作协调能力的用笔回答的答题册。施测结果包括总智商，5个主要指数和4个辅助指数。总智商由6个核心分测验的分数合成，反映了幼儿以语言获得的常识性知识和运用语言进行概括、推理和表达的能力，配合动手操作对看到的视觉图形进行分析和组织的能力，根据看到的图片材料寻找其中规律的抽象思考能力，记忆当前看到的形象材料的能力，以及用笔完成指定的涂画任务的能力。5个主要指数为言语理解指数、视觉空间指数、流体推理指数、工作记忆指数和加工速度指数，分别反映幼儿对语言信息的概括、理解、准确表达能力，对图案材料的分析组织能力，根据图片材料进行抽象概括、推理等高级思考能力，对图案材料的短时记忆能力，以及快速扫描并辨别视觉图案以及动手画记的能力。4个辅助指数：语言接收指数，非言语指数，一般能力指数和认知效率指数，分别反映幼儿能否听懂别人讲话或说出常见物品名称的能力，对图片材料反应和思考的能力，对具体事物进行抽象思考的能力，幼儿的认知能力在不考虑工作记忆的作用时所能达到的水平，以及快速做出反应和视觉—动作协调的能力。具体结果判定见表5-2-2。

需要说明的是，在应用韦氏智力量表对语言障碍儿童进行评定时有一些特殊问题应予以注意。① 语言障碍者中部分儿童如孤独症儿童一般操作分数高于语言分数，因此，取得儿童在韦氏量表中具体部分的分数往往比取得其一般智商分数更有用；② 在使用标准量表对语言障碍儿童进行评定时，有时须对测试程序做适当调整以获得符合实际的结果，如可用实物奖励的方法吸引被评定儿童的参与等。

表 5-2-2　韦氏智力测验结果判定标准

智力等级	IQ 范围
极超常	130 及以上
超常	120～129
高于平常	110～119
平常	90～109
低于平常	80～89
边界	70～79

续表

智力等级	IQ 范围
智力低下	低于 70
轻度智力缺损	50 ~ 69
中度智力缺损	35 ~ 49
重度智力缺损	20 ~ 34
极重度智力缺损	0 ~ 19

5. 丹佛发育筛查测验

丹佛发育筛查测验（Denver Development Screen Test, DDST）是 William K.Frankerburg 等在1967年发表，旨在进行智力筛选，以便对可疑者做进一步诊断性的检查，适用于0~6岁婴幼儿。量表有105项，根据婴幼儿智能发育的次序先后不同，各项目与0~6岁的某个年龄段相对应。这些项目在测验表分别安排于4个能区：个人—社交、精细动作—适应性、语言和大动作。结果分为正常、可疑、异常及无法解释4种。该量表操作简便，花费时间少，约15分钟左右，工具简单，能从多个维度（能区）评价儿童的心理行为发育。

（二）口部运动

口部运动主要是指下颌、唇、舌的运动。口部运动是参与进食、吞咽和构音运动的基础，评估口部运动能力对于评价儿童语言能力有重要意义。口部运动功能的发育遵循由粗到细、由大到小、由近到远、从中间到侧向、从侧向到旋转的顺序，逐步发展出快速、精确、连续的口部运动模式。婴儿啼哭，已经开始无意识地使用口部的大肌群进行整体运动，然后下颌、唇、舌依次逐渐进行分离运动，由大运动转变为精细控制运动（赵琳芳，2013）。

目前国内有不同的量表对口部运动进行评价，包括口部运动功能评估（卢红云，2010）、吞咽障碍临床检查的吞咽器官功能评估（窦祖林，2009）、中国康复研究中心构音障碍检查法（李胜利，1991）和 Frenchay 构音障碍评定（河北省人民医院康复中心，1998），尽管评估侧重点不同，但其目的均是评估下颌、唇、舌的感知觉和运动情况，用以了解儿童是否具备发音的能力。本节分别介绍对能配合和不能配合儿童的口部运动评估方法。

1. 能配合的儿童的口部运动评估

对有模仿能力能配合的儿童可根据口部运动功能评估（卢红云，2010）进行评估。主要内容如下：

唇部运动：观察儿童唇在自然状态时的形态结构及位置、有无流涎、唇面部肌力、展唇、圆唇、唇闭合、圆唇交替、唇齿接触运动情况。唇部运动存在障碍将可能影响双唇音（b、p、m）、圆唇音（w）和唇齿音（f）的发音。

下颌运动：观察儿童下颌在自然放松状态下的形态及位置，咬肌肌力以及下颌向下、向上、向左、向右、前伸、上下连续运动、左右连续运动情况。下颌的维持和运动控制能力，是发音清晰、音调正常以及语句流畅的重要条件。

舌运动：观察儿童舌的形状和位置，舌尖前伸、下舔下颌、上舔上唇、上舔齿龈、上舔硬腭、左舔嘴角、右舔嘴角，舌尖前后、左右、上下交替运动，马蹄形上抬模式、舌两侧缘上抬模式、舌前部上抬模式、舌后部上抬模式，舌肌肌力检测情况。由于舌的灵活性较大，其障碍将大幅度影响语音清晰度，可造成齿龈音/舌尖中音（d、t、n、l）、舌根音（g、k、h）、舌面音（j、q、x）、舌尖前音（z、c、s）、舌尖后音（zh、ch、sh、r）的构音障碍。

2. 不能配合儿童的口部运动评估

对不能执行命令或者没有模仿能力的儿童，临床上主要以观察和询问为主。周惠嫦等通过观察儿童进食，判断其是否具备所需音节的发音能力、对语句长度和流畅性的控制以及对食物的认知程度，现介绍如下：

① 静态观察，用于考察儿童的感知觉和静止状态时的口部肌肉控制。在接诊和评估语言水平的时候，观察儿童唇闭合、下颌闭合时，舌头是否外露、是否流涎等情况。经过提醒或触觉提示，观察儿童能否自动调整。

② 通过儿童吃紫菜的表现观察其唇和下颌的运动功能。康复师把紫菜给儿童，观察儿童能否自主张口—闭合吃紫菜，以此判断他对食物的认知能力，以及唇和下颌的自主控制能力；如果不能，撕一点紫菜粘在儿童上唇，观察儿童能否用下唇抵或者用舌尖舔。

③ 通过儿童吃软糖的表现观察其舌运动和下颌控制能力。将软糖分别放置于儿童唇部上下左右四个方位，引导儿童舌运动，观察舌的活动范围和协调性，随后让儿童吃软糖，观察咀嚼力量和协调性、舌左右环转运送食物的能力、唇部闭合的能力等。

④ 通过儿童吃饼干的表现观察其整个口腔运动的协调性，观察内容和软糖相近，但是观察点侧重于儿童对较多食物的处理能力，包括咬肌力量、舌运转食物、下颌运动运转、唇颊包裹能力以及是否出现呕吐反射等高度敏感反应。

⑤ 通过喝饮料的表现观察儿童吮吸吞咽协调和唇颊力量，如果儿童不能连续吮吸和吞咽，其说话时的换气功能将受到影响；如果一边吮吸牛奶一边从嘴角流出，考虑圆唇动作范围不足；如果儿童更多地咬住吸管而不是吮吸，或者吮吸时下颌前后活动过多，考虑儿童下颌控制能力和唇颊力量不足。

（三）构音能力测试

语音质量一般包含：清晰度、可懂度和自然度。清晰度是指语音中音节以下的语言单元（如音素、声母、韵母等）的清晰程度；可懂度是指语音中音节以上的语言单位（如字、单词和句等）的可懂程度；自然度则是指对讲话人的辨识水平（沈刘平，2008）。言语可懂度（speech intelligibility）表明说话者的语言有多少能被他人理解，是能够直接反映语言交流能力的量化的主观评价指标（魏宏权，2000）。在言语障碍范畴，可懂度基本与清晰度等同，因为影响儿童可懂度的最大因素是发音的清晰情况，但在语言障碍的范畴,可懂度有别于清晰度,因为除了发音清晰的情况,儿童语用语义等方面因素,同样对其语言可懂度产生重要影响。

1. 言语可懂度测评

诺丁汉大学研发的言语可懂度分级标准(speech intelligibility rating,SIR),是评价儿童日常生活中言语能力的问卷,是评估听力障碍儿童言语功能的常用方法之一(表5-2-3),在国外已广泛用于小龄听障儿童人工耳蜗植入术后康复效果的评估。其特点为:① 适用范围广,可用于任何言语发育水平的儿童,基本不受年龄的限制,从 9 个月的小儿到成年患者均可使用;② 不需要复杂的言语测试材料和条件,也不需要患者具有配合检查的能力,简单易行;③ 采用分级的形式反映儿童日常生活中的自发言语表现,简明直观,便于理解,有利于家长建立合理的期望值;④ 能够显示人工耳蜗植入术后长期康复训练过程中言语水平的进展,可于术前、术后评估(Parker A,1995)。SIR 是由评估者对被观察者评定等级,其可靠性主要取决于评估者评分的一致性和稳定性,由此必须遵循:① 评估者必须是与儿童朝夕相处的人;② 保证评估者充分理解问卷,由熟悉问卷的专业人员对评估者进行访问,以随时解答和反馈关于评分标准的问题;③ 按照 SIR 的指南,如果评估者对儿童言语水平的评价介于两个等级之间,则评为较低的等级(例如:当介于 2 级与 3 级之间时,评为 2 级)。

表 5-2-3 言语可懂度分级标准

分级	判定标准
5	连贯的言语可被所有人听懂,在日常语境下儿童(的言语)容易被听懂
4	连贯的言语可被少有聆听聋人言语经验的人听懂
3	连贯的言语需要听者集中注意力并结合唇读方可被听懂
2	连贯的言语不可懂,但(儿童口语中的)单个词语在语境和唇读提示下可被听懂
1	连贯的言语不可懂,口语中的词语不能完全被辨认,主要交流方式为手势

*注:引自 Parker A,1995。

言语可懂度指数(speech intelligibility index,SII)代表在一个典型听觉环境中可听到的言语量,可用于估算言语可懂度。SII 通常用数字 0 至 1 表示,0 表示言语声中的声学能量不可听到,1 表示全部言语信号都可听到。也有用 0 至 100 的整数表示,意义是相同的,数值越高代表言语可懂度越高。测量方法:说话者在聆听者前方约 1 米处,聆听者估算 SII 值。魏宏权等采用以下方法进行言语可懂度的评价:令患者在距检查者 1 米远处随意说出 20 个包括名词、动词和形容词在内的 2 到 4 个音节的词汇,由听者重复并由说者确定后,以听懂的词汇数目除以 20 所得百分比即为言语可懂度。言语可懂度指数的优点在于方便易操作,不足在于该方法与聆听者和说话者的场所、位置及距离十分相关,不同聆听环境中言语声学的变化很大,SII 值可能会高估或低估可懂度。

言语可懂度(speech intelligibility,SI)是言语病理学中的一种概念,指说话者要表达的意思被听者重复的程度。SI 主要有量表(scaling)和项目识别(item identification)两种主观评估方法,量表方法多采用会话或短文作为评估语料,项目识别方法的评估语料多采用词语和句子。

常用的量表方法为等距量表（Interval Scale，IS）和直接量值估计（Direct Magnitude Estimate，DME）。IS 是听者在事先设定的评分量级中，依据自身感受选定某一量级作为说话者言语可懂度的得分；DME 是听者事先听取一个言语样本作为可懂度的"参照标准量"，要求听者将之后所听到的言语样本与标准量相比，得到一个比值的心理量。量表方法可提供快速、全面的言语可懂度指标，但容易受到听者、聆听环境等主观因素的影响。从心理测量角度考虑，DME 比 IS 更适于可懂度评估，但其受听者对评估材料熟悉程度的影响较大，需由多名评估者仅对一名说话者进行评估，不适合临床应用。

项目识别方法包括开放式（open-set）和封闭式（close-set）两种：开放式一般采用转录法（transcribing method）来进行，即听者逐字听写说话者所说的语音内容，然后计算与正确语音相吻合的百分比；封闭式多采用多选项法（multiple choice method）进行，让听者以选择的方式作答，评分表提供数个选项，其中一项为目标项，其他选项通常是与目标项听起来很接近的语音，听者将符合说话者语音的选项选出。转录法方便易操作，但同样受听者对评估材料熟悉程度的影响较大而不适用于临床，且对于存在严重言语障碍的说话者的变化并不敏感。多选项法是临床标准化测试的常用评估方法，但多采用单词作为评估语料，有研究者认为单词的分析不能考查说话者速率控制、韵律等方面的能力。

言语可懂度的内在复杂性使得在可以预见的未来出现一个适用于所有说话者、听者、话语、语境的简单评估是不可能的。研究者必须根据具体的评估目的或意图来选择合适的评估方法和语料。

构音清晰度。在言语语言病理学（特别是在构音障碍）领域，言语可懂度一般与构音清晰度的概念等同，即听众可以准确地获得说话者语音信号表达信息的程度（黄昭鸣，2006）。参照黄昭鸣、韩知娟等《构音语音能力评估》中的构音清晰度评估表。

简易量化评估。原理和上述黄昭鸣等的构音清晰度相似，计算公式为：字清晰度 =（单字目标音正确个数／目标音总个数）× 100%；句清晰度 =（句中目标音正确数／目标音总个数）× 100%。

2. 构音障碍评估

构音障碍的评估方法目前主要有描记法、音标法、测验法和声学分析法。

① 描记法。描记法是指对语音进行录音，由专业人员聆听分析。随着视频技术的普及，描记法也可以对儿童进行录像录音，进行听觉和视觉分析，该方法用于构音障碍的筛查。

② 音标法。音标法是康复师面对患者，对其语音进行分析，并用国际音标标注其发音情况，分析更为详尽，但是不同康复师的音标标记技术不同，可能造成诊断误差。此法一般不单独使用。

③ 测验法。测验法一般以量表的形式进行，而国内应用的构音障碍评估主要以中国康复研究中心构音障碍检查法（李胜利，1991）、Frenchay 构音障碍评定（河北省人民医院康复中心，1998）和构音语音能力评估词表（黄昭鸣、韩知娟，2006）应用最为广泛。中国康复研究中心构音障碍检查法侧重于构音语音错误的检查，而 Frenchay 构音障碍评定侧重于构音器官运动的检查。黄昭鸣等设计的构音语音能力评估词表主要根据普通话

音位习得规律，评测儿童声母音位习得、声母音位对比以及构音清晰度的能力，对构音错误的分析更为详细。

④ 声学分析法。声学分析法随着语音信号数字处理技术的发展，构音障碍的定量测量成为可能，它能够结合上述三种评估方法的优点，同时增加了语谱图等声学分析技术，让康复师用更为多维的指标进行记录，如嗓音起音时间（VOT）等，但其评估结果的分析仍然需要专业人员的知识和经验。通过机器学习技术，使用程序自动判别构音情况是构音障碍测量的趋势。

以下介绍构音测试相关的评估工具（见表5-2-4）。

表 5-2-4　构音测试相关评估工具

工具名称	开发团队	适用对象	工具描述
林氏六音测试	Daniel Ling	听障儿童	快速评估听障儿童对 /m/、/u/、/ɑ/、/i/、/sh/、/s/ 6 个低、中、高频语音的察觉和识别能力。
儿童超音段分辨能力评估	刘巧云	听障儿童	评估听障儿童的超音段听觉分辨能力。包括对声音时长、语速、频率和强度 4 个方面的评估。
儿童语音均衡式识别能力评估词表	孙喜斌	听障儿童	评估患者识别日常生活中常用语音的能力，该词表中声母出现数与实际出现数的频率一致。
儿童音位对比识别能力评估词表	刘巧云	听障儿童	评估听力及相关障碍患者的音位对比识别能力
有意义言语应用问卷（Meaningful Use of Speech Scale, MUSS）	Robbins	听障儿童	评估听障儿童在日常生活中的语言使用情况、语言可懂度、语言沟通技巧等。
言语听觉反应评估（Evaluation of Auditory esponse to Speech, EARS）	Dianne J. Allum-Mecklenburg	听障儿童	评估听障儿童对环境声、言语声的察觉、识别、理解能力。
普通话早期言语感知测试（Mandarin Early Speech Perception Test, MESP）	郑芸等	听觉年龄 2~5 岁儿童	评估儿童的语言感知能力，包含言语察觉、节律分辨、扬扬格词分辨、韵母分辨、声母分辨、声调分辨 6 项分测验。
口部运动功能评估法	卢红云	听障儿童	评估下颌、唇、舌的运动功能。
口部运动评价	侯梅等修订	脑瘫儿童	根据口腔器官神经运动学特点设计口运动检查项目，包括对下颌、唇、舌的运动功能的评估。
构音语音能力评估词表	黄昭鸣、韩知娟	2 岁 7 个月以上听障儿童	评估儿童声母、韵母音位的习得情况，声母、韵母音位对比情况和构音清晰度。
构音障碍检查法	李胜利	儿童和成人	包括一般检查、构音器官检查、构音类似动作和构音检查。
连续语音清晰度评估词表	刘巧云，黄昭鸣等	儿童和成人	评估患者所发出连续语音的清晰度，包括字清晰度、句清晰度和连续语音清晰度。
Frenchay 构音障碍评定	张清丽、汪洁修订	儿童和成人	评估患者构音障碍严重程度。评定内容包括反射、呼吸、唇、颌、软腭、喉、舌、言语 8 大项。
言语可懂度分级标准（speech intelligibility rating, SIR）	Nikolopoulos 等	9 个月以上听障儿童	评估听力障碍儿童言语可懂度。

（四）适应行为评估

适应性行为评估标准包括个人独立的程度和满足个人和社会要求的程度。以下介绍几个临床常用的适应性行为评估测试。

1. 文兰适应行为量表

文兰适应行为量表（Vineland Adaptive Behavior）包括交流沟通、生活能力、社会交往、动作能力及问题行为5个分测验。评定时可根据特定的目的选择全部或其中数个分测验。① 交流沟通分测验由133个问题组成，涉及儿童的理解能力、表达能力、书写能力等；② 生活能力分测验包括201个问题，评定儿童在个人卫生、料理家务、社区活动等方面的实际问题；③ 社会交往分测验包括134个问题，儿童在人际关系、闲暇娱乐、处理问题等方面的能力是评定的重点；④ 动作能力分测验由73个问题组成，目的是了解儿童在肢体动作、手指动作方面的能力水平；⑤ 问题行为分测验包括36个问题，以了解儿童在负面行为方面有无障碍。

2. 儿童适应性行为评定量表

由湖南医科大学编制，分为城市和农村两个版本，包括感觉运动、生活自理、语言发展、个人取向、社会责任、时空定向、劳动技能和经济活动8个分量表，共59个项目，适用于3～12岁儿童。量表主要是用来评定儿童适应性行为发展水平，诊断或筛查智力低下儿童以及帮助制订智力低下儿童教育和训练计划。评估结果用适应能力商数（ADQ）表示，评分与分级标准见表5-2-5。

表 5-2-5　儿童适应性行为评分与分级

分极	ADQ
极强	≥ 130
强	115～129
平常	114～85
边界	84～70
轻度缺损	69～55
中度缺陷	54～40
重度缺陷	39～25
极重度缺陷	≤ 25

3. 婴儿—初中生社会生活能力评定

婴儿—初中生社会生活能力评定由北京大学第一医院专家团队开发，适用于6个月至14岁的儿童，包括独立生活（SH）、运动能力（L）、作业能力（O）、交往能力（C）、参加集体活动（S）、自我管理能力（SD）等几部分的132个项目，分为7个年龄阶段，由家长或其他照料人每天根据相应年龄逐项填写，大于或等于 10 分为正常。

（五）偏好物评估

偏好物评估是指根据儿童对物品的喜好程度，将偏好物进行分级。在对偏好物进行分级之前，需要收集儿童偏好物具体有哪些。一般通过对家长及其他主要抚养人、康复师进行访谈调查，对儿童日常生活进行观察的方式进行儿童偏好物信息的收集。偏好物信息收集之后即可进行偏好物的评估。偏好物的评估方式有：单一刺激偏好物评估、配对刺激偏好物评估和多重刺激偏好物评估。

1. 单一刺激偏好物评估

单一刺激偏好物评估是指从可能的偏好物中一次选择一个，每次给儿童呈现一组物品，记录儿童操作物品时的反应，以确定偏好物等级。

2. 配对刺激偏好物评估

配对刺激偏好物评估是指从可能的偏好物中一次选择两个呈现给儿童，记录儿童在两个物品中先选择的一个，对多次试验的结果进行排序从而确定偏好物等级。配对偏好物评估中的可能偏好物包括食物、非食用物品、活动图片，数量一般为 5～12 个，两两配对为一组，试验呈现的次数为 $n(n-1)/2$ 次，n 是可能偏好物的个数。评估中康复师与儿童面对面坐在桌子两边，儿童与物品呈正三角状，两个物品之间、儿童与物品之间距离在 0.5～1 米，以儿童伸手容易拿到物品为宜，重复出现的物品在位置上要左右均衡。康复师的指导语可以是"拿一个你要的""选一个你想要的""你可以选一个"中的任意一个，但要注意每次试验指导语要一致，儿童要能在指导语之后的 5 秒内选择一个物品。儿童在评估中可能会出现三种情况：情况一，儿童在 5 秒内选择一个偏好物。此时，康复师立刻移除未被选择的物品，并记录所选择的偏好物，同时让儿童与选择的偏好物互动 5～15 秒，然后进入下一组试验。情况二，儿童在 5 秒内选择两个物品。此时，康复师快速阻止儿童拿取物品，重复一次指导语。若儿童选择一个物品，康复师按照情况一进行后续操作；若儿童还是想要两个物品都拿，不以记录，进入下一对物品的试验；若在下一组试验中儿童仍旧出现在 5 秒内想要拿两个物品的情况，则停止评估，采用单一刺激偏好物评估。情况三，儿童在 5 秒内两个物品都没有选择。康复师给儿童提供 5 秒的时间体验物品，如果是食物可以将食物放到儿童嘴边，如果是玩具则可以让儿童的手握住玩具。儿童体验之后再重复一次指导语。若儿童选择一个物品，康复师按照情况一进行后续操作；若儿童选择两个物品，康复师按照情况二进行操作；若两个物品都没有选择，进入下一组。

3. 多重刺激偏好物评估

多重刺激偏好物评估是指一次向儿童呈现所有可能的偏好物，每一次儿童选择一个物品，记录儿童的反应，并将儿童选择的物品移除，用其他物品再次试验，在多次试验后确定偏好物等级。配对偏好物评估中的可能偏好物包括食物、非食用物品、活动图片，数量一般为 5 ~ 12 个。评估中康复师与儿童面对面坐在桌子面前，两个物品之间间隔 5cm 排成一排，儿童与物品距离 30cm。康复师的指导语可以是"拿一个你要的""选一个你想要的""你可以选一个"中的任意一个，但要注意每次试验指导语要一致，儿童要能在指导语之后的 5 秒内选择一个物品。儿童在评估中可能会出现两种情况：情况一，儿童在 5 秒内选择一个偏好物。此时，康复师立即用挡板挡住剩下的物品，儿童操作选择的偏好物 10 ~ 30 秒或食用选择的食物。康复师记录儿童选择某一偏好物的顺序，并将剩下的物品重新排列，开始下一次试验。情况二，儿童在 5 秒内同时选择两个物品。此时，康复师快速阻止儿童拿取物品，重复一次指导语。若儿童选择一个物品，康复师后续操作按照情况一进行；若儿童选择两个物品，则不予以记录，进入下一轮试验；若这种情况反复出现，则采用单一刺激偏好物评估。

（六）其他相关评估

与儿童语言功能相关的评估除以上介绍的发育评估、口部运动测试评估、构音能力评估、适应行为评估和偏好物评估外，还应包括听觉能力评估、视觉功能评估、儿童情绪评估、行为评估及注意力评估等，由于篇幅所限，在这里不做详细介绍。

语言能力评估的常用工具

一、普通话儿童语言能力临床分级评估量表

（一）MCELF 简介

MCELF 为《普通话儿童语言能力临床分级评估表》（Mandarin Clinic Evaluation of Language Fundamentals）的简称[①]，该量表是华东师范大学康复科学系研制的儿童语言能力评估工具，旨在通过评估判断儿童语言障碍的程度，帮助康复师找到儿童语言障碍康复的领域和内容，为语言障碍儿童康复训练方案的制订提供更为直接的参考依据。

（二）主要内容

MCELF 全量表包含两大板块，第一大板块为主测验板块，为标准化测验；第二大板块为辅助测验板块，为目标参照测验。其中，主测验板块包括词语理解能力测验、词语命名能力测验、句子理解能力测验、句式仿说能力测验、看图叙事能力测验等五个测验，反映儿童的语言理解、语言表达以及语言的综合运用三个方面的能力；辅助测验版块包括前语言沟通技能测验、语音感知能力测验、语音产生能力测验、模仿句长能力测验等四个测验，反映儿童的前语言沟通能力、语音能力和语言记忆能力。各分量表既可单独使用评估儿童某领域的语言能力，也可联合使用全面考查儿童总体的语言能力，完成 MCELF 主测验量表的五个分测验需 40 分钟左右。

1. MCELF 原理

语言的要素包括语音、语义、语法、语用等，这些要素在语言的理解与表达中体现。儿童语言的发展，经历了从前语言阶段的沟通交流、

---

① 刘巧云.普通话儿童语言能力临床分级评估指导[M].南京：南京师范大学出版社，2021：3.

到逐步建立语言符号表征、发展语法体系，再到灵活运用语法体系进行叙事、会话的过程。MCELF以儿童语言发展的规律为基础，从前语言沟通领域开始考察，逐步进行语音、词语、句法的评估，最后考查独立组织语言的看图叙事能力。

2. 适用年龄和对象

MCELF适用于由各种原因引起的语言能力相当于1~6岁的正常发展儿童水平的语言障碍儿童，包括听力障碍、孤独症谱系障碍、智力落后、特定性语言障碍等。对语言年龄低于3岁的语言障碍儿童可采用其中的前语言沟通能力评估、语音的感知、语音的产生等目标参照测验，对语言年龄介于3~6岁之间的儿童，可重点采用其中的词语理解、词语命名、句子理解、句式仿说和看图叙事等标准参照测验。该量表不适用于语言年龄高于6岁的儿童。需要说明的是，智力障碍、孤独症、听力障碍者中的多数学龄段儿童虽然生理年龄超过6周岁，但其语言水平仍在6周岁以下，对此类儿童，该量表同样可用于帮助康复师找到儿童语言训练的领域和内容。该评估表可供各级医院、康复机构、特殊教育学校、民政福利机构、普通学校资源教室等使用。

3. MCELF的构成和优点

全量表包含两大板块，第一大板块为主测验板块，为标准化测验；第二大板块为辅助测验板块，为目标参照测验。主要内容如下：

（1）主测验板块

① 词语理解能力测验。词语理解能力是指儿童对实词中常见的名词、动词和形容词的理解能力。按照儿童的词语习得规律，选取日常生活中各年龄段代表性的名词、动词、形容词等词汇并配以色彩丰富、贴近生活场景的图片形成了词语理解能力测验。该测验共35个题项。

② 词语命名能力测验。词语命名是语言发展过程中的一个重要环节，是在一定认知基础上从语言理解到语言表达的重要过渡，是儿童能够用语言对看到、听到、闻到或触摸到的东西贴标签的过程。词语命名能力测验共65题，其目的是考查儿童名词、动词、形容词的命名能力。

③ 句子理解能力测验。句子理解能力是指能够将句中关键信息进行整合，从而明白句子的含义，进行恰当回应的能力。句子理解能力测验根据汉语的语法结构，遵循汉语儿童语言发展规律而设计。主要考查儿童对无修饰句、简单修饰句和特殊句式等常用句式的理解。其中，简单修饰句包含一个或两个修饰成分的修饰句；特殊句式包含非可逆句、可逆句、"把"字句、"被"字句以及比较句。该测验共23个题项，其目的在于考查儿童对句子的理解能力。

④ 句式仿说能力测验。句式是指句子的语法结构，即指由一定语法形式显示的表示一定语法意义的句子的结构格式，具体可表述为由词类序列、特定词（或特征字）、固定格式、语调等形式显示的包含句法结构和语义结构以及语用功能的句子的抽象结构格式。句式仿说能力测验遵循汉语语法构建规则和儿童语言发展规律，主要考查儿童对常用句式，包括无修饰句、简单修饰句（含一到两个修饰成分），特殊句式和复句等几种

句式的语法结构的提取和迁移能力，每种句式从语法和语义两个方面进行评估，建立句子表达分级评估体系。该测验共30个题项，目的在于考查儿童提取句子结构并结合句子内容进行表达的能力。

⑤ 看图叙事能力测验。叙事，又称说故事，是一种脱离语境对事件进行有组织的表述的语言能力。看图叙事能力测验遵循儿童叙事能力发展规律，从故事内容、句法、时间、地点、人物、叙事的顺序、故事内容的连贯性、故事的宏观结构、韵律感、清晰度、流畅性等方面对叙事能力进行考查，以此建立起叙事能力的分级评估体系。该测验共包含两个小故事，每一个故事有四张图片，要求儿童对每一个故事进行分篇讲述和整体讲述，目的在于考查儿童整合信息、叙述一段事情的能力。

（2）辅助测验板块

① 前语言沟通技能测验。前语言沟通技能是前语言期儿童的沟通能力，是儿童学习语言前的必要准备。前语言沟通技能要求儿童能够协调对人和环境的注意，恰当回应外界刺激，并利用眼神、表情、手势动作等非口语形式发起沟通、表达需求。该测验共8个题项，从要求技能、模仿技能、轮流技能和共同注意四个方面的前语言沟通能力对儿童进行考查。其目的在于考查儿童对环境中事物的关注能力，为对特殊儿童进行前语言沟通技能康复训练提供依据。

② 语音感知能力测验。语音是语言形式中的一个重要语言要素，语音感知是指大脑对经由听觉器官传导而来的声波进行语音识别的过程。同时，语音感知能力还是语音产生能力获得的基础。语音感知能力测验共25个题项，每题项中的一组词只在一个音位上有差异，该测验目的在于考查儿童分辨和识别常见音位差异的能力。词表中语音出现的概率与日常生活中出现概率相一致。

③ 语音产生能力测验。语音的产生要求儿童能够利用发声器官，通过组织、协调、控制相关肌群，从而产生各种声音。语音是有声语言的外在表现形式。语音产生能力测验共27个题项，目的在于考查儿童对声母、韵母、声调的表达能力，为特殊儿童的语音康复训练提供依据。

④ 模仿句长能力测验。句长是指儿童能够表达的句子长度，可以字或词为单位。模仿句长是指儿童完整复述以听觉通道输入的完整句子的能力。模仿句长能力测验共16个题项，其目的是考查儿童对句子的记忆及完整复述的能力。

MCELF测验的优点在于：一是主测验和辅助测验相配合，更有利于考察儿童语言障碍的问题所在。二是标准化测验部分严格规定了测试的流程，且经过上海市一级园和二级园300余名儿童的信效度分析，得出了量表的标准化测验分量表克隆巴赫 α 系数范围在0.91~0.97之间，重测信度在0.67~0.94之间，测验结构效度和效标效度良好，测验结果可换算为标准分。三是由于一次测试成绩可能有偏差，测验还给出了测验标准误（SEm），可通过儿童测验的得分计出估算真分数的范围。四是测验对生理年龄6岁以上而语言年龄6岁以下的给出了分级参考标准，提示儿童所处的语言水平，为更好地制订长期目标服务。五是测验给出了错误走向分析，为更好地制订长期及短期目标提供依据。该测验的不足之处在于仍需建立全国常模，目前上海之外的其他区域的测试评估可参考数据给出结果。

二、S-S 语言发育迟缓评价法

（一）S-S 法简介

"S-S 语言发育迟缓评价法"是日本音声言语医学会语言发育迟缓委员会以语言障碍儿童为对象，于 1977 年开始研制试用的。1980 年通过试案 1 并发表，1987 年对 238 名儿童进行测试取得了正常数据，增加了前语言阶段的项目，1989 年正式更名为 S-S（Sign-Significate relations）语言发育迟缓评价法，简称"S-S 法"。由于语言和文化背景不同，中国康复研究中心按照汉语的语言特点和文化习惯研制了汉语版，试用于临床后，获得了良好的效果。

（二）主要内容

经临床验证，S-S 法能比较全面地对各种儿童语言障碍进行评价并对引起与语言障碍密切相关的交流态度和非言语功能进行评价。以下将从原理、适应年龄和适应症以及构成三方面简要介绍 S-S 法的内容，S-S 法的详细介绍参见由刘巧云、侯梅主编[①]，人民卫生出版社出版的《儿童语言康复治疗技术》一书。

1. S-S 法原理

从认知研究的角度，一般将语言行为分为语法规则、语义、语言应用三方面。S-S 法是依照此理论对语言发育迟缓儿童进行评定的，从"符号形式与指示内容关系""基础性过程"和"交流态度"三方面进行，并对其语言障碍进行诊断、评定、分类和针对性的治疗。

2. 适用年龄和对象

该评价法适用于由各种原因引起的 1 岁至 6 岁半的语言发育迟缓儿童。也可适用于已超出此年龄段但语言发展现状仍处于此年龄段水平的儿童。另外，学龄前获得性失语症的儿童也可以参考应用。不适用于以听力障碍为原因的语言障碍。

3. S-S 法的构成

评价内容包括符号形式与指示内容关系、基础性过程和交流态度三个方面。该量表内容清晰，阶段明确，对儿童语言康复方案具有较好的指导作用。

（1）符号形式与指示内容的关系

言语符号与指示内容的关系为本量表评价的核心，根据该内容将儿童发展分为 5 个阶段，见表 5-3-1。将评价结果与正常儿童年龄水平相比较，即可发现语言发育迟缓儿童。

---

① 刘巧云，侯梅. 康复治疗师临床工作指南·儿童语言康复治疗技术 [M]. 北京：人民卫生出版社，2019：74-79.

表 5-3-1　符号形式与指示内容关系的阶段

阶　段	内　容
第一阶段	对事物、事态理解困难
第二阶段	事物的基础概念
2-1	机能性动作
2-1	匹配
2-1	选择
第三阶段	言语符号
3-1	幼儿语言（相关符号）
3-2	成人语言（任意性符号）
第四阶段	词句，主要句子成分
4-1	两词句
4-2	三词句
第五阶段	词句，语法规则
5-1	语序
5-2	被动语态

（2）基础性过程的测试内容

① 操作性课题，适用于疑存在语言发育迟缓且可以用手操作的儿童。检查工具：小毛巾、可以捏响的小玩具、小玻璃球、积木 3 块、装小球容器 1 个、3 种木制图形镶嵌板、6 种图形木制镶嵌板、10 种图形纸质拼图的子图形和纸质母图形板、语言发育迟缓检查记录表。操作包括以下几个方面：Ⅰ.放入小球。Ⅱ.延迟反应。Ⅲ.图形辨别：a.3 种图形，b.6 种图形，c.10 种图形。Ⅳ.积木搭放：a.堆积，b.并列，c.隧道。Ⅴ.描线：a.……，b.｜，c.—，d.○，e.+，f.□，g.，h.◊。检查顺序中，发育差的孩子（0 岁的）从Ⅰ、Ⅱ部分开始；1～2 岁的孩子从Ⅲ、Ⅳ、Ⅴ部分开始。3 岁以上的孩子从Ⅲ的 c 项（10 种图形）、Ⅳ的 c 项（隧道），Ⅴ的 e 项（+）开始。见图 5-3-1。

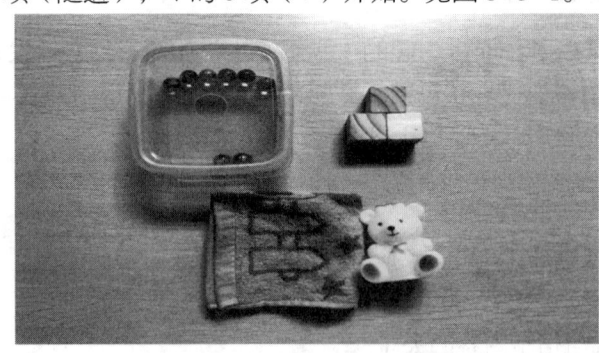

图 5-3-1　操作性课题示意图

② 听觉记忆测试，主要用于可以完成单词检查的儿童。检查用具包括名词检查中 16 张图片中的 9 张。操作按照语言发育迟缓检查表列举顺序进行。

③ 手势、言语模仿，包括状况依存、事物对应。言语模仿包括单音节模仿、幼儿语、成人语。符号形式—指示关系内容检查中，注意穿插检查，并记录。

（3）交流态度测试内容

交流态度测试内容包括注意他人的动作、视线，对他人指示的回应等。

三、语言行为里程碑评价法

（一）VB-MAPP 简介

语言行为里程碑评价法即语言行为里程碑评估及安置方案（Verbal Behavior Milestones Assessment and Placement Program，VB-MAPP），由美国 Mark L.Sundberg 博士及其团队于 20 世纪七十年代开发而成，2008 年再版。VB-MAPP 是一套针对孤独症及其他发展性障碍儿童的语言和社会能力的评估程序，它依据斯金纳语言分析、行为分析的基本原理和儿童发展的里程碑设计，是一套比较完整和实用的评估方法，可以帮助找出妨碍儿童学习和语言进步的障碍，为障碍儿童制订个别化干预方案提供指导。

（二）主要内容

1.VB-MAPP 原理

VB-MAPP 主要基于斯金纳的语言行为分析理论，该理论认为语言是习得的行为，主要是通过环境变量如刺激控制、激励操作、强化、消退等原理的作用而实现的。此外，VB-MAPP 还整合了应用行为分析（Applied behavior analysis，ABA）的理论，以便为所有语言发育迟缓的儿童提供一套以行为为基础的语言评估程序。

2.适用年龄和对象

VB-MAPP 中第一部分里程碑评估中包含了 0～48 个月的儿童所表现出的学习和语言能力，但该评估绝不仅限于 0～48 个月的儿童，它适合任何一个语言发展落后于 48 个月的人。如果对该评估内容稍做调整，就可用于青少年和成人。VB-MAPP 主要用于患有孤独症谱系障碍的儿童，以及其他发展障碍的儿童或获得性语言障碍人群。

3. VB-MAPP 的构成

① 里程碑评估考查儿童现有的语言能力及相关技能。这个评估包含了 170 个重要的学习和语言里程碑，主要内容跨越 3 个发展阶段（0～18 个月，18～30 个月和 30～48 个月）。所评估的技能包括提要求、命名、仿说、对话、听者技能、动作模仿、独立玩耍、社交和社会性游戏、视知觉配对、语法结构、集体能力以及早期学业，如阅读书写、数学等。

② 障碍评估包含 24 个常见于孤独症及其他发育性障碍儿童之中的关于学习和掌握语言障碍的评估。这些障碍包括行为问题、教学控制、不正确的提要求、不正确的命名、不正确的仿说技能、不正确的模仿、不正确的视知觉配对、不正确的听者技能、不正确的交互式语言、不正确的社交技能、依赖辅助、猜想式回答、不正确的扫视能力、不正

确的条件性辨别、不能泛化、动机微弱、回应要求减弱动机、强化依赖物、自我刺激、发音清晰度不足、强迫性行为、多动行为、无法与人对视以及感觉防御。通过识别这些障碍，康复师能制订有针对性的干预策略来帮助克服这些问题，从而引导儿童更有效地学习。

③ 转衔评估用于评估儿童的进步程度与相应的教学环境，通过18个评估领域来帮助判断儿童是否具备在限制较少的环境中学习。这个评估工具能为儿童的个别化教育计划团队做出决策，为设置优先顺序提供一种可测性方法，以满足儿童教育的需要。这个评估由VB-MAPP的其他几个部分的总结性测量以及可以影响转衔的其他各种技能所组成。这个评估包括在里程碑评估中的测量总分，在障碍评估中的测量总分，以及消极行为、集体能力、社交技能、独立的学业、泛化、强化物的转变、技能获得的等级、记忆、自然环境学习、转换技能、对改变的适应性、自发性、独立玩耍、普通的自我服务、如厕技能和进餐技能。

④ 任务分析和技能追踪提供关于技能的进一步分解，可用来作为更完整的、持续的学习语言技能的课程指南。其中包含16个领域900项技能。任务分析可以提供关于特定儿童的进一步信息，有助于儿童在各种教育和社交环境下进行泛化。

⑤ 个别化教育计划IEP的建议目标与前四部分呼应，安置方案会对里程碑评估中的170项成就和IEP目标制订提供特定的方向，安置建议能帮助项目设计者制订出一个良好的干预方案。需要注意的是这些仅仅是建议，在实际工作中，每名儿童的具体计划一定由该儿童的个别化教育团队讨论决定。

四、其他语言能力评估工具

除了前面介绍的语言能力评估工具外，根据各种不同的评价理论，国内外学者还编制了多种语言评估工具。现介绍目前国内外应用较为广泛的语言评估工具。

（一）皮博迪图片词汇检查

检查介绍：皮博迪图片词汇检查（Peabody picture vocabulary test，PPVT）应用较普遍，由美国的L.M.Dunn于1965年修改发表，通过听觉词汇来测试语言技能，是一套测量"使用"词汇能力的测验工具，适用的年龄为2.6~90岁，目前已更新到第五版。

检查方法：此检查共有240张黑白图卡和240个目标词配对，每张图卡由4个小图组成，测验图卡按从易到难的顺序排列。测验时测试者拿出一张图卡并说出目标词，要求被试在图卡上的4个小图中指出最接近目标词的小图，记录下被试的反应结果，每答对一词记1分，连续8个词中错6个停止测试。顶点数减错误数为总得分，测验所得的原始分数可以转化为智龄、离差智商分数或百分位等级，即可比较该受试者与同龄正常儿童之间的语言水平发育的差异。

优点与不足：由于测试时不需要受试者说话，所以因各种原因而丧失说话能力（如失语、脑瘫）或表达能力薄弱（如听障、口吃、智能低下、胆怯孤僻等）的儿童均可使用。PPVT 具有较高的内部一致性和重测信度，操作方便，只需要 10～15 分钟即可完成，可作为筛查智力落后儿童的方法。但由于形式单一，儿童在测验中容易失去兴趣和耐心，而且目前国内修订版测试材料采用平面黑白图画，不同的儿童对图画的熟悉程度可能不一样，因而也可能影响测验效果。另外，PPVT 只考虑到对词汇的理解，对儿童语言发育的水平很难做出系统完整的评价。

（二）伊力诺斯心理语言能力测验

伊力诺斯心理语言能力测验（Illinois test of psycholinguistic abilities，ITPA）于 1968 年在美国第一次发表，从儿童交往活动的侧面来观察儿童的智力活动情况，以奥斯古德的交流模型为基础编成的语言交流回路诊断测验，包括回路（听觉、发音、视觉、运动回路）、过程（接收过程、表现过程、综合过程）、水平（表象水平、自动水平）的三维结构。主要测验儿童在理解、加工和产生语言和非语言性语言的能力。该测验适用于 2 岁 4 个月至 10 岁 3 个月儿童。整个检查由 5 大部分，12 个分测验组成，其中 10 个为必测项目，2 个为备用分测验。内容包括，① 理解能力：言语的理解和图画理解；② 综合能力：言语推理和图画类推；③ 表达能力：言语表达和动作表达；④ 构成能力：作文和构图；⑤ 记忆能力：数字的记忆和图形记忆。

（三）Rossetti 婴幼儿语言量表

Rossetti 婴幼儿语言量表（Rossetti Infant Toddler Language Scale）可以测量 0～36 个月幼儿的语言发展水平，此外还可以收集表达性词汇增长、最长的三句话的平均长度等信息。

（四）学前儿童语言发展量表

学前儿童语言发展量表（Preschool Language Scale，PLS）用于评估 1.5～7 岁儿童的语言发展，由听觉理解和口语表达两个分测验组成，题目涉及的内容极其广泛。缺点是在语用方面的评估不足；施测时对于两岁前的幼儿比较困难；由于测验所用材料较多，一般教师或有关人员使用前需经反复练习。目前已更新至第五版。

（五）Reynell 语言发展量表

测试儿童的语言表达和词汇理解能力，可以测量 6 个月到 2 岁儿童，可用于有特殊障碍儿童的语言发展测量。

（六）Bankson Language Screen Test（BLST）

用于筛选语言障碍儿童的测验，共包括 5 个部分、17 个测验，不仅考查儿童在语义、语法等语言要素上的表现，而且考查儿童的视听觉能力。

（七）MacArthur-Bates 沟通发展量表

MacArthur-Bates 沟通发展量表（MacArthur communicative development inventory，MCDI）是 Fenson 等人在 1993 年为美国儿童制定的语言与沟通发展量表。它包括 8 个月到 1 岁 4 个月的婴儿词汇和手势问卷，以及 1 岁 4 个月到 2 岁 6 个月的幼儿词汇和句子问卷。可用于早期筛选语言发展异常的儿童。

（八）学前儿童语言障碍评量表

学前儿童语言障碍评量表（The Preschool Children Language Barrier Rating Scale）是林宝贵和林美秀于 1993 年编制的，主要用于评估 3 岁到 5 岁 11 月的学前儿童的口语理解能力、表达能力及构音、嗓音、语言流畅性等情况。此测验工具使用简便，测验时间短。缺点是缺少操作与互动，特殊幼儿较难维持对测验的兴趣；表达测验中多数只是回答词语或短语即可得分，难以评估句法的表现；由于缺少语用的评量项目，对于高功能孤独症幼儿，有高估的可能性。

（九）中文早期语言与沟通发展量表——普通话版

中文早期语言与沟通发展量表——普通话版（Chinese Communicative Development Inventory Mandarin Version，CCDI）是梁卫兰等根据 MCDI 的基本格式，按照汉语语法规律修订的。CCDI 采用父母报告形式，是一个简便实用的儿童语言发展量表。此量表可用于考查从第一个非词汇手势信号到早期词汇的增长，一直到开始语法出现的阶段。该量表分为婴儿、幼儿两种表格。婴儿表格适用于 8~16 个月月龄的儿童。婴儿表中，除了含有 411 个词外，还有婴儿对一些短语的理解、动作手势运用等测试。幼儿表格适用于 16~30 个月月龄的儿童。幼儿表中除含有 799 个词语外，还包含词组、句子复杂程度、小儿表达的词汇和语法技巧。但该量表对于鉴定儿童是否具有语言障碍缺乏评价标准。

语言能力评估的主要流程

PART 4
第四节

儿童语言康复阶段评估主要通过筛查、鉴别、计划和监控四个逐层递进的环节快速发现疑似语言障碍儿童，然后通过标准化或非标准化工具进行明确诊断，同时确定基线期的水平，接着为儿童制订合理的干预计划，最后在过程中进行监控。筛查的目的在于筛选出可能存在语言发展障碍的儿童，并决定是否对其进行进一步的评价。筛查对象为转诊个案、高危个案、家庭或教师在日常生活或学习中发现问题而转诊的个案。鉴别的目的在于明确语言发展障碍的儿童，并确定其语言功能的基线水平。鉴别的对象为筛查中怀疑有问题的儿童。鉴别的内容为全面检查与儿童语言沟通功能相关的能力，包括听力、认知、口部运动等。语言功能的检查既要考虑儿童"弱项"，也要明确儿童相对较好的"强项"。既要考虑测试结果，也要考虑不同环境中儿童的语言运用情况。理想的语言评估结果需要有理想情境的激发。在筛查与鉴别的基础上制订语言教育康复计划，尤其要明确康复目标。在语言教育康复实施过程中，应随时监控儿童语言教育康复训练的效果，及时根据监控结果调整教育康复训练的目标、内容和方法。具体将从以下流程开展。

一、基本信息采集

完整、准确地采集儿童的基本信息是语言康复工作的重要环节，基本信息的采集全面与否将影响后续语言能力评估与教学。儿童基本信息主要包含基本情况、病史信息、体格检查及辅助检查，其中康复师可主要采用本章第一节所述的观察法和访谈法采集前两项内容，采用观察法和测验法可有效采集体格及辅助检查信息。儿童基本信息采集必备的儿童现状描述表和儿童家庭基本信息登记表详见数字资源。

儿童和家庭基本信息登记表和现状描述表

（一）基本情况

基本情况主要包括儿童姓名、性别、出生年月、民族、家庭住址、病史提供者与儿童关系、病史可靠程度。

（二）病史信息

病史信息一般包括以下方面。

① 主诉，是指就诊时儿童主要的语言学症状及其持续的时间，一般不超过20个字。

② 现病史，围绕主诉重点询问语言学症状开始的时间、具体表现，是否存在与语言生理学、解剖学相关的其他系统症状，如听觉、视觉、认知、运动、社交等方面的伴随表现及有鉴别意义的阴性症状；既往诊疗情况，加重和缓解的因素等。问诊时针对不同病因有所侧重。

③ 个人史，包括出生史、喂养史、生长发育史、受教育史、预防接种史。其中出生史要详细记录胎龄、分娩方式及过程、出生体重、母孕期情况、有无围产期损伤等。应重点询问与语言相关的发育史，包括早期进食和吞咽情况，有无喂养困难及具体表现；粗大和精细运动、认知及语言发育里程碑获得史；早期语言环境、父母文化水平和带养情况，入托入园等受教育史等。

④ 既往史，一般不需要对各系统疾病进行回顾，只需要询问一般健康情况，注意相关疾病史。

⑤ 家族史，包括父母年龄、职业、健康状况、生育年龄及胎次、不良妊娠记录，是否近亲结婚、家族中有无类似疾病、有无家族遗传病史。

（三）体格检查及辅助检查

体格检查是诊断儿童语言障碍的必要内容，为制订康复方案和评价康复效果提供重要信息。儿童语言障碍的体格检查包括以下方面。

① 一般状态，包括体重、身高（身长）、头围、血压等。在平静状态下，观察自发语言中的气流情况、口鼻呼吸能力、呼吸频率、最长发声时间等。

② 头部、颈部、胸部的检查，包括头颅大小、形状、围度；前囟大小及紧张度、有无凹陷或隆起；枕秃和颅骨软化、血肿或颅骨缺损等。面部注意有无特殊面容。口面部构音器官，包括安静状态及随意运动时的检查，注意观察儿童颜面、双唇、舌、腭咽、喉头静态时两侧是否结构完整、对称，是否有无力下垂、麻痹等情况；咽反射强弱。做咧嘴笑、噘嘴、鼓腮、伸舌、抬舌、卷舌、露齿、张嘴、前后左右移动下颌等动作表现和发"ah"音时软腭运动，观察吞咽动作有无流涎、呛咳等。颈部有无斜颈、短颈或颈蹼等畸形，甲状腺有无肿大，气管位置，颈静脉充盈及搏动情况，有无颈肌张力增高或低下。胸廓注意有无鸡胸、漏斗胸、肋骨串珠、肋缘外翻等佝偻病体征，胸廓两侧对称性，有无桶状胸等。肺部注意呼吸频率、呼吸深浅改变。心脏注意心前区有无隆起、心尖冲

动强弱和范围等，心律、有无心脏杂音。腹部有无包块及肝脾有无肿大等。

③ 脊柱和四肢检查，注意有无畸形，躯干与四肢的比例，手、足指（趾）有无杵状指（趾）、多指（趾）畸形等，脊柱完整性，四肢肌张力有无增高或低下及肌张力波动等。

④ 神经反射检查，包括观察儿童精神状态、面部表情、肢体语言及主动表达、有无异常行为等。神经系统反射检查包括原始反射的残存、生理反射有无减弱或消失等，需根据年龄有选择地进行。

辅助检查是指语言障碍儿童原发病相关检查。听障儿童需进行听觉传导通路的结构及功能检查；听障及孤独症谱系障碍儿童可进行相关基因检测；孤独症及脑瘫儿童可有头颅影像学及脑电图等相关检查记录；脑瘫儿童评估粗大运动功能分级及手功能分级；孤独症儿童还需补充孤独症的筛查、诊断量表得分等。

二、语言及相关能力评估

语言能力评估详细内容及主要指标见本章第二节。此外，语言能力的发展还涉及其他相关功能的情况，尤其是语言的传入和传出通路、语言加工处理的中枢等神经生理的情况对语言康复有着极为重要的影响。与儿童语言相关的身体结构包括听觉系统、视觉系统、大脑皮层的语言中枢等，相关器官的发育成熟程度及是否受损会极大地影响语言的发展。在语言评估过程中，一旦发现儿童有语言相关的问题，应采取必要的医疗措施进行筛查、缺陷补偿或功能重建。如听力障碍的儿童可植入人工耳蜗和配戴助听器来重建或者补偿听力，目前助听器和人工耳蜗对听力障碍儿童的帮助非常大，康复效果也比较理想。

康复师不可能独立完成这些相关功能资料的收集，因此需要多学科团队的合作。与语言能力相关功能的评估主要包括听力评估、口部运动评估、非语言认知能力评估、社会功能评估以及情绪行为的评估。

（一）听力评估

在对儿童进行语言评估前必须先对儿童的听力情况进行评估，以确认儿童是否存在听力问题。评估人员可以使用便携式的听力计对儿童进行听力评估，专门的听力检查包括声导抗、听觉诱发电位、多频稳态等。近年来，耳声发射测试也逐渐用于对儿童听力的筛查。如果发现儿童可能存在听力问题，应将儿童转诊到专门的听力门诊。

（二）口部运动评估

当儿童有口语表达困难时，需首先确定其是否存在生理功能障碍。口部运动系统评估内容包括面部对称性，牙齿排列，唇、舌、下颌的结构和功能，与言语紧密相关的腭咽以及呼吸、发声、共鸣等方面的功能。

虽然绝大多数有语言表达能力问题的儿童，其口部结构及功能评估结果都是正常的，也就是说言语机制并非语言表达问题的主要障碍，但是仍然要注意因口部运动功能问题导致的语言障碍。当儿童存在口部运动问题时，应该通过医学的以及行为的方法进行治疗，为儿童的交流潜能发展排除障碍。

对于一些存在严重口部运动障碍的儿童，如严重的脑瘫、构音障碍儿童等，可以考虑选择替代沟通模式，如便携式计算机化的语言合成器、字母、符号或是图片交流板等。对于口部运动障碍程度较轻的儿童，言语评估可以帮助评估人员了解其口部运动的功能，从而更好地制订康复方案。

（三）非语言认知能力评估

疑有语言障碍的儿童必须要评估的另一项内容是儿童的非语言认知能力。如果无法获得标准化的认知测验，评估人员也可以使用一些非正式的认知筛查工具来进行判断。评估人员只需要评估儿童是否具备或是接近其年龄段正常发展儿童所应具备的非语言认知能力即可。如果儿童的认知能力测试结果接近其年龄段所对应的正常儿童的认知能力，就无须再进一步了解更多关于认知方面的信息。如果儿童未达到这一水平，评估人员有责任将其转诊给其他相关的专业人员接受正式的发展性认知能力测试。

（四）社会功能评估

沟通是在人与人的互动过程中实现的，因此需要了解儿童的社会功能。评估人员需要注意的是，当发现语言障碍儿童的家庭亲子互动模式异于正常家庭时，不要急于得出儿童的语言问题是源于家庭中的亲子互动模式的结论。因为有时家庭亲子互动模式可能是结果，而非原因。也就是说当前的家庭亲子互动模式可能是父母为了适应儿童交流的需要而形成的。通常情况下，除了一些极端忽视和虐待的情况，父母的沟通方式很少成为儿童语言障碍的主要原因。

这部分内容的评估可通过对父母与儿童之间互动的观察或对父母的访谈来完成。通过评估，评估人员需要掌握以下一些信息：① 儿童沟通技能运用情况，以及沟通问题如何影响儿童日常生活技能的发展；② 儿童情绪及行为的调节情况；③ 家庭对儿童需要的认识，以及对儿童需要的满足情况；④ 家庭的优势和需求，包括来自同伴的支持和提供儿童特殊需要的专业人员的支持情况；⑤ 家庭中存在的文化与语言差异，这些差异可能会影响到儿童的沟通技能的发展或是家庭对儿童沟通技能的认识。

评估人员还可以请家庭成员简单地谈谈他们对儿童的看法、担忧、需要和期望。收集这些资料的主要目的是让家庭成员知道他们是帮助儿童最大限度地习得这些能力的关键性成员。不仅是由专业人员决定儿童需要学什么和怎样学，家庭所提供的信息在制订康复计划时也同样起着至关重要的作用。家庭也有权根据他们及儿童本人的需要决定康复目标和方法。如果家庭积极参与干预过程，康复目标就会在日常环境中进行更大范围的泛化。因此评估人员应该让家庭成员感受到他们是儿童进步的重要因素。

目前已有一些评价儿童社会功能的工具，如文兰适应行为量表Ⅱ，该量表是一个具有结构化访谈的工具，这一工具还提供了从婴儿到青少年，以及普通人群和特殊人群的参照标准。

(五) 情绪行为评估

在评估任务进行期间，如果发现儿童的行为和情绪调节是造成语言障碍的原因，评估人员应将其转诊给心理学或精神医学方面的专业人员。在观察时，需要记录儿童在什么情况下会出现沟通受挫的现象，因为有时儿童出现适应不良行为是由于无法表达自己的需求。在评估儿童的情绪行为时，不要急于下结论，因为儿童的语言障碍也可能是情绪困扰的结果，例如选择性缄默症的儿童，可能在某些情境下会拒绝说话，而在另外一些情境下则会愿意说话。

三、评估数据的分析

当观察、访谈以及测验都已完成，接下来应根据评估数据对儿童的语言能力做出判断、提出干预建议，并在此基础上撰写评估报告。评估报告主要包括四个方面的内容，即语言障碍诊断、语言障碍严重程度评估、预后说明及干预建议。

(一) 语言障碍诊断

根据语言及相关能力的评估结果，结合观察以及对儿童背景资料的掌握进行综合分析，做出该儿童是否存在语言障碍的诊断。

(二) 语言障碍严重程度评估

基于评估数据，康复师做出关于儿童语言沟通障碍严重程度的诊断。通常严重性可分为轻度、中度、重度或极重度。世界卫生组织为这些术语的使用提供了指导方针，具体见表 5-4-1 所示。

表 5-4-1 儿童沟通障碍严重程度及其描述

分级	描述
轻度	对行为表现有一些影响，但可以在学校和社区中参与与其年龄相适应的活动；能够在最少的协助下独立活动。
中度	损伤程度明显，在主流环境中需要辅助才能实现其功能；能够在监护情况下活动。
重度	在主流环境中需要各方面的辅助；在监护情况下能够完成部分活动。
极重度	具有很少的功能性技能；完成一些最基本的活动都需要最大化的辅助。

严重程度评估的重要性表现在两个方面，一方面，它有助于确定干预的优先顺序。如果存在严重的沟通缺陷，而经多学科团队评估后发现其他领域的缺陷不会严重影响到

语言沟通交流功能，则干预的优先事项应包括语言。相反，如果发现是由于其他方面的功能问题导致患者的语言沟通功能受到严重影响，则应优先对这些领域的功能进行干预，例如由于情绪发展或行为调节所导致的语言障碍，则优先干预其情绪发展或行为问题。另一方面，它还为评估干预的有效性提供参照。如果语言沟通交流技能最初被评估为严重受损，在干预之后，严重程度评分为中度，即使功能尚未实现完全正常，也可以说明干预取得了一定的效果。

（三）预后说明

预后说明是指康复师根据儿童当前的功能水平，对未来某一时间内儿童干预效果的合理预测。预后说明有助于节省康复资源和明确康复责任，同时也可以作为衡量康复进展的标准。在做预后说明时，评估人员应充分利用访谈和观察资料的信息，尽可能考虑所有因素，如儿童年龄、家庭环境、经济状况、儿童的个性及其他方面的功能等因素，这些因素都会影响语言康复的预后。此外，在做预后说明时还应注意以下三点：① 做短期的预后说明，不做长期的预后说明。② 以积极的方式进行陈述，避免用消极的方式陈述。例如说明儿童在特定时期内可以做什么，而不是他不能做什么。③ 预后说明最好是能进行测量的。例如，"通过干预，儿童可在一年内实现从仅能发出单字句到发出双字和三词句。"该预后陈述了特定的时间段和可测量的结果，因此具有操作性。此外，临床工作者还应特别注意提醒儿童家长，帮助儿童在未来几个月乃至几年中努力做到最好才是最重要的。

（四）干预建议

在临床报告或与家长面谈中提出的干预建议应包含以下四个部分：① 说明语言干预是否必要。这项建议是基于儿童是否存在明显的沟通障碍，以及根据障碍的严重程度和预后说明而得出的结论，其目的是要说明进行语言干预是否会有所帮助。② 说明干预的重点。这项建议是基于儿童语言障碍的内容、语言能力发展的优势和劣势而给出的，其主要内容是提出最有效的干预功能领域、干预优先顺序和干预内容。③ 说明干预模式。即在直接干预模式和间接干预模式中应以哪种干预模式为主或应综合采用哪几种干预模式。④ 随访建议。即间隔多长时间后需进行复查。

四、评估报告的撰写

在筛查与评估的基础上制订语言康复计划，尤其要明确康复目标。目标可分长期目标与短期目标。在制订过程中须遵循以下几点：① 根据父母和康复师的意愿、社交沟通障碍的程度及学业成绩来考虑干预的优先顺序；② 要熟悉正常发展儿童语言能力的发展顺序；③ 将最近发展区的功能领域作为干预目标；④ 综合性的、准确的评估数据是建立干预目标的必要条件。

将儿童的一般情况、评估结果、严重程度、预后说明及干预建议等几个方面的概要整合在一起即可形成评估报告的主体，评估报告基本内容见表5-4-2。

表5-4-2　语言评估报告单样例

1. 基本信息 姓名：　　　　　性别：　　　　　　　　出生日期： 民族：　　　障碍类型（原发病）： 家庭住址： 父亲姓名：　　　联系电话：　　　母亲姓名：　　　联系电话： 评估人：　　　评估日期：
2. 问题主诉
3. 病史（包括现病史、个人史、既往史、家族史）
4. 阳性体征及辅助检查结果（包括头部、颈部、胸部检查、脊柱和四肢、神经反射等）
5. 语言及相关评估结果 （1）相关领域评估结果（包括听力、口部运动、非语言认知能力、社会功能、情绪行为等领域的评估结果） （2）语言标准化测验结果（包括口语理解、口语表达、读写能力及语用技能等） （3）语言标准参照评估结果（非标准化语言能力测验结果、语言样本分析等） （4）行为观察：（观察儿童是否存在某些特定的沟通过行为）
6. 主观印象（包括对儿童的性格、沟通动机、家庭环境如：父母的态度、期望、与兄弟姐妹的互动等方面的印象）
7. 总结 （1）语言学诊断 （2）严重性评估 （3）预后说明
8. 干预建议 （1）干预必要性 （2）干预重点 （3）干预模式 （4）随访建议

评估报告中的语言应该客观、清晰、简洁、专业，其目的是尽可能清晰地传达从评估中收集的信息，并以家长和其他专业人员都容易理解的方式进行表述。因此，在表述

过程中不要使用过于专业或是晦涩的术语，也不要表达对当事人的期望。避免使用"相当""非常"等词汇，应区分评估者收集到或观察到的信息与父母或其他相关人员所提供的信息，表述其他人提供的信息时，可以说"根据父母报告……"或"据其母亲回忆……"。在描述儿童的表现时，最好避免使用诸如"好""差""很好"等判断词。可以将报告视为与非专业人士的对话，告诉他们康复师所看到的该儿童的语言表现，这样有助于选择最恰当的词和句子来表达康复师的意思。

评估报告是制订康复计划的依据，明确儿童是否需要康复，康复的重点是什么，以及康复是否有效等。语言康复师应能够恰当选择并熟练使用各种正式和非正式的评估工具，全面高效地完成儿童语言能力的评估。此外，语言康复师还需要掌握临床报告的撰写技能，帮助儿童的家人通过临床报告准确了解儿童的语言现状。

第六章 儿童语言康复训练概述

成功的语言康复不是要求儿童完成更多的测试题目或准确模仿康复师给出的语言刺激，而是让儿童能够使用康复训练中习得的语言形式和内容来实现真正的沟通。因此，语言训练的目的不仅是教授语言行为，更重要的是让儿童成为更好的沟通者。同时，我们还必须证明是康复训练使儿童的语言行为发生了好的变化，假如没有训练，这样的变化就不会发生。所有这些目标对康复师来说挑战巨大，因为有效的语言训练不仅需要康复师个人的知识与技术，还需要考虑康复训练模式的选择、康复原则及阶梯式儿童语言康复模式的构建等诸多方面的因素。本章将从儿童语言训练的常用模式、方法及原则、阶梯式儿童语言康复模式的构建等几个方面展开，以期为儿童语言能力的训练提供参考。

儿童语言康复训练的常用模式、方法及原则

PART 1
第一节

一、儿童语言康复训练的常用模式

儿童语言康复训练的模式以康复师是否直接介入语言训练为依据,划分为直接干预和间接干预两种模式。

(一)直接干预模式

1. 个别干预模式

个别干预是以康复师为主要责任者,对儿童实施个别化康复训练的模式,训练的重点放在儿童的语言内容、形式及语用上。康复师首先评估儿童语言、沟通能力的发展水平,找出其迟缓的方面,再以相应的训练方式进行干预。该模式的优点是具有针对性,可对儿童存在的语言问题进行集中式的训练,有利于短期内儿童语言能力的提升。该模式的缺点是儿童缺乏学习语言的相关背景,以至于儿童习得的语言行为很难泛化到实际生活中。

2. 集体干预模式

集体干预是以康复师为主要责任者,对语言障碍儿童实施团体康复训练的模式。在该模式中,康复师进入语言障碍儿童的课堂,利用语言训练材料对儿童进行语言干预。该模式弥补了个别干预模式的缺点,最大限度地提高了儿童参加口头语言练习的机会,但在该模式下,康复师是给课堂中所有的儿童进行训练,对每一个儿童的针对性较为缺乏。

3. 小组干预模式

小组干预是指在干预中将语言障碍程度相近的儿童形成小组进行语言训练。在该模式中,儿童既能接受针对性训练,又能获得与同伴相互练习的机会,弥补了上述两种干预模式的不足。

（二）间接干预模式

1. 以家庭为中心的干预模式

以家庭为中心的干预模式是指康复师在干预过程中主要承担咨询、协助的角色，指导父母或主要照料者，使其成为改变儿童语言行为的主要责任者。提供间接干预时，康复师与父母合作设计康复计划并依据儿童情况进行修订，但主要训练工作由父母或主要照料者完成。康复师提供示范、强化等策略，增强父母或主要照料者了解儿童和帮助儿童的技能。一般情况下，父母或主要照料者是儿童语言发展的最佳促进者，这是因为儿童与父母或主要照料者相处时间长，而其他人难以做到像父母或主要照料者给予自己孩子一样的时间和关爱。在实际生活中，父母或主要照料者可以提供大量的口语活动，并在日常生活中随时根据情况给予新的词汇，儿童则根据生活经验不断运用已习得的词汇。一旦儿童出现相应的口语行为，父母或主要照料者应立刻把握机会给予适当的反应。

2. 协作模式

协作模式中康复师、教师和家长合作，共同为具有语言障碍的儿童制订康复目标、干预计划、训练方案等，要求康复师、教师、家长等能够将语言干预目标融合在常规的课堂教学、日常生活中完成。协作模式比较适合于融合教育和随班就读的儿童。

一般而言，当儿童需建立新行为时，多采用直接干预模式；而在儿童需要反复练习、扩展或泛化某一语言行为时，可采用间接干预模式。无论利用哪种模式，康复师、教师和父母等均需合理创设情境，提升儿童的语言沟通能力，并促进其社会性互动技巧的提升，才能达到最佳的训练效果。

二、儿童语言康复训练的常用方法及技巧

儿童语言康复训练的主要方法有三类，分别是以康复师为主导的训练方法（The Clinician-Directed Approaches）、以儿童为中心的训练方法（Child-Centered Approaches）和综合训练方法（Hybrid Approaches）[1]。本节将对这三类方法进行详细的论述。

（一）以康复师为主导的训练方法

以康复师为主导的训练方法，也称为练习法（Drill），是结构化程度最高的干预方法。使用该种方法时，康复师严格把控训练环境，减少或消除不相关的刺激，使相关的语言刺激高度突出，同时提供明确的强化，以便增加目标语言行为出现的频率，使得干预在改变语言行为方面发挥最大的作用。Roth 和 Worthington 对该方法的训练步骤进行了清晰明确的阐述，如表 6-1-1 所示[2]。

---

[1] Paul R, Norbury C F. Language disorders from infancy through adolescence: Listening, Speaking, Reading, Writing, and Communicating[M]. United States of America: Elsevier, 2012: 68-77.
[2] Roth F, Worthington C. Treatment resource manual for speech language pathology 4th ed[M]. Florence, K Y: Delmar-Cengage Learning, 2010:16-40.

表 6-1-1　以康复师为主导的训练步骤

步骤	举例
1. 康复师说出要求或者指令。	"说说你看到了什么。"
2. 康复师出示干预刺激或者是前因事件。	康复师将一个大球放在桌面上。
3. 康复师提供足够的时间等待儿童回应。	等待儿童命名。
4. 康复师提供强化物，可以是物质性的奖励，也可以是社会性的口头表扬。	给儿童喜欢的食物如棒棒糖或口头表扬儿童"你真棒"。
5. 康复师对儿童的反应给出反馈。	"你说的 5 个里面有 4 个是正确的。"

以康复师为主导的训练方法可延伸出两种训练技巧，分别是游戏化练习（Drill play）和建模（Modeling）。

游戏化练习与传统练习的不同之处是增加了一些激发动机的成分。在干预中，康复师不仅在目标回应出现之后对儿童加以强化，而且在其被引发之前就给予动机刺激。因此，在这种方法中存在两个激励事件，一个与最初训练刺激一起呈现（先行激励事件），另一个是目标回应出现之后的强化（结果激励事件）。

建模以社会学习理论为依据，引入第三人作为示范者进行示范。建模在高度结构化的形式下，结合恰当的语境，同时使用强化的手段对儿童进行干预。需要注意的是该方法不要求儿童在示范之后立即进行模仿，而是要求儿童先聆听。在聆听的过程中，儿童找到示范者所呈现的所有刺激蕴含的相同语言结构，然后再要求儿童能够使用这种语言结构。建模一般用于固定句式的学习，以被动句为例，具体操作流程如下：① 父母或者同伴作为示范者，康复师首先呈现一组图片，要求示范者用被动句说出目标图片，如"西瓜被姐姐吃掉了""牛奶被妈妈喝掉了""玩具被爸爸藏起来了"。② 在示范者描述了 10～20 个目标句式之后，要求儿童使用相同的句式，模仿示范者描述内容不同的图片，在这个过程中，儿童和示范者轮流说出康复师给出的目标图片，直到儿童能够说对 3 个目标句式为止。③ 撤除示范者，让儿童自己进行目标内容的描述，直到连续 8 个目标句全对为止。④ 此外，也可以使用录音娃娃或沟通辅具、玩偶作为示范者，以此来激发儿童的兴趣。

以康复师为主导的训练方法的优点在于康复师可以最大化地增加儿童学习新的语言行为的机会，增加儿童在单位时间内产生更多回应的可能性，为儿童更多地练习新的语言形式或功能提供极好的机会。该方法的不足之处是不够自然情境化，不能有效地使儿童将这些语言行为迁移到结构化干预环境之外的日常交流中。

（二）以儿童为中心的训练方法

在康复训练的实践中，一部分儿童拒绝按照康复师设计的形式学习，还有一部分儿童很不自信，也很难与康复师沟通。此时，以儿童为中心的训练方法可以很好地弥补以康复师为主导的训练方法的不足，使康复师与儿童建立起良好的沟通交流关系。

以儿童为中心的训练方法有多个名称，如间接语言刺激法（Indirect language

stimulation）、游戏促进法（Facilitative play）、语用学习法（Pragmatisms）、语用能力发展法（Developmental pragmatic approaches）等。该类训练方法将儿童放在中心位置，康复师安排活动，提供机会让儿童在自然的游戏或沟通中学习目标语言行为，除了选择儿童熟悉的材料外，康复师不直接控制活动的进程。对儿童来说，训练仅仅是一种"游戏"。该训练方法的目的并不是试图引出儿童特定的语言结构，而是以一种特定的方式回应或维持与儿童的沟通，没有具体的强化刺激，不要求儿童对康复师的语言做出回应。但必须注意的一点是康复师要学会等待，等待儿童的反应，然后对儿童的反应做出回应。

在以儿童为中心的训练方法中，具体有以下几种技巧。

1. 自我谈话和平行谈话

自我谈话（Self-talk）是指在与儿童玩平行游戏时我们描述自己的活动，说出沟通对象正在看的物品与事件、正在听的刺激或事件、正在做的事情或是在即时情境中的感受[①]，让沟通对象可以在即时的沟通情境中获得相对应的语言刺激，借此抽取出意义，发展语言。比如，当儿童正在开玩具汽车时，康复师可以和儿童做一样的动作，同时口头进行描述："我在开汽车，我在开红色的汽车。你看见我正在开汽车吗？我正在开汽车。我在开红色的汽车。"

自我谈话是在沟通情境中提供口语刺激，让儿童有机会将听到的语言与情境中的意义联结，通过多次聆听经验的累积，自然习得相应的语义、语法和语用。该技巧的关键在于和儿童形成共同注意（Joint attention），注意对儿童输入语言的内容和形式，而不刻意要求儿童回应。

平行谈话（Parallel talk）在某种意义上是康复师为儿童提供了自我谈话的示范。在平行谈话中，康复师不是谈论自己的行为，而是谈论儿童的行为，描述儿童正在注意的物品与事件或是正在进行的活动，或描述其正在做的事情或是注意的事物，让其听到正确的语言输入，向儿童提供一个动态的解说。以上述的活动为例，康复师应根据儿童的动作进行口头描述："你正在开汽车。你开了一辆汽车。你又开了一辆汽车。哇！你开了两辆汽车。你开了两辆红色的汽车。"平行谈话也可以帮助我们与障碍程度严重、行为异常的儿童建立起沟通关系，其中最典型的是孤独症儿童。比如我们给孤独症儿童一辆玩具汽车，他们可能不会去开汽车，而是以非常规的方式玩汽车，比如去闻一闻汽车，或者是把注意力集中在玩具汽车的轮胎上，这时康复师便可以使用平行谈话与孤独症儿童建立联系，讨论他注意力所集中的点："你看这是轮胎。圆圆的轮胎。轮胎是黑色的。这是黑色的轮胎。汽车有轮胎，有圆圆的轮胎，有黑色的圆圆的轮胎。"

自我谈话和平行谈话适用于缺乏沟通意识的儿童，康复师使用自我谈话与平行谈话可以给儿童提供最大的机会，让其去尝试着与人沟通，一旦儿童建立与人沟通的意识后，就可以介入其他的训练方法，帮助儿童更好地使用语言进行沟通。

2. 仿说

在干预的过程中，很多时候康复师都要求儿童模仿康复师说话（Imitations），但实

---

① 锜宝香. 儿童语言障碍：理论、评量与教学 [M]. 新北：心理出版社股份有限公司，2013：78-80.

践中针对缺乏沟通意识的儿童，我们可以通过模仿儿童的话语与其建立起沟通关系。研究表明，当成年人经常重复普通儿童说的话时，儿童有很大可能模仿成人的这种行为，且这种模仿可以促进儿童语言的发展[1]。儿童说得越多，他们越有机会练习语音、词汇、语法结构等，也会获得更多的沟通互动与回馈。而当这种模仿形式一旦建立，康复师就可以使用特定的目标刺激，让儿童在模仿的过程中习得相应的语言形式。

3. 扩展

当儿童所能讲述的话语有限时，扩展（Expansions）就可以很好地介入。当儿童说出某些话语之后，康复师根据其所说的内容，重新整合词序，以更完整更易于接受的语句形式叙述。例如，当儿童把鞋放在妈妈面前时，儿童会说"妈妈穿鞋"，此时，康复师就可以将儿童的话语扩展为"是的，妈妈穿鞋，妈妈穿了一双红色的皮鞋"。扩展技巧的使用可以增加儿童模仿的机会，同时也可以帮助儿童更好更快地学会语法结构。

4. 延伸

延伸（Extensions）指的是对儿童的话语加以释义，即在儿童话语中添加一些表示语义关系网络的信息。当儿童能够复述康复师所说的完整话语后，康复师可顺势再将该话题延伸，说出与上下文语意相关的句子，让儿童有更多的机会接收相关的语言讯息。以上述的"妈妈穿鞋"为例，康复师可以在儿童说出"妈妈穿鞋"后加以评论："是的，妈妈要穿鞋，因为妈妈要去外面工作了。"研究表明，成人对儿童语句的延伸与儿童平均句长的提高呈显著相关。

仿说、扩展、延伸这三种技巧利用儿童已习得的表达形式和语义，将儿童的语言能力向前推进一小步，在儿童的最近发展区内进行练习，将认知、情感等信息用恰当的语言符号进行表征。同时，这三种技巧都增加了儿童模仿康复师话语的可能性，提高了儿童与人沟通的频率，为儿童提供了更好的语言样本。

5. 组合与分解

一项关于一名普通2岁儿童的睡前独白的研究发现，在独白中儿童常把自己的语言分解成更小的片段，然后再构建成句子[2]。受此启发，研究者认为康复师可以采用组合与分解（Buildups and breakdowns）的技巧对儿童进行语言训练。仍以上述"妈妈穿鞋"为例，当儿童说出"妈妈穿鞋"后，康复师可以对儿童的语言进行组合和分解："是的，妈妈要穿鞋。鞋。妈妈要穿鞋。"

6. 改编

改编（Recast sentences）是指改编句型，但保留儿童话语中的意义，即将孩子的话语变换成不同的句式或者是更为复杂的句子[3]，如把陈述句改编为疑问句、否定句或是

---

[1] Adank P, Hagoort P, Bekkering H. Imitation improves language comprehension[J]. Psychological Science, 2010, 21（12）：1-7.
[2] Weir R. Language in the crib[M]. The Hague, Netherlands: Mouton , 1962：81-134.
[3] Wada R. Clinician recasts and production of complex syntax by children with and without specific language impairment[N]. Dissertations & Theses-Gradworks, 2015:18-26.

反问句。比如当儿童说出"妈妈、鞋"时，康复师可以将它改为疑问句"妈妈要穿鞋吗？"或者是"妈妈不穿鞋"，甚至是一个反问句"难道妈妈不穿鞋吗？"。改编的目的不在于改变儿童当前的语言形式，而只是向儿童示范如何正确使用目标形式。

以儿童为中心的训练方法的优点是更容易被儿童接受，康复师能更快速地与儿童建立起沟通关系。同时，以儿童为中心的训练方法更接近自然的语境，儿童更容易将目标语言用于真正的沟通。对于平均句长低于三个字的儿童，以儿童为中心的训练方法更为有效。但以儿童为中心的训练方法的缺点是以儿童为主导，康复师对整个活动的控制较弱，因此它对康复师的技能要求较高。

（三）综合训练法

综合训练法（Hybrid Approaches）结合了以康复师为主导的训练方法和以儿童为中心的训练方法两者的优点，比以康复师为主导的训练方法更加自然化，同时比以儿童为中心的训练方法更加结构化和可控化。它的主要特征有：一是该方法针对的是特定的一个或者一组目标；二是康复师对训练活动和训练材料进行了控制，但在操作的过程中，康复师最大限度地去诱导儿童自发地使用目标语言行为；三是康复师使用的语言刺激并不是仅仅为了回应儿童的需要，更主要的是为了示范和强化目标语言行为[1]。综合训练法主要包括了四种训练形式，分别是集中刺激（Focused Stimulation）、垂直结构（Vertical Structuring）、自然情境教学（Milieu Communication Training）和脚本治疗（Script Therapy）。

1. 集中刺激

集中刺激是指在精心安排的有意义的沟通情境下，康复师提供大量的语言示范来帮助儿童达到训练目标的方法[2]。集中刺激将训练目标集中在某个特定的语言形式中，以不同的方式提供多种重复的目标语言示范，以便通过多次刺激帮助儿童处理及储存语言信息，强化语义网络联结。此外，集中刺激也可以在交谈的互动情境中使用，让儿童从自然的人际互动情境中，观察周围事物及他人的示范而习得语言的内容、形式和语用。主要技巧见表6-1-2。

表6-1-2 集中刺激的主要实施技巧

技巧	解释	举例
目标语言的示范（Demonstrating use of targets）	将目标语言放置在听觉输入中最明显的句首或句尾。	师："这是包子。香香的包子。软软的包子。"
扩展（Expansion）	增强儿童话语内容的完整性。	生："猫屋子。" 师："哦，猫进屋子里去了。"

---

[1] 王大延，等译. 儿童语言与沟通障碍 [M]. 新北：心理出版社股份有限公司，2009：284–287.
[2] Weismer S, Robertson S. Focused stimulation approach to language intervention. In R. McCauley and M. Fey (Eds.)[M]. Treatment of language disorders in children. Baltimore: Paul H. Brookes. In press, 2006: 175–202.

续表

技巧	解释	举例
改编（Recast）	保留儿童话语中的意义，但改变句型。	生："小明画画。" 师："小明在画画吗？"
组合与分解（Buildups and breakdowns）	示范如何操控语句中的要素。	生："我开汽车。" 师："是的，开汽车。你在开汽车。"
不正确的声明或主张（False assertions）	故意说出不正确的话语，以诱发儿童否认与更正。	师："我晚上起床上学。" 生："不，是早上起床上学。"
装不懂（Feigned misunderstandings）	假装不懂儿童话语的意思以诱发儿童说出更多话语。	生："我想要这块积木。" 师："哦，是这块黄色的积木。" 生："不，是这块红色的积木。"
迫选（Forced choices）	提供正确使用目标语言的示范，并依语境提供两种范例供儿童选择。	师："你要不要喝饮料？你可以回答'我要喝饮料'或者是'我不要喝饮料'。"
其他相关的询问（Other contingent queries）	鼓励儿童提供遗漏讯息。	生："我要白色的纸。" 师："你要白色的纸做什么呢？" 生："我要画画。" 师："哦，你要用白色的纸来画画。"
违反惯例（Violating routines）	省略或故意做错某个例行活动中的步骤，鼓励儿童表达意见。	康复师给儿童牛奶时不给吸管。 生："我要吸管。" 师："哦，你是对的，我们要用吸管喝牛奶。"
在轮流的过程中将物品扣住（Withholding objects and turns）	鼓励儿童提出要求。	康复师在和小朋友依次轮流玩游戏的过程中故意忽略儿童。 生："轮到我了。" 师："哦，是该轮到你了。"
违反物体功能（Violating objects function）	鼓励儿童使用否定句的句型。	师："我用筷子喝汤。" 生："筷子不是用来喝汤的。"
语法故事（Syntax stories）	创作一个故事，内容包括多个目标语言句式的范例。	师："今天我给大家讲一个故事。故事的小主人公是乐乐。乐乐每天都过得很有规律，早上7点钟乐乐起床去上学，上午9点钟乐乐上英语课，中午12点钟乐乐吃午饭，下午4点钟乐乐放学回家。"

2. 垂直结构

垂直结构（Vertical Structuring）是一种特殊形式的扩展法（Expansion），用于集中刺激之后，主要用来突出目标语言行为。首先，康复师精心安排非语言刺激，并针对非语言刺激向儿童提出问题，要求儿童回答。当儿童用一些零碎的话语进行回答后，康复师用儿童提供的语言线索继续提问，要求儿童回答。然后，康复师将儿童多次做出的回答进行合并，并将儿童提供的零碎话语扩展成为完整的句子，要求儿童进行模仿。若儿童能够模仿，就给予强化，如果儿童不能够模仿，就再次重复上述形式。表6-1-3展示了使用垂直结构进行语言康复的例子。

表 6-1-3　垂直结构语言康复举例

> 训练材料：海底世界的图片。
> 语言康复师："看一看这张图片，你看见了什么？"（若儿童没有回应，或发表与图片无关的评论，则语言康复师将儿童的注意力吸引到图片中特定的指示对象上，并再次询问："你看这是什么？"）
> 儿童："海豚。"
> 语言康复师："是的。海豚在做什么？"
> 儿童："游泳。"
> 语言康复师："是的，它在游泳，海豚在游泳。"

3. 自然情境教学

自然情境教学中，康复师选择儿童感兴趣的内容作为开启话题的刺激，在与儿童沟通互动中示范目标语言行为，以促进儿童交流能力的提高。自然情境教学主要有三种教学技巧：随机教学（incidental teaching method）、要求—示范教学（the mand-model approach）、延迟回应（time delay）[①]。

（1）随机教学

随机教学主要是指在自然情境中，康复师或家长把握或创造沟通的机会，在互动的过程中将语言信息传达给儿童，给儿童示范正确的语言运用方式并提供模仿与内化的机会。在实际使用此教学技巧时，康复师的介入是随儿童的兴趣与注意焦点转换的，其关键点在于康复师要等待儿童主动发起口头的回应。操作的整体流程如下。

① 创设一个容易激发儿童参与沟通的情境。康复师在自然情境中安排不同的沟通机会，呈现儿童感兴趣的物品，但放在儿童伸手够不到的地方，例如将儿童喜欢的汽车玩具放在高高的柜子上，或是给儿童故意制造困难，如吃饭时"忘了"将筷子或勺子给儿童，出门前不给儿童穿鞋子等。

② 等待儿童发起沟通行为。当儿童使用简单的手势或动作（如：用手指、伸手拿或是发出声音）时，康复师先用共同注意作为回应，然后逐步靠近儿童，与他们进行眼神交流，并期待儿童提出更明确的要求。

③ 提示儿童表现出更具体的要求沟通行为。若儿童提出要求，康复师则给予儿童反馈并表扬儿童；若儿童没有提出要求，康复师则提供训练或教学，依据干预的目标向儿童提问，引出目标行为。可采用四种提示方法：第一，自然提示（natural prompt），康复师问问题，如"你想要什么？"，加上脸部表情作为视觉线索；第二，最少提示（minimum prompt），非特定的口语指示，如"你告诉我，你想要什么？"；第三，中等提示（medium prompt），康复师提出问题，再加上部分模仿，例如：康复师可问"你告诉我你想要什么，要——"，提示儿童应完成该句子；第四，最大提示（maximum prompt），康复师问儿童"你要什么？你告诉我，说（物品或动作名称）"，同时指着该物品或图卡。

④ 提供儿童期望的结果。在儿童提出更具体的要求沟通行为后，康复师要及时满足儿童的要求。如儿童说出"汽车"后，康复师才将汽车玩具从高处拿下来给儿童。

（2）要求—示范教学

要求—示范教学是一种通过师生的自然互动，帮助语言障碍儿童习得目标语言结构

---

① Roseberry-Mckibbin C, Hegde M N. An Advanced Review of Speech-Language Pathology: Preparation for Praxis and Comprehensive Examination. Third Edition[M]. PRO-ED, Inc. 2011:186-187.

或行为的沟通情境安排法。康复时，康复师在适当的时间引导儿童注意某物品或事件，并请儿童针对该事件、物品表达自己的意思，或提示儿童回应。如果儿童可适当地表达自己的意思，康复师即可提供其感兴趣的物品或是进行他想做的活动。但如果儿童并未做出任何回应或是表达不恰当，康复师则可示范正确的语言或沟通行为，或是使用一些语言介入干预及暗示等，帮助儿童学习该目标语言形式。使用该方法的具体操作流程如下：① 康复师在自然情境中提供沟通的机会，例如准备好儿童喜欢的食物或游戏；② 当儿童接近目标物时，康复师主动建立沟通机会，例如问"你想要什么？"；③ 如果儿童没有回答，康复师再扩展该问题并示范希望引出的语言行为，例如康复师问儿童"你想要那个红色的娃娃吗？"，同时指着红色的娃娃；④ 康复师停下来观察儿童的反应。儿童如果仍未响应，康复师提供第二个示范，如果需要甚至可加上身体动作的提示，例如"告诉我你想要什么？是那个红色的娃娃吗？"，同时将红色的娃娃拿过来递给儿童。当儿童做出适当的回应之后，就给他想要的物品，并口头表扬。

该技巧与随机教学类似，但不同之处在于：第一，使用此技巧时康复师不需要等待儿童发起交流，康复师只需仔细观察孩子，当儿童似乎对环境的某些方面表现出某种兴趣时，康复师就可以"要求"儿童做出请求，例如"告诉我你想要什么"；第二，使用此技巧时语言干预目标可以相对宽泛，因而该方法适用于小组教学，康复师可以根据小组中每个儿童现有的能力水平设定不同的语言干预目标，进行分层教学。

（3）延迟回应

延迟回应教学是由 Halle 等人所发展的一种情境教学技巧[1]。教学时为了创造机会让语言障碍儿童使用语言与人沟通，康复师可故意安排一些状况让儿童不得不表达自己的意思才能满足自身的需求。在互动的过程中，康复师会看着儿童等待其提出要求。根据 Olswang 和 Bain 的建议，康复师应等待 15 秒[2]，如果儿童未出现任何响应，可给予提示或示范。但如果提示或示范三次之后，儿童仍然无法表现预期反应，康复师则可给予其所需求的事、物，以免增加其挫折感或降低学习意愿。教学的流程如下。

① 安排沟通交流的时间和环境。
② 当儿童靠近或看着他想要的东西时，康复师可站在稍远处，但不发出声音。
③ 确认儿童知道康复师就在旁边（如康复师可使用身体语言或轻轻咳嗽）。
④ 等待 15 秒钟，让儿童主动与康复师进行沟通。如果儿童可以主动与康复师沟通、要求物品，则给予其想要得到的物品。
⑤ 如果儿童在康复师停下来等待他的 15 秒内都未出现任何反应，则可进行下面的训练步骤：
● 提供视觉提示（如握着可乐杯、靠近小朋友想要的东西）；
● 通过夸张脸部表情或身体语言（如噘嘴、皱眉、耸肩）表示"我不知道你想要什么"；
● 蹲下去，使自己与儿童处于同高的位置；
● 示范目标沟通行为，或是使用随机教学中所建议的提示方法。

---

[1] Halle J W, Baer D M, Spradlin J E. Teachers'Generalized Use of Delay as A Stimulus Control Procedure to Increase Language Use in Handicapped Children[J]. Journal of Applied Behavior Analysis, 1981, 14（4）：389-409.
[2] Olswang L B, Bain B A. When to Recommend Intervention[J]. Language Speech & Hearing Services in Schools, 1991, 22（4）：255-263.

一旦沟通行为产生了，就给予儿童想要的东西。

4. 脚本治疗

脚本是个体对不同事件（Events）进行储存、表征的一种方式。它表征某个空间、时间情境中一串串有前后顺序的行动，而这些行动或行为都是围绕着一个目标组织在一起的。因此，行动者（Actors）、动作或行为（Action）以及支撑的细节（Props）都是在该特定情境中为完成那个目的所需的要素。而脚本治疗就是用儿童熟悉的事件或者是情境，在儿童所熟悉的日常生活活动情境中教导儿童目标沟通行为，减少儿童的语言训练在认知方面的负荷。可选用的脚本如吃饭、看医生、购物、生日会等。表6-1-4提供了一个看医生的脚本框架。

表6-1-4 《看医生》的故事脚本

幕次	角色	布景	语言
第一幕 去医院看医生	医生、妈妈、宝宝	医院	妈妈："医生，我孩子发烧了。" 医生："我来检查一下，38℃，小朋友需要打针和吃药，我开个药方，等会儿你先带孩子去护士站打针。"
第二幕 打针	护士、妈妈、宝宝	护士站	妈妈："护士，我孩子需要打针。" 护士："好的，我来给她打针。" 宝宝："我不要打针，打针疼。" 护士："小朋友不要怕，很快就好了。"
第三幕 拿药	医生、妈妈、宝宝	药房	妈妈："医生，我来拿药。" 医生："好的，这是你的药，红色的药片每天吃三次，一次一粒，吃三天就好。" 宝宝："我记住了，谢谢医生！"

三、儿童语言康复的原则

为更好地实现语言障碍康复目标，在康复过程中应遵循如下原则。

（一）早发现、早干预原则

0～6岁是儿童语言发展的关键期，也是语言障碍儿童康复的关键期。对于特殊儿童进行有效的早期语言康复将获得事半功倍的效果。依据生物学"用进废退"的理论，进行早期语言康复教育能刺激并促进儿童大脑语言中枢的成熟，为大脑潜能的后续开发提供物质基础，而大脑语言中枢的成熟又能促进儿童语言能力的发展。因此，主要照料者应给予儿童充分的语言刺激，注意观察儿童的语言表现，如发现其明显低于同龄儿童，应咨询儿保科医生或语言康复专家。此外，在儿保定期检查中，家长也应及时咨询医生儿童是否存在语言发育迟缓的问题。对于已经在学校就读的儿童，教师如发现异常应及时观察并转介给专业机构。尤其警惕"贵人语迟"的说法，千万不要错过语言康复的最佳时机。

（二）多通道强化康复原则

多数儿童能从听觉、视觉、触觉等多种感官通道中获益，在语言康复时应充分调用这些通道，建立立体的语言形象，这有利于儿童对该内容形成充分的认识，建立语言与形象的稳定联系。例如，在帮助儿童学习词语"猫"时，最好能让儿童看到猫的样子、听到猫的叫声、摸到猫的皮毛，同时调动儿童的视觉、听觉、触觉。在利用儿童的视觉时，除了给儿童呈现真实的猫，也可以呈现系列图片，让儿童暴露在与"猫"这一词语相关的语言环境中。此时可借助计算机辅助进行语言康复，但不要过分依赖软件，以免使儿童无法将所学词汇应用到自然环境中。

（三）多组织形式结合原则

由于语言是一种社会交际的工具，语言康复最终的目标是最大限度地提升儿童与社会进行沟通的能力，因此，在设定康复目标时就需要考虑儿童沟通的对象及内容，这涉及训练组织形式。常用的组织形式为1+X+Y。"1"为集体康复，即在班级团体中进行康复训练；X为个别化康复，既可以是一对一，也可以是小组康复；Y是家庭和社区康复。在康复过程中，应根据儿童语言掌握情况选择合适的组织形式。在集体康复中发现问题，在个别化康复中集中解决问题，在家庭和社区康复中巩固已习得内容并进行适当拓展。其中特别要注意的是，在语言康复中，父母是最重要的参与者，应指导家长学习语言康复方法，并将方法运用到儿童的日常沟通交流中。

（四）小步子、多反复原则

语言障碍者学习语言速度慢、容易遗忘，且语言学习内容繁杂，为更好地提高效率、巩固成果，在语言康复中应注意小步子和多反复原则。小步子原则强调分阶段设定目标，并对目标予以明确规定和表述。每一个目标还可分解成小的目标，儿童完成每个小目标后都及时给予强化。如果设定的每个小目标都是儿童能够轻松掌握的，儿童的学习积极性就会很高，而且得到表扬的机会也会增加。多反复是指应在不同场景、不同对象、合适的时间间隔中不断地尝试应用，以达到巩固的目的。

（五）全语言康复原则

全语言教学主张语言历程应该回归到真实世界中，利用儿童在日常生活中实际使用语言的机会，要求儿童提问题、聆听对方的回答、对回答内容进行响应等，从听说读写中全方位学习语言。因此，在特殊儿童语言康复教育中，应尽量创设反复运用语言的情景与环境，将儿童已有的生活经验与学习内容结合起来，将语言学习与生活情境结合起来。如：尽量以儿童日常生活中经常出现且必须掌握的内容为学习材料，鼓励并要求儿童在生活情景中反复运用，不断巩固，将初始习得的语言逐渐迁移到其他情境中去。父母等家人是陪伴儿童时间最长的人，应积极调动儿童身边所有人与儿童进行语言沟通。值得注意的是，电子产品虽然对儿童有语言输入，但由于缺乏互动，看电视时间过长会减少儿童与成人交流的机会，因此在实践中应把握好看电视的时间。

阶梯式儿童语言干预模式的构建

PART 2
第二节

据估算，我国仅 0 ～ 14 岁语言障碍儿童即达 700.44 万人，在发展关键期内对他们进行及时、系统、有效的干预极为重要。然而目前我国语言障碍儿童的康复与教育事业尚处于起步阶段，相关康复理论与方法缺乏系统梳理。在康复训练实践工作中，语言康复训练存在着内容上的随机性、策略上的非递进性以及方法上的不明确性。鉴于此，我们团队自 2013 年以来一直致力于探索儿童语言康复的模式和方法。本节将介绍我们团队的成果——华东师范大学阶梯式儿童语言干预模式（Child Language Intervention ECNU Ladder Model，简称"阶梯模式"）的基本框架。阶梯模式以儿童语言发展的主要阶段、支架式教学理论和最近发展区理论为指导构建而成。该模式系统阐述了儿童语言康复的内容、策略和常见临床表现的应对方法。该模式分为前语言、词汇、句子、语音、语篇五个版块。各版块均有相应的阶梯训练策略支撑，所有策略均遵循保质增量、活学灵用、小步递进、螺旋上升的训练原则，所有策略均有相应的康复目标、实施程序和训练方法。

一、阶梯式儿童语言干预模式构建的理论基础

（一）儿童语言发展阶段

儿童语言康复是对在语言方面落后于同龄正常发展儿童的障碍者进行康复训练的过程。在此过程中，康复师必须全面了解语言的要素及儿童语言的发展规律，即了解儿童在哪些语言要素上落后了（是语音、词汇、语法还是语用），同龄正常儿童在此年龄段应达到什么水平，该儿童目前相当于哪个年龄段的水平等问题。

根据儿童语言能力的发展顺序，儿童在前语言沟通阶段发展的核心能力包括要求技能、模仿技能、轮流技能和共同注意技能等，这些能力是形成口语沟通的基础能力。对无口语的儿童来讲，这些能力是训练的

重点，当这些能力发展到一定程度后，才能考虑有声语言的训练。一般情况下，以能至少主动地发出 3～5 个不同要求，顺利地模仿 3～5 种不同的声音，共同注意 3～5 个不同的事物为目标，在 3～5 个不同的游戏中能轮流玩为基本的训练目标。

词语是儿童语言表达的基本材料。有的儿童在 8 个月已经出现第一个词语，而有的儿童在 14 个月才能出现第一个词语。当儿童第一个词出现之后，儿童词汇命名的神经生理通路开始建立，此后的表达性词汇快速增加。20 个月时约能发展出表达性词汇 150 个，24 个月时约有 300 个，在这段时间内儿童理解的词汇数约是表达性词汇的 5 倍[①]。在词语理解和命名的训练中，由于词语的学习受环境因素和儿童个人喜好等因素的影响，一般以词汇量为衡量指标，具体的内容可以根据儿童生活情况调整。通常儿童在学习到 50 个词之后，学习新词的速度会加快，而且还会将不同词语组合成词组。当掌握 150～300 个词之后，儿童学习词语的能力基本巩固，因此，在词语阶段我们重点训练儿童的前 150～300 个基本词汇。

正常发展儿童句子理解和表达能力大约在 2 岁至 4 岁半之间得到快速发展。句子训练一般从含有主谓宾的三词句开始，在此基础上逐步增加 1～2 个修饰词，从而表达更为丰富而完整的含义。句子按语气可分为陈述句、疑问句、祈使句和感叹句，每一类句子又可以有不同的类型。由于句子类型多样，一般重点训练常用的句式结构。陈述句是最常见的训练类型，目前儿童语言康复训练中康复师主要进行陈述句的训练，让儿童运用陈述句描述事件。这还需要从功能的角度进一步细化，使儿童更快地掌握。疑问句是在语言康复训练中必须加强关注的句子类型，因为在实践中经常会出现儿童无法回应及发起疑问的现象。祈使句可以结合日常指令进行训练，感叹句则需要在日常生活中结合相关场景进行训练。

语音是语言的物质外壳，是儿童在 0～4 周岁期间持续发展的能力。从第一声啼哭开始，儿童的发音系统即进入说话的准备阶段。一岁内儿童口腔的发音器官经过咀嚼练习和口腔期的探索，下颌、唇、舌等主动发音器官的协调性增强，为一岁末儿童第一个有意义词语的发出奠定了基础。此外，儿童的听觉系统也逐步发育成熟，他们从出生即能识别部分不同的语音。此后，儿童通过听觉系统学习语音。由于发音的复杂性，最初儿童主要从语音的韵律角度发音，即能发出语音的包络，而后逐步发出更精细的语音，形成语音的精细结构。一般儿童在 4 岁左右语音清晰度才能达到 90% 以上。因此，在语音学习的过程中，我们应首先将重点放在儿童能听清、听懂语音上，在发清楚音方面应循序渐进，根据语音的发展顺序进行。在训练中，一开始就过于强调语音清晰容易打击儿童学习语言的积极性。

当儿童基本的词句和语音发展后，应为儿童融入主流的活动进行初步准备，通过谈话和讲述活动等语篇的训练，增加语言的丰富性。

读写能力是儿童使用书面语进行沟通或学习的能力，是儿童学习间接经验的重要途径，儿童能否在学校完整地发展自己，能否在离开学校后对社会做出贡献，读写能力的发展具有重要的影响。通常情况下，小学 3 年级儿童已经基本掌握日常生活所需的读写技能。因此，儿童的语言康复如果能达到小学 3 年级水平基本可以达到一般的生活需要。

---

① 锜宝香. 儿童语言与沟通发展 [M]. 新北：心理出版社股份有限公司，2009：129.

阶段	I 有意识 交流阶段	II 单词 阶段	III 词语 组合阶段	IV 早期句法 阶段	V 句法掌握 阶段	VI 语法转换 阶段
康复内容						综合运用 复杂句沟通
					简单问答 简单修饰句 简单指令	
				基本问答 基本陈述句 基本指令		
			使用词组1 理解词组1			
		使用词语1（实词） 理解词语1（实词）	使用词语2（实词） 理解词语2（实词）	使用词语3（实词、虚词） 理解词语3（实词、虚词）	使用词语4（实词、虚词） 理解词语4（实词、虚词）	使用词语5（实词、虚词） 理解词语5（实词、虚词）
	前语言沟通技能					
	基本沟通技能	核心50词	核心300词	无修饰句	简单修饰句	综合运用

图 6-2-1 儿童语言发展阶段

（二）最近发展区理论

"最近发展区"(Zone of Proximal Development)是由苏联心理学家维果茨基提出的一个重要概念，是指"儿童的实际发展水平与潜在发展水平之间的差距。前者由儿童独立解决问题的能力而定；后者则是指在成人的指导下或是与能力较强的同伴合作时，儿童表现出来的解决问题的能力"[1]。"最近发展区"理论强调了教学在儿童发展中的主导性作用，揭示了教学的本质在于促进儿童潜在并且可达到的心理机能的发展。超出"最近发展区"之外的教学对于儿童来说是无效的、困难的；相反，低于"最近发展区"水平的教学将是枯燥乏味的。好的教学应该"走在发展的前面并且引导发展"[2]。维果茨基认为，"最近发展区"处于一个不断变化的动态过程之中，随着某一阶段教学过程的结束，"最近发展区"就转化成了现有发展水平，从而实现了潜在水平的现实化，在此基础之上便形成高于原来"最近发展区"的新的"最近发展区"，因此，发展的过程总是伴随着建立"最近发展区"的教学[3]。此外，"最近发展区"还存在个体差异和情境差异，即不同个体之间，"最近发展区"有所不同；在不同情境中，同一个体也可能有不同的"最近发展区"[4]。

将"最近发展区"理论应用于儿童语言康复实践中，需要以儿童语言发展阶段为依据，准确判断儿童语言能力的实际发展水平。在此基础上进一步确定儿童语言能力的"最近发展区"，循序渐进，阶梯上升，促进儿童语言发展。

（三）支架式学习理论

"支架"（Scaffolding）原意为建筑行业中的"脚手架"，指在建筑领域使用的，在结构或机械实施的建造、修理或清洁过程中举起和支持工人及材料的临时平台。在这里，

---
[1] 麻彦坤，叶浩生. 维果茨基最近发展区思想的当代发展 [J]. 心理发展与教育，2004（2）：89-93.
[2] 王文静. 维果茨基"最近发展区"理论对我国教学改革的启示 [J]. 心理学探新，2000（2）：17-20.
[3] 曾智，丁家永. 维果茨基教学与发展思想述评 [J]. 外国教育研究，2002（11）：23-26.
[4] 王光荣. 维果茨基的认知发展理论及其对教育的影响 [J]. 西北师大学报：社会科学版，2004（6）：123-126.

"支架"是一种比喻，儿童以"学"来积极主动地建构自己这一"建筑物"，而康复师的"教"是"建筑物"必要的脚手架，以支持儿童不断地建构自己的心灵世界。"支架"一词最早由布鲁纳(Bruner)、伍德（Wood）和罗斯(Ross)等创造性地运用于教学。

布鲁纳（1983）提出了支架教学（Scaffolding Instruction）这一概念，伍德（1988）等人将其进一步发展。支架教学法，是指在教学过程中教师向学生提供支持以帮助学生完成一些独自无法完成的任务，并在学生能够完成任务后根据情况逐步减少支持，最终争取使学生能够独立完成任务的一种教学方法。格林菲尔德(Greenfield)（1999）认为，之所以使用支架这一隐喻，是因为建筑中的支架具有以下几个与教学中的支持共同的特征：支架提供支持；具有工具的作用；可以扩展工作者工作的范围；能让工作者完成没有支架下不能完成的任务；支架是工作者需要时可以选择的帮助。与建筑支架类似的是，教学支架使得学习者能够达到他们在没有支架时不能达到的目标。通过使用正确的词语、问题或其他设备，教师设置了一个支架，可以使学习者建构新知识，完成或改正不能完成的或错误的任务，或者回忆起忘记的知识。当建筑完工或修建完成时，支架要撤除，在最终的产品中是见不到支架的。教学支架也是如此，当一种知识被学习和理解时，支架将不再出现。当然，支架的记忆可能还存在。学生最终将成为自己的自我支架(self-scaffolding)。一般而言，支架式教学包括了创设问题情境、师生共同解决问题和儿童独立学习三个环节(Laura E.Berk& Adam Winsler，1995)。

在语言康复实践中，康复师以儿童语言发展阶段为依据，以最近发展区为目标，以支架式教学为手段，促进儿童语言能力的最佳发展。

二、阶梯式儿童语言干预模式的组成

根据儿童语言发展规律和支架式学习理论，我们研究团队提出了华东师范大学阶梯式儿童语言干预模式（Child Language Intervention ECNU Ladder Model，简称阶梯模式），见图6-2-2。该模式以语言能力为纵轴，以康复策略为横轴。语言康复师的核心任务是依据儿童现有水平以及儿童语言发展的规律，创设适合的语言环境，布置最近发展区内的语言任务，并用一定的方法与手段作为支架，使儿童在适当的训练中提升语言能力。

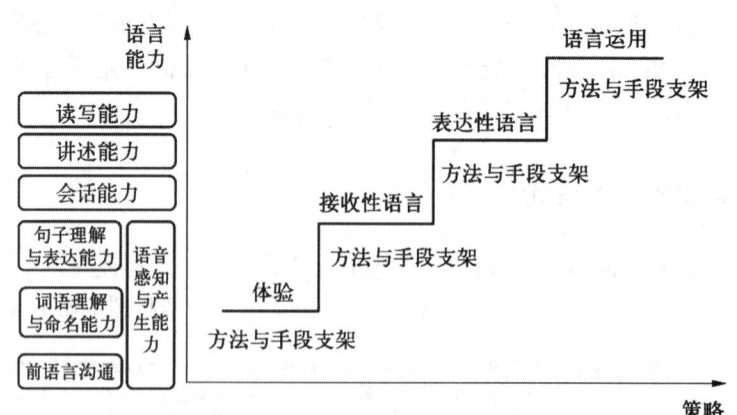

图6-2-2 华东师范大学阶梯式儿童语言干预模式

由于不同水平的语言能力所需的环境、方法和手段各不相同，本书中从第七至十二章将根据前语言沟通能力、词语理解与命名能力、句子理解与表达能力、语音感知与产生能力、会话与讲述能力、读写能力等方面逐一展开介绍。本节将说明各阶段的先后顺序以及各阶段的共性特点。

首先是各阶段的先后顺序。从纵轴上看，儿童语言能力逐步上升。从前语言沟通开始，然后发展到词语和句子，并在此过程中逐步完善语音。当儿童基本的词句掌握后，可逐步训练会话和讲述能力，丰富语言内容和形式。此外，一般口语发展慢的儿童，在读写能力上也将遇到一定的困难，相关内容也需要辅助训练。

该模式的横轴是各阶段的训练策略，也是语言康复师给儿童提供的各类学习语言的支架。该系列支架均由四个阶梯组成，分别是体验、接收性语言、表达性语言和语言运用。

（1）体验

这相当于支架式教学的第一步，创设问题的情境。通过康复师创设适合儿童语言最近发展区的情境，充分调动儿童的视、听、触、味、嗅等感官系统或调用以往的经验，营造良好的语言学习氛围。由于语言训练必须有儿童的主动参与才能进行，因而在训练中，如果能让儿童充分放松心情，并能调动兴趣加入训练过程，则将起到事半功倍的效果。特别需要将早期语言符号与原型建立起对应关系，例如学习词语"苹果"时，应创造机会让儿童看到、摸到、闻到、咬到、吃到苹果，充分与苹果进行接触，直接体验苹果的颜色、形状、触感、味道等。此外，如果儿童之前曾较多地接触过相关语言符号，也可以通过视频和图卡等间接体验，唤醒以往的经验。如果在学校或机构没有条件进行，可以在正式训练前布置家庭康复作业进行体验。

（2）接收性语言沟通行为的训练

接收并理解语言符号是语言康复的关键环节，在前期词汇学习中，接收性词汇量可能是表达性词汇量的5倍，因此，在早期语言学习过程中，通过合适的支架帮助儿童接收语言符号并理解是核心任务。接收性语言符号的训练策略相当于支架式教学的第二步——师生共同解决问题。在共同学习新语言符号的过程中，儿童积极主动地与环境、他人相互作用，不断地进行自我建构、自我发展。而康复师则应提供不同的"支架"，如提供示范模仿、讲解支持儿童独立学习。支架也包括情感的回应、增加强化物等。在语言康复训练中，应考虑儿童认知发展的水平及其他可能影响儿童语言发展的因素，尽量避免不利因素，充分调用有利因素。支架提供的及时性可以体现康复师的水平。支架只有依据儿童的不同需要灵活提供，才能有效支持儿童的主动学习。提供支架时还应注意语言符号及对应的事物应有良好的呈现手段。能利用实物的充分利用实物，对于难以直接接触或接触实物受限的内容可以采用计算机增强现实、三维建模、虚拟仿真等形式进行恰当的补充。美国儿科协会（American Academy of Pediatrics，AAP）对儿童使用电子产品的时长建议是：1岁半之前不使用任何电子产品；1岁半到2岁可以参与大人的视频电话；5岁以下的孩子，一天使用电子产品的时间不超过1小时；5岁之后也要有持续性的限制。

（3）表达性语言沟通行为的训练

恰当地使用语言沟通行为表达一定的含义，是考察儿童语言能力的关键指标。无论是家长还是康复师都极为关注该行为。该行为从基本的动作模仿开始，逐渐发展到独立运用词汇甚至句子表达完整的含义。在儿童开始表达时，家长或康复师应重点关注儿童是否愿意沟通，只要儿童有参与沟通的动机，则可以积极鼓励和强化，而不能直接要求清晰、完整的表达。此外，也应注意，不能为了儿童产生表达行为而让儿童过度模仿。过度模仿将导致儿童缺乏语言加工处理的深度。

（4）语言运用

提供支架的目的是为了将来能撤走支架，最终使儿童能独立地学习。随着儿童能力的提高，康复师应逐渐将学习的控制权移交给儿童，帮助儿童在不同环境下、面对不同的对象时均能使用所学的语言符号。在整个阶梯模式训练过程中，康复师和儿童应一直保持愉快的合作。康复师通过提供及时而适当的帮助促进儿童发展。当儿童语言技能提高时，可让他们承担更多的任务。

由于语言内容量大，且变化多样，无法把所有语言教给儿童，因而思考语言尤其是口头语言的最基本内容是什么，对语言康复极为重要。阶梯式儿童语言干预模式将语言尤其是口头语言的内容组块按层级搭建阶梯，形成具有最大化内容及最大化运用的系统架构。在训练初期，教师通过调动学生的感官全方位体验学习的内容。在训练中期，教师通过支架帮助学生逐步掌握学习的技巧。在训练后期，教师在自然情境中的随机教学，使儿童已习得的行为能更好地迁移和运用，最终形成稳定而有效的语言运用技能。阶梯式儿童语言康复训练策略为语言障碍儿童搭建了认知图式，在旧知识和新知识之间架起了阶梯，支撑儿童的语言学习由一个水平发展到另一个更高的水平。

三、阶梯式儿童语言干预模式实施的原则

为更好地实现语言障碍康复目标，阶梯式儿童语言干预模式特别强调在康复过程中应遵循以下原则。

（一）活学灵用

活学灵用指的是语言康复训练的内容应来源于生活，且最终能在生活中运用。活学原则是指儿童所学的内容必须来源于生活或与以往的学习内容相联系。灵用的原则体现在儿童能够在不同沟通对象、不同沟通场合、不同活动中将训练情境中习得的行为展现出来。例如儿童通过训练会用"我要××"的句式来向康复师要求自己想要的物品，那么活学灵用表现在他既可以在家吃饭时使用该句式向父母要求自己喜欢的食物，也可以在学校游戏活动时间使用该句式向老师要求自己喜欢的游戏项目，还能在超市买东西的时候向售货员要求自己想要的物品等。切忌在训练中仅使用"死"的卡片进行机械化的训练。

（二）保质增量

语言障碍儿童学习语言速度慢且容易遗忘。为更好地提高效率，巩固成果，在语言

康复中应遵循保质增量的原则。保质体现在语言的训练应使儿童对某一物品或事件形成较为全面的认识。如在对语言障碍儿童教授指物名词"苹果"时，康复师不能仅教给儿童"红色的苹果是苹果"这一简单的认识，而应充分调用儿童听觉、视觉、触觉等感官通道，从外观（红苹果、绿苹果、黄苹果）、口感（甜的、酸的）、状态（整个的、切开的）等方面帮助儿童建立起立体的"苹果"语言形象，从而建立起语言符号与事物形象的稳定联系。增量体现在语言的教学中应对某一内容有一定量的积累，比如在指物名词的训练中，常见的指物名词包含动物类、食物类、衣物类等等，增量是要求儿童在每一小类上至少掌握 5 个及以上的词，以便儿童掌握某类词语的学习规则，在未来生活中，遇到同类的新词时，能快速地学习。

（三）小步递进

小步递进强调康复师提供的语言训练支架需符合儿童本身的水平，使其能够一小步一小步地迈进。有的儿童学语言需要更多的提示，有的儿童只需要更多的强化，有的儿童则既需要提示也需要密集的强化，才能使其一步一步地稳步迈进。比如在训练儿童语音感知和产生的能力时，大的阶梯可分为体验—感知—产生—运用这四步，为了使儿童能够更好地掌握每一个阶梯的能力，每一个大阶梯可以进一步细分，如感知阶段可细分为语音察知和语音辨识两个小目标，通过这两个小目标的训练可以完成这一大阶段的学习，这样学习内容得到了细致的划分，儿童的积极性不会因难度过高而受到影响，儿童的训练效率也会得到有效提升。

（四）螺旋上升

儿童的语言康复并不是一个简单的直线式阶梯上升的过程，训练必然伴随着遗忘和卡顿。当儿童无法按照我们搭建的梯子一步一步向上走的时候，我们可以迂回前进。如一个无言语的儿童，其理解能力明显优于表达能力，在对其进行词语训练时，他可以很好地完成理解的阶梯，但紧接着的表达阶梯对其难度过高，此时康复师若一味地纠结于表达目标，就会陷入长期停滞不前的状态。康复师可一方面让儿童先用手势符号等形式进行表达，另一方面，在发声诱导、口部运动等方面做准备。当儿童具备口语表达的基本条件后，再从复述和命名等方面对儿童进行训练。

综上所述，阶梯式儿童语言康复模式是以儿童语言发展阶段为依据，以口语的基本结构为核心，以计算机等媒介为辅助，以社会运用为目的的儿童语言康复模式。

第七章

前语言沟通能力的训练

前语言沟通能力是指第一批词出现前儿童的沟通能力。无口语沟通能力的语言障碍儿童，尤其是孤独症谱系障碍儿童，沟通动机较弱，难以用合适的方式回应他人的要求，更难以主动发起要求。他们的模仿能力受损，学习能力较弱，进而影响后续其他能力的习得。他们对周围环境信息包括人的面部表情、声音、肢体动作和语言等都无法表现出明显的偏好和主动关注，难以在社会互动中形成轮流互动。他们的共同注意受损，无法主动关注和参与活动，并最终影响后续的语言学习。因此，语言康复训练中需首先对他们的前语言沟通能力进行训练，帮助他们掌握语言学习的必要技能及建立初步社交沟通模式，为进一步发展语言能力奠定基础。本章将主要阐述前语言沟通能力训练的内容、策略及方法。

前语言沟通能力训练的内容

前语言沟通能力主要包括要求技能、模仿技能、轮流技能和共同注意能力等。前语言期各项能力的训练需要以相应的内容作为支撑,本节将在论述前语言沟通能力的定义及其组成的基础上,对前语言期各项能力的主要训练内容进行详细阐述。

一、定义和组成

前语言沟通能力是指在第一批词产生之前的儿童能够协调对人和环境的注意,恰当回应外界刺激,并利用目光、表情、手势动作等非语言形式发起和维持沟通的能力。本书中前语言期沟通能力主要包括要求技能、模仿技能、轮流技能和共同注意四项。儿童该能力的发展详见本书第三章第二节。

二、要求技能

(一)要求技能的定义

前语言期要求技能是指儿童使用非语言形式获取物品或事件的能力,分为发起式要求和回应式要求。发起式要求是指儿童使用手势、眼神、肢体动作等行为获取物品或事件的能力;回应式要求是指儿童能够使用手势、眼神、肢体动作等行为恰当地回应他人要求的能力。进入语言期之后,儿童逐步练习使用更方便、更明确的口语来发起要求或回应要求。本节中阐述的训练内容主要是指前语言期的训练内容。

(二)主要训练内容

儿童早期的主动要求行为往往与生理需求密切相关,通常是为了获得某个物品或调节他人的行为动作以达到自己的目的；对他人要求行为的回应主要体现在用合适的动作遵从或拒绝他人指令。因此，要求技能的训练内容主要分为要求物品和动作两类。要求技能的训练内容及举例见表 7-1-1。

表 7-1-1 要求技能的训练内容及举例

目标	内容	举 例
发起和回应要求行为	要求物品	食物、玩具
	要求动作	抱抱、举高高、撕包装纸、打开盒子

在口语产生之后，要求技能的训练内容还可以拓展为要求了解更多的人、物或事件的信息，礼貌地拒绝不喜欢的活动，要求别人根据自己的要求进行活动等。

三、模仿技能

（一）模仿技能的定义

模仿是指个体观察到另一个人的行为时，自愿以对方为榜样所产生的复制行为，分为回应式模仿和发起式示范。回应式模仿是指儿童能够主动模仿他人示范的行为；发起式示范是指儿童能主动示范，让他人进行模仿。

（二）主要训练内容

模仿技能训练的内容包括动作模仿和声音模仿，其中动作模仿根据类型可以分为粗大动作、驭物动作、口面动作三大类；根据复杂程度，可分为一步动作和连续动作。粗大动作的模仿包括一般生活中常见的自然动作和用于社交的动作。这对儿童更好地了解和控制自己的行为，并与他人进行交流有较好的促进意义。模仿操作物品行为的驭物动作训练，可促进儿童对事物的了解与联系。通过面部模仿练习，儿童可模仿他人的表情，促进其情绪的理解。通过声音模仿练习，儿童逐渐掌握新的语音和词汇，并逐步掌握口语。模仿技能的训练内容及举例见表 7-1-2。

表 7-1-2 模仿技能的训练内容及举例

目标	内容	举 例
粗大动作的模仿	一般动作	拍手、拍肩、跺脚
	社交动作	点头、摇头、挥手
驭物动作的模仿	操作类	推汽车、搭积木、敲鼓
	生活类	拿杯子喝水、刷牙、梳头、擦脸
口面动作的模仿	面部	大笑、做鬼脸
	口部	圆唇、展唇、伸舌、舔一舔、张嘴
发声动作的模仿	无意义声音	wa-wa、ba-ba、ma-ma
	有意义语音	喵喵喵、呜呜呜、咩咩咩、呱呱呱

四、轮流技能

（一）轮流技能的定义

轮流技能是指在前语言沟通过程中，沟通双方交替进行互动交流的能力，分为回应式轮流和发起式轮流。回应式轮流是指儿童能够对他人发起的活动进行回应以维持轮流活动；发起式轮流是指儿童能够主动发起新一轮的轮流活动。

（二）主要训练内容

对于语言障碍儿童来说，轮流技能的训练除与人的互动外，还可以借助玩具来进行。本书中轮流技能的训练内容分为非操作类游戏和操作类游戏。操作类游戏是指借助玩具进行的轮流。非操作类游戏分为肢体互动游戏和发声互动游戏。轮流技能的训练内容及举例见表 7-1-3。

表 7-1-3　轮流技能的训练内容及举例

目标	内容	举　例
非操作类游戏轮流的回应与发起	发声互动游戏	a、u、a-u、呜呜呜、喵喵喵
	肢体互动游戏	挠痒痒、毛毛虫爬爬爬
操作类游戏轮流的回应与发起	玩具互动游戏	滚皮球、推汽车、拼拼图、堆积木

五、共同注意

（一）共同注意的定义

共同注意是指个体借助眼神、手势与他人共同关注某一事件或物品，可分为回应式共同注意和发起式共同注意。共同注意有三个要素：一是关注他人注意方向，二是监控自己的注意，三是明确共同注意的焦点（物品或事件）。回应式共同注意是指儿童需要对他人发起的手指指示、视线转移等做出回应，从而与他人同时注意或分享同一事物。发起式共同注意是指儿童主动采用手指指示、视线转移等方式引发他人对其感兴趣物体的注意，以与他人分享同一事物。

（二）主要训练内容

儿童感兴趣的事物是共同注意产生的关键要素。提供新颖刺激是激发兴趣的重要手段。新颖刺激包括新物品、新玩法、新位置等。新物品是指对儿童来说全新的物品，新玩法是指采用新的方法玩旧玩具，新位置是指将物品放在通常不会放的位置从而创造出让儿童感觉新鲜的情境。共同注意训练内容的选择要注意儿童的个体偏好，每次训练时可提供 5～8 种物品或活动供儿童选择。共同注意训练内容及举例见表 7-1-4。

表 7-1-4　共同注意的训练内容及举例

目标	内容	举　例
共同注意的回应与发起	新物品	新玩具、新衣服
	新玩法	敲皮球、滚积木
	新位置	鞋子倒挂在天花板上、糖果放在袜子里

以上是对前语言儿童沟通能力训练内容的框架及举例。在实际训练中，康复师可根据儿童的实际情况选择并调整训练内容。一般而言，每一类训练内容儿童能熟练掌握 3～5 个即可，此后根据儿童的日常生活及学习需要增加新的内容。

要求技能训练的策略及方法

要求技能是一种工具性的沟通方式,通过要求行为儿童能够满足自身的需求。部分语言障碍儿童不能使用恰当的方式回应他人的要求或主动发起要求。因此,需要采用一定的训练策略和方法帮助他们与周围的人和环境建立联系,产生与人沟通的意愿。本节将围绕要求技能的训练策略和训练方法展开。

一、阶梯式要求技能训练策略

要求技能体现在回应他人要求和主动发起要求两个方面。新生儿对母亲的喂食、抚摸等行为会表现出一定的回应,也会通过哭的方式向成人表达自己的需求。随着年龄的增长,婴儿逐渐学会使用手指指示、视线指示、发声等合理的方式来回应或发起要求行为。为了系统促进儿童要求技能的发展,本书提出了前语言期阶梯式要求技能训练的策略。如图 7-2-1 所示,横轴代表要求技能的水平,分为体验、回应、发起和运用四个阶梯。儿童需在生活中体验要求,再练习通过身体动作或发声行为回应要求,然后发起要求,最终才能根据情境随时随地灵活地回应和发起要求。婴幼儿早期看到食物时,能主动张开嘴巴,这一表现即是

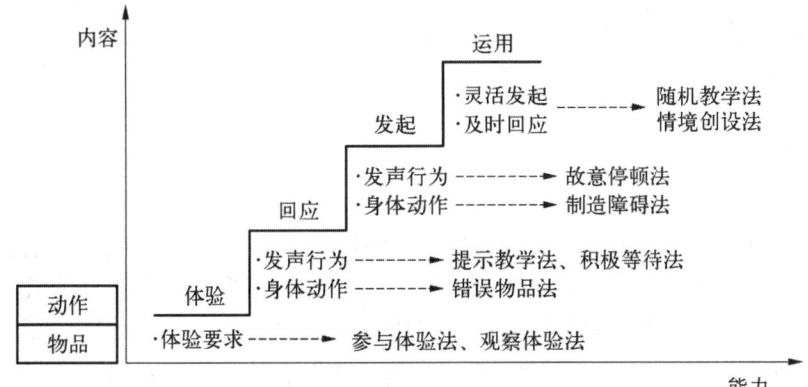

图 7-2-1 阶梯式要求技能训练策略

回应要求的萌芽，而伸手拿东西是发起要求的萌芽。从回应要求发展到发起要求，需要一定的时间，时长因人而异。这四个阶梯的能力呈螺旋上升趋势，在训练过程中康复师要注意从儿童的现有能力水平出发，按照能力梯度逐步训练。但也要根据儿童的实际情况灵活调整训练目标，抓住训练的重点。纵轴代表要求技能训练的内容，一般而言先要求物品后要求动作，但也要根据儿童的实际情况确定训练内容。

（一）体验

1. 目的与原则

体验阶段的训练目的是促使儿童主动调动感觉器官感知目标行为，建立合适的方式回应和发起要求，并对训练活动产生兴趣。由于要求技能与儿童的生理需求密切相关，家长经常对儿童提要求，要求儿童回应。因此，儿童体验回应要求的机会比较多。但多数时候，家长和康复师让儿童体验的是执行要求，而拒绝执行要求的体验较少，甚至有些家庭不允许儿童拒绝。另外，在要求的发起方面，有些家庭对儿童的照顾过于仔细，儿童缺乏饿及空闲的机会，自己没有主动表达要求的动机。这两种情况对儿童要求技能的形成都是不利的。在生活中要尽可能地创设机会要求儿童回应，恰当的时候应等待儿童主动发起要求，这对未来儿童自主性的培养具有重要的意义。体验阶段的训练需遵循如下原则：第一，体验阶段对儿童不做任务要求；第二，体验的次数不宜过多，4～6次即可，能力较弱的儿童可反复体验。

2. 方法

体验阶段的训练主要可以采用参与体验法和观察体验法，以下就这两种方法进行介绍。

（1）参与体验法

参与体验法是指康复师或家长设计游戏或创设情境，引导儿童直接参与并体验游戏活动或目标行为的过程。比如家长在给孩子食物时，家长问孩子："××，要吗？"然后示范点头的动作，并把食物给孩子，从而让孩子初步体验用点头的方式回应他人的要求。再比如康复师与儿童玩打地鼠的游戏，康复师说"打"后拿着玩具锤打地鼠，然后再让儿童拿着玩具锤打地鼠。若儿童不能自主敲打，康复师可以先说"打"再拿着孩子的手打地鼠，让孩子体验游戏的快乐，并初步感知用声音"da"发起要求的过程。该方法强调在日常生活或活动中的体验，并不要求儿童主动表现出特定的目标行为。

（2）观察体验法

观察体验法是指康复师或家长创设机会让儿童观察所需训练的人、事、物的场景、录像、图片或其他符号等间接体验的过程。比如事先录制康复师与一名儿童玩打地鼠游戏的视频，视频中儿童用声音"da"向康复师发起要求后，康复师拿着玩具锤打地鼠。将视频播放给儿童看，让儿童初步感知用声音"da"发起要求的过程。再比如康复师事先录制好另外一名儿童通过伸手向康复师发起要求行为的视频，将该段视频播放给儿童看，从而为儿童提供以合适方式发起要求行为的间接经验。

（二）回应

1. 目的与原则

回应阶段训练的目的是帮助儿童建立起采用合适的身体动作和发声行为听从或拒绝他人的要求的能力。身体动作是指儿童采用点头、摇头、摆手或特定的恰当行为回应他人的要求。发声行为是指儿童通过发出一些简单元音或辅音与元音结合的呀呀语回应要求。

回应阶段的训练要遵循如下原则：第一，对于训练内容的选择，康复师要注意根据儿童的实际情况灵活选择物品和动作两个训练内容；第二，康复师在示范声音时，要示范有意义的语音，但不要求儿童发出有意义的语音。

2. 方法

回应阶段的训练主要可以采用提示教学法、积极等待法和错误物品法，以下就这三种方法进行介绍。

（1）提示教学法

提示教学法是指康复师提供提示线索帮助儿童表现出目标行为的方法。对于提示的选择，遵循能完成任务的最少提示原则。常用的提示有身体提示（全身体提示和部分身体提示）、视觉提示、手势提示、口语提示等，应注意结合具体的训练方法和内容选择合适的提示方式。比如康复师与儿童玩打地鼠的游戏，康复师指着其中一个地鼠说"打这个"后，康复师用全身体的提示握着儿童的手打地鼠。再比如康复师指着玩具汽车对儿童下指令"给我"后，康复师用手势"伸手"提示儿童将玩具汽车递到自己的手上，待儿童将玩具递到康复师手上后，康复师立即强化儿童这一行为。

（2）积极等待法

积极等待法是指康复师给予儿童一定的时间，积极等待儿童主动表现出目标行为的方法。在回应要求的训练中通常是康复师在下指令之后给儿童5～10秒的时间，并以期待、鼓励及信任的眼神看着儿童，等待儿童主动表现出相应的行为。比如康复师指着一个地鼠下指令"打这个"后，以鼓励的眼神注视着儿童5～10秒，待儿童自主表现出打地鼠动作后立即给予强化。若儿童在10秒内未表现出目标行为则采用提示教学法。

（3）错误物品法

错误物品法是指康复师将不是儿童当前想要的物品给儿童以诱发其主动表达"拒绝"的沟通行为。比如康复师给儿童呈现糖果和牛奶，康复师问："你要哪一个？"儿童指着牛奶，康复师故意拿着糖果给他，激发"拒绝"动机，待儿童表现出拒绝的沟通行为后马上撤走糖果，把牛奶给儿童。在使用此方法时要注意喜欢与不喜欢的物品要穿插，还应注意儿童喜欢物品的强度应处于中等水平，否则儿童可能会沉迷过强的强化物或根本没兴趣参与活动，从而使训练中断。

（三）发起

1. 目的与原则

发起阶段的训练目的是帮助儿童建立起用动作或发声行为等方式发起要求的能力。身体动作发起要求行为是指儿童采用手指指示、伸手够物、眼神接触、给予物品等方式发起要求行为，以达到自己的目的。发声发起要求行为是指儿童通过发出一些简单的元音或辅音与元音相结合的呀呀语发起要求行为。

发起阶段的训练需遵循原则同回应阶段。

2. 方法

发起阶段的训练可以采用制造障碍法、故意停顿法、提示教学法和积极等待法，以下就前两种方法进行介绍，后两种方法请参见本节回应阶段的介绍。

（1）制造障碍法

制造障碍法是指在儿童获得偏好物或动作之前康复师故意制造障碍，"迫使"儿童主动向他人要求的方法。比如康复师在儿童面前吹完泡泡后，发现儿童也想吹泡泡时故意把泡泡水瓶的盖子紧紧拧好，使儿童打不开，从而激发其要求帮助的动机。或把儿童喜爱的食物放在透明瓶内，并放在儿童面前，以激发儿童向康复师发起要求动作行为。再如康复师还可以在儿童推玩具车时，温和地阻挡儿童的玩具车，在儿童表现出要求动作行为后，再消除阻碍。

（2）故意停顿法

故意停顿法是指在进行儿童喜爱的活动时，在儿童体验乐趣后故意停顿以诱使儿童发起要求行为的方法。如康复师可以与儿童玩连续击掌游戏，当儿童表现出喜悦时立即停止并等待儿童反应，在儿童产生要求行为后继续击掌。再如康复师唱儿童喜欢的儿歌"小星星"，待儿童体验到乐趣后故意停顿，激发儿童发起要求行为：一闪一闪亮晶晶，满天……（故意停顿）。康复师要等待儿童发起沟通，在儿童主动发起沟通后马上接下去。

（四）运用

1. 目的与原则

运用阶段的训练目的是帮助儿童建立起在日常生活中采用合适的方式及时回应和灵活发起要求行为的能力。及时回应要求是指儿童对多种条件下的指令能及时回应：一是不同情境，即儿童能够对至少三种日常生活情境中的指令及时回应；二是不同人物，即儿童能及时回应至少三个人的指令；三是不同物品或动作，即儿童能及时回应他人至少三个物品或动作的指令。灵活发起要求是指儿童在多种条件下灵活地发起要求行为以达到自己的目的：一是不同情境，即儿童能够在至少三种日常生活情境中恰当地使用各种形式灵活地发起要求行为；二是不同人物，即儿童能恰当地使用各种形式对至少三个人灵活地发起要求行为；三是不同物品或动作，即儿童能够对至少三个以上物品或动作灵活地发起要求行为。

运用阶段的训练除了强调回应、发起的单独运用，也强调回应和发起的综合运用；既要在结构化情境中有计划、有目的地进行运用的训练，也要重视在日常生活中的随机运用。

2. 方法

运用阶段的训练主要采用情境创设法和随机教学法，以下就这两种方法进行介绍。

（1）情境创设法

情境创设法是指康复师或家长创设儿童熟悉的情境，提高儿童及时回应和灵活发起所习得的要求行为的方法。比如康复师创设"购物"这一情境，引导儿童在创设的情境中购买物品。在这个过程中，康复师将儿童喜欢的几种物品放在高处，康复师站在离物品较近的地方，激发儿童使用身体动作或发声行为向康复师要求物品。同时康复师也可以向儿童提出要求行为，反过来让儿童帮助自己拿物品。

（2）随机教学法

随机教学法是指在自然情境中家长或康复师充分把握和创造使用要求行为的机会的一种方法。比如儿童刚学会使用手指指示的方式发起要求行为，家长带儿童去游乐场玩，儿童想要玩旋转木马时，鼓励儿童用手指指示发起要求行为，待儿童表现出恰当的要求行为后，家长立即带儿童玩旋转木马。

阶梯式要求技能训练

要求技能的体验、发起、回应、运用四阶段阶梯式训练策略，是一个螺旋上升的过程。康复师可以参考此训练策略对语言障碍儿童进行要求技能的训练，帮助儿童建立采用合适方式发起和回应要求行为的能力。阶梯式要求技能训练的模拟案例参见视频资源。

二、常见临床表现及对策

（一）常见临床表现

要求技能掌握良好的儿童能采用合适的方式向他人发起要求或回应他人的要求。要求技能不良儿童的常见临床表现有难以听从要求、拒绝要求不恰当、难以发起要求、发起要求不完整、发起要求不恰当等。难以听从要求是指儿童难以听从他人发出的合理要求，难以表现出符合预期的行为，如当成人说"给我"或做出伸手要东西的动作时，儿童未做出"递给"的动作回应成人的要求行为。拒绝要求不恰当是指儿童采用发脾气、攻击等问题行为拒绝他人的要求，如儿童将成人给他的不想要的物品扔在地上。难以发起要求是指儿童有需求时既不知道寻找物品也不知道向他人寻求帮助，如儿童在饿的时候既不主动找食物也不知道向成人要食物。发起要求不完整是指儿童有需求但无法独立达成时，只看着或伸手够物品但不知道向他人寻求帮助，如儿童伸手够高处的物品，一直够不到，有人在也不会寻求他人的帮助。发起要求不恰当是指儿童采用发脾气、攻击等问题行为的方式发起要求，如儿童用哭闹的方式要求他人再次玩游戏。

（二）对策

以上要求技能常见的临床表现需积极地采用一系列方法组合进行训练。一方面，可采用阶梯策略进行系统训练，另一方面，也需重复使用针对性的方法。难以听从要求可以重复采用提示教学法和积极等待法；拒绝要求不恰当可以重点采用观察体验法、提示教学法、积极等待法；难以发起要求、发起要求不完整、发起要求不恰当可以重点采用制造障碍法、故意停顿法、提示教学法。

模仿技能训练的策略及方法

PART 3
第三节

模仿技能是前语言沟通能力的一项重要技能，既具有社会沟通功能，也是儿童语言和社会认知的基础技能。身体动作和面部表情等的模仿有利于促使其社交及情感的发展。而对于部分语言障碍儿童，尤其是孤独症谱系障碍儿童来说，模仿能力不足严重阻碍了他们的语言学习。因此，需要依据一定的训练策略、采用合适的训练方法帮助语言障碍儿童通过观察他人的示范，模仿他人的动作和语音，促进其社会交往，为使用语言沟通交流打好基础。本节主要围绕模仿技能的训练策略和训练方法展开。

一、阶梯式模仿技能训练策略

模仿是观察者对示范者某种行为的复制，在模仿中存在示范者的"示范"和模仿者的"模仿"两个要素。儿童在出生后的几个小时内就能对他人的"伸舌"动作进行模仿，随着模仿能力的逐步增强，儿童能够主动示范动作让他人模仿。为系统促进儿童模仿能力的发展，本书提出了前语言期阶梯式模仿技能训练的策略。如图7-3-1所示，横轴代表模

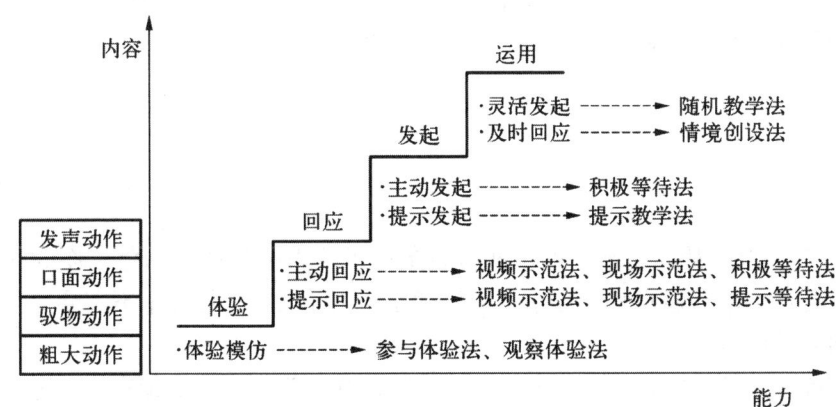

图 7-3-1　阶梯式模仿技能训练策略

仿技能的水平，分为体验、回应、发起和运用四个阶梯。儿童需在生活中先体验模仿，再发展提示下的模仿或主动模仿，然后能在提示下或主动做一些动作让他人模仿，最终能根据自己的兴趣及时回应并主动发起各种有趣的动作或声音模仿。这四个阶梯的能力呈螺旋上升趋势，一般而言在训练过程中康复师要注意从儿童的现有能力水平出发，按照能力梯度逐步训练。纵轴代表模仿技能训练的内容，在确定训练的内容时一般是从下往上依次进行，但也要注意儿童的偏好。

（一）体验

1. 目的与原则

体验阶段的训练目的是促使儿童主动调动感觉器官，建立对模仿或示范目标行为的初步认识并对训练活动产生兴趣。模仿虽然对学习极为重要，但在日常生活中提供稳定且难易程度恰当的示范行为却相当困难，有的家长给儿童示范的行为难度过高，以致儿童无法模仿，而有的家长给儿童示范的行为难度过低，让儿童提不起兴趣。这些体验都将严重影响儿童模仿行为的产生。体验阶段的训练需遵循如下原则：提供难度适宜的示范样板；当儿童做一些动作时，可主动模仿孩子的动作，使其感受到被模仿的成就感。

2. 方法

体验阶段的训练主要可以采用参与体验法和观察体验法，以下就这两种方法进行介绍。

（1）参与体验法

参与体验法是指康复师或家长设计游戏或创设情境引导儿童直接参与模仿的过程。比如家长在日常生活中注意模仿孩子做的敲鼓动作，让孩子体验到家长在关注他及他感兴趣的事物，从而建立良好的心理氛围。该方法强调在日常生活或活动中的随机体验，并不要求儿童主动表现出特定的目标行为。

（2）观察体验法

观察体验法是指康复师或家长通过现场演示、录像、图片或其他符号让儿童观察他人模仿的过程。比如康复师事先录制好康复师示范敲鼓动作，另外一名儿童模仿该动作的视频，将该段视频播放给儿童看，从而帮助儿童建立起模仿的间接经验。

（二）回应

1. 目的与原则

回应阶段的训练目的是帮助儿童在提示或自主条件下习得模仿他人示范动作的能力。提示回应是指儿童能够在康复师的提示下模仿动作，主动回应是指儿童不需要提示而主动模仿康复师的动作。

回应阶段的训练要遵循的原则是示范者清晰地示范目标行为，可分步骤示范，也可对目标行为的关键部分进行重复示范。在示范过程中可用简洁明了、儿童所能理解的语言向学习者恰当地描述示范行为。一般而言，在训练的初始阶段可用指导语"跟我做"，在儿童具备了一定的模仿能力后，指导语可以变为"跟我做，××（动作名称）"。

2. 方法

回应阶段的训练主要采用现场示范法、视频示范法、提示教学法和积极等待法，以下就前两种方法进行介绍，后两种方法请参见本节发起阶段。

（1）现场示范法

现场示范法是指示范者在儿童当前所处情境中做出示范行为，然后让儿童进行模仿的方法。示范动作时先从儿童熟悉的或已经掌握的动作开始，帮助儿童建立模仿他人动作的意识，然后再逐步过渡到儿童未掌握的或是不熟悉的动作。现场示范可以按照以下四个难度层级引导儿童逐步提升模仿能力。难度一：两人用相同的玩具，示范熟悉的动作。待儿童注意到康复师的动作后，康复师示范"推汽车"的动作，诱导儿童先模仿康复师"推汽车"动作。难度二：两人用相同的玩具，康复师示范熟悉和新奇的动作。康复师示范"推汽车"，再加入新奇的"汽车翻山坡"的动作，诱导儿童模仿这两个动作。难度三：两人用相同的玩具，康复师示范熟悉和新奇的动作；再用不同的玩具，示范熟悉的动作。康复师先示范"推汽车"和"汽车翻山坡"的动作，然后用新的玩具火车示范"推火车"的动作，诱导儿童模仿康复师的动作。难度四：相同与不同的玩具，示范熟悉和新奇的动作。康复师示范"推汽车""推火车""汽车翻山坡""火车翻山坡"的动作，诱导儿童模仿康复师的动作。一般在儿童顺利过渡难度二之后，可加入与动作相对应的口语描述，即对于康复师及儿童共同进行的动作提供实况报道或加以评论，为儿童提供适当的语言模板。如康复师在示范"推汽车"的同时用语言描述"推汽车，老师推汽车"。

（2）视频示范法

视频示范模仿法是指通过视频的形式呈现目标行为并让儿童进行模仿的方法。比如康复师给儿童呈现"拍鼓、摸娃娃"的两步动作视频，要求儿童观看视频后模仿两步动作。在训练过程中康复师要注意给儿童播放完整的视频，让儿童建立目标动作的整体印象，然后再适时提示儿童逐步完成动作模仿，保证模仿的精确性。

（三）发起

1. 目的与原则

发起阶段的训练目的是帮助儿童在提示或自主条件下发起示范让他人进行模仿。提示发起是指儿童在康复师的提示下发起动作示范、让他人模仿的过程；主动发起是指儿童在无提示情况下主动发起动作示范、让他人模仿的过程。发起阶段的训练应遵循康复师积极主动地模仿儿童动作的原则，让儿童能产生自豪感和成就感。

2. 方法

发起阶段的训练主要采用提示教学法和积极等待法。

（1）提示教学法

提示教学法是指康复师提供提示线索引导儿童示范目标行为的方法。在训练中，遵循最少提示能完成目标的原则。此外，康复师还应注意对儿童行为及时进行强化。

（2）积极等待法

积极等待法是指康复师给予儿童一定的时间，积极等待儿童主动表现出目标行为的方法，是一种有目的的、适当等待的方法。在提示教学法帮助儿童形成示范动作后，模仿者积极等待儿童发起示范。当儿童示范任何动作，模仿者均以特别高兴的心情模仿。模仿结束后，再次以积极等待的方式期待儿童新一轮的示范。

（四）运用

1. 目的与原则

运用阶段的目的是帮助儿童在至少五个情境中能够及时回应和灵活发起示范行为。及时回应是指儿童对多种条件下他人示范都能及时地进行模仿：一是儿童能够对不同日常生活的场景中他人的示范行为及时回应，进行模仿；二是能够对不同人物的示范及时进行模仿；三是儿童能够对日常生活中的不同物品的相同动作示范行为及时进行模仿。灵活发起是指儿童在多种条件下灵活地发起示范行为。情境变化与回应相同，只是示范者由儿童本人承担。

运用阶段的训练应遵循如下原则：第一，除了强调回应、发起的单独运用，也强调回应和发起的综合运用，康复师和儿童可以轮流发起示范行为；第二，模仿的难度可以逐渐加大；第三，模仿可以逐渐往创造性方向发展，尤其是示范行为，可以努力往多样化的行为方面发展。

2. 方法

运用阶段的训练主要采用情境创设法和随机教学法。

（1）情境创设法

情境创设法指康复师或家长创设儿童易融入的情境，提高儿童及时回应模仿和灵活发起示范初步习得的行为的方法。比如康复师根据儿童喜欢的音乐，创设"拍拍小手，跺跺小脚"的律动游戏情境，进行"拍手""跺脚"动作的回应和发起的教学。第一圈康复师走走走，儿童模仿；第二圈儿童拍手，康复师模仿儿童拍手；第三圈康复师跺脚走，儿童模仿。轮流由康复师和儿童示范不同的动作，并能在拍手、跺脚、走走动作中随时切换，如此提高儿童及时回应和灵活发起的模仿运用能力。

（2）随机教学法

随机教学法是指在自然情境中家长或康复师充分把握和创造机会，提高儿童在自然情境中及时回应模仿和灵活发起示范行为的方法。比如家长与儿童一起看动画片的时候，看到动画片里的小朋友学小动物动作，此时家长也可以让儿童模仿小动物的动作，并鼓励儿童将这些动作示范给家长，从而提高儿童及时回应和灵活发起的综合运用能力。

模仿技能的体验、回应、发起、运用四阶段阶梯式训练策略，既注重儿童对他人动

阶梯式模仿技能训练

作的模仿，也注重儿童示范动作让他人模仿。康复师可参考此训练策略，开展语言障碍儿童模仿技能的训练，逐步将训练内容转向口面部动作的模仿，为儿童有声语言的学习奠定基础。阶梯式模仿技能训练的模拟案例参见视频资源。

二、常见临床表现及对策

（一）常见临床表现

对于大多数人来说，模仿是自然而然的事情。但对于部分语言障碍儿童来说，常存在不足。常见临床表现有无反应、模仿错误、模仿不精确、模仿过度、难以发起示范等。无反应是指儿童不关注示范者的行为，对示范者的任何示范行为无任何反应，如儿童不关注成人示范的"拍手"动作，对该动作无任何反应。模仿错误是指儿童未能模仿示范者示范的目标行为，而表现出另一种行为，如成人示范"手掌拍鼓"的动作，儿童却表现出"手指戳鼓"的动作。模仿不精确是指儿童不能完全重现示范的动作，只能模仿动作中的一部分，如两步指令的模仿中，只能模仿第一步指令，而不能模仿第二步指令；再如他人示范"手掌用力拍鼓"，儿童却表现出将手轻轻地放在鼓面上的动作。模仿过度是指儿童不仅模仿目标行为，也模仿与目标行为不相关的行为，比如成人在示范"yi"的声音时，用手指提示儿童注意看发音的口型，儿童不仅模仿发音，也模仿手指提示的行为，在之后无手指提示示范时也仍旧表现出手指提示的行为；再如儿童在干预情境中模仿"拍手"的动作，在无示范的情境下也表现出无特定沟通功能的反复拍手动作。难以发起示范是指儿童在发起示范行为方面存在困难，无法主动向他人发起示范行为，如儿童学会一个玩玩具的动作，再让他展示给没有学过的儿童看时，他难以完成。

（二）对策

模仿技能常见临床表现多样，如不能有效解决，则将影响其他后续能力的学习。无反应或反应错误、模仿不精确可采用训练阶梯逐步提升模仿的技能。模仿过度则在模仿时注意示范动作的精确性，训练中如儿童难以撤除冗余的提示动作，则可以将没有提示动作的内容作为一个新的模仿内容进行训练。难以发起示范可以重复采用提示教学法、积极等待法、情境创设法和随机教学法进行针对性训练。

轮流技能训练的策略及方法

第四节

轮流技能是人与人之间形成紧密协调沟通的基础，为后期实现口语对话做好准备。然而部分语言障碍儿童不明白在沟通中什么时候轮到他人，什么时候轮到自己，无法形成"等待—参与—等待"的轮流模式。因此，需要采用有效的训练策略和训练方法，帮助他们在沟通中建立来回轮流互动的模式。本节内容将围绕轮流技能的训练方法和训练策略展开。

一、阶梯式轮流技能训练策略

轮流技能体现在回应他人轮流和主动发起轮流两个方面。在口语习得之前，儿童就出现了基本的轮流技能，但此时的轮流主要由成人起主导作用。随着年龄的增长，到一周岁时，儿童已经能够在游戏中较为稳定地表现出轮流模式。为系统促进儿童轮流技能的发展，本书提出了前语言期儿童轮流技能训练的策略。如图7-4-1所示，横轴代表轮流技能的水平，分为体验、回应、发起和运用四个阶梯。儿童在生活中先体验轮流，再发展出提示或主动回应轮流的能力，然后才能逐步发展出提示或主动发起轮流的能力，最终才能根据情境需要回应并发起轮流。这

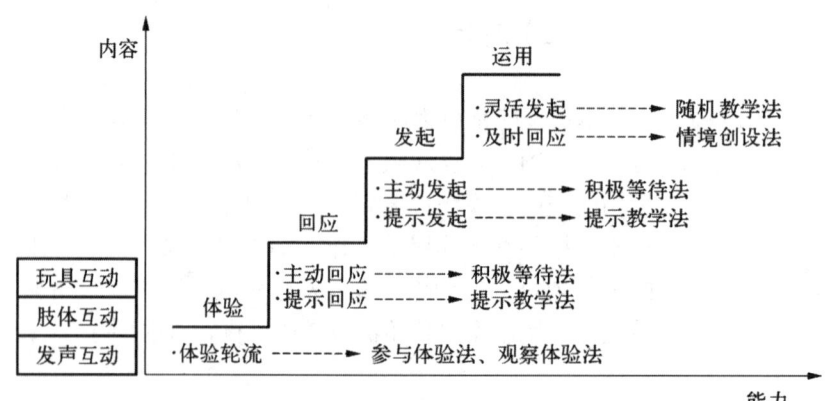

图 7-4-1 阶梯式轮流技能训练策略

四个阶梯的能力呈螺旋上升趋势，训练过程中康复师要注意从儿童的现有能力水平出发，按照能力梯度逐步训练。纵轴代表轮流技能训练的内容，一般而言先训练发声互动游戏中的轮流技能，再训练肢体互动游戏中的轮流技能，最后训练在玩具互动游戏中的轮流技能。但同时也要注意根据儿童的偏好选择合适的内容。轮流技能既可以在个别化训练中完成，也可以在小组和团体中完成。

（一）体验

1. 目的与原则

体验阶段的训练目的是促使儿童主动调动感觉器官感知目标行为，建立对轮流行为的初步认识并对训练活动产生兴趣。轮流技能虽然对儿童的沟通特别重要，但在日常生活中往往因为儿童与成人之间的能力差距过大而缺乏有效的轮流，有的家长包办替代，有的家长缺乏耐心直接放弃，这些体验都阻碍了儿童轮流技能的发展。体验轮流的训练需遵循如下原则：第一，充分提供轮流的机会；第二，当儿童动作慢时，要积极等待儿童，而不能直接包办，需要时才提供支持。

2. 方法

体验阶段的训练主要可以采用参与体验法和观察体验法。

（1）参与体验法

参与体验法是指康复师或家长设计游戏或创设情境引导儿童直接参与轮流的过程。比如康复师事先准备好儿童喜欢的玩具汽车，与儿童面对面坐着。康复师将玩具汽车推给儿童，如果儿童不能主动将汽车再推回给康复师，可以让另一成人辅助推回给康复师，儿童玩一会儿玩具汽车，然后康复师将玩具汽车拿回来再推给儿童。通过这个过程帮助儿童初步体验轮流活动，建立直接感性经验。该方法强调在日常生活或活动中的随机体验，并不要求儿童主动表现出特定的目标行为。

（2）观察体验法

观察体验法是指康复师或家长创设机会让儿童观察他人轮流活动的方法。比如康复师预先录制好自己与另外一名儿童轮流滚球的视频，将该段视频播放给儿童看，从而帮助儿童在整体上建立轮流的间接经验。

（二）回应

1. 目的与原则

回应阶段的训练目的是帮助儿童建立起在提示或自主条件下回应他人发起的轮流行为以维持轮流沟通活动的能力。提示回应是指儿童在康复师的提示下回应轮流行为。主动回应是指儿童能够自发地回应他人发起的轮流行为。回应阶段的关键在于让儿童能够预期轮流，在训练过程中，要注意使用一些提示性线索让儿童意识到轮到自己参与轮流活动了。回应阶段的训练应遵循积极等待的原则。

2. 方法

回应阶段的训练主要采用提示教学法和积极等待法。

（1）提示教学法

提示教学法是指康复师提供提示线索引导儿童表现出回应轮流行为。在训练过程中，最好有一人能作为康复师助手支持儿童完成回应。比如在滚球的游戏中，康复师将球滚给儿童后，助手立刻握住儿童的双手同时用语言提示"到我了"，并将球再滚给康复师。在儿童能表现出参与轮流行为后，助手的提示可逐步撤除，康复师可调节轮流的快慢帮助儿童适应不同节奏的轮流。

（2）积极等待法

积极等待法是指康复师给予儿童一定的时间，积极等待儿童主动表现出轮流行为的方法。在训练中康复师在发起轮流行为之后给儿童 5～10 秒的时间，让儿童主动表现出回应轮流的动作。比如在推汽车游戏中，康复师将汽车推给儿童后给予儿童 5~10 秒时间，期待地看着儿童，待儿童将汽车推给康复师后，康复师立即给予强化。

（三）发起

1. 目的与原则

发起阶段的目的是帮助儿童在提示或自主条件下发起轮流行为以开启一个新的轮流沟通活动。提示发起是指儿童在康复师的提示下发起轮流行为。主动发起是指儿童自主发起轮流行为。发起阶段的关键在于帮助儿童形成沟通双主体的意识，即沟通双方都有开启一个新的活动的控制权。发起阶段的训练同样应遵循积极等待的原则。

2. 方法

发起阶段的训练主要采用提示教学法和积极等待法。

（1）提示教学法

提示教学法是指康复师提供提示线索引导儿童表现出发起轮流行为的方法。当儿童缺乏发起轮流的行为时，可由助手辅助产生。当儿童能发起轮流，只是速度比较慢时，则可结合口语提示及积极等待法进行训练。比如将滚球作为一项轮流活动，在开启游戏时，康复师助手给儿童开始滚球的图片提示，帮助儿童发起轮流活动。在儿童表现出目标行为后，康复师要及时强化。

（2）积极等待法

积极等待法是指康复师给予儿童一定的时间，积极等待儿童主动表现出发起轮流的方法。在开启一个新的活动时，康复师等待儿童 5～10 秒的时间，让儿童主动表现出发起轮流的行为。比如，康复师与儿童玩滚球的游戏，康复师故意将球停在自己手边，积极等待儿童主动要球，并开始新的轮流过程。待目标行为出现后，康复师立即给予强化。

（四）运用

1. 目的与原则

运用阶段的目的是帮助儿童在至少五个日常生活情境中能够及时回应和灵活发起并维持轮流沟通活动。及时回应是指儿童对多种条件下他人的轮流请求都能及时回应。灵活发起轮流行为是指儿童在多种条件下灵活地发起轮流行为以与他人沟通。多种条件包括面对不同场景、不同人物和不同物品。具体内容可参见模仿的运用环节。

运用阶段的训练遵循如下原则：第一，从单人轮流逐步发展到多人轮流；第二，轮流的节奏可由慢到快，加强轮流的紧迫感和趣味性，提升儿童参与轮流的积极性。

2. 方法

运用阶段的训练主要采用情境创设法和随机教学法。

（1）情境创设法

情境创设法是指康复师或家长利用儿童易融入的情境，提高儿童及时回应和灵活发起轮流行为的方法。比如康复师创设多人滚球的游戏场景，多个儿童和康复师，采用多种可以滚动的玩具，在不同的情境下轮流回应和发起滚球游戏。

（2）随机教学法

随机教学法是指在自然情境中家长或康复师充分把握和创造机会，提高儿童在自然情境中及时回应和灵活发起轮流行为的方法。比如在家中儿童与家长一起玩搭积木的游戏，儿童和家长用积木、易拉罐等轮流搭建。

阶梯式轮流技能训练

康复师可参考轮流技能的体验、回应、发起、运用四阶段阶梯式训练策略，开展语言障碍儿童轮流技能的训练，帮助儿童建立"等待—轮流—等待"的模式，以便儿童能够及时回应、灵活发起和维持沟通活动。阶梯式轮流技能训练的模拟案例参见视频资源。

二、常见临床表现及对策

（一）常见临床表现

轮流技能常见临床表现有无反应、相关反应、难以等待、参与不及时和难以发起等。无反应是指儿童不注意他人发起的轮流活动，如在滚球游戏中，儿童沉浸在自己的世界中完全注意不到成人滚过来的球。相关反应是指儿童注意到他人发起的轮流活动，表现出相关反应，但不能形成一来一回的轮流模式，如在滚球游戏中，儿童接到成人滚过来的球后自己玩，而不将球滚回去。难以等待是指儿童沟通互动中对轮流的时间不敏感，往往在对方还没结束上一轮行为前就开启自己的行为，如在轮流堆积木的游戏中，无法等待成人堆积木就自己开始堆积木。参与不及时是指儿童在沟通互动中表现出对轮流结束的标志不敏感，往往在对方结束沟通行为后不能及时开启自己的轮流行为，无法做到轮流行为的"无缝对接"，如在滚球游戏中，不能及时将球滚给对方。难以发起是指儿童在发起沟通行为方面存在困难，如难以主动发起新一轮的滚球游戏。

（二）对策

若不能及时解决，轮流技能不足的常见临床表现将影响儿童发展积极主动的沟通能力。无反应可采用训练阶梯逐步训练。相关反应则需建立更丰富的轮流体验和机会，让儿童更好地回应轮流。难以等待则需在训练开始时用比较快的轮流频率，训练过程中再逐步放缓轮流的频率，最后再快慢交替，使儿童能更好地适应变化。参与不及时则可以重复采用提示教学和积极等待，在训练内容的选择上也应特别考虑儿童的兴趣。当儿童难以发起时，则应充分考虑调动儿童轮流的兴趣，并在康复师的支持下发起轮流，支持应逐步撤除。

共同注意训练的策略及方法

PART 5 第五节

共同注意作为前语言能力的重要内容，已被众多研究证实能够影响儿童的语言发展。部分语言障碍儿童，尤其是孤独症谱系障碍儿童的共同注意能力存在一定缺陷。为了帮助语言障碍儿童在沟通过程中借助手势、眼睛朝向与他人共同关注某一事件或物体，以便更准确地知觉和理解他人的行为，主动与他人展开社交沟通，需要采用科学的训练方法与训练策略。本节将围绕共同注意的训练策略和训练方法进行阐述。

一、阶梯式共同注意训练策略

共同注意体现在回应式共同注意和发起式共同注意两个方面。已有研究表明，婴儿在早期就能通过跟随指示或视线回应成人发起的共同注意。随着年龄的增长，婴儿会用手指指示和视线转移的形式来发起共同注意。为系统促进儿童共同注意技能的发展，本书提出了前语言期阶梯式共同注意训练的策略。如图7-5-1所示，横轴代表共同注意的能力水平，分为体验、回应、发起和运用四个阶梯。共同注意虽然对儿童语言的学习极为重要，但由于部分儿童的该项能力受生理及心理因素的影

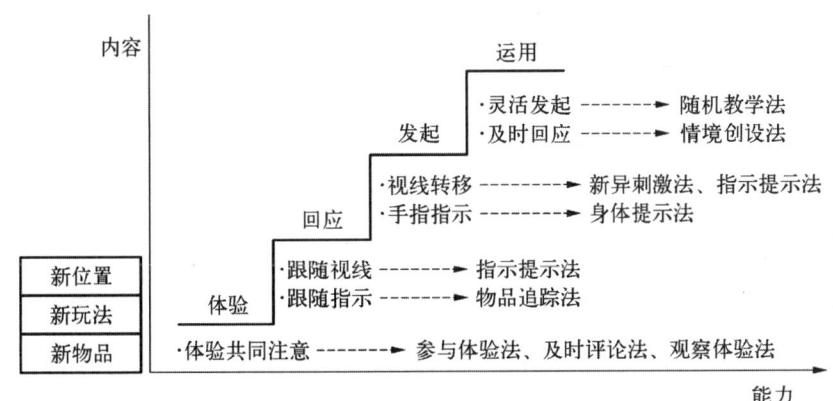

图 7-5-1　阶梯式共同注意训练策略

响发展较为缓慢。生活中，有的家长缺乏对儿童共同注意的引导，有的家长对儿童发起的共同注意缺乏回应，导致儿童不愿再发起共同注意。这些体验都严重阻碍儿童共同注意能力的发展。

（一）体验

1. 目的与原则

体验阶段的训练目的是促使儿童主动调动感觉器官，建立对共同注意目标行为的初步认识及对训练活动产生兴趣。体验阶段的训练需遵循如下原则：第一，充分提供共同注意的机会；第二，随时关注儿童发起的共同注意的行为，与儿童形成共同注意，并对儿童发起的共同注意进行强化。

2. 方法

体验阶段的训练主要可以采用参与体验法、及时评论法和观察体验法。

（1）参与体验法

参与体验法是指康复师或家长设计游戏或创设情境引导儿童直接参与共同注意的过程。比如家长在日常生活中有意识地引导儿童看向有趣的玩具、事件，同时对有趣玩具或事件进行描述，如"看，飞机"，从而让孩子初步体验到他人看向并关注有趣的物品。该方法强调在日常生活或活动中随时随地的体验。

（2）及时评论法

及时评论法是指康复师创设能引起儿童兴趣的环境，激发儿童主动注视环境中的物品并及时评论儿童行为的方法。如康复师将儿童喜欢的飞机玩具挂在儿童看得到但够不到的地方，让儿童很容易看见。在儿童主动看向挂在墙上的飞机模型时，康复师立即主动与儿童建立眼神接触并立即给予评论："飞机好高。"再比如康复师事先准备好遥控的汽车，当儿童看向移动的汽车时，康复师立即评论："汽车开起来了。"

（3）观察体验法

观察体验法是指康复师或家长创设机会如视频、图片等让儿童观察他人之间进行共同注意的方法。如在康复师与一名普通儿童互动的视频中，康复师将玩具汽车放在高处，康复师手指指向玩具汽车，普通儿童跟随康复师的指示看向玩具汽车，然后康复师对儿童微笑、点头并说："汽车真酷。"将该段视频播放给目标儿童观看，可帮助目标儿童建立发起共同注意的间接经验，为实施共同注意的训练活动做铺垫。

（二）回应

1. 目的与原则

回应阶段的训练目的是帮助儿童建立起跟随指示或跟随视线从而与他人一起关注同一事物的能力。跟随指示的回应是指儿童能跟随康复师的手指指示和视线转移两个同时发出的线索看向目标事物，与康复师共同关注同一事物。跟随视线的回应是指儿童能跟随康复师的视线转移线索看向目标事物，与康复师关注同一事物。在儿童表现出跟随指示和跟随视线的行为后，康复师在给予物品强化的同时也给予一定的社会强化，为后续发起式共同注意训练奠定基础。

回应阶段的训练遵循如下原则：第一，先近距离跟随再远距离跟随；第二，视线转移的线索依次是头部和身体同时转向、头部转向但身体不转、单纯的视线转移。

2. 方法

回应阶段的训练主要采用物品追踪法、身体提示法和指示提示法。

（1）物品追踪法

物品追踪法是指康复师创设能引起儿童兴趣的环境，用物品作为线索引导儿童表现出跟随指示或跟随视线行为，从而共同关注并分享同一事物的方法。比如康复师先与儿童做肢体互动游戏，待儿童与康复师眼神接触后，康复师将手里藏着的小玩具，放到儿童的眼睛前，然后康复师开始移动玩具，再次将玩具隐藏到手里，引导儿童与自己共同关注同一事物。

（2）身体提示法

身体提示法是指康复师创设能引起儿童兴趣的环境，采用身体提示法轻轻地转移儿童上半身及头部，引导儿童表现出跟随指示或跟随视线行为，与康复师共同关注并分享同一事物的方法。比如康复师朝一辆正在移动的小汽车发起手指指示或视线转移行为后，康复师助手立即轻轻地辅助儿童转移上半身及头部，引导儿童与自己关注移动的小汽车。待儿童表现出目标行为后，康复师立即给予儿童强化。

（3）指示提示法

指示提示法是指康复师创设能引起儿童兴趣的环境，发起视线转移行为后呈现手指指示线索引导儿童表现出跟随视线行为，与自己共同关注并分享同一事物的方法。比如康复师在发起视线转移行为朝向正在移动的小汽车以后，若儿童无跟随视线的行为，康复师助手使用手指指示提示儿童跟随康复师的视线朝向。待儿童表现出正确的目标行为后，康复师给予儿童微笑、点头等社会性强化。

（三）发起

1. 目的与原则

发起阶段的训练目的是帮助儿童建立起使用手指指示或视线转移行为等主动发起共同注意以与他人分享同一事物的能力。手指指示的发起是指儿童发起手指指示线索以引导他人跟随自己并分享同一事物。视线转移的发起是指儿童的视线在事物和他人之间来回转移，以与他人分享同一事物。此外，发起式共同注意具有明显的社会分享功能，因此，对发起式共同注意的训练不仅要注重外部的表现形式，也强调社会分享功能的形成。这要求康复师在儿童表现出手指指示和视线转移的发起式共同注意行为之后，立即给予微笑、点头、评论等社会性强化，与儿童进行社会互动，从而有效地帮助儿童建立稳定的发起式共同注意。

2. 方法

发起阶段的训练主要采用新异刺激法、物品追踪法和指示提示法，以下就这三种方法进行介绍。

（1）新异刺激法

是指康复师创设能引起儿童兴趣的环境，身体辅助儿童发起手指指示或视线转移行为从而分享感兴趣事物的方法。比如康复师在儿童玩积木的时候悄悄在积木中放入一个水袋，从而使水袋变为一种新异刺激。待儿童拿起水袋时，康复师立即辅助儿童做出手指指示水袋的动作，同时说"咦，一只水袋"。再如康复师将儿童喜欢的发声发光玩具放在较远的架子上，在与儿童进行互动时，康复师悄悄地遥控启动玩具，激发儿童的手指指示行为。若儿童未能自发地表现出手指指示行为，康复师握住儿童的手指并指向玩具，待儿童手指指示后，康复师立即给予微笑、点头、互动等社会性强化。

（2）物品追踪法

物品追踪法是指康复师创设能引起儿童兴趣的环境，用物品作为线索引导儿童发起手指指示或视线转移行为从而分享感兴趣事物的方法。比如，康复师将儿童喜欢的托马斯小火车放在儿童够不到的1米外的桌子上。康复师用遥控启动托马斯小火车吸引儿童注意并等待儿童反应。若儿童未表现出视线转移行为，康复师则使用物品追踪法进行提示。康复师将儿童喜欢的小铃铛放到儿童眼睛前，让儿童视线跟随小铃铛移动到小火车，然后到康复师的眼睛，之后再到小火车。儿童跟随康复师的小铃铛移动完成视线转移后，康复师立即给予社会性强化——微笑、点头和评论"哇，托马斯跑起来了"，必要时可以加入儿童偏好的其他物品进行强化。

（3）指示提示法

指示提示法指康复师创设能引起儿童兴趣的环境，用手指指示线索引导儿童发起视线转移行为从而分享感兴趣事物的方法。比如，康复师将儿童喜欢的托马斯小火车放在儿童够不到的1米外的桌子上。康复师用遥控启动托马斯小火车，等待儿童反应。若儿童未表现出视线转移行为，康复师则使用"指示提示法"进行提示。康复师将手指放到儿童眼睛前，移动手指到小火车，然后到康复师的眼睛，之后再到小火车。儿童跟随康复师的手指移动完成视线转移后，康复师立即给予社会性强化，必要时可以加入儿童偏好的其他物品进行强化。

（四）运用

1. 目的与原则

运用阶段的训练目的是帮助儿童建立起在至少五个情境能够及时回应和灵活发起共同注意的能力。及时回应是指儿童对多种条件下的共同注意请求都能及时回应。灵活发起共同注意是指儿童在多种条件下灵活使用手指指示、视线转移及两者结合的形式发起共同注意。一是不同场景，即儿童能够在至少三种日常生活的情境中发起共同注意；二是不同人物，即儿童能够对不同人物发起共同注意；三是不同物品，即儿童能够向他人分享日常生活中常见的不同物品。

运用阶段的训练遵循如下原则：第一，共同注意可随时随地抓住机会进行训练；第二，共同注意的发起较为困难，一定要创设足够的练习机会。

2. 方法

运用阶段的训练主要采用情境创设法和随机教学法。

（1）情境创设法

情境创设法是指康复师或家长创设新异的情境，提高儿童及时回应和灵活发起初步习得的共同注意行为的方法。比如康复师将儿童喜欢的物品放在房间中不同的位置，可以挂在墙上、放在高处等。康复师任意指向其中的一个玩具，儿童都能及时跟随康复师的手指指示或视线转移行为同康复师共同注意同一玩具。或者儿童能主动用手指指示、视线转移行为向康复师发起共同注意。康复师指向一个玩具汽车，儿童及时跟随康复师的手指指示行为看向玩具汽车，康复师立即说"哇，汽车真好看"；然后康复师再次指向另一个玩具，重复上述活动。康复师还可以悄悄启动汽车，等待儿童看向自己发起共同注意，待儿童指向玩具并看向康复师后，康复师说："汽车跑起来了，真酷。"

（2）随机教学法

随机教学法是指在自然情境中家长或康复师充分把握和创造机会，提高及时回应和灵活发起共同注意行为的方法。比如家长带儿童去动物园游玩时，看到一只猴子在树上，家长立即发起手指指示行为，引导儿童注意树上的猴子，待儿童跟随指示后，家长立即给予微笑、点头等社会性强化。家长也要鼓励儿童寻找自己感兴趣的物品，并发起共同注意。

共同注意训练策略包括体验、回应、发起、运用四个阶段。该策略既注重单一能力的训练，也强调能力的综合运用；既关注共同注意的外部形式，也注重其社会分享功能的培养。康复师可参考此训练策略，开展共同注意训练，发展语言障碍儿童的共同注意能力。阶梯式共同注意能力训练的模拟案例参见视频资源。

阶梯式共同注意能力训练

二、常见临床表现及对策

（一）常见临床表现

共同注意是孤独症谱系障碍儿童的核心障碍之一，其常见临床表现有无反应、相关反应、反应不及时、反应不精确、难以发起等。无反应是指儿童不能注意到他人，对他人发起的手指指示或视线转移行为无任何反应,如当成人指向或看向房间另一边的玩具时,儿童无任何反应。相关反应是指未能跟随他人的手指指示或视线与他人共同注意目标物品,但表现出相关行为,如当成人指向或看向房间另一边的玩具时,儿童会做出看看成人、四处张望等反应,但不会与成人看向同一个方向或玩具。反应不及时是指儿童不能及时对他人发起的共同注意进行反应,如当成人指向或看向房间另一边的玩具时,儿童会跟着看向那个玩具,但反应比较慢,往往 5 秒以后才能看向玩具。反应不精确是指儿童不能跟随他人发起的共同注意请求而注意到正确目标事物上,如当成人指向或看向房间另一边的玩具时,儿童会跟着看,但看向的玩具不是成人指向或看向的目标玩具。难以发起是指儿童在使用手势、眼神等引导他人注意一个物品或事件方面存在困难,如儿童看到有趣的玩具不会使用手势、视线引导成人关注该玩具。

(二)对策

共同注意不足的常见临床表现将阻碍儿童语言等能力的学习,需尽最大可能进行针对性的干预。无反应或相关反应可采用阶梯训练策略;反应不及时、反应不精确则需采用身体提示法、指示提示法等进行针对性训练;难以发起可采用参与体验法、情境创设法和随机教学法进行针对性训练。

第八章 词汇理解与表达能力的训练

词是有意义的能独立运用的最小语言单位，词汇量是衡量儿童语言发展的重要指标，也是衡量儿童认知发展的重要指标。儿童只有积累了一定的词汇，才能实现与人的交流。一般情况下，儿童掌握的词汇量越大，越容易理解他人说的话，越容易组织语言表达自己的观点。但由于词汇数量大、类型多，且在不同环境中使用的变化性大，语言障碍儿童学习词汇面临巨大挑战，他们掌握的词汇数量和类型都远远低于普通儿童。本章主要探讨词汇理解与表达能力训练的内容、方法和策略。

词汇理解与表达能力训练的内容

第一节

汉语中词汇的种类繁多，数量也不胜枚举。普通儿童 1 岁左右时习得第一个词语，到 6 岁时其表达词汇量可达 3500 个。但是这些词汇的学习并非一日之功，各类词汇的学习也不是齐头并进。普通儿童词汇学习的过程是循序渐进的，获得的顺序也是有先有后。因此，词汇训练内容也有先后之分。本节主要围绕词汇理解与表达能力训练的内容展开。

一、定义和组成

词汇又称语汇，是指一种语言里所有的（或特定范围内的）词和短语的总和。现代汉语将词分成实词和虚词。实词是指能单独充当句子成分的含有实际意义的词，一般分为名词、动词、形容词、数词、量词和代词。虚词是指没有完整意义，但有语法意义或功能的词，一般分为副词、介词、拟声词、连词、助词、叹词。词汇分类内容详见本书第三章第四节。

短语又叫词组[①]，是按照一定的语义搭配关系组合起来的语法单位。词组和词一样都是造句的材料，其整体功能往往相当于一个词。词组在汉语语法中具有重要的地位，对词组的学习既可以巩固、深化对词语的认识，也可以为句子的发展奠定基础。

二、主要训练内容

名词是实词中儿童最先获得和掌握量最大的词类，是儿童早期词汇中十分重要的词类。从词汇数量和种类上看，名词在词汇数量中所占比例最高；从语义上看，名词表征物体和概念，是儿童认识世界的基本维度；从句法功能上看，名词表主语和宾语，是构成基本句子结构不可或缺的内容。在训练中名词占有较大的比重。动词是指表示人或事物的

---

① 杨润陆，周一民. 现代汉语[M]. 北京：北京师范大学出版社，1995：254-265.

动作、行为、发展、变化的实词。从词汇数量和种类上看，动词是儿童早期词汇中的第二大词类；从语义上看，动词对事件进行编码，表示动作行为和事物之间的联系；从句法功能上看，动词连接主语和宾语，是句子结构的核心。在训练中，有些动词可以独立进行训练，如爬、跑、走等，而有的则需结合名词进行训练，如打电话等。形容词表示人或事物的性质或状态，相比于名词和动词具有较高的抽象性，也是儿童早期词汇中主要词类之一。在训练中，形容词常结合名词组成偏正短语进行训练。因此名词、动词、形容词及其相关词组的习得与发展对儿童语言发展有至关重要的影响。

儿童口语发展始于单词句和词语组合阶段，在此过程中儿童主要学习名词、动词、形容词及相关词组，语言障碍儿童的训练内容也应以此为基础展开。值得注意的是，词汇量虽然越大越好，但是在训练过程中不可能将所有词都教给儿童。词汇阶段理解和表达的重点应是通过对一部分日常生活中最常用的词汇的训练和相应的训练方法，帮助儿童建立起词汇学习的能力。通常儿童能熟练运用 20～50 个词语后即开始尝试词语组合，在习得 100～300 个词时即开始尝试使用完整句。因此，在词汇训练中，康复师应至少重点帮助儿童掌握前 20～50 个词，然后在此基础上扩展到 150 个词或词组后再开始简单句训练。

此外，应注意一般儿童理解的词汇量大于表达的词汇量，因此在训练中，由于部分词汇发音难度较高，儿童可能难以发出对应语音，此时词汇训练的目标以理解为主。

由于名词、动词和形容词数量非常庞大，在实际康复中，不可能将所有的词语都作为训练的内容。因此，儿童在语言康复时，前 50 个词是核心训练内容。参考金星明等研究者（2009）的研究[①]，前 50 个词主要包括了 38 个名词，4 个动词，1 个形容词和其他的词语。虽然每个儿童因为其生长环境或语言环境的不同，其语言发展的前 50 个词也可能会不同，但主要的词语类型还是名词、动词和形容词，且名词居多。具体见表 8-1-1。通过前 50 词训练，可帮助儿童建立起学习词语的基本能力，然后，再学习 50 个词语巩固词语学习的能力，对词义进行更深入的学习。一般而言，儿童的词义发展会经历三个阶段，分别是词义假设阶段、验证和修正词义阶段、词义深化阶段。在词义假设阶段，儿童建立词义假设时往往存在过度概括（即儿童赋予一个词语较大的外延）及概括不足（即儿童把一个词语只用来指某个事物或只在一种环境下使用，使词语的外延缩小）等现象。在验证和修正词语阶段，儿童意识到自己假设的词义在使用时存在偏差，进而不断修正假设，其反复建立假设、验证假设并修正的过程是儿童词义系统逐步完善、丰富的过程。在词义深化阶段，儿童将习得的词义在社会生活中使用，社会环境又促使儿童体会词语的修辞意义，形成某种概念，使其词义进一步深化[②]。

---

① 金星明，马骏，章依文，等．儿童最初表达 50 个词语发展进程的初步研究[J]．中国循证儿科杂志，2009，4（3）：301-305．
② 马菊青．儿童语言习得过程中语义发展规律研究[J]．青海师范大学学报：哲学社会科学版，2005（5）：106-109．

表 8-1-1　词汇理解与表达能力训练的核心内容（前 50 词）

名词（38）	▲ 指人名词 　● 亲属称谓词（12） 　　爸爸、妈妈、爷爷、奶奶、阿公、阿婆、姐姐、哥哥、妹妹、弟弟、阿姨、叔叔 　● 年龄类一般指人名词（1）：宝宝 ▲ 指物名词 　● 动物类（6）：鱼、狗、猫、鸭、鸟、鸡 　● 食物或饮料（6）：糖、饼干、饭、肉、菜、蛋 　● 衣物类（3）：裤子、衣服、鞋子 　● 身体部位类（4）：眼睛、耳朵、手、脚 　● 玩具类（2）：球、娃娃 　● 家具类（3）：灯、门、电视 　● 天体类（1）：月亮
动词（4）	动作动词：吃、拿 能愿动词：要、不要
形容词（1）	外形形容词：大
拟声词（4）	呜呜、汪汪、喵喵、嘎嘎
叹词（1）	表示惊讶：咦
人称代词（1）	我
日常用语（1）	谢谢

在词汇训练中，至少训练到前 50 词（参见表 8-1-1）中的 20 个词语能表达，50 个词语能理解。然后，再在此基础上进行扩展，扩展内容见表 8-1-2。实际训练中词汇训练内容的选择应根据儿童的兴趣和环境而定，只要达到相应的词汇数量即可。通常 2 岁儿童的表达词汇量可达到 300 个左右。前 20 个词语的训练耗时最长，而当掌握 20 个词以后，儿童主动模仿学习增加，学习速度加快。儿童词语学习一般以达到 100 个词汇量为主要目标，训练内容可以在以下表格中选择，也可根据儿童喜好选择其他内容。

表 8-1-2　词汇理解与表达能力训练的主要内容参考（163 个）

词语类别（数目）		内容举例
名词类	人称类（13）	爸爸、妈妈、爷爷、奶奶、阿公（外公）、阿婆（外婆）、姐姐、哥哥、妹妹、弟弟、阿姨、叔叔、宝宝
	动物类（13）	猫、狗、猪、牛、鸭、鸡、鱼、青蛙、鸟、羊、兔、马、龙虾
	人体部位类（9）	眼睛、耳朵、鼻子、头发、嘴巴、眉毛、脚、手、腿
	衣物类（8）	裤子、衣服、鞋子、袜子、裙子、帽子、手套、围巾
	常用物品类（8）	毛巾、牙刷、肥皂、牙膏、书、笔、梳子、钢琴
	食品类（15）	饼干、棒棒糖、米饭、果汁、面包、馒头、面条、肉、菜、橘子、鸡蛋、牛奶、玉米、香蕉、苹果

续表

词语类别（数目）		内容举例
名词类	室内物品类（10）	椅子、门、床、桌子、电视、电话、电脑、沙发、窗、台灯
	室外物品类（9）	桥、花、房子、草、树、秋千、跷跷板、木马、滑梯
	玩具类（10）	球、积木、娃娃、挖掘机、气球、鼓、玩具枪、玩具熊、球拍、风筝
	器皿类（8）	碗、盘子、杯子、勺子、刀、垃圾桶、筷子、篮子
	交通工具及信号类（10）	汽车、船、火车、飞机、自行车、公共汽车、摩托车、出租车、红灯、绿灯
动词类（50）		踢、拉、哭、抱、擦、爬、跳、跑、游、拍、吃、喝、倒、走、洗、摸、坐、站、飞、推、滚、吻、笑、荡秋千、跳舞、唱歌、滑滑梯、搭积木、舔、躺、挥手、堆、听、关窗、睡觉、脱、开灯、刷牙、梳头、剪、咳嗽、穿衣服、画画、写字、看书、乘车、过马路、开车、扫地、骑

词组训练通常先训练五种基本结构，包括主谓、动宾、偏正、补充、联合这五种基本的结构类型。常见训练内容举例见表8-1-3。一般通过词和词组的学习，儿童能掌握300个词之后重点进入句子学习。学句子的同时，可学习新的词语和词组，词汇学习是终身的。

表8-1-3 词组理解与表达能力训练内容

词组类别	内容举例
联合词组	爸爸和我、白菜跟萝卜、一个或两个
主谓词组	汽车开了、今天星期五、三元一斤
动宾词组	开汽车、害怕黑暗、发现秘密
偏正词组	晴朗的天空、木头盒子、飞驰的汽车
补充词组	坚持下来、安静一会儿、吃个痛快

词汇理解与表达能力训练的策略及方法

PART 2
第二节

临床上词语训练多偏重于对词语所对应图片的认识,采用的方法也多是图卡教学法,这种方法既没有充分调动儿童的学习积极性,也没有注重对所学词语的迁移运用训练,因此儿童难以习得所学词汇。基于此,本节专门设计了从调动学习兴趣到理解和命名词语,再到综合运用词语的阶梯式训练策略,以及在此过程中可能运用到的方法。

一、阶梯式词汇理解与表达能力训练的策略

词汇的掌握主要体现在理解和表达两个方面。正常发展儿童在出生后,便生活在丰富的语言环境中。儿童第一个表达性词汇的产生约在1岁左右。18个月时,儿童能表达的词汇可达50个。语言障碍儿童第一个词的产生比较晚,前50个词的学习更是困难。为系统促进儿童词汇量的增长,本书提出了阶梯式词汇理解与表达能力训练策略。该策略如图8-2-1所示,横轴代表儿童的能力水平,由低到高分为体验、理解、表达和运用四个阶段。儿童需在生活中首先体验符号所对应的人、事、物、动作等,再建立起符号与人、事、物的对应关系,然后才能使用相

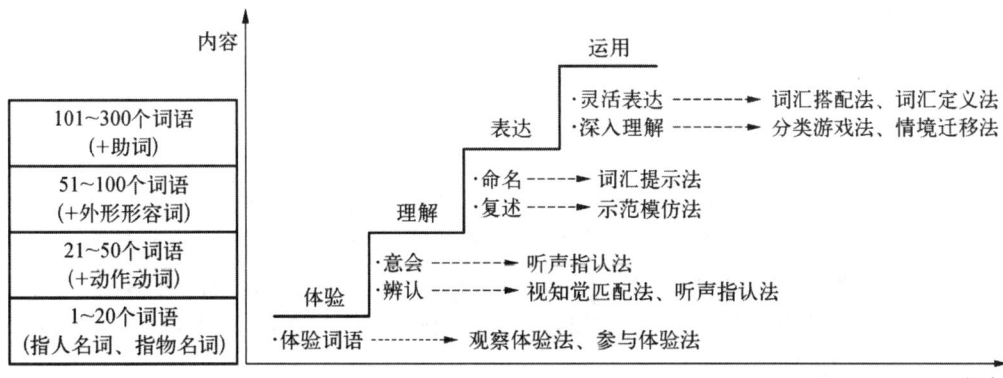

图 8-2-1 阶梯式词汇理解与表达能力训练策略

应的符号表达，最终才能在多种情境中深入理解该符号的含义，并能灵活使用该符号进行表达。纵轴代表训练的内容层级。同一类型的词语，在重点学习4～8个后可进入下一类词语学习，如水果类、动物类或交通工具类等。指物名词学习4～8组后可进入动作名词的学习。

（一）体验

1. 目的及原则

体验阶段训练的目的是让儿童主动调动各个感觉器官，积极参与游戏活动来感知目标词语所对应的人、事、物，从而对其形成初步的认识，建立目标词语与其语义的快速映射。

体验阶段的实施一般有三个原则：① 核心任务是调动儿童对事物的兴趣，充分感知事物的方方面面；② 内容要尽可能来源于日常生活；③ 体验应尽量自然，可在正式训练前建议家长创设机会让儿童多接触相关内容，不可仅用图片完成。

2. 方法

适用于体验阶段的方法主要为参与体验法和观察体验法。

（1）参与体验法

参与体验法是指康复师设计游戏或创设情境引导儿童直接体验词语所对应的人、事件、物品等的方法，如调动儿童的五官全方位体验苹果的颜色（视觉）、形状（视、触觉）、气味（嗅觉）、味道（味觉）等。由于前100个词语均选自于日常生活，因此在训练中，康复师和家长应充分创设参与体验的机会。

（2）观察体验法

观察体验法是指康复师或家长创设机会让儿童观察所需训练的人、事、物的场景、录像、图片或其他符号等。如在训练词语"苹果"时，给儿童呈现多种形态下"苹果"的视频或图片，让儿童观察。

（二）理解

1. 辨认

（1）目的及原则

辨认阶段训练的目的是让儿童通过在形状、颜色等方面与同类事物进行区别的方式，建立初步的概念。在此过程中，儿童通过反复和有意义地与目标词接触，逐步增加对所学词语的经验，进而对所学词语与其语义产生持久映射。一般通过以下两种形式完成。

① 匹配。指儿童能通过视知觉配对将实物与实物、实物与图片、图片与图片等进行对应。这是学习词语的基础和前提。

② 指认。当儿童匹配的正确率达80%及以上时，即可让儿童通过指认的形式完成目标词语的音义匹配。

在辨认阶段主要有两个原则：① 要匹配完全相同的内容；② 在指认时干扰项数量限从 1 个到 2 个，难度逐渐增加，干扰的维度由易到难。

（2）方法

适用于该阶段的方法主要为视知觉匹配法（匹配）和听声指认法（指认）。

① 视知觉匹配法。

视知觉匹配法是指康复师引导儿童观察实物、视频或图片，通过视知觉配对的方式将完全相同的目标内容进行匹配，进而在视知觉上初步认识目标词。如在匹配词语"苹果"时，可将苹果图卡展示给儿童看，要求儿童在备选水果（香蕉和苹果）中找出一样的（见图 8-2-2）。

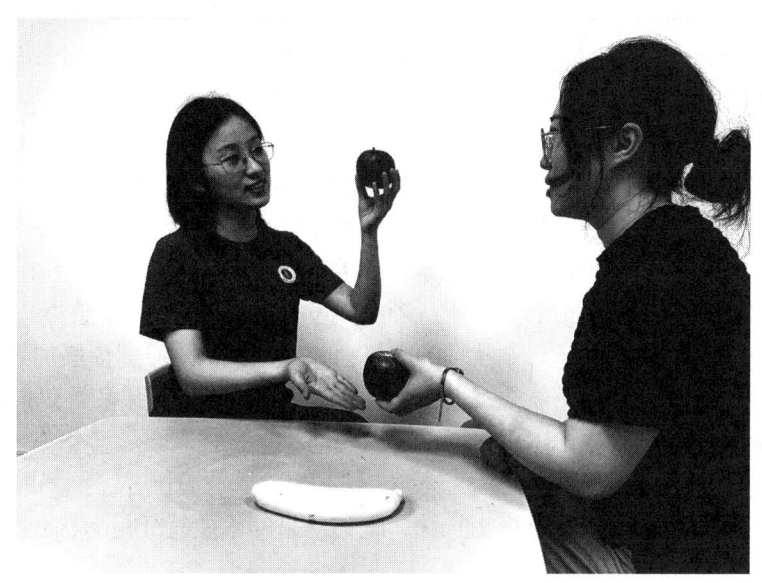

图 8-2-2 视知觉匹配法举例

② 听声指认法。

听声指认法是指康复师发出指令，儿童在 2 个以上同类词语中辨认并指出目标词语或词组，帮助儿童理解目标词语或词组，建立语音和目标内容的音义匹配。如在训练"苹果"时，可让儿童在苹果和香蕉中找出苹果（见图 8-2-3）。

图 8-2-3 听声指认法举例

2. 意会

（1）目的及原则

意会阶段训练的目的是让儿童更深入地理解目标词，进一步明确目标词语或词组区别于其他同类事物的本质特征，从而更好地形成概念。

意会阶段应遵循多维度辨认原则，即从目标内容的多个维度的特征与同类词进行区分。

辨认阶段和意会阶段的区别首先在于二者目的不同。辨认阶段只需将目标词语与其他同类事物逐个区别开来，干扰项仅有一个；而意会阶段则是在此基础上还要对目标内容与其他相近事物进行辨析，达到综合理解目标内容关键特征的目的。比如学一个动词"拍"，辨认是区分跳、踢等同类动词，意会则将拍、跳、踢、指等动词放在一起，让儿童指认或演示该动作。在内容安排中，可逐渐增加难度，从意会拍、跳、踢、跑到拍、指、拿、捏。前面一组词语中仅有"拍"是手部动作，其余均是腿部动作，而后一组则所有动作均是手部动作，但动作的方向（路径）、速度和力量都不同。再比如学习词语"苹果"，辨认时只要知道苹果和香蕉（或另一种水果）是不同的，意会时则要区分苹果、香蕉、西红柿、桃子、橙子等是不同的，苹果是独特的形状、颜色、质地和味道的组合。辨认和意会的不同还体现在干扰项上。① 干扰项的数量。辨认时，干扰项数量一般只用1个；而意会时，在同等内容的指认上，干扰项的数量会随儿童能力水平逐渐增加到2个及以上。② 干扰项的维度。辨认时，干扰的维度比较简单，比如真实的苹果和香蕉；而在意会时，则是区别简笔画的苹果和香蕉，也可通过味道区别苹果和香蕉。

（2）方法

适用于意会阶段的方法是听声指认法，比如苹果的本质特征是形状和味道，那么就可以在不同水果的简笔画中找出"苹果"（见图8-2-4），或通过让儿童品尝不同水果的味道来找出"苹果"（见图8-2-5）。需要注意的是指认时所使用的的媒介应从实物开始，然后再逐步过渡到图片。图片也应从实物照片开始，逐步过渡到线条画。

图8-2-4 形状

图8-2-5 味道

（三）表达

1. 复述

（1）目的及原则

复述阶段训练的目的为引导儿童模仿康复师或语言能力较好儿童的发音，从而为自主命名奠定基础。复述阶段的实施，一般有以下两项原则：一是词语训练的内容应是儿童想要或喜欢的事物，为儿童创设多次表达的机会；二是词语的语音清晰度应考虑儿童语音发展的历程。大部分儿童的语音发展都有一个从模糊到清晰的过程。早期词汇学习更应该注重儿童的发音兴趣，有目标词的语音包络即可，而不要过度强调清晰度。如果儿童发音有误，可以不动声色地再创设示范机会，并结合正确的发音示范让儿童模仿。切忌对儿童说，"不对，再说一遍"。

（2）方法

该阶段可使用示范模仿法。示范模仿法是指康复师通过自身规范化的语言，为儿童提供语言学习的样板（有时也可以请语言能力发展较好的儿童来示范），让儿童在良好的语言环境中自然地通过模仿进行学习。如在教授指物名词"苹果"时，康复师示范说"苹果"，儿童观察、聆听，然后模仿发音。需要注意的是康复师在示范时语言应规范和明确，同时康复师还要把握好示范的时机。另外，康复师还应根据儿童的具体表现，妥善使用强化方法。

2. 命名

（1）目的及原则

命名阶段训练的目的是让儿童在面对代表目标词的实物、图片或视频时，能自主、准确、快速地说出其名称。除要遵循复述阶段的原则外，一般还应遵循以下四项原则：① 理解先行原则，命名的前提是相关词汇已在儿童大脑中建立了表征，儿童能提取相应语言形式进行表达；② 提供丰富的材料或场景，为儿童创设多次表达的机会；③ 言语清晰度可根据儿童当前言语构音的能力而定，如果儿童未掌握目标词语的发音，那么儿童只能命名部分音节也可，如果儿童已掌握目标词的发音，那么表达阶段即要求其清晰地命名；④ 可根据儿童的能力适当加入快速连续命名词语能力的训练，如拿3个苹果，让儿童跟随手指的速度命名，手指苹果的速度可逐渐加快。

（2）方法

此阶段可使用词汇提示法。词汇提示法是对儿童词语或词组进行自主命名训练的基本方法，即当儿童自主命名无反应或命名错误时，康复师可通过一些提示，如词首音、口型或动作提示帮助儿童准确命名。如在命名动作"吃"时，康复师可用"张嘴咀嚼"的动作提示儿童；除了动作提示外，还可以采用语音提示，如在描述"苹果"时，康复师可以说"哦，这是苹……（停顿）"。提示方式的选择应根据儿童的回应有所不同，如果儿童能够复述，只是不能自主命名，此时康复师可采用提示词首音的方法；如果儿童此时没有回应，康复师可采用其他提示，如口型或动作提示；提示后若儿童仍不能完成,康复师可直接告诉儿童,让儿童复述。但最终训练结果应是在没有任何提示或辅助下,儿童能自主命名目标词语或词组。

(四) 运用

1. 目的及原则

词语或词组的运用指的是将所学内容在日常生活中进行灵活使用。该阶段的训练主要有以下两个目的。一是能在日常生活中逐步加深对目标词语的理解。例如,在训练中学过"苹果",在生活中遇到各种苹果,如红苹果、黄苹果、切了一半的苹果、只剩苹果核的苹果等都能认出来,增加对概念的外延。另一个是灵活表达,创设机会让儿童能在不同的情境中对不同的人都能灵活使用所习得的词汇进行表达。

在运用阶段一般有两项原则:① 在自然情境中发现并创设儿童已习得词语运用的机会,内容应最大限度地贴近儿童的学习和生活;② 应努力与家长合作,力求帮助儿童在真实的生活环境中运用。

2. 方法

运用阶段可用的方法包括情境迁移法、分类游戏法、词汇搭配法和词汇定义法。

(1) 情境迁移法

情境迁移法是指康复师通过设计至少五个不同的情境来泛化儿童对所学词语或词组的理解和表达,帮助儿童将所学内容应用于实际生活。如在儿童能够理解和表达名词"苹果"后,康复师在点心时间创造机会使儿童理解和表达"苹果",或指导家长带儿童去超市里买"苹果"并在家里餐桌上放"苹果",让儿童理解和表达"苹果"。

(2) 分类游戏法

分类游戏法是指康复师通过一些简单的归类游戏引导儿童对所学内容进行分类学习,帮助儿童从类属的角度深入理解所学内容,同时也促进儿童理解并建立类概念。如能够在一堆水果中找出并命名所有的苹果,或在苹果、香蕉、汽车、飞机等中找出所有的水果。

(3) 词汇搭配法

词汇搭配法是指在儿童对目标词有一定掌握程度的基础上,康复师通过词语的常规搭配来促进儿童的表达,并丰富儿童的词汇量。在动词及词组训练中,常规搭配主要是指主谓词组(如小猫—喵喵叫、小狗—汪汪叫、飞机—起飞、警察—抓坏人等),动宾词组(如踢—足球、吃—香蕉、玩—玩具、戴—围巾等)和功能搭配(如牙刷—刷牙、脸盆—洗脸、香皂—洗手、扫帚—扫地等)。在形容词及词组训练中,常规可搭配出偏正词组,如金色的太阳、美丽的鲜花等。词组搭配也可以通过填空的形式展开,如小猫_____,踢_____,美丽的_____,(什么样)_____的鲜花等等。

(4) 词汇定义法

词汇定义法是指在儿童能理解和表达某个目标词汇后,康复师通过引导儿童使用其他词汇或语句去描述该目标词汇的方法。该方法可帮助儿童建立目标词汇与说明描述之

阶梯式词汇理解与表达能力训练

间的语义联系。比如在儿童学会名词"狗"以后,引导儿童从功能、特征、类别等方面描述"狗",如"它是一种动物,喜欢吃骨头,会'汪汪叫'"。在儿童学会动词词组"拍手"以后,引导儿童对动词词组"拍手"进行描述,如"它是一个动作,两只手合起来,可以表示欢迎"。在儿童学会形容词"慢"以后,引导儿童使用该形容词,如"像乌龟一样慢"。

阶梯式词汇理解与表达能力训练的模拟案例参见视频资源。

二、常见临床表现及对策

(一)常见临床表现

在语言障碍儿童学习词和词组的过程中,常见的临床表现如下。

1. 无反应

无反应是指当康复师要求儿童对某一词语指认或命名时,儿童无反应。有时儿童可能会直接回答"我不知道",本书也将此类表现归为无反应。

2. 语音错误

语音错误是指儿童在进行词汇表达时,发音与目标音包络相似但难以让人听清,如将"菠萝"发成"wo wo"。

3. 不相关描述

不相关描述是指儿童在进行词语表达时,儿童使用一个与目标词在意义和发音上都不相关的词或描述性词组,如将"小偷"说成"去扔垃圾",或将"硬的"说成"圆的"。

4. 下位替代

下位替代是指儿童选择或表达的词汇在语义内涵上比目标词更具体,如将"蔬菜"说成"西红柿"。

5. 上位替代

上位替代是指儿童在进行词语表达时用高一级的类概念代表目标词,如将"菠萝"说成"水果",或将"酒杯"说成"杯子"。这一类型的错误在儿童名词表达时出现率较高。

6. 同位替代

同位替代是指儿童选择或表达的词汇与目标词在语义上隶属同一类属,但与目标词内容不相符,如将"菠萝"说成"火龙果"或"柠檬"。

7. 相关描述

相关描述是指儿童在进行词汇表达时，对目标词进行功能、特征和细节的描述性解释，如将"衣架"表述为"晾衣服用的"。这也是各类词语表达中最常见的一种错误类型。出现这种现象一般存在两种可能：① 儿童没有习得目标词语，在表达时描述与之相关的内容，如功能、特征和类别等；② 儿童已初步习得词汇但尚未能熟练使用。

8. 新造词

新造词是指儿童用不存在的、已习得的词语的部分内容组合新创造的词语描述看见的物品或图片，如将"骆驼"命名为"马驼"。

9. 找词困难

找词困难是指在语言处理的过程中，无法依据情境、刺激或是语义情境需求而检索或提取某个词汇，存在无法将其说出来、写出来或是无法完全解释其义的问题。一般表现为命名速度慢、词汇缺失和词序错乱。

（二）对策

语言障碍儿童在词汇学习中可能会出现上述 9 种临床表现，针对临床表现常见对策如下。

1. 无反应

当儿童在词汇学习中"无反应"时，反映了儿童词语理解和表达能力的匮乏，康复师可采用词语学习的阶梯策略进行干预。

2. 语音错误

当儿童出现"语音错误"时，康复师首先要判断是否需要对其先进行构音训练。如果儿童词汇量接近于同龄儿童，此时需要考虑进行构音训练，可参见本书第十章语音感知与产生的训练策略。如果儿童词汇量还比较少，则词汇训练不必过拘泥于儿童的发音，有目标音的语音包络即可。

3. 不相关描述

当儿童出现"不相关描述"错误时，说明儿童对目标词的理解和表达存在困难，康复师可采用词语学习的阶梯策略进行干预，尤其是加强理解阶段的训练。同时，考虑选择不相关描述的词汇进行训练，使儿童对所使用词汇的概念进一步明确。

4. 下位替代

当儿童词汇学习出现"下位替代"错误时，康复师可采用分类游戏法进行干预，相关内容参见本节"运用"部分的分类游戏法。

5. 上位替代

儿童在词汇学习中出现"上位替代"词汇错误，康复师通常可采用"快速列名法"进行干预。快速列名法是指康复师引导儿童快速说出一系列同一种类的词汇的方法，例如"快速说出四种动物"。在训练中运用该方法进行教学时有以下几个步骤（以列举四种动物为例）：第一，康复师通过图卡（或模型）与学生一起排列各种动物；第二，康复师带领儿童识记各种动物的名称；第三，儿童能在图卡（或模型）的提示下列举出三种动物；最后，儿童可以自己列举出4种动物的名称。在快速列名法中，康复师可将"列举名称的个数"和"列举所需时间"作为训练的难度梯度进行控制。当儿童已形成初步的类概念，但下位概念词汇数量较少时，康复师也可通过列名的方法帮助儿童建立目标词与其所属类概念的联结。比如儿童"水果"的下位概念词汇数量较少，已学过词语"香蕉、苹果、葡萄、橘子"后，只知道苹果和香蕉是水果，不知道葡萄和橘子也是水果，此时康复师就可以通过列名的方法将词语"葡萄""橘子"与类概念"水果"联系起来，帮助儿童建立子概念与类概念的联结。

6. 同位替代

对于儿童词汇学习中出现的"同位替代"错误，一般可采用"词汇比较法"进行训练。词汇比较法是指康复师引导儿童从不同方面综合比较两个或多个词语的相同点和不同点，从而加深儿童的理解。这种方法既适用于出现"同位替代"错误的词语训练，也适用一些成对概念的词语或词组的训练，如方位名词（上/下）、存现动词（有/没有）、判断动词（是/不是）、空间形容词（大/小和粗/细等）及相关词组等。比如当儿童将"菠萝"命名为"柠檬"时，可以从外形、味道等方面比较其不同点，可以从颜色、类属等方面说明其相同点，从而帮助儿童区分"菠萝"和"柠檬"。再例如，当儿童将"拍球"命名为"踢球"时，康复师可以从动作产生的部位和动作的运动轨迹比较其不同点，从施事的对象说明相同点，从而帮助儿童区分"拍球"和"踢球"。

7. 相关描述

如果儿童未曾学习目标词语，康复师可根据词语学习的策略进行干预。如果儿童在命名时出现了"找词困难"，用与目标词语相关的内容来描述该词语，可采用下文中"找词困难"中的方法进行解决。

8. 新造词

当儿童在词汇学习中完全不理解目标词，用不存在的词进行表达时，康复师也可采用词语学习的阶梯策略。同时应注意，新造词往往是已学习词语的叠加，如将"骆驼"说成"马驼"，在训练时还应区分"马"和"骆驼"。

9. 找词困难

当儿童在词汇表达时出现"找词困难"时，康复师可采用停顿加载法、语义联想法、语义网络法、猜词游戏法和快速列名法进行干预。

（1）停顿加载法

当儿童出现焦虑和紧张时，康复师可让儿童先停下来，深呼吸平缓情绪后再尝试说，由此促进儿童语言的表达。这样可以避免儿童因为压力出现"找词困难"或者表达错误。该方法的重点不在于停顿，而在于加载。比如当儿童无法说出"被子"时，康复师可让儿童先停下来深呼吸再尝试说。

（2）语义联想法

语义联想法是指康复师引领儿童通过联想中介将词之间的意思联系起来，使儿童通过已经习得的词激活有语义联系的词，促进其语言理解与表达。该方法着重加强心理词典中词汇与词汇之间的联系。比如在学习指物名词"医院"时，康复师可引导儿童联想"医生、护士、打针、吃药"等与"医院"相关的人物或活动等。

（3）语义网络法

语义网络法是指康复师通过构建语义网络来帮助儿童梳理已经存储的词汇，提高儿童词汇寻找的效率。语义网络法分为三个步骤。首先，师生一起开展以某个词为中心的联想相关词的活动，这一步需要尽可能多联想并制成相关词汇表。其次，将词表中的词汇根据语义关系进行分类。最后，画出语义网络图（如图8-2-6）。在联想关联词的过程中，康复师可仔细观察儿童所列相关词是否存在类别缺失、数目过少等情况。在观察的基础上，康复师可针对性地进行扩充语义网络的训练。

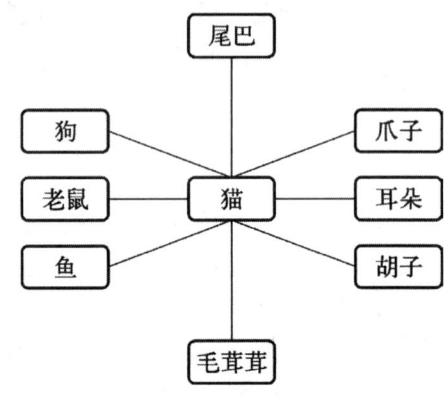

图 8-2-6　"猫"的部分语义网络示意图

（4）猜词游戏法

猜词游戏法是指康复师通过对目标词语进行描述，然后让儿童"猜一猜"，由此加深儿童对目标词语的理解，同时也促进儿童的表达。比如在猜名词"猫"时，康复师可如此描述"它是一种动物，会'喵喵叫'，喜欢吃鱼"，让儿童根据描述猜出词语，可结合前文"上位替代"中的快速列名法。

词汇的学习将经历漫长的过程，前50个词的学习仅是为儿童词语的学习奠定基础的过程。词汇学习内容将由具体到抽象，且抽象的内容应与以往学习的具体形象的内容相联系，与特定的生活经验相联系，才能更好地帮助儿童理解和表达相关词汇。

第九章

句子理解与表达能力的训练

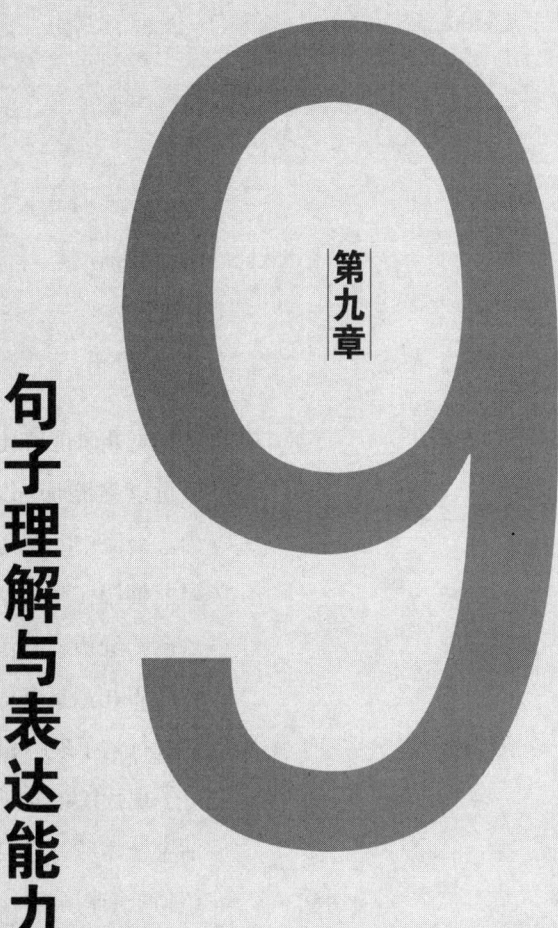

当儿童能够比较稳定地掌握部分词语和词组后可以逐步训练以句子为基本单位进行交流的能力。交流中儿童不仅需要听懂别人说的句子，也要能够用完整的句子去表达出自己的要求、分享自己的经历或心情、提出问题等等。为了能让语言障碍儿童更好地掌握句子，基本词汇训练之后需进行句子理解和表达能力的训练。

　　现代汉语句子种类繁多且复杂，但在日常生活中使用频率较高的句子相对集中。本章重点介绍句子结构全面且具有代表性的陈述句和疑问句，以及这两类句子在理解与表达能力训练时所使用的策略和方法。祈使句和感叹句的训练建议在日常生活中结合特定情境进行。

句子理解与表达能力训练的内容

第一节

句子数量庞大且种类繁多。因此为语言障碍儿童挑选合适的句子训练内容，对于康复师而言是一项具有挑战性的工作。本节将根据儿童日常生活中的表达需求对句子类型进行梳理，总结出陈述句和疑问句回应与发起能力训练的主要训练内容。

一、定义和组成

句子是具有一个语调，能够表达一个相对完整的意思的语言单位。现代汉语的句子有多种分类方式。在句类方面，根据汉语表达语气将句子分为陈述句、祈使句、疑问句、感叹句；在句型方面，基于汉语句子语法结构分为单句与复句；在句式方面，根据句中出现的特殊标记划分类型，如"把"字句、"被"字句等。详见第三章第五节。

二、陈述句理解与表达能力训练的内容

（一）陈述句的定义

陈述句主要用来表达一个事实或者说话人的看法。陈述句突出陈述语气，要求句子结构完整，语义信息明确。儿童陈述句理解与表达能力训练侧重于句子的基本结构训练。训练中需考虑语言障碍儿童以形象思维为主的特点，应注重方法的直观性。

（二）主要训练内容

陈述句的主要训练内容包括肯定式陈述句、否定式陈述句、特殊陈述句，其内容举例详见表9-1-1。

表 9-1-1　陈述句的训练内容及举例

内　　容		举　　例
肯定式陈述句	无修饰句（单句）	阿姨洗苹果。
	简单修饰句（单句）	漂亮的阿姨洗苹果。
	顺承复句	先把苹果洗干净，再吃掉。
	因果复句	因为外面下雨了，所以出门要打伞。
否定式陈述句		你的话我不太明白。
特殊陈述句	把字句	阿姨把苹果洗了。
	被字句	葡萄被阿姨吃了。
	双重否定句	你不能不吃。
	含疑问代词的陈述句	什么都不吃。
	比较句	苹果比葡萄大。

三、疑问句理解与表达能力训练的内容

（一）疑问句的定义

疑问句是日常生活中用于提出问题、询问情况的句子，它与陈述句、感叹句、祈使句的最大区别是疑问语气。一般可分为是非疑问句、特指疑问句、正反疑问句和选择疑问句四类。

疑问句包括提问（发起）和回答（回应）两方面。在提出问题的过程中，首先要求提问者理解疑问词，并能够做出相应的语义解释，筛选并使用正确的疑问词询问想要了解的信息，然后基于一定的语法规则编码词语形成疑问句。在回答问题的过程中，要求回答者把这个问题分解成已了解的信息和需要提供的信息，然后从记忆中（或从呈现在面前的图片中）搜索与已有信息相匹配的内容，并加以提取，将其放在疑问词的位置上代替疑问词，形成陈述句回答问题[1]。

（二）主要训练内容

根据疑问句的分类我们可以将疑问句的训练内容分为是非疑问句、特指疑问句、正反疑问句和选择疑问句。

1. 是非疑问句

是非疑问句是提问者提出问题，要求他人回答"是"或"否"的疑问句。例如：这

---

[1] 缪小春. 幼儿对疑问词的理解 [J]. 心理科学通讯，1986，(5)：1-5.

是你的糖吗？两岁的儿童已经可以理解和表达是非问句，这也是儿童最早理解和表达的疑问句之一。

2. 特指疑问句

特指疑问句是用疑问代词代替未知的部分进行提问，要求对方针对未知的部分做出回答的疑问句。例如："谁、什么、哪里、做什么、为什么、怎么了、什么时候"。两岁的儿童已能表达"什么"和"哪儿"，而"为什么"和"怎么了"随着年龄的增长逐渐出现。特指疑问词虽然数量有限，但在句中表达同一个含义时，可能会有不同的表述形式。例如，询问地点时，可以问"这是哪里？"，也可以用"这是什么地方？""这是哪儿""这是何处""这是哪条路"等进行提问。询问时间时，可以用"这是什么时候？""现在几点了""啥时候去"等进行提问。

3. 正反疑问句

正反疑问句是使用肯定和否定叠和的方式进行提问，希望对方从肯定和否定的内容中做出选择的疑问句。例如："要不要喝水？"儿童在一岁半至两岁之间已经能够理解和表达正反问句。常用的正反疑问句有"好不好""要不要""行不行""是不是"等。

4. 选择疑问句

选择疑问句是提出两种或两种以上的选项，让对方从中进行选择的疑问句。选择问句经常使用"A 还是 B""是 A 还是 B"等固有格式。例如："是买苹果还是买香蕉呢？"儿童大概在一岁半能理解选择疑问句，但是在三岁至四岁半时才能正确表达选择疑问句。

陈述句理解与表达能力训练的策略及方法

语言障碍儿童常表现出句子结构不完整，句式单一，句子运用缺乏灵活性等情况。临床上句子的训练内容较为随机，训练方法也缺乏系统性。陈述句是儿童最常用的句类，且结构类型包含了所有的句式结构，对其他句类的学习有很大帮助。为更好地促进儿童陈述句的学习，本节重点围绕陈述句的训练策略和方法展开。在陈述句学习的过程中，如果遇到新词也应帮助儿童意会新词的含义。另外，如果儿童句子中的语音清晰度远低于同龄儿童，则可以在句子训练的同时增加语音训练，帮助儿童清晰有效地表达。

一、阶梯式陈述句理解与表达能力训练策略

陈述句的掌握主要体现为儿童能理解他人所说的句子，并能运用相应的句式表达自己的观点。主谓宾完整的句子的产生往往要到儿童两周岁以后。大部分正常发展儿童在掌握100个词之后即会表达完整句，而有的正常发展儿童可能会出现两岁之后才开口，但一开口就是完整句的现象。这种与儿童的个性及遗传和环境因素有密切的关系，无好坏之分。但语言障碍儿童则会出现长时间停留在词语阶段的现象，很多语言障碍儿童甚至已经会说100个词了，却不能形成完整句。为更系统地促进儿童完整表达，本书提出了阶梯式陈述句理解与表达能力训练策略，如图9-2-1所示。横轴代表陈述句的发展水平，由低到高分为体验、理解、表达和运用四个阶段。儿童需在生活中首先体验（感受）陈述句所对应的施事、受事之间的关系，然后建立对句子中主要词语、符号及其组合顺序的理解，再建立起把词语组织起来按语法顺序表达完整句意思的过程。然后再通过句式仿说，将同一句式用在不同的语义内容中。最后，将习得的句式在日常生活中灵活表达。一般在训练中，句子以表达为主，切忌在训练中，仅让儿童背诵相关内容，而不对理解作任何要求。因为语言障碍儿童训练是以运用为目的。即使有些儿童会出现不太理解句子

而会表达的情况,实际训练中也应该加强理解,不理解的句子对儿童来说都是缺乏功能性的,难以达到真正的运用层面。纵轴是训练内容,训练可由无修饰单句开始,向含有一个修饰词的陈述句训练提升,再提升到含有两个修饰词的陈述句训练,最后学习复句,而且每一个能力阶梯配有相应的训练方法。

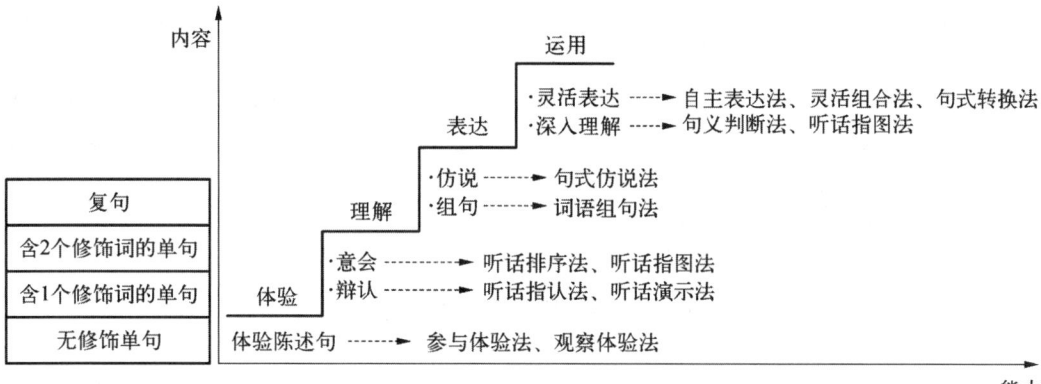

图 9-2-1　阶梯式陈述句理解与表达能力训练的策略

(一)体验

1. 目的及原则

体验阶段训练的目的是促使儿童调动视、听、触等方式感知陈述中相关的人、事、物的关系,建立起相关的认知表征,唤醒之前的认知经验。如主语、谓语、宾语、定语等成分,感知这些成分在句子中的先后顺序,感知句子基本语义,从而形成初步的认识。陈述句体验时,需遵循的原则包括:① 在体验阶段充分建立施事与受事之间关系的认识;② 选取的句子体验内容要贴近儿童的日常生活,尽可能是实物实景。

2. 方法

(1) 参与体验法

参与体验法指康复师设计游戏或创设情境引导儿童直接参与沟通的过程。例如康复师带领儿童亲手完成洗苹果的过程,建立儿童对"××洗××"这一句式的表征,儿童一边洗一边听康复师说目标句"宝宝洗苹果",引导儿童初步感知"宝宝洗苹果"这一句子。

(2) 观察体验法

观察体验法指康复师或家长创设机会让儿童观察所需目标句式中人与事物关系,媒介可以是录像、图片或其他符号等。例如让儿童观看阿姨洗苹果的场景,康复师说出目标句,引导其对"阿姨洗苹果"这一句子进行感知。

(二)理解

陈述句理解阶段的训练可以分为辨认和意会两个分目标。

1. 辨认

（1）目的及原则

辨认的目的是让儿童在感知句子基本结构、语序及语义的基础上，通过辨别陈述句中正确信息与干扰信息来初步理解陈述句，掌握句子的内容信息。陈述句辨认阶段的训练需要遵循的原则有：① 如若儿童因未掌握词语而难以准确辨认句子，则可以在句子学习前学习词语，从而为整句学习奠定基础；② 辨认阶段的干扰项数量仅限一个；③ 从综合辨认多个成分向精细辨认过渡；④ 如果句子含修饰词，则先辨认主干，再辨认修饰词部分，例如先辨认"阿姨洗红色的苹果"和"叔叔切红色的西红柿"，再辨认"阿姨洗红色的苹果"和"阿姨洗绿色的苹果"。

（2）方法

辨认阶段的训练常用方法有听话指认法和听话演示法。

① 听话指认法。

听话指认法是指康复师向儿童描述陈述句，儿童根据所理解的句子信息指认出所对应的内容。例如康复师先出示"阿姨洗苹果"和"叔叔切西红柿"两张主、谓、宾均不相同的图（见图9-2-2），然后对儿童说"我来说一说，你来指一指。阿姨洗苹果。"儿童根据听到的句子信息指认所对应的图片。当儿童指认正确后可提升难度，引导儿童辨认主语和宾语有差异的句子，如"阿姨洗苹果"和"叔叔洗西红柿"。下一步则是过渡到辨认仅宾语存在差异的句子，如"阿姨洗苹果"和"阿姨洗西红柿"；或者仅主语存在差异的句子，如"阿姨洗苹果"和"叔叔洗苹果"。最后则是辨认仅谓语存在差异的句子，如"阿姨洗苹果"和"阿姨切苹果"。

阿姨洗苹果　　　　　　　　　　叔叔切西红柿

图9-2-2　听话指认法示例（辨认主谓宾）

② 听话演示法。

听话演示法是指康复师说出陈述句，儿童动手演示出句子所指的内容。例如康复师准备好各种仿真水果模型、玩具刀和人物模型（男孩女孩），然后对儿童说"男孩吃苹果"，儿童就拿起仿真的苹果模型演示给男孩吃苹果；然后康复师再说"男孩切苹果"，儿童则拿起男孩的手演示切苹果动作。如果康复师是面对多名儿童进行陈述句训练时，则可以更换句子的主语进行练习。例如康复师可以引导多名儿童进行"听一听，做一做"的游戏，康复师说"甜甜切玉米"时，叫甜甜的儿童则演示切玉米的动作，康复师说"西西切胡萝卜",叫西西的儿童则演示切胡萝卜的动作。

2. 意会

（1）目的及原则

意会的目的是令儿童能够精确理解句子各部分的内容,并掌握主谓宾等成分在句子中所对应的位置和顺序,进而能够从句义和句法的层面上理解陈述句。意会阶段的训练原则：① 干扰项的数量增加到两个及以上；② 干扰项与目标项之间的差异逐步缩小；③ 先让儿童明确主语、宾语在句子中的含义及位置,再掌握谓语以及其他修饰成分的含义及位置。

（2）方法

① 听话指图法。

为帮助儿童从句义层面上掌握陈述句,康复师可采用听话指图法。康复师出示 3 张及以上句子之间仅存在单一成分差异的图片,让儿童从中选出与目标句一致的图片。例如让儿童从"阿姨洗苹果"（目标句）、"叔叔洗苹果"（仅主语不同）、"阿姨切苹果"（仅谓语不同）、"阿姨洗西红柿"（仅宾语不同）这 4 张图片中选出"阿姨洗苹果",见图 9-2-3。后续难度可逐渐增加。先给双条件的陈述句,如"阿姨洗苹果""叔叔洗苹果""阿姨切苹果""叔叔切苹果"；再在此条件上增加 4 个句子,形成三条件陈述句,如"阿姨洗西红柿""阿姨切西红柿""叔叔洗西红柿""叔叔切西红柿"。

   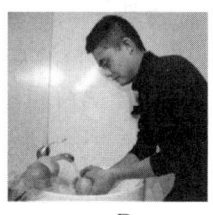

A　　　　　　　B　　　　　　　C　　　　　　　D

图 9-2-3　听话指图法示例

② 听话排序法。

为帮助儿童从句法层面上掌握陈述句,康复师可采用听话排序法。康复师将句子的主语、谓语、宾语等分割并打乱,让儿童根据听到的句子将打乱的内容重新排列成语序正确、结构完整的句子。康复师准备好"阿姨""洗"和"苹果"三张图片,然后将图片顺序打乱。康复师对儿童说"听句子,把图片按顺序排好",让儿童按照"阿姨洗苹果"这一句子的主谓宾顺序将图片排列起来,如图 9-2-4 所示。

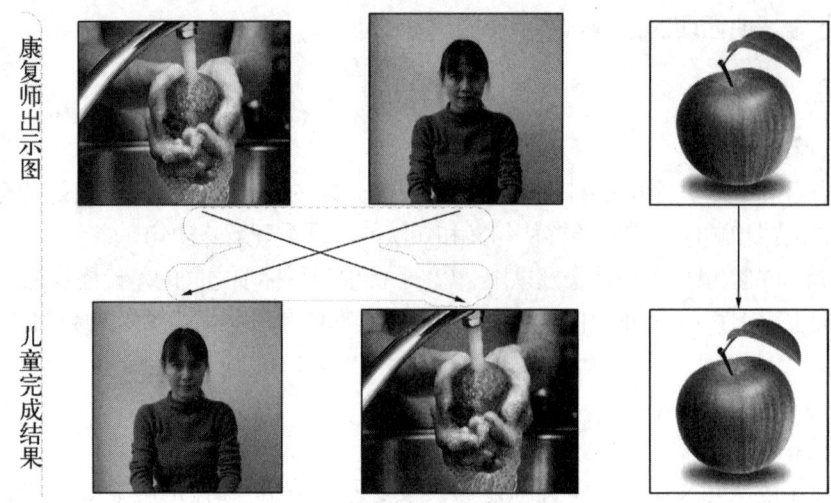

图 9-2-4　听话排序法示例

（三）表达

句子表达能力是在理解句子的基础上，独立地将其完整且准确地表达出来的能力。陈述句表达阶段的训练有组句和仿说两个分目标。

1. 组句

（1）目的及原则

组句的目的是让儿童能够根据陈述句的语序组织词语，然后在图片提示下表达出语序恰当的完整句。组句阶段的训练需要遵循的原则是：① 图片所示的词语应该是儿童已经能理解和命名的词语；② 开始组句子时尽可能使用一些固定搭配的内容，再逐步增加灵活组织的内容。例如，可先组句"小猫吃鱼""小狗吃骨头"，再组句"阿姨吃苹果""阿姨吃西红柿"等。需要注意的是儿童在陈述句的训练过程中往往会出现缺失动词的现象。

（2）方法

词语组句法，是指康复师给儿童基本的词语卡片，让儿童按正确的陈述句语序将图片排好，并将句子表达出来。例如，康复师给儿童三张卡片，分别是"苹果""阿姨"和"洗"，让儿童自己按照"阿姨""洗""苹果"的顺序排列图片，再说出完整的句子"阿姨洗苹果"。

2. 仿说

（1）目的及原则

仿说的目的是让儿童根据所提供的例句，在不改变句法结构的情况下替换句子中不同的成分，帮助儿童从机械复述过渡到有变化的表达，进而帮助儿童掌握陈述句的句法结构，实现有效表达。仿说阶段需要遵循的原则是：① 进行仿说的训练时，可先让儿童替换句子的局部，再逐渐过渡到替换完整的内容；② 刚开始用于替换的词语应该是儿童已经学会的词语，当儿童熟练使用该句式后，可加入部分新词，实现随句学词。

（2）方法

句式仿说法，是指儿童能够提取和迁移示范句式的语法结构并用以描述新的具体内容的方法。例如康复师先让儿童根据"阿姨洗苹果"仿说"阿姨洗西红柿"，即仿说句式"阿姨洗××"，替换宾语"苹果"为"西红柿"。具体操作方式如下：康复师指着准备好的图片对儿童说："我来说左边，你来说右边。用同样的句子结构。"然后康复师指着左边的图片说"阿姨洗苹果"，引导儿童指着右边的图片说出句子"阿姨洗西红柿"，如图9-2-5所示。儿童能够较为熟练替换宾语之后，再用同样的方式引导儿童仿说句式"××洗××"，根据"阿姨洗苹果"仿说"叔叔洗西红柿""叔叔洗胡萝卜"等。

阿姨洗苹果

阿姨洗西红柿

图 9-2-5　句式仿说法示例

（四）运用

陈述句运用阶段重点训练儿童灵活运用已掌握的句式结构的能力，尤其是将该结构迁移到不同情境中进行恰当表达的能力。陈述句运用阶段的训练目标分为深入理解和灵活表达两个分目标。通常至少两组句式理解和表达结束后，再正式进入运用阶段。该阶段要求儿童能够面对不同对象、不同场景练习运用所学句式。

1. 深入理解

（1）目的及原则

深入理解的目的是让儿童能够更加深入地理解不同环境中的陈述句的内容及结构。训练时应遵循情境多元化，训练形式自然化的原则。

（2）方法

为使儿童能够深入理解句子，可使用句义判断法和听话指图法。

句义判断法是指康复师看图说句子，然后引导儿童快速判断康复师说出的句子是否与图片信息一致，或两句话含义是否一致。在此过程中康复师可以故意犯错，引导儿童作为"小老师"纠正康复师的错误，为康复师提供正确的示范。例如在儿童已经学完"××洗××"和"××切××"两个句子之后，康复师出示"阿姨洗苹果"的图片，提问儿童："这是'阿姨切苹果'对吗？"然后请儿童纠正错误并示范："不对，这是'阿姨洗苹果'。"之后还可以迁移到"妈妈洗苹果""宝宝洗苹果""妈妈切苹果""叔叔切胡萝卜"等3种以上人物和场景中。

听话指图法同样可以用于深入理解能力的训练，但其难度要高于陈述句理解阶段，儿童需要在更加复杂的干扰信息中，找出与目标句内容一致的选项。例如，康复师可以将人物"阿姨、叔叔"，动作"吃、切、洗"，物品"水果、西红柿"随机组合成为多个句子，让儿童听句子指认相应的图片。

2. 灵活表达

（1）目的及原则

灵活表达指的是儿童根据不同情境做出相应表达的能力，其目的是帮助儿童将所掌握的陈述句在不同情境中根据要求或自己需求恰当地表达。训练时应遵循场景多样化和生活化的原则，切实为儿童在生活中的沟通提供支持。

（2）方法

为达到灵活表达的目的，可采用自主表达法、灵活组合法和句式转换法进行训练。

① 自主表达法。

指儿童根据康复师所给出的任务要求或情境自主组织语言进行表述的方法。例如进行"××洗××"句式训练，康复师准备好训练所需的8张及以上卡片，然后随机抽取其中一张图片并给出任务要求："看图片说一说。小辉在做什么？"让儿童根据句子结构提示回答出完整句。当儿童能够完全自主表达之后，撤销问题提示，让儿童完全根据兴趣自主选择喜欢的图片进行完整表达。

② 灵活组合法。

指康复师出示打乱顺序的人物、动作、物品、地点等信息，让儿童根据陈述句的语序将词语灵活组合为多个句子，再按照正确的语序表达出完整的陈述句。例如康复师出示"阿姨""叔叔""洗""切""苹果""西红柿"6张图片（见图9-2-6），让儿童将图片用多种方式组合起来表达不同的句子，6张图片可以组合为多个句子，如"阿姨洗苹果""叔叔洗苹果""阿姨和叔叔洗苹果""叔叔洗苹果和火龙果""阿姨先洗苹果，然后切苹果"等等。

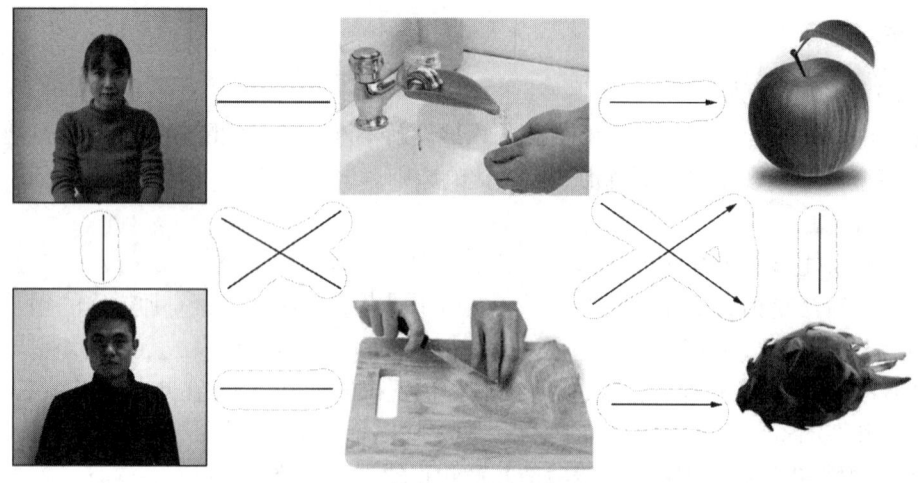

图 9-2-6　灵活组合法示例

③ 句式转换法。

该方法一般用于提升儿童句子表达的灵活性,即在不改变句子语义的情况下,用另外一种句子形式把语义表达出来。例如"把"字句与"被"字句的转化:"小红把花瓶打碎了"与"花瓶被小红打碎了"进行转换。也可以转换成一般的陈述句"小红打碎了花瓶"。

阶梯式陈述句理解与表达能力训练的模拟案例参见视频资源。

阶梯式陈述句理解与表达能力训练

二、常见临床表现及对策

儿童在习得陈述句的过程中,经常会出现一些句义和句法上的问题。本书仅列出其中一部分较为常见的临床表现,并介绍针对性的应对方法。

(一)常见临床表现

儿童语言表达中,常会出现一些错误。在陈述句的单句表达中经常会有搭配不当、成分残缺、成分多余、语序不当、句式杂糅等问题;在陈述句的复句表达中,分句之间缺乏密切联系、结构层次混乱、关联词语使用错误等问题相对突出[1][2]。

1. 搭配不当

搭配不当主要指句子成分之间或句子成分内部词组之间的搭配不当,主要包括以下几种情况。

(1)主谓搭配不当

例如:① 马路上许多汽车飞快地向前奔跑。

② 汽车的司机驶过泥泞的道路。

例①"奔跑"多用于形容人的状态,而不能与"汽车"一起使用,将谓语"奔跑"改为"行驶"。例②"驶过泥泞的道路"的主语应是汽车,而不是司机,因而需要把"的司机"删掉。

(2)动宾搭配不当

例如:① 同学们都在忙碌着,完成举办一场跨年晚会的梦想。

② 消防员多次抗灾抢险,保护了广大群众生命财产的安全。

例①动词"完成"与宾语"梦想"搭配不当,需要将宾语改成"任务",或将动词改为"实现"。例②动词"保护"是指使不受损害,与宾语"安全"搭配不当,可以将"保护"改为"保障",或删除"的安全"。

(3)修饰语和中心语搭配不当

例如:① 同学们以崇敬的目光注视和倾听这位英雄的报告。

② 爷爷笑得那么慈祥,笑得那么耐心。

---

[1] 杨润陆,周一民. 现代汉语[M]. 北京:北京师范大学出版社,1995:351-356.
[2] 张登岐. 现代汉语[M]. 北京:高等教育出版社,2005:215-224.

例①"以崇敬的目光"与"注视"搭配,而"倾听"与"报告"搭配,因而可以将句子改为"同学们以崇敬的目光注视着这位英雄,并倾听他的报告"。例②谓语"笑"表达愉快的语义特征,而"耐心"表示有耐心、不厌烦的意思,二者搭配不当,因而需要将"耐心"改为"开心"。

（4）主语和宾语不搭配

例如:十月的烟台是苹果大丰收的季节。

例句中主语"烟台"表示地点,而宾语"季节"表示时令,主语与宾语不搭配,因而需要将"十月的烟台"改为"烟台的十月"。

2. 成分残缺

句子主要用来表达完整的意思,当句子结构不完整时,就会出现意思表达不清楚的问题,即"成分残缺"。常见的成分残缺有缺少主语、宾语或谓语。

例如:① 老师陪小兰在校门口等了许久,终于等来了小兰妈妈,一见到妈妈就委屈地哭了起来。

② 小明在回家路上,有一个陌生人向他走来。

③ 小红获得了本学期"小明星"。

例①中涉及有三个人物"老师""小兰""妈妈",而"一见到妈妈就委屈地哭了起来"缺少主语导致句义不明确,可以在"一见到"前加上主语"小兰"。例②中,前半部分主语是"小明",而句子后半部分变为说另外一个人,陈述主体的变化致使谓语残缺,可以在"有一个陌生人"前加上词语"发现"。例句③缺少了宾语成分,可以在"小明星"后面加上"的称号"。

3. 成分多余

句子成分多余是指词义相同或成分混杂造成重复、表意不清,影响了语义表达。

例如:① 学校足球队获得参加决赛阶段的资格。

② 当时同学们正在操场进行表演舞蹈。

例①"阶段"在句子中多余,应删除。例②应去掉"进行",由动词"表演"做句子谓语。

4. 语序不当

句子中的成分都有相对固定的位置,如果安排不当,就会出现"语序不当"的问题。

例如:① 她今天早饭吃了。

② 铃声打破了安静的操场。

③ 大货车呜呜地从南面开过来了。

例①中时间状语"今天"应放在句子前,将"早饭吃"的语序调整为"吃早饭"。例②"安静"与"操场"位置颠倒,改为"打破了操场的安静"。例③状语语序不当,"呜呜地"调整到"从南面"之后。

5. 句式杂糅

句式杂糅指一个句子中有两个或两个意义以上的句子成分杂糅在一起,从而导致句子结构混乱。

例如：① 对于这项游戏活动上，他并不是很感兴趣。
　　　② 爷爷的表情严肃得十分吓人。

例①"对……"与"在……上"两个结构杂糅在一起，可以改为"对于这项游戏活动"。例②将"爷爷的表情严肃"与"爷爷的表情十分吓人"两句话拼在一起，因而可以改为"爷爷的表情严肃，十分吓人"。

6. 分句之间缺乏密切联系

例如：① 今天他因为不开心，所以上学迟到了。
　　　② 弟弟跟妈妈在公园玩时，响起一阵悦耳的铃声。

例①两个分句没有必然因果关系，可以改为"因为他今天起床晚了，所以上学迟到了"。例②前后两个分句语义失联，将"响起"改为"听到"。

7. 结构层次混乱

例如：① 儿童合唱团不仅在全市拿了一等奖，而且赢得了全区冠军。
　　　② 他已经适应了新学校，跟同学相处得很融洽，人际关系处理得很好，也得到老师们的认可。

例①前后两个分句关系颠倒，应改为"儿童合唱团不仅赢得了全区冠军，而且在全市拿了一等奖"。例②"人际关系处理得很好"是概括，可以作为第一个分句，然后再具体表述，也可以先分说，然后再总述。

8. 关联词语使用常见错误

（1）关联词语搭配不当

例如：① 我们如果能天天锻炼身体，却不会容易生病。
　　　② 无论天气多么冷，他还坚持跑步。

例①关联词"如果"与"就"搭配，而不与"却"搭配，应将"却"改为"就"。例②"无论……都……"搭配，而不与"还"搭配，应改为"无论天气多么冷，他都坚持跑步"。

（2）缺少必要关联词

例如：① 这个书包小明的，小花的？
　　　② 他走路，唱歌。

例①中缺少必要关联词将句子连接起来，可以加上"是……，还是……""这个书包是小明的，还是小花的？"例②中可以加上关联词"一边……，一边……"。

（3）错用关联词语

例如：① 只要你把小猫抱起来，它也不会醒。
　　　② 从那以后，小明上学再也没有迟到过，反而每天总是早到。

例①"只要"不与"也"搭配使用，应将"也不"改为"就"。例②"反而"使用不恰当，分句之间没有转折关系，可以将"反而"改为"而且"表递进关系。

（4）关联词语位置不当

例如：① 不仅我们要锻炼身体，而且要学习文化知识。

② 今天天气尽管不好，但是小明仍然坚持去锻炼。

例①关联词"不仅"位置不对，导致主语不能涵盖第二个分句，应将"不仅"放于"我们"之后。例②中两个分句有各自主语，因而需要将"尽管"放于"今天天气"之前。

（二）对策

为改善以上语言障碍儿童使用陈述句理解和表达时常见的临床表现，本书提出了以下的对策。其中，单句表达出现成分残缺、成分多余和句式杂糅的问题时，其应对方法相近；复句表达出现分句之间缺乏密切联系、结构层次混乱的问题时，也可采用相似的对策。

（1）搭配不当

无修饰简单句出现搭配不当，如"阿姨切苹果皮"时，康复师需要按照以下步骤来进行纠正。

① 先将训练重点放在句子和句中词汇理解上，通过听话指认法、词汇比较法等帮助儿童理解错误用语和正确用语之间的差异，让儿童意识到自己说出的句子搭配是不恰当的。

② 然后再通过复述和仿说提供示范或者加以引导，帮助儿童选择正确的词汇来搭配。

③ 最后采用自主表达法对儿童进行专项练习，并在日常生活中巩固儿童对于该搭配的掌握，提高句子迁移运用的能力。

例如儿童看到康复师削苹果的动作说"老师切苹果皮"，康复师则需要先通过词汇比较法帮助儿童理解"切"和"削"两个动词之间的差异，并使用听话指认法判断儿童是否准确理解二者差异；然后引导儿童选择"削苹果"这一搭配而非"切苹果"，并复述正确的句子"老师削苹果"；之后康复师削不同的水果和蔬菜模型，提问儿童"老师做什么？""怎么说"，儿童回答"老师削梨子""老师削土豆"等，也可以换由儿童来模拟削皮的动作，康复师问儿童答。

需注意的是，当含修饰词的单句出现搭配不当的问题时，如"贴爱莎公主的柜子是我的故事书"，则需要先将修饰句缩句，提炼出基本的句式结构，如"柜子是故事书"，之后采用以上对策进行纠正，最终改为"贴爱莎公主的柜子里有我的故事书"。

（2）成分残缺、成分多余和句式杂糅

如果陈述句中出现成分残缺、成分多余和句式杂糅时，说明儿童对于目标句式的基本结构掌握尚不充分，因此训练重点在于让儿童精熟把握句式结构。可以采用的方法有听话排序法、句义判断法和句式仿说法。例如，儿童能指认出"哥哥拍球"，但是看着哥哥拍球的图片仍描述为"哥哥球"，谓语"拍"残缺，康复师则可以准备"男孩""拍的动作"（或"××拍××"的句卡）和"球"3张图片，让儿童分别根据"哥哥球"和"哥哥拍球"按语序排列组合图片，之后再按顺序点指着图片，一边指一边说。之后再更换不同的主语和宾语，出示图片，让儿童仿说句式"××拍××"。此后也可以交换角色，由儿童出示图片，康复师仿说并在仿说过程中故意出错，引导儿童判断康复师说出句子的错误并加以纠正。

（3）语序不当

儿童表达陈述句出现语序不当时，同样说明儿童未稳定掌握句式结构，尤其是句子各个结构成分的顺序，因此可重点使用听话排序法（理解为主）和词语组句法（表达为主）。康复师准备句子成分对应的图片并打乱，然后先让孩子根据经验将图片按顺序排列，再按顺序将句子说出来，并尝试判断自己说出来的句子是否正确；之后同样需要更换不同内容，采用句式仿说法和自主表达法进行练习。

（4）复句常见临床问题

儿童理解和表达复句时常见的临床问题：一种情况是由于儿童对于分句之间的语义关系并未准确理解，所以出现分句之间缺乏密切联系、结构层次混乱等问题；另一种则是儿童未充分掌握关联词的用法，包括对关联词含义的理解，以及对关联词在句子结构中所处位置的把握。因此需先进行各分句的训练，再进行关联词的训练。

疑问句理解与表达能力训练的策略及方法

语言障碍儿童常出现不会提问，面对问句不会回应，或有疑惑却不知如何正确提问等情况。在语言康复实践中，疑问句的训练经常被忽视。提出问题是儿童语言发展和认知发展的重要途径之一。能够提出什么问题以及用什么方式提出问题，体现出儿童的语言和认知发展水平。疑问句的学习可以逐渐提高儿童理解话语、搜索和重组指示经验、表达自我思想感情等诸多能力。本节重点围绕疑问句的训练策略和方法展开。

一、阶梯式疑问句理解与表达能力训练策略

疑问句产生的条件需有"疑"和"问"两个要素。首先，儿童要发现"疑"。儿童在建立了最初的知识系统后，能注意到与已有的知识系统不相适应的事物，而该新事物与已有知识系统的不匹配使其产生惊疑。其次，儿童要会"问"。儿童有因"疑"求解的意识和"问"的认知能力，能用适合的语言形式表达"疑"，且具有"问"的语言形式，二者缺一不可。而很多语言障碍儿童却不会正确回应他人的问句，更难以主动提出问题。为更系统地促进儿童疑问句的表达，本书提出了阶梯式疑问句理解与表达能力训练策略。如图9-3-1所示，横轴代表疑问句能力的发展水平，由低到高分别是体验、回应、发起、运用四个阶段。儿童需在生活中首先体验疑问句这种"一问一答"的形式，建立起有问有答的意识，然后学习理解不同的疑问词并准确使用含不同疑问词的问句，再建立起正确的提问形式，最终儿童才能在真实的生活情境中遇到疑问时，能灵活使用不同的问句询问他人，获取信息。纵轴代表训练的内容层级，由简到难依次为是非疑问句、特指疑问句、正反疑问句、选择疑问句。

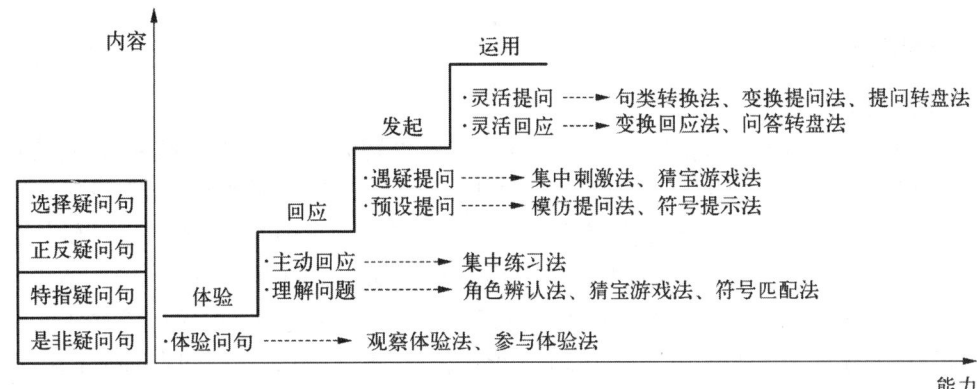

图 9-3-1 阶梯式疑问句理解与表达能力训练的策略

（一）体验

1. 目的及原则

体验是疑问句训练的第一阶段，其训练目的是促使儿童感知并关注问答模式，建立问答意识。例如儿童观看康复师作为提问者提出问题，助教作为回答者对问题予以回答的视频或者场景。一般来说体验阶段的核心任务是激发儿童对说话的形式和内容产生兴趣，让儿童能注意观察。因此进行疑问句的体验时，需遵循的原则包括：① 选取的问句体验内容要贴近儿童的日常生活；② 疑问句的提问者和回答者建议由两人完成，如果没有两人，则可借助玩具娃娃或辅助沟通板完成。

2. 方法

疑问句体验可采用观察体验法和参与体验法。

（1）观察体验法

指康复师或家长创设机会让儿童观察所需训练的人、事、物的场景、录像、图片或其他符号等。例如康复师可以引导儿童观看康复师和助教一问一答的问答游戏或自制问答动画视频，帮助儿童初步体验疑问句 A 问 B 答的角色分配。

（2）参与体验法

指康复师设计游戏或创设情境引导儿童直接参与"A 问 B 答"的过程。如康复师可采用水果、蔬菜等儿童熟悉物品的模具或图片让儿童体验"这是什么"的问答模式。

（二）回应

语言障碍儿童疑问句的回应能力训练目的是培养儿童对疑问句"A 问 B 答"这一形式的理解，并在掌握各类疑问词的基础上对他人问题作出恰当回应的能力，包含理解问题和主动回应两项内容。

1. 理解问题

（1）目的及原则

当儿童不能自主回应问题时，首先应培养儿童理解问题的能力。理解问题的核心主要是理解疑问代词。如"谁""什么""做什么"等。儿童需要理解"谁"这个疑问词表明提问者要询问的是与人相关的信息，"什么"是与物品相关的信息，而"做什么"是与动作相关的信息等。在进行理解问题的训练时，需遵循的原则有：① 疑问情境的创设要尽可能自然，引发儿童想了解答案的好奇心，建立自然的问答模式；② 由于儿童很难理解相应的疑问代词导致其对整个疑问句的理解困难，因此，疑问词的训练尤其重要，疑问词的训练要有一定的密集性，先重点突破一个疑问词，然后再逐步增加新的疑问词的学习。

（2）方法

为了帮助儿童更好地理解疑问句，可采用角色辨认法、猜宝游戏法和符号匹配法。

① 角色辨认法。

角色辨认法是指康复师或家长录制"A问B答"的小视频，通过呈现不同人物间一问一答的表达形式，帮助儿童明确疑问句中有提问者和回答者这两个角色的方法。视频内容可以是男孩指着苹果问"这是什么？"，女孩答"这是苹果"。看完视频后，康复师问儿童"谁提问题了？"，儿童能回答出"男孩（提问）"。康复师问"谁回答问题了？"，儿童回答："女孩回答。"视频中的人物可选择生活中儿童熟悉的人或者是卡通人物，且只有当儿童能够正确区分问答的角色后才可进入疑问词的理解训练。

② 猜宝游戏法。

猜宝游戏法是指康复师或家长创设不同的情境，帮助儿童理解含疑问代词的疑问句，如"这是什么""这是谁"等，从而使该儿童抓住疑问句的关键点进行准确回应的方法。当训练儿童理解"这是什么"的问句时，康复师可准备苹果、香蕉等实物或模型以及一个不透明的布袋，将香蕉放入布袋中，让儿童摸一摸，然后向儿童提问"这是什么？"，让儿童根据明显的外形特征来命名布袋中的物品，从而完成回答。在训练含不同疑问词的问句时，康复师可根据疑问词的不同设计不同的教学情境，让儿童在好奇心的驱动下，实现求知的目标，同时更好地理解相关的疑问句，并做出回答。

③符号匹配法。

符号匹配法是指康复师或家长使用符号帮助儿童理解不同的疑问代词具体询问的是什么信息的方法。如儿童能正确理解并表达"爷爷吃苹果"这一陈述句，但康复师询问他"谁吃苹果"时，该儿童回答"吃苹果"。此时，康复师可借助疑问符号，将疑问符号"谁"贴在"爷爷吃苹果"这一语句图卡上（如图9-3-2A所示），并询问儿童"谁吃苹果？"。在儿童回答时，康复师可提示儿童先揭开疑问符号"谁"（图9-3-2B），然后根据符号背后出现的人物回答刚才的问题。同理，康复师可使用疑问符号如"做什么""什么时间""在哪里""怎么做"分门别类地进行疑问代词的回应练习。当儿童能准确回应后，逐渐撤除提示。

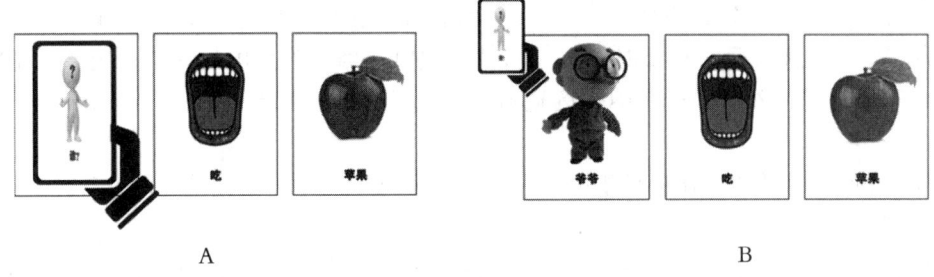

图 9-3-2 符号匹配法图示

2. 主动回应

（1）目的及原则

当儿童理解了问题后，则进行主动回应能力的训练。进行疑问句主动回应的训练时，需要遵循的原则有：① 创设丰富的材料或场景，激发儿童求知求解的欲望，为儿童提供多次表达的机会；② 若开始时儿童无法主动回应，则采取助教示范的方式帮助儿童回应；③ 撤销辅助。

（2）方法

主动回应训练可采用集中练习法。

集中练习法是指康复师提供不同的材料和情境，帮助儿童学习特定的语言交流模式的方法，借以形成技能、技巧或行为习惯。在疑问句训练中，主要是指练习形成特定的问答模式。例如，当儿童能够理解问句"这是什么？"且能够模仿回应"这是苹果"后，康复师则更换不同材料或者颜色的苹果，提问"这是什么？"并结合积极等待法等候儿童回应："苹果，这是苹果"。如儿童不能回答，则可由第三方（助教、家长或沟通辅具）辅助或示范回答。在训练的过程中逐渐撤销语言、眼神或者动作的辅助，通过集中练习的方式帮助儿童从模仿回应逐渐过渡到主动回应。

（三）发起

当语言障碍儿童具备主动回应疑问句的能力后，可开始训练其发起疑问句的能力。疑问句发起能力训练的目标是让儿童能够使用含疑问词的句子对特定内容进行提问，含预设提问和遇疑提问两个内容。疑问句发起教学虽然一开始是由康复师主导，但应逐渐转变为以儿童为主导，强化的方式也由康复师提供的强化，逐渐变成学习者自我的强化。

1. 预设提问

（1）目的及原则

预设提问是指利用儿童已知的人、物、事，让儿童向康复师或他人练习提问。此阶段第一步为模仿提问，第二步为练习提问。即在儿童不具备向他人提问的能力时，通过第三方的示范或提示辅助提问。当儿童能够模仿提问时，创设情境让儿童主动提问。预设提问的训练原则：① 预设提问中儿童需能判断他人回答的正误，即儿童本人是知道正确答案的，当他人回应不正确时，能判断他人提供的信息的正确与错误，引导儿童模仿康复师进行提问；② 回应过程中故意犯错，给儿童判断的机会。

（2）方法

预设提问的训练可采用模仿提问法和符号提示法。

① 模仿提问法。

指儿童不能预设提问时，康复师提供目标问句，引导儿童在良好的语言环境中复述问句模仿提问。如当儿童表现出对某一事物感兴趣时，康复师及时抓住儿童对事物有疑惑的时机，说出目标问句，让儿童进行模仿提问。

② 符号提示法。

指康复师呈现一系列的符号帮助儿童习得某种语言行为的方法。如康复师创设问答区（角），让戴"？"配饰的人提问，让戴"。"配饰的人回答。首先，戴"？"配饰的儿童坐在提问区，戴"。"配饰的康复师坐在回答区。儿童在问号提示下模仿提问"这是什么？"。

2. 遇疑提问

（1）目的及原则

遇疑提问是指创设真正有儿童不知道答案的环境，让儿童提问。例如，同样是提问"谁？"，可以找一张家人与陌生人的合影，让儿童提问"这是谁？"；或者给儿童一个没有明显标志的盒子，里面装有东西，让儿童跟他人玩"猜猜里面有什么？"的游戏，帮助儿童提升遇到疑问主动提问的能力。遇疑提问阶段的训练原则：① 康复师一定要注意引导儿童使用疑问的语气并配合疑问的表情进行表达，使儿童形成有疑而问的意识以及自发提问的习惯；② 疑问句的发起，其目的在于向答者寻求信息，并非要答者直接提供某样有形的物品。在遇疑提问训练时，康复师及助教要明确儿童提问后如何进行恰当回应。如当儿童询问"×××在哪里？"时，康复师应立即说出"×××在××（处所）"，而不是直接将答案所指物品给儿童。

（2）方法

① 集中刺激法。

指康复师提供新异刺激创设疑问的情境，引导儿童发起疑问句并获得相关信息的方法。例如在进行"这是什么？"的训练时，康复师呈现大量儿童还未习得物品的实物和图片，引导儿童主动提问"这是什么？"，康复师回应儿童的提问，为儿童学习更多的新词提供机会。

② 猜宝游戏法。

指康复师借助不透明的盒子或口袋，将儿童熟悉的或者不熟悉的物品放入不透明的盒子中创设疑问情境，向他人主动提问"猜猜里面有什么？"；或者挡住图片的一部分，让他人猜猜"这是哪里？"；也可以挡住图片问他人"××在做什么？"等等。如康复师呈现并且晃动盒子／袋子吸引儿童注意力，之后让儿童将手放入盒／袋中，引导儿童主动提问"这是什么？"，康复师回应儿童的提问。

（四）运用

运用阶段的目的是帮助儿童能够将所学疑问句灵活应用在不同语言和情境中。运用分为灵活回应和灵活提问。运用阶段的训练原则：① 创设的情境应真正激发儿童的好奇心和求解意识；② 创设的问题要在儿童语言能力的最近发展区内；③ 在运用阶段康复师或者家长要提供丰富的材料或场景，为儿童提供多次表达的机会并且鼓励儿童使用多种疑问句进行提问。

1. 灵活回应

（1）目的及原则

在灵活回应方面首先要让儿童深入了解提问者在同一情境中可以使用不同的问题进行提问。例如一张图片，既可以针对人物也可以针对事件进行提问，即便是针对人也可以针对人的五官进行提问等等。儿童应能抓住提问的关键词给出相应的回答。此外，同一问题的答案也会因为一些情况发生改变，如"几点了？"。灵活回应的训练原则：① 根据生活情境随时向儿童提出最近发展区内的问题；② 康复师要交替使用不同的问句，让儿童能认真快速地抓住问题的要点，并进行回应，例如对同一个人可以问"这是谁呀？""他的头发是什么颜色？""他身上哪里有黑色的？"等。

（2）方法

灵活回应的训练可采用变换回应法和问答转盘法。

① 变换回应法。

指康复师提供多种材料和问句，儿童能够根据不同的内容选择不同的疑问句进行回应的方法。康复师可选择3～6张物品和人物图片混在一起，康复师根据内容向儿童提问，拿到物品的卡片时，问"这是什么？"；拿到的是人物图片时，问"这是谁呀？"。当儿童学会两种句式的变换回应后，再进行三种或三种以上的变换。

② 问答转盘法。

指康复师将不同图片内容和疑问符号制作成转盘，康复师根据转到的内容提问儿童的方法。如儿童将图片内容转到白菜，将疑问符号转到"哪里"时，康复师问"白菜长在哪里？"，儿童回应相应的内容（如图9-3-3所示）。

图9-3-3　问答转盘法示例

2. 灵活提问

（1）目的及原则

在灵活提问方面，让儿童根据不同情境交替使用不同的疑问句进行提问。疑问句虽然非常有用，但是疑问句的种类极少。当儿童学会疑问句后，我们还可以进一步训练儿童将疑问句和陈述句进行转化的能力，提升儿童句法、语义的加工能力。灵活提问的训练原则包括以下两点。① 提问类型的多样化及提问方式的多样化。在灵活提问中，既注重儿童对同一个内容的不同方面进行提问，如对功能、特征、类型等进行提问，也注重儿童对同一个问题可采用不同的提问方式，如对特征进行提问时，可以问"什么形状？"，或问"什么样子？"。② 转换能力应根据儿童的语言能力进行训练，句式的选择应由易到难，不可跨度过大。

（2）方法

灵活提问训练可采用变换提问法、句类转换法和提问转盘法。

① 变换提问法

指康复师提供多种材料和问句，儿童能够根据不同的内容选择不同的疑问句进行提问的方法。康复师可选择3张物品的图片和3张人物的图片混在一起，让儿童根据内容选择恰当的问句向康复师提问。如儿童拿到物品的卡片时，问"这是什么？"；儿童拿到的是人物图片时，问"这是谁呀？"。当儿童学会两种句式的变换提问后，再进行三种或三种以上的变换。

② 句类转换法

该方法一般用于提升儿童的句法、语义的加工能力，训练儿童疑问句和陈述句之间进行句类转换的能力。例如"我要剪刀"与"给我剪刀，好吗？"进行转换。

③ 提问转盘法

是指康复师将不同内容的图片制作成转盘，让儿童根据转到的内容进行提问的方法。如儿童转到物品时问"什么"、转到地点时问"哪里"、转到人物时问"谁"等等。同样可以让儿童根据两个转盘的组合进行提问。

阶梯式疑问句理解与表达能力训练的模拟案例参见视频资源。

阶梯式疑问句理解与表达能力训练

二、常见临床表现及对策

语言障碍儿童习惯了"他人问，我回答"的交流模式，导致他们在日常的交流过程中容易出现被动机械地回答或很少与他人进行互动的现象。此外，受到句法结构和认知的影响，他们难以将现有词汇进行有规则的组织，无法形成符合规范、符合逻辑的句子，以致难以完整地表达自己的需求也不能恰当回应他人的问题。因此，了解语言障碍儿童疑问句使用中常见的临床表现并且给出相应的对策尤为重要。

（一）常见临床表现

语言障碍儿童在疑问句的回应和发起上存在不同程度的障碍。在疑问句的回应方面常见的临床表现包括无反应、答非所问、模仿问句、语法错误、语义错误和回应不完整等（详见表9-3-1）。在疑问句的发起上常见的临床表现包括无提问、以答代问、相关描述、不相关描述、疑问词（句）选择不当、目标问句不完整等（详见表9-3-2）。

表 9-3-1　语言障碍儿童疑问句回应的临床表现

序号	类型	操作定义	举例
1	无反应	当康复师问儿童问题时，儿童对问句不能做出回应的情况。	康复师指着物品问："这是什么？" 儿童无反应。
2	模仿问句	当康复师问儿童问题时，儿童模仿康复师的问句而不做出回答。	康复师指着图片问："哥哥在做什么？" 儿童模仿："哥哥在做什么？"
3	答非所问	当康复师问儿童问题时，儿童回答的内容与康复师所问的问题无关。	康复师指着叔叔问："这是谁？" 儿童回答："晾衣服。"
4	语法错误	当康复师问儿童问题时，儿童的回应句出现了搭配不当、成分残缺、句式杂糅等语法错误。	康复师指着图片问："叔叔在做什么？" 儿童回答："叔叔在做晒衣服。"
5	语义错误	当康复师问儿童问题时，儿童回应句语义不精确。	康复师指着图片问："谁在哪里做什么？" 儿童回答："叔叔在浴缸（实际为卫生间）里晒衣服。"
6	回应不完整	当康复师问儿童问题时，儿童的问回应不完整，仅回答部分信息。	康复师指着图片问："谁在哪里做什么？" 儿童回答："叔叔晒衣服。"

表 9-3-2　语言障碍儿童疑问句发起的临床表现

序号	类型	操作定义	举例
1	无提问	当儿童看到新异物品或者事件时，并没有向康复师问问题。	康复师呈现不透明的"魔法袋"，等待儿童提问，儿童无反应。
2	以答代问	当康复师指着图片让儿童提问时，儿童以回答的方式进行提问。	康复师指着"爷爷"的图片："你来问一问。" 儿童："爷爷。"
3	不相关描述	当康复师指着图片让儿童提问时，儿童以陈述的形式发起问句，并且内容和图片不相关。	康复师指着"奶奶摸小狗"的图片："你来问一问。" 儿童："一只哈巴狗，想吃肉骨头。"

续表

序号	类型	操作定义	举例
4	相关描述	当康复师指着图片让儿童提问时，儿童只是描述图片的相关内容，无法组成问句。	康复师指着"爷爷浇花"的图片："你来问一问。" 儿童："爷爷、花。"
5	疑问词（句）选择不当	当康复师指着图片让儿童提问或儿童遇到问题时，不能根据内容匹配适当的问句。	1. 康复师指着"浇花"的图片："你来问一问。" 儿童："这是什么？" 2. 儿童指着花瓶问："这是哪里？"
6	目标问句不完整	当康复师指着图片让儿童提问时，儿童不能根据图片内容完整说出目标问句。	康复师指着人物地点动作："你来问一问。" 儿童问："谁？"

（二）对策

为纠正语言障碍儿童在疑问句理解和表达时常见的错误，帮助语言障碍儿童更好地运用疑问句。本节从疑问句的回应和发起两个方面提出相应的对策，以期为康复师在疑问句的训练中提供思路和方法。

1. 疑问句回应训练对策

（1）无反应

当儿童在疑问句回应的学习中出现了无反应的表现时，一方面可能是儿童尚未建立起正确的问答角色，此时可采用角色辨认法。另一方面可能是儿童对疑问词或句不了解，此时可采用符号提示法。总体来说，可按照疑问句的阶梯训练策略进行。

（2）模仿问句

当康复师问儿童问题，儿童出现模仿康复师问句时，是由于儿童没有建立疑问句一问一答的角色分配，这时候可借助观察体验法让儿童明白听到问题要回答，另外借助角色辨认法明确作为回答角色应回答的内容，可由助教示范正确回应方式，儿童通过模仿习得正确的回应模式。

（3）答非所问

当康复师问儿童问题，儿童出现答非所问时，康复师可采用符号匹配法帮助儿童习得正确的回应方式。例如，康复师指着叔叔问"这是谁？"，儿童答"晾衣服"，此时可引导儿童使用"这是谁"的符号提示引导儿童回答"叔叔"。

（4）语法错误

当儿童出现语法错误时，说明儿童对于目标句式的基本结构掌握尚不充分，因此训练重点在于让儿童精熟把握句式结构。康复师可采用第二节陈述句训练策略中的听话组句法、听话选择法帮助儿童掌握正确的句式结构。例如康复师问"谁在哪里做什么？"，助教答"弟弟在操场上跑步"，并将准备好的"弟弟、操场""跑步"的照片打乱，让儿童根据目标句将打乱的内容组成语义正确、结构完整的句子。当儿童能够将分散的句子成分组成结构完整、语法正确的句子后，康复师还可以借助听话选择法帮助儿童根据所理解的句子，从众多单一成分差异的干扰项中选出正确的选项。例如让儿童从"弟弟在操场上跳绳""姐姐在教室里看书""弟弟在操场上跑步"这3张图片中选出"弟弟在操场上跑步"所对应的图片。

（5）语义错误

当儿童在回应句中出现语义错误时，康复师可采用句义判断法用多个陈述句描述同一张图片，然后引导儿童判断康复师说出的各个句子是否与图片信息一致，句子是否正确。如果康复师出示"姐姐画苹果"，问"谁在做什么？"，助教故意犯错说"姐姐画桃子"，康复师请儿童判断，"××老师这样回答对吗？"；然后请儿童当"小老师"纠正助教的错误，说出正确的句子。

（6）回应不完整

当问题出现回应不完整时，康复师可采用声学强调法，突出强调儿童回应中缺失的要素，提示儿童回应完整。康复师还可借助第二节陈述句策略中的词语组句法进行训练。如康复师问"谁在哪里做什么？"，助教出示"妈妈""厨房""炒菜"三张图片，让儿童把三张图片连起来表达出句子"妈妈在厨房炒菜"。

2.疑问句发起训练对策

（1）无提问

当儿童出现无提问时，康复师可以借助观察体验法帮助儿童建立疑问句一问一答的角色分配意识，然后再借助阶梯式疑问句训练策略，循序渐进地进行系统训练。

（2）以答代问

当儿童在疑问句的发起中出现以答代问时，康复师可采用符号提示法，让儿童掌握提问者的"问"和回应者的"答"分别是什么内容，然后借助符号帮助儿童建立提问意识。

（3）不相关描述

当儿童在疑问句发起训练中出现不相关描述时，康复师创设相应的主题活动如"摸小狗"，再借助符号提示法和模仿提问法帮助儿童对相关内容发起提问。如"谁在摸小狗？奶奶摸什么？奶奶做什么？"等。

（4）相关描述

当儿童在疑问句的发起中出现相关描述时，康复师可采用符号提示法进行训练。例如对"爷爷浇花"的场景进行提问时，可选择"谁""做什么"的符号进行提问。

（5）疑问词（句）选择不当

当儿童出现疑问词（句）选择不当时，康复师可采用符号提示法帮助儿童根据内容选择恰当的疑问句，当儿童已经将内容与问句建立正确的联系后，再采用变换提问法帮助儿童运用已习得的多种疑问句。

（6）目标问句不完整

当儿童出现目标问句不完整时，康复师可采用句子组合法进行训练。开始时可以用单个符号提示发起问题，然后可以多个符号提示连在一起问"谁？""在哪里？""做什么"。

第十章

语音感知与产生能力的训练

语音是语言的物质外壳，它是由人类发音器官发出的具有区别意义功能的声音。语音感知是听话者提取语音信息特征的过程。语音产生是说话者经过一系列复杂的信息加工处理，最终将所要表达的信息通过发音器官的协调运动以声波形式传递给听话者的过程。语音感知与产生能力是在儿童0～4周岁期间逐步发展的能力。语言障碍儿童由于受听力、运动、认知等方面因素的影响，往往在语音感知或产生方面存在困难，需要有针对性地进行训练。虽然语音感知与产生能力在儿童早期就得以发展，但精细语音通常在词汇甚至句子发展过程中才逐步形成和完善。基于此，系统性的语音训练应建立在儿童能自主表达一定量的词汇和句子的基础之上。为此，本书将语音感知和产生能力的训练放在词汇和句子的训练之后，以免过早地要求儿童的语音精准性，而忽略了有意义词句的重要性。本章将详述语音感知与产生能力训练的内容、策略及方法。

语音感知与产生能力训练的内容

PART 1
第一节

语音感知与产生能力训练的主要内容应包括音段音位和超音段音位的感知与产生训练。在汉语普通话中，音段音位的声母、韵母与超音段音位中的声调组成的声韵调组合有 400 多个。对于语言障碍儿童应优先选择哪些具体的内容进行训练，以什么原则选择和安排这些训练内容等，已经成为困扰康复实践工作者的难题。本节将针对如何选择和安排语音感知与产生能力的训练内容进行详细阐述。

一、定义和组成

语音作为口头语言的物质载体，是由人类发音器官发出的承载一定语言意义的声音，主要包括音段音位和超音段音位。音段音位是从音质辨义的角度归纳出来的音位，主要指元音和辅音。在汉语普通话中，不同的元音或辅音组合成了音节中的声母和韵母。超音段音位是根据语音的非音质特征归纳出来的音位，主要包括由音高特征构成的调位，由音强特征构成的重位（也称"势位"），以及由音长特征构成的时位。在汉语普通话体系中，儿童超音段音位感知与产生的主要内容包括声调、音调、响度、时长、语调、语速以及音节停顿等。详见本书第三章第三节。

二、主要训练内容

语音感知与产生的训练内容包括音段音位和超音段音位的感知与产生。在汉语普通话体系中，音段音位主要有常见的 21 个声母（不含零声母 w 和 y）和 37 个韵母，超音段音位主要涉及 4 个声调、语调、语速和时长等。由于精细语音通常在词汇和句子发展过程中逐步完善，在选择语音感知与产生能力训练的具体内容时，需结合有意义的词或句子进行。语音感知与产生能力训练主要遵循以下四项基本原则。

其一，训练的语音应为汉语普通话中真实存在的音，可以是韵母和声调相结合，如"é"（鹅），或者是声、韵、调三者的组合，如"māo"（猫）。同时，还需考虑所选语音对应的语义是否易于被儿童理解，可优先选择儿童已经理解的词语或句子。

其二，在选择具体的训练内容时，优先选择儿童最近发展区的内容，如儿童能够在玩的过程中无意识地发出类似于"a-bua-bu"的无意义音时，则可优先将"bù"（不）作为训练的目标音。

其三，遵循儿童语音发展的一般规律。通常来讲，单韵母与声调的组合较其他音位组合简单，且前者是后者的基础。因此，基础阶段可将发音较简单的单韵母搭配四种声调作为主要训练内容。儿童习得了一定量的单韵母和声调组合后，再进行声韵调的训练。声韵调音位组合训练内容主要依据声母音位习得的规律安排训练顺序。参照黄昭鸣等人提出的声母习得的五阶段[①]，将声韵调音位组合训练内容也划分为五个阶段，所有阶段均需考虑声调变化。在训练声母之前还应增加一个基础训练阶段，帮助儿童练习核心单韵母和声调的发音能力。由于鼻韵母发音较为困难，因此，主要放在第四、第五阶段之后进行训练。声韵调音位组合训练之后，对于连续语音存在问题的儿童，可对儿童连续语音中存在问题的声韵调组合进行针对性的训练。由于连续语音训练主要结合相应的句子进行，在此不对连续语音的训练内容进行举例。语音感知与产生能力主要训练内容举例具体见表10-1-1。

表10-1-1　语音感知与产生能力主要训练内容举例

康复阶段	目标声母	语言结构	内容及举例（目标音）
基础阶段	/	核心单韵母+声调	ā、á、ǎ、à
第一阶段	b、m、d、h	声母+单韵母+声调 声母+复韵母+声调	bà（爸）、mā（妈） bào（抱）、māo（猫）
第二阶段	p、t、g、k、n	声母+单韵母+声调 声母+复韵母+声调	pá（爬）、kū（哭） gǒu（狗）、nǎi（奶）
第三阶段	f、j、q、x	声母+单韵母+声调 声母+复韵母+声调	jī（鸡）、xǐ（洗） jiǎo（脚）、qiú（球）
第四阶段	l、z、s、r	声母+单韵母+声调 声母+复韵母+声调 声母+鼻韵母+声调	lā（拉）、sì（四） zuǐ（嘴）、ròu（肉） láng（狼）、sān（三）
第五阶段	c、zh、ch、sh	声母+单韵母+声调 声母+复韵母+声调 声母+鼻韵母+声调	cā（擦）、zhū（猪） cài（菜）、shǒu（手） zhàn（站）、chuán（船）

其四，由于语音产生出现问题较容易被发现，通常情况下，语音感知会在语音产生出现错误后再进行训练。如当儿童将"gǒu（狗）"发成"dǒu（抖）"时，需首先判断儿童是否能够辨识"gǒu（狗）"和"dǒu（抖）"，如能准确辨识，则进行相应的产生训练。而如果不能准确辨识，则首先需要进行"gǒu（狗）"和"dǒu（抖）"的感知训练。此外，当儿童大部分音都能正确发出后，可以使用仅有一个特征维度差异的最小音位，训练儿童对精细语音的辨识。同时，也可借助最小音位对训练儿童灵活产生各种语音的能力。最小音位对举例具体见表10-1-2。

---

① 黄昭鸣，朱群怡，卢红云. 言语治疗学[M]. 上海：华东师范大学出版社，2017：333-381.

表 10-1-2　最小音位对举例

目标	训练内容	内容举例
最小音位对	韵母	（1）相同结构，不同开口 ① 开口呼与撮口呼：é/yú（鹅/鱼）、ér/yú（儿/鱼） ② 合口呼与撮口呼：wú/yú（无/鱼）、wǎn/yuǎn（碗/远） ③ 齐齿呼与合口呼：yī/wū（一/屋）、yáng/wáng（羊/王） ④ 开口呼与齐齿呼：bá/bí（拔/鼻）、é/yí（鹅/姨） ⑤ 开口呼与合口呼：ā/wū（啊/屋）、é/wú（鹅/无） ⑥ 齐齿呼与撮口呼：yǐ/yǔ（椅/雨）、yè/yuè（叶/月） （2）相同开口，不同结构 ① 后响与后鼻韵母：yá/yáng（牙/羊）、xiā/xīng（虾/星） ② 中响与后鼻韵母：huái/huáng（怀/黄）、xiāo/xiāng（削/箱） ③ 单韵母与后响：jī/jiā（鸡/家）、gū/guā（菇/瓜） ④ 单韵母与后鼻韵母：hé/héng（河/横）、xī/xīng（吸/星） ⑤ 前响与前鼻韵母：péi/pén（陪/盆）、pái/pán（牌/盘） ⑥ 后响与前鼻韵母：xiā/xīn（虾/心）、huá/huán（滑/环） （3）相同结构，相同开口 ① 前鼻韵母、齐齿呼：yín/yán（银/盐） ② 单韵母、开口呼：é/ér（鹅/儿）、pá/pó（爬/婆） ③ 后响、齐齿呼：yá/yé（牙/爷） ④ 前鼻韵母、撮口呼：yún/yuán（云/圆） ⑤ 后响、合口呼：guā/guō（瓜/锅） ⑥ 前响、开口呼：bāi/bāo（掰/包）、bāi/bēi（掰/杯） ⑦ 前鼻韵母、合口呼：wán/wén（玩/闻） ⑧ 后鼻韵母、齐齿呼：qióng/qiáng（穷/墙）、yíng/yáng（蝇/羊） ⑨ 中响、合口呼：guài/guì（怪/跪） ⑩ 前鼻韵母、开口呼：gān/gēn（竿/根） ⑪ 后鼻韵母、开口呼：gāng/gōng（钢/弓）、héng/hóng（横/红） （4）前鼻韵母与后鼻韵母 ① 前鼻韵母与后鼻韵母：lán/láng（蓝/狼）、xīn/xīng（心/星）
	声母	（1）擦音与无擦音 擦音与无擦音：hé/é（河/鹅）、sè/è（色/饿） （2）清辅音与浊辅音 ① 塞音与边音的清浊识别：tā/lā（塌/拉）、dā/lā（搭/拉） ② 塞音与擦音的清浊识别：tù/rù（兔/褥）、dù/rù（肚/褥） ③ 塞擦音与擦音的清浊识别：chòu/ròu（臭/肉）、còu/ròu（凑/肉） ④ 鼻音与塞音的清浊识别：nù/tù（怒/兔）、māo/bāo（猫/包） ⑤ 塞擦音与边音的清浊识别：chòu/lòu（臭/漏）、cā/lā（擦/拉） ⑥ 擦音与边音的清浊识别：shù/lù（树/鹿）、sù/lù（塑/鹿） ⑦ 鼻音与擦音的清浊识别：nù/shù（怒/树）、mǔ/fǔ（母/腐） ⑧ 擦音的清浊识别：shòu/ròu（瘦/肉）、sù/rù（塑/褥） （3）送气音与不送气音 ① 送气塞擦音与不送气塞擦音：zhū/cū（猪/粗）、jī/qī（鸡/七） ② 送气塞音与不送气塞音：bāo/pāo（包/抛）、gū/kū（菇/哭） （4）相同部位，不同方式 ① 塞音与塞擦音：tǔ/zhǔ（土/煮）、dú/zú（读/足） ② 塞擦音与擦音：zhū/shū（猪/书）、qī/xī（七/吸） ③ 塞音与擦音：bēi/fēi（杯/飞）、dù/shù（肚/树） ④ 鼻音与边音：nù/lù（怒/鹿） ⑤ 鼻音与擦音：nù/rù（怒/入） ⑥ 擦音与边音：ròu/lòu（肉/漏） （5）相同方式，不同部位 ① 舌尖音与舌面音：zī/jī（姿/鸡）、shí/xí（石/席） ② 唇音与舌根音：bāo/gāo（包/高）、pào/kào（炮/靠） ③ 舌尖音与舌根音：dāo/gāo（刀/高）、tào/kào（套/靠） ④ 唇音与舌尖音：bāo/dāo（包/刀）、má/ná（麻/拿） （6）卷舌音与非卷舌音 舌尖后音/舌尖前音：shì/sì（室/四）、zhǐ/zǐ（纸/籽）

由于舌尖前、中、后部位很近，发音时易出现舌尖团的现象，此处将舌尖前、中、后合并为舌尖部位。

在超音段音位训练内容的选择方面，由于超音段音位附着于音段音位之上，超音段音位的训练要结合到声韵调组合的训练之中进行。超音段音位的训练内容举例具体见表10-1-3。

表 10-1-3　超音段音位训练内容举例

目标	训练内容	内容举例
超音段音位感知与产生	声调	一声调：wā（蛙） 二声调：wá（娃） 三声调：wǎ（瓦） 四声调：wà（袜）
	音调	自然音调：pǎo（跑） 升高音调：pǎo（跑） 降低音调：pǎo（跑）
	响度	耳语声（约 50 dB SPL 及以下）：wā（蛙） 轻声（约 51~60 dB SPL）：wā（蛙） 交谈声（约 61~70 dB SPL）：wā（蛙） 大声（约 71~80 dB SPL）：wā（蛙） 喊叫声（80 dB SPL 以上）：wā（蛙）
	时长	500ms：pǎo（跑） 350ms：pǎo（跑） 250ms：pǎo（跑）
	语调	平静：下雨了。 开心：下雨了。 伤心：下雨了。
	语速	慢速：乌——龟——跑——。（2.4字/秒） 中速：猫—咪—跑—。（3.7字/秒） 快速：兔子跑。（5字/秒）
	音节停顿	长停顿：我要//吃饼干。 短停顿：我要吃饼干。

在音段音位和超音段音位的感知与产生训练中，音段音位的训练主要结合相关词句的意义进行，超音段音位的训练可借助形象的图示进行。例如，不同响度的声音可借助不同大小的物品表示。

语音感知与产生能力的训练

PART 2
第二节

语言障碍儿童由于其自身存在的某些障碍，在语音习得方面会出现各种各样的问题。仅通过改善生理上的损伤或单纯针对口腔发音器官进行训练，难以有效地解决这些问题，需要一套系统的训练策略、方法以及更具针对性的对策，帮助语言障碍儿童更好地习得语音。

一、阶梯式语音感知与产生能力训练策略

儿童语音的习得过程是渐进的，婴幼儿时期儿童就慢慢经过听觉察知、分辨、识别、理解的过程建立起语音表征，而后在中枢神经系统的指挥下经构音器官的协调运动发出各种声音。正常发展的儿童在 4 周岁已掌握汉语中绝大多数声韵组合，能够清晰准确地发音，但语言障碍儿童常出现听不清、说不出、说不清等问题，仅通过改善生理上的损伤或单纯针对发音器官进行训练，不足以有效地解决这些问题。本节重点围绕语音感知与产生的训练策略和方法展开。语音的掌握体现在感知和产生两个方面。正常发展的儿童在胎儿期 6 个月后便开始感知声音，妈妈的说话声能让胎儿安静，有时他们还能随着音乐进行运动，在婴儿期就能区分不同的声音。听力障碍儿童受生理因素的影响难以听清语音，智力障碍儿童受认知因素的影响，难以加工并记忆速度较快的语音，部分孤独症儿童难以忍受某些强度的语音。为系统促进儿童语音感知与产生能力的发展，本书提出了阶梯式语音感知与产生能力训练策略，如图 10-2-1 所示。横轴代表语音感知与产生能力的发展水平，由低到高分别是体验、感知、产生、运用四个阶段。儿童需首先接收环境中的语音输入，自然地分割不同的语音，建立起以语音为物质载体的词语、句子等符号表征，而后通过中枢神经系统的加工理解含义并根据沟通意图选择合适的词语和语法，并指挥下颌、唇、舌等构音器官的协调运动，发出准确清晰的目标词句，而后逐渐在多种语言环境中能熟练地应用，语速可快可慢，音量可大可小。纵轴是训练内容，可结合儿童发展状况，

由易到难进行训练。

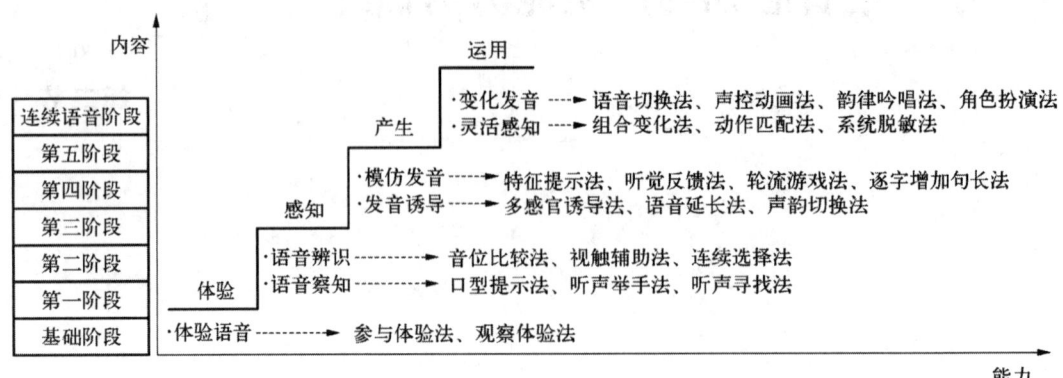

图 10-2-1　阶梯式语音感知与产生能力训练策略

（一）体验

1. 目的及原则

体验阶段的主要训练目的是促使儿童主动调动多种感觉器官，建立儿童对目标音的初步认识。该阶段的训练原则有：①康复师或家长应尽可能高频次地输入目标音，帮助儿童感知目标音；②选择的内容能有效激发儿童的兴趣，加深其对语音的关注。

2. 方法

在体验阶段主要采用两种方法，分别为参与体验法和观察体验法。

（1）参与体验法

参与体验法是指康复师通过设计游戏、创设情境、播放视频或音频等方式引导儿童直接体验目标音。如让儿童初步感知目标音"māo（猫）"时，康复师可以播放提前准备好的视听材料《小花猫莫骄傲》。在播放过程中，康复师需着重强调目标音"māo（猫）"，使儿童高频次地注意目标音。

（2）观察体验法

观察体验法是指康复师或家长创设机会让儿童观察所需训练的目标音或与目标音相关的场景、录像、图片等。如康复师可以让儿童观看发"m"时口部运动情况的视频，帮助儿童体验目标音的发音部位和发音方式等。

（二）感知

感知阶段的主要训练目的是帮助儿童察知并辨识出经由听觉系统传递而来的语音。感知阶段从易到难包括两个层级，分别为语音察知和语音辨识。

1. 语音察知

（1）目的及原则

语音察知的训练目的主要是提高儿童有意识地判断目标语音有无的能力。在该阶段训练时不添加干扰音，儿童只需判断声音的有无，无须区分不同的声音特征。

（2）方法

在语音察知阶段主要采用三种方法，分别为口型提示法、听声举手法和听声寻找法。

① 口型提示法。

口型提示法是指在训练过程中，康复师先借助口型，帮助儿童判断有无声音，待儿童具有一定的察知能力后，再逐步撤除口型提示的方法。如康复师在给目标音"māo（猫）"的同时呈现人开口发"māo（猫）"音的动画，不给音时，人脸静止。待儿童能够在视觉符号的提示下，稳定地察知目标音的有无后，康复师撤除动画提示。

② 听声举手法。

听声举手法是指在训练中，康复师随机给出目标音，要求儿童根据声音的有无举手或不举手。如康复师随机给出目标音"māo（猫）"时，要求儿童听到目标音时举手，没听到声音时不举手。

③ 听声寻找法。

听声寻找法是指康复师要求儿童根据听到的目标音找出发声源。如在训练"guā（呱）"时，康复师可以将会呱呱叫的青蛙藏在背后、桌子底下等不同的位置，让儿童根据青蛙发出的目标音找到青蛙的位置。相较于听声举手法，听声寻找法对儿童的要求较高，它不仅要求儿童判断声音有无，还要求儿童能够准确地进行声源定位。

2. 语音辨识

（1）目的及原则

语音辨识的主要训练目的是帮助儿童不仅能根据声学特点分辨声音的异同，还能把握音段音位多种特性，从而将声音识别出来。

语音辨识训练遵循以下两个基本原则：① 从单个语音的辨识过渡到词语或句子中语音的辨识；② 需要提供干扰音。在干扰音的数目上，从1个干扰项逐渐增加到2～3个干扰项；在干扰音的内容上，首先选择最大音位对作为干扰项，逐步过渡到最小音位对的辨识。

（2）方法

语音辨识训练主要采用三种方法，分别为音位比较法、视触辅助法、连续选择法。

① 音位比较法。

音位比较法是指康复师首先随机给出两个一样的（同为目标音）或两个不一样的（目标音和干扰音）语音，让儿童通过比较判断康复师所给语音是否相同；然后，再要求儿童在两个及以上的语音中识别并指出目标音。如康复师随机呈现"bào（抱）/bào（抱）"或"bào（抱）/dào（倒）"，让儿童判断所给语音是否一样。待儿童能稳定地做出判断后，让儿童通过短时记忆记住"bào（抱）"和"dào（倒）"与图片的对应关系，再单独呈现目标音"bào（抱）"，让儿童找出对应的图片，如图10-2-2所示。

dào（倒）　　　　　　　　　　bào（抱）

图 10-2-2　音位比较法训练示意图

② 视触辅助法。

视触辅助法是指当儿童仅通过听觉无法辨识目标音时，康复师辅以视觉和触觉提示，引导儿童整合多种感官信息进行辨识的方法。如儿童在辨识"jī（鸡）"和"qī（七）"发生困难时，康复师可首先用触觉（手背感知气流）或视觉（利用短小、轻薄的纸条）辅助儿童辨识"jī（鸡）"和"qī（七）"。发"jī（鸡）"时气流少，手背感知不到明显的气流（或纸条不动）。而发"qī（七）"时气流多，手背感知到明显的气流（或纸条晃动）。待儿童能稳定辨识后，再撤除视觉或触觉的辅助。

③ 连续选择法。

连续选择法是指康复师连续给出一连串的目标音，让儿童根据听到的语音顺序做出选择。如康复师给儿童呈现"抱"和"倒"的图片，并连续说出"bào（抱）/dào（倒）/bào（抱）"等，让儿童在听到目标音后按顺序选出相应的图片。

（三）产生

产生阶段要求儿童在感知的基础上，学会将所要表达的信息通过发音器官的协调运动以声波的形式传递给听话者。这一阶段由易到难主要包括两个步骤，分别为发音诱导和模仿发音。

1. 发音诱导

（1）目的及原则

发音诱导的训练目的在于帮助儿童找到正确的发音部位和发音方法。它主要涉及两方面。一是单个声母或单韵母的发音诱导，如声母的发音诱导，需要帮助儿童明确声母的发音部位并建立正确的发音方式；单韵母的发音诱导，需要帮助儿童认识韵母的结构、开口特点，掌握下颌、唇、舌等构音器官不同的摆放位置。二是复韵母、鼻韵母或声韵组合的发音诱导，需要帮助儿童建立发多个单元音或元音与辅音组合时的转换能力。

在这一阶段，需遵循的训练原则有：①可通过视觉、触觉等多感官帮助儿童找准发音部位，掌握发音方式；②尽可能采用儿童易接受的方式进行口部运动训练，若使用口部训练器，需注意儿童的情绪，避免儿童产生厌恶心理。

（2）方法

在发声诱导阶段主要采用三种方法，分别为多感官诱导法、语音延长法和声韵切换法。

① 多感官诱导法。

多感官诱导法是指康复师调动儿童视觉、听觉、触觉、嗅觉、味觉、本体觉等多条感官通道,最大化地帮助儿童习得目标音。如学习声母"m"时,通过将手指放到鼻翼,感受鼻翼振动(触觉),让儿童了解发"m"时,气流需从鼻腔流出的发音要领。学习单韵母"a"时,通过让儿童观看单韵母"a"发音时下颌、舌等构音器官的位置摆放图(视觉),让儿童学会发"a"时的发音运动。

② 语音延长法。

语音延长法是指在学习复韵母、鼻韵母时,康复师要求儿童先连续发出构成复韵母或鼻韵母等的元音或辅音,并延长每个元音的发音时长,再逐步缩短发音时长,形成自然语音。如学习复韵母"ao"时,康复师要求儿童先连续发出长长的"a——"和"o——",再逐步缩短"a"和"o"的发音时长,从而形成自然语音的"ao"。

③ 声韵切换法。

声韵切换法是指在学习声韵组合时,康复师要求儿童先依次发出声母的呼读音和韵母,再逐步加快声母和韵母发音的切换速度,最终过渡到发自然的声韵组合。如学习声韵调的音位组合"pǎo(跑)"时,康复师要求儿童先发"p",再发韵母"ǎo",然后再逐步加快发声母"p"和韵母"ǎo"的切换速度,最终形成自然语音"pǎo(跑)"。

2. 模仿发音

(1)目的及原则

模仿发音的训练目的是让儿童在康复师的示范下,清晰地发出目标音及含有目标音的字、词或句。该阶段需遵循的原则有:① 在模仿发音时,康复师提供的示范语音要规范和明确,并合理运用强化原则;② 选择具体的词汇时,先从儿童已经理解的词语入手;③ 对于词句中的非目标音,尽可能选择儿童已习得的音位组合,而对于尚未习得的音位组合,对清晰度可暂不做要求。

(2)方法

在模仿发音阶段主要采用四种方法,分别为特征提示法、听觉反馈法、轮流游戏法和逐字增加句长法。

① 特征提示法。

特征提示法是康复师向儿童提示或描述目标音的相关特征,引导儿童做出正确的反应的方法。如当儿童在训练中无法正确产生目标音"māo(猫)"时,康复师可用手指一指鼻子,提示发"māo(猫)"音时,气流要从鼻腔流出。再如当儿童发二声调存在异常时,康复师可以通过上扬的手势,提示儿童如何正确产生二声调。

② 听觉反馈法。

听觉反馈法是指康复师将儿童发出的语音通过录音或用言语重复的方式对儿童进行反馈,让儿童了解自己的发音状况的方法。如儿童将"pǎo bù(跑步)"发成"bǎo bù(饱步)"时,康复师可用录音软件对儿童的声音进行录制,让儿童感受自己发音与目标音的不同。在使用听觉反馈法时,需要注意反馈要及时;在反馈结束后,需给予正确的发音示范。

③ 轮流游戏法。

轮流游戏法是指康复师设计轮流发音的小游戏，让儿童在游戏中自发产生语音，增加孩子兴趣的方法。如学习"māo（猫）"时，康复师和儿童轮流做老师。首先康复师做老师说"māo（猫）"，让儿童模仿。然后，让儿童当老师示范发音"māo（猫）"，康复师模仿，从而增加儿童产生语音的机会。

④ 逐字增加句长法。

逐字增加句长法是指当儿童基本能清晰地产生含目标音的词汇，但难以在句子中清晰地产生目标音，或无法连贯地说出整个句子时，康复师可以让儿童先从词汇开始，循序渐进地增加句长，从而提升连续语音清晰度的方法。如儿童能清晰地说出"红书包"，但在句子中的清晰度较差时，康复师可以要求儿童依次朗读：

红书包。

背红书包。

背上红书包。

小红背上红书包。

小红背上红书包去学校。

（四）运用

一般来说，经过上述训练后，儿童已基本能感知和产生目标音位，但训练的最终目标是儿童能将所学的语音在日常生活中进行运用。运用包括灵活感知和变化发音。

1. 灵活感知

（1）目的及原则

灵活感知的训练目的是帮助儿童在不同环境中面对不同人时均能准确、快速地感知目标音。此外，还可结合超音段音位的内容，让儿童感知不同时长、不同响度、不同语速下的目标音。

（2）方法

在灵活感知阶段主要采用三种方法，分别为组合变化法、动作匹配法和系统脱敏法。

① 组合变化法。

组合变化法是指康复师通过改变目标音的响度、语调、语速或增加不同的背景噪声，让儿童在多种变化中辨识目标音，从而提高儿童对目标音感知的熟练程度。如在练习儿童对"pǎo（跑）"的感知时，康复师出示"pǎo（跑）"和"bǎo（饱）"的图片，并清晰地告诉儿童每个图片对应的语音。然后，康复师给出"bǎo（饱）"，让儿童识别，再降低音量给出"pǎo（跑）"，让儿童辨识。还可以在给语音的同时呈现不同的背景噪声，练习儿童对"pǎo（跑）"的感知。

② 动作匹配法。

动作匹配法是指康复师根据训练内容的特点匹配相应的动作，帮助儿童识别目标音的方法。如感知不同响度的语音时，康复师首先帮助儿童建立起大声与张开双臂的动作相匹配，小声与和他人说悄悄话时的动作相匹配的概念，让儿童在动作提示下识别目标音。待儿童能稳定识别后，撤除动作提示。

③ 系统脱敏法。

系统脱敏法主要针对听觉超敏的儿童。康复师首先明确引发儿童超敏反应的语音刺激的等级层次；然后，在儿童放松的情况下，选择最低强度的语音刺激，让儿童感知；再逐步提高语音刺激的等级层次，逐步帮助儿童克服听觉超敏。如儿童对响度在 70 dB SPL 以上的声音有超敏反应时，康复师首先将响度划分为 5 个等级，即 70 dB SPL、75 dB SPL、80 dB SPL、85 dB SPL、90 dB SPL。在儿童放松的情况下，优先选择 70 dB SPL 的语音刺激让儿童感知。当儿童能承受该强度的语音后，再逐步提高强度。

2. 变化发音

（1）目的及原则

变化发音的训练目的是帮助儿童在各种条件下灵活清晰地产生目标音。结合超音段音位的内容，帮助儿童在控制响度、音调、语速、声调等的条件下产生目标音，且在词和句子中也能发得清楚、自然。

（2）方法

在变化发音阶段主要采用四种方法，分别为语音切换法、声控动画法、韵律吟唱法和角色扮演法。

① 语音切换法。

语音切换法是指康复师设计包含音位对的词语句子，训练儿童语音产生的灵活性的方法。如以声母音位对"b/p"为例，康复师可设计词语"炮兵""跑步"等包含"b/p"的词汇，以及多次出现"b/p"音位对的句子"炮兵在跑步"。

② 声控动画法。

声控动画法是指康复师借助声控动画软件，通过声音的长短、大小、语速等控制动画人物的动作，帮助儿童更好地控制时长、响度、语速等超音段音位的方法。如采用"大楼"的动画游戏训练儿童对响度的控制能力。康复师首先给出示范，大声发"māo（猫）"时，亮灯的楼层多，小声发"māo（猫）"时，亮灯的楼层少。待儿童理解规则后，引导儿童发音时控制响度，如图 10-2-3 所示。

声音响度小，亮灯的楼层少

声音响度大，亮灯的楼层多

图 10-2-3　声控动画法训练示例

③ 韵律吟唱法。

韵律吟唱法是指康复师将目标音编入简短的旋律或者儿歌之中，让儿童吟唱或者朗诵出来的方法。如康复师可以用"do-re-mi-fa-so"的旋律引导儿童唱出"爸爸抱宝宝"。再比如，目标音是"qiē（切）"时，可以通过唱儿歌"切萝卜，切萝卜，切切切"，使儿童练习在不同语速节奏中发出目标语音"切"。该方法也可以用于语调异常的康复。

④ 角色扮演法。

角色扮演法是指让儿童扮演其熟悉的角色，练习使用不同的响度、音调、语速、时长等发出目标音或含有目标音的词语和句子的方法。如康复师和儿童分别扮演小兔和乌龟。康复师首先扮演小兔，快速地说"pǎo（跑），pǎo（跑），pǎo（跑）"或"小兔快快跑（pǎo）"。儿童扮演乌龟，以较慢的语速说"跑（pǎo）——跑（pǎo）——跑（pǎo）"或"乌——龟——慢——慢——跑（pǎo）"。然后，康复师与儿童互换角色进行训练。

阶梯式语音感知与产生能力训练

阶梯式语音感知与产生能力训练的模拟案例参见视频资源。

二、常见临床表现及对策

语言障碍儿童在语音感知与产生方面存在着不同的临床表现，常见的临床表现及应对策略如下。

（一）常见临床表现

语音感知是语音产生的基础，语音产生能力的加强可促进语音感知能力的提高。虽然能准确感知语音未必能准确产生语音，但是不能准确感知语音则很难说出正确的语音。极少数唇读能力极强的人除外。

1. 语音感知方面

大多数正常发展儿童能够随着自身听觉系统的发育自然而然地感知语音，但不少语言障碍儿童由于自身或环境的因素，无法感知语音。除听力障碍儿童外，研究表明唐氏综合征[①]、智力障碍[②]和孤独症[③]等障碍类型的儿童也常伴有听觉系统的异常，影响其准确感知语音。常见临床表现为无法感知特定的语音、难以听清强度较小或较大的语音和混淆相似音。

（1）无法感知特定的语音

无法感知特定的语音主要表现为听不到特定频率的语音。人说话的

---

① 林青，赵航，宿淑华，等.唐氏综合征儿童语音识别能力与言语短时记忆的关系研究[J].中国特殊教育，2018（11）：33-38.
② 李明英，李金花，庞焯月，等.学龄智力障碍儿童语音感知的特征研究[J].中国听力语言康复科学杂志，2016（4）：308-311.
③ 万鹏，马俊雅，王也，等.自闭症谱系障碍儿童言语加工特点及脑机制[J].中国特殊教育，2017（11）：44-48，24.

语音频率范围通常在 125 ~ 8 000 Hz 之间，不同的语音对应着不同的频率，如 m 对应的频率约为 250 Hz，s 对应的频率则为 3 500 ~ 7 000 Hz[①]。正常情况下，人耳能够听到 20 Hz 到 20 000 Hz 的声音，但一些语言障碍儿童由于听觉通道损伤，导致他们难以感知到特定频率的声音。

（2）难以听清强度较小或较大的语音

在强度方面，正常发展儿童语音感知的动态范围为 0 ~ 120 dB HL，即既能听到 0 dB HL 的小声，也可以容忍 120 dB HL 的瞬间大声。但部分语言障碍儿童，尤其是听障儿童难以听清 45 dB HL 以下的声音。部分孤独症儿童在听到 3 000 Hz 70 dB HL 以上的声音时，会产生听觉超敏现象。唐氏综合征儿童也会出现对小声不敏感，无法听清声音的现象。

（3）易混淆相似音

一般只有当儿童能够完全正确区别特征的两个对立面时才算获得语音特征[②]，如送气音与不送气音。某些儿童在感知语音的过程中存在混淆相似音的问题，如将 p 错误感知为 b。

2. 语音产生方面

研究资料显示大多数儿童在 4 ~ 7 岁期间可完全正确使用语音。但对于特殊儿童，由于其听力、智力、运动等方面存在障碍，语音产生方面也会出现迟缓或异常的现象。语音产生异常的常见临床表现分为字、词和连续语音错误。

（1）单字发音错误

单字发音错误是指儿童在没有其他音节的干扰时，由于受其听觉、运动、智力等因素的影响，出现单字发音不清楚。

（2）词语发音错误

词语发音错误是指儿童在表达词语时，受协同构音的影响，在前后音节的作用下出现发音错误。如："bēi gài（杯盖）"发成"bēi dài（背带）"，也可能将"kě lè（可乐）"发成"tě lè（tě 乐）"。

（3）连续语音错误

连续语音错误是指儿童在表达含多个音节的词汇或句子时，受前后语音的干扰，导致某一语音在连续语音中出现发音错误。如："叽叽喳（zhā）喳（zhā）真奇怪"发成"叽叽哒（dā）哒（dā）真奇怪"。

针对儿童在字、词和连续语音中的具体表现，语音产生异常的常见临床表现还可进一步细分为韵母音位异常、声母音位异常和声调发音异常。

A. 韵母音位异常

① 韵母鼻音化。

韵母鼻音化表现为在发元音时存在明显的鼻音化现象，如发 i、u 时有鼻音，多由软腭运动受限，发音时气流大量进入鼻腔所致。

---

① 刘巧云. 听觉康复的原理与方法 [M]. 上海：华东师范大学出版社，2011：18-20.
② Grunwell P, Russell J. Phonological development in children with cleft lip and palate[J]. Clinical Linguistics & Phonetics, 1988, 2（2）:75-95.

② 韵母中位化。

韵母中位化表现为儿童发任何元音时，音都集中在舌的中部，下颌、唇、舌的运动不明显，如发 i 时舌位靠后，而发 u 时舌位靠前，该现象多是由舌的运动范围明显受限所引起的。

③ 韵母遗漏。

韵母遗漏表现为儿童发某些复韵母时，将其中的某个音位尤其是非主要能量音位丢失，如 jiao 发成 jia，该现象多由发音器官运动不协调或运动不能维持较长时间引起。

④ 韵母替代。

韵母替代表现为儿童用另外一个韵母音位替代目标韵母音位，如 de 发成 da。该现象多由发音器官运动异常或听觉识别发生混淆引起。

B. 声母音位异常

① 声母遗漏。

声母遗漏主要表现为儿童发声韵组合时，省略声母部分的发音，直接发出后面的韵母，如 hu 发成 u、zhu 发成 u。该现象多由目标声母对应的发音部位运动不足或听觉感知异常所引起。

② 声母歪曲。

声母歪曲主要表现为儿童发声韵组合时，将声母部分的发音扭曲，主观听感上并不是只有韵母部分的发音，但又无法找到一个音位可以用来描述儿童发出的目标声母，该现象多由目标声母对应的构音运动不充分所引起。

③ 声母替代。

声母替代是声母音位构音异常中最主要的错误走向之一，具体可分为发音部位替代和发音方式替代。常见的发音部位替代有双唇替代唇齿，如 fei 发成 bei；舌尖替代舌面或舌根，如 qi 发成 ti、ga 发成 da；常见的发音方式替代有塞音替代擦音、擦音替代塞擦音、不送气音替代送气音等，如 fa 发成 ba、ji 发成 xi、pao 发成 bao。表 10-2-1 是常见的声母音位异常的错误表现。

表 10-2-1 常见声母音位异常错误表现

阶段	第一阶段	第二阶段	第三阶段	第四阶段	第五阶段
错误表现	b：→m 或 d m：→b 或 p d：→b 或 g h：⊖或→k	p：→b 或 t t：→p 或 d g：⊖或→d k：⊖或→h 或 t n：→d 或 l	f：⊗或→b j：⊗或⊖ q：⊗或→x x：⊗或⊖	l：⊖或→n z：⊗或⊖ s：⊗或→z r：⊗或→n	c：⊖或→t zh：⊖或⊗ ch：→t 或 k sh：⊖或⊗

注：→表示替代；⊖表示遗漏；⊗表示歪曲。

C. 声调发音异常

声调发音异常主要表现为一声调、二声调、三声调和四声调之间的发音混淆，如表 10-2-2 所示。

表 10-2-2　常见声调异常错误表现

目标音	错误表现
一声	发成二声、四声
二声	发成一声、四声
三声	发成一声、四声
四声	发成一声、三声

（二）临床表现的对策

针对语言障碍儿童不同的语音感知与产生的临床表现提出以下对策。

1. 语音感知方面

（1）无法感知特定的语音

对于无法清晰感知语音的听力障碍儿童，首先需通过配戴助听器或植入人工耳蜗，补偿或重建相应的生理系统，再进行语音感知与产生能力的康复训练。在康复训练初期，康复师可采用口型提示法、听声举手法和听声寻找法对儿童进行康复训练。

（2）难以听清强度较小或较大的语音

对于难以听清强度较小的语音的儿童，康复师应首先训练儿童的语音察知能力。待儿童能稳定察知强度较小的语音后，再提高儿童的辨识能力。对于这类儿童可优先选择口型提示法和音位比较法。对于听觉超敏的儿童，可选择系统脱敏法，帮助儿童逐步适应强度较大的语音。

（3）混淆相似音

对于易混淆相似音的儿童，康复师首先需要明确目标音与混淆音之间的区别与联系，找到问题的关键，有针对性地选择训练内容。对这类儿童可优先采用音位比较法和视触辅助法，待儿童能力有所提高后，再采用连续选择法对儿童的语音辨识能力进行训练。

2. 语音产生方面

（1）单字发音错误

对于单个字存在发音错误的儿童，康复师应首先着重进行发音诱导的训练，在让儿童认识到其发音问题的基础上，帮助儿童找到声韵母的正确发音方法。训练时可采用多感官诱导法和语音延长法，待儿童掌握正确的发音方法后，再采用声韵切换法训练儿童的声韵调的组合能力。

（2）词语发音错误

对于词语中存在发音错误的儿童，康复师应首先确定儿童单字发音时是否也存在错误。如出现错误则先采用针对单字发音错误的训练方法。如单个字的语音清晰，则康复师可采用特征提示法和听觉反馈法提高儿童词语发音的清晰度。

（3）连续语音错误

对于连续语音存在发音错误的儿童，康复师应在确保儿童字、词发音清晰的基础上，重点进行模仿发音的训练。在此过程中，可优先选择逐字增加句长法和语音切换法。

针对儿童在字、词和连续语音中发音的具体表现，提出以下对策：

A. 韵母音位异常

韵母音位异常又可分为韵母鼻音化、韵母中位化、韵母遗漏和韵母替代。针对出现这类问题的儿童，康复师需首先明确儿童韵母音位异常的具体表现。对于韵母鼻音化的儿童，康复师可优先使用多感官诱导法和特征提示法；对于韵母中位化的儿童，康复师可使用多感官诱导法和听觉反馈法；对于韵母遗漏的儿童，康复师可优先使用多感官诱导法和语音延长法；对于韵母替代的儿童，康复师可优先使用特征提示法、听觉反馈法。

B. 声母音位异常

声母音位异常又可分为声母遗漏、声母歪曲、声母替代。对于存在声母遗漏和声母歪曲的儿童，康复师需明确目标音位的发音部位和发音方式，可优先选择多感官诱导法和声韵切换法。对于存在声母替代的儿童，康复师还需分析替代音在发音部位和发音方式上与目标音位的异同，可优先采用特征提示法和听觉反馈法。

C. 声调发音异常

一般而言，儿童声调习得较早，声调的产生相对较为简单，但语言障碍儿童也会出现声调异常的问题。对于声调异常的儿童，康复师可优先采用听觉反馈法和特征提示法。

第十一章 会话与讲述能力的训练

会话和讲述是儿童在掌握词语和句子的基础上进行语言综合运用的能力。其中，会话侧重于交谈对象之间你来我往的信息交流，具有明显的互动性；而讲述则侧重于讲述者独立构思和组织语言进行表述，涉及更高级的认知加工。语言障碍儿童能够掌握的词句数量有限，并且独立运用的能力较弱，因此会话和讲述活动对该群体具有一定的难度。本章将从会话和讲述能力的定义、儿童常见的临床表现、主要训练内容、阶梯式训练策略及方法等方面展开，帮助康复师掌握训练会话和讲述能力的要点，促进儿童语言综合运用能力的发展。

会话能力训练的内容

PART 1
第一节

会话是人们一来一往的信息交流过程，是日常生活中最常见的沟通形式。看似简单的会话却包含着复杂的内容，如会话意图、会话技能和会话预设等，这些是儿童开启和维持会话交流活动的要素。本节将探讨会话能力训练的主要内容。

一、会话能力的定义和组成

会话是语用的核心，会话的典型特征是自发性和非正式性，并且具有交换想法和传递信息的功能。在一些研究中，也将"会话""谈话"或"对话"通用[1]。恰当的会话涉及会话的意图、会话的预设、会话的技能等。其中，会话意图是指个体因外界刺激或自身需要而产生的会话动机和倾向；会话预设是指个体在会话过程中理解自己和会话对象的心理状态，并且明白会话对象的想法和情绪可以和自己不同，进而能解释和预测他人心理和行为的能力[2]；会话技能是一系列言语或非言语的与他人进行沟通交流的能力，具体包括话轮转换能力、会话发起能力、会话维持能力和会话修补能力[3]。儿童基于对他人会话内容的理解来参与会话活动，并在各种会话过程中不断提升会话能力。

二、主要训练内容

会话过程广泛涉及儿童的语音、词汇和句法能力，这些基础的语言能力是会话能力发展的基础和保障。但会话能力训练还要求儿童对已习得的语言知识进行综合运用，以此达到社会交往的目的，并在此过程中提升丰富儿童的语言能力本身，形成一个相互促进的过程。根据会话能力的组成要素，会话训练的内容包括会话意图训练、会话技能训练、

---

[1] 杨晓岚.3-6岁儿童同伴会话能力发展研究 [D].上海：华东师范大学，2009.
[2] 陈冠杏，杨希洁.自闭症儿童会话能力探究 [J].中国特殊教育，2014（11）：45-51.
[3] 李欢.智力落后儿童语用干预研究 [M].北京：科学出版社，2014：68-76.

会话预设训练，以下介绍具体的训练内容。

（一）会话意图训练

无论是日常生活中的会话还是有计划的会话活动，参与会话的对象都需要一定的会话意图来发起和维持相应的会话活动，因此会话能力训练首先要创设能激发沟通意图的会话情境。对于年幼的儿童来说，会话意图与当下的情境息息相关，在一个能诱发会话意图的情境中，儿童才能主动产生、组织并表现其会话意图。生活中，一些语言障碍儿童饭来张口，衣来伸手，玩具满屋，缺乏沟通的机会和动机。

儿童最常见的会话意图包括要求、回答提问、回应他人、表示拒绝等。① 要求：指用行为或言语的方式要求物品、活动或信息，如儿童在训练时反复说"出去玩、出去玩"来表达想要获得活动。② 回答提问：指使用言语或非语言（如点头）的方式回应他人的信息或请求，如康复师问儿童"要不要喝水？"，儿童回答"要"。③ 回应他人：指使用行为或言语的方式来表示接受说话者的指令，如当康复师对儿童说"坐坐好"，儿童则坐端正。④ 表示拒绝：指用行为或言语的方式拒绝物品或活动，如当他人向儿童展示物品时说"你看这是什么"，儿童将头转向一侧并说"不要"，这就是用动作和语言在拒绝该物品和此话题。会话情境的创设便可以从这些常见的会话意图着手，从而有针对性地激发儿童相关的会话意图，以达到训练目的。

（二）会话技能训练

会话技能主要包括话轮转换能力、会话发起和维持能力、会话修补能力。首先，话轮转换是会话活动的突出表现形式。在会话过程中，从一个人开始说话到说话结束就是一个"话轮"。"话轮"具有三个要素，一是需要接话一方理解前一个话轮的意义，二是接话者需要理解上一个话轮已经结束，三是接话者明确自己的需求及想法，并能组织语言回应。如康复师询问儿童"要喝水吗？"，儿童此时需能理解康复师问话的意思，并根据自己当前的状态，决定是否想喝水，然后再组织语言回答。儿童回答"要"，康复师再追问"喝热水还是冷水呀？"，儿童回答"热水"。简单来说，话轮转换就是会话双方在理解对方话语的基础上，按照顺序轮流说话，遵守会话规则，实现信息的交换。

其次，一方发起会话后，就需要有方法去维持会话。常见的维持方式有回答问题、主动提问、解释澄清等。如康复师询问儿童"你昨天去公园玩了什么啊？"，儿童回答"玩了滑滑梯"。儿童不再回应，此时康复师继续追问"你喜欢玩滑滑梯吗？为什么？"，这便是用提问的方式维持会话。不成功的交谈往往不是因为没有发起会话，而是因为没有办法维持会话。因此，会话维持能力的训练具有重要的意义，可将提高会话维持的意识、增加会话维持方法等作为训练的内容。

另外，当会话不可避免地出现中断，就需要进行会话修补，使会话继续进行。会话修补是一种特殊的维持行为，包括发起修补请求和回应修补。当儿童在会话中没有理解说话者的意思，可以用"你说什么？""可以再说一次吗？"来表示对内容的不理解，发起修补请求；当说话者听到听话者发起修补请求后，可通过及时对内容进行重复、补充或解释的方法进行修补。由于会话修补能力在儿童会话能力发展过程中出现较晚，可在儿童掌握了基本的会话维持策略后进行会话修补技能的训练。一般来说，5岁的儿童会回应第一次、第二次"请求"，但是对于第三次"请求"可能会给予不适当的回应或放弃[①]。小学阶段的儿童则会开始理解会话对象要求澄清的信息。

（三）会话预设训练

会话的顺利维持一方面有赖于彼此理解对方的语言意义，另一方面还要理解对方的会话意图，而对会话意图的把握则涉及预设技能。所谓的会话预设是指能够判断对方已经知道的信息、正在思考的问题以及想要知道的信息。只有会话预设合理，我们才能够将合适的信息、以合适的方式呈现给对方，从而保证会话的顺利进行[②]。会话预设具体包括以下几方面内容。① 能根据不同的会话对象选择合适的词句和语气，如在和年幼的弟弟妹妹会话时，会使用简单的词句慢慢地说；跟长辈会话时能注意礼貌用语等。② 能判断听话者对会话内容的理解程度，如和朋友谈论去迪士尼，朋友难以回应，表明其对该话题不了解或不感兴趣，需要调整会话内容，才能维持会话。③ 能推断听话者在会话过程中的感受，如能理解在会话过程中他人皱眉可能表示对会话内容的不理解或不赞同，此时需要对会话内容进行补充或修正。

预设能力与心理理论密切相关，发展儿童的会话能力还需要关注儿童心理理论的发展。无论是儿童在童年早期普遍出现的自我中心主义，还是语言障碍儿童发展过程中出现的心理理论不足，都会影响会话预设的发展。因此，会话预设的提升能够帮助儿童推测他人的心理状态，了解他人多样的想法和情绪，为儿童进一步的语言发展和社会交往提供支持。

以上能力需要嵌入在具体的会话活动中进行训练。常见的会话活动包括日常生活中的会话、有计划的会话和开放性的会话活动，具体可参见本书第三章第六节。

---

① 锜宝香. 儿童语言与沟通发展 [M]. 新北：心理出版社股份有限公司，2009.
② 陈冠杏，杨希洁. 自闭症儿童会话能力探究 [J]. 中国特殊教育，2014（11）：45-51.

会话能力训练的策略及方法

会话是人与人之间进行信息交换最常用的形式之一，儿童的学习和社交与会话技能有着密切的关系。正常发展儿童可以在家庭、学校等日常生活中逐渐习得和发展会话能力，然而语言障碍儿童常出现无法将话题维持下去、无法提供适当且充足的信息、无法开启话题、无法进行话题的修补等问题，影响其日常的沟通交往。本节重点围绕会话的训练策略和方法展开。

一、阶梯式会话能力训练策略

当儿童的词汇量与日俱增，句法结构趋向成熟后，儿童想要获取更多信息的意愿增强，这就要求他们不仅有清晰的发音、良好的遣词造句能力，更重要的是能在社会情境中，使用已有的语言信息与人进行信息交换，获取自己想要知道的信息，并根据对方需要，把自己知道的信息告知对方。会话能力主要体现在理解他人会话和自己参与交谈两个方面。语言障碍儿童会因会话能力的欠缺出现意图不足、会话预设不当、会话技能不足等问题。为更系统地促进语言障碍儿童会话能力的发展，本书提出了阶梯式会话能力训练策略，如图 11-2-1 所示。横轴代表会话能

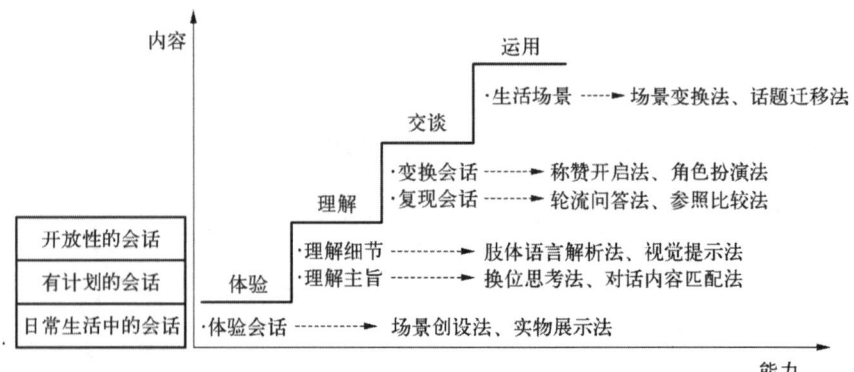

图 11-2-1　阶梯式会话能力训练策略

力的发展水平，由低到高分别是体验、理解、交谈、运用四个阶段。儿童需首先在生活中体验一来一往的会话形式，以及会话发起、会话转换、会话维持、会话修补、会话结束等会话规则，而后逐渐从交谈中获取会话的主题，了解他人的会话意图，在理解会话意图的基础上明确会话中的细节信息，如会话发生的时间、地点、涉及的人物及事件等。在儿童积累了一定的会话经验之后，康复师就可创设会话情境，使用会话范式，帮助语言障碍儿童在会话活动中积极、主动地与人进行沟通。纵轴代表训练的活动形式，分别是日常生活中的会话、有计划的会话和开放性的会话。

（一）体验

阶梯式会话训练策略中，体验会话的形式和内容是第一步。调动儿童多种感官进行会话模式的体验，是吸引儿童注意、开启会话活动的首要任务。

1. 目的及原则

通过创设与会话主题相关的会话情境，帮助儿童感知会话过程中会话发起、会话转换、会话结束等会话规则，并调动、整理、增加儿童对话题的经验，吸引儿童的兴趣，激发会话意图。需要注意的是，会话体验的形式要丰富多样，可以是观看相关话题的会话视频，也可以是直接观察他人的实时会话，还可以是在同伴游戏中引导儿童体会游戏中的对话，重点是引导儿童感受会话对象之间一来一往的模式和会话规则。多样的体验情境有助于营造轻松的会话氛围，利于会话活动的开展。

2. 方法

会话能力训练策略在体验阶段适用的方法有场景创设法和实物展示法。

（1）场景创设法

场景创设法即通过创设与会话话题相关的、对儿童具有吸引力的场景，引导儿童关注和体验话题内容，调动儿童的相关经验，激发儿童会话意图的方法。如对于需要加强会话发起能力训练的儿童，康复师可以创设小超市的场景，通过在"超市"货架上摆放儿童喜欢的食物和玩具，吸引儿童的注意，达到激发儿童想要购买的会话意图的目的。当儿童有了会话意图之后，便可以自然地训练其发起会话的技能。

（2）实物展示法

实物展示法即通过呈现儿童喜欢的物品来激发会话意图，达到调动儿童参与会话积极性的目的。如在进行"我喜欢的玩具"会话活动时，儿童虽然都有自己喜欢的玩具，但是由于儿童会话经验的缺乏，难以完整地向他人介绍自己的玩具。此时，康复师展示儿童喜欢的玩具实物，首先可以吸引儿童注意力，其次可以引导儿童调动和整理有关经验，更有利于儿童将个人的经验使用语言进行组织和谈论。

（二）理解

当儿童对会话过程具有一定的感性经验后，需要帮助儿童进一步理解他人之间会话的主要内容和开展形式，为儿童直接参与会话做好认知准备。理解的过程由粗到细，先理解主旨，再理解相应的细节。

1. 目的及原则

（1）训练理解主旨的能力

理解主旨是指理解他人发起会话的目的和意图。为了维持会话，需要首先认识他人的会话意图，理解对话主旨。如两人在谈买东西，在聊玩具，在谈自己喜欢的食物等。

（2）训练理解细节的能力

理解细节是指理解他人语句中传达的具体信息，如涉及的人物、时间、地点等信息，以及这些信息是谁想知道的，是谁提供的，我们有不知道的信息，想要询问他人时该怎么办等。在理解会话主旨的基础上，理解他人传达的具体信息可帮助儿童选择合适的内容进行回应，最终形成你来我往的会话能力。

在此阶段需要注意三点。第一，注意话轮数量对儿童会话理解的影响。如对于3~4岁的正常发展儿童来说，理解2至4轮对话的难度较低，而理解6轮对话的难度中等，理解8轮及以上对话的难度很高。第二，注意会话主题对儿童会话理解的影响。如儿童理解"买东西"比理解"我喜欢的玩具"更容易。第三，注意儿童的倾听习惯对会话理解的影响。会话理解需要建立在良好的倾听习惯的基础之上，在倾听他人说话期间，要关注他人的语言内容、表情、手势等，才能全面理解他人的感受及意图等。

2. 方法

会话能力训练策略在理解阶段适用的方法有肢体语言解析法、换位思考法、视觉提示法和对话内容匹配法。

（1）肢体语言解析法

肢体语言解析法即通过分析听话者的肢体语言如眼神关注、点头或皱眉等提供的反馈信息，及时调整会话内容，维持会话的方法。康复师可以引导儿童关注听话者的肢体语言，帮助儿童理解听话者点头、眼神持续关注等动作是积极的会话反馈，会话者可以继续话题；而当听话者出现皱眉、摇头、东张西望等动作时，康复师需要提醒儿童注意消极的会话反馈。另外，当儿童有了肢体语言解析的经验，便能在自己当听众时运用肢体语言来提供会话反馈，从而减少打断他人会话和随意中断会话的行为，提高会话维持能力。

（2）换位思考法

换位思考法即通过创设出乎意料的情境，帮助儿童理解不同会话对象需要采用不同的会话预设，提高维持会话的能力。如饼干盒子是放饼干的，康复师可以带领儿童将积木替换饼干放入饼干盒中，再邀请其同伴或其他康复师猜一猜饼干盒中有什么，由此发起一段会话。如康复师示范说："我们一起请大家猜一猜盒子里有什么？"让儿童模仿提问从而发起会话，并在儿童会话的过程中给予提示。当儿童发现他人不知道答案而自己知道答案时，便能慢慢体会到自己知道答案和别人不知道答案时的反应是不同的，从而了解他人的不同想法。对于许多孤独症和智力落后儿童来说，心理理论障碍使其难以变换立场思考问题，往往会因为自己知道答案就预设他人同样知道答案。因此创设的情境，帮助儿童变换立场、调整预设是十分必要的。

（3）视觉提示法

视觉提示法即通过字卡、图片、符号等视觉线索，帮助儿童快速理解会话对象的身份状态，以及会话内容的方法。由于在对话过程中语音信息转瞬即逝，语言障碍儿童在理解会话主旨和会话细节时往往存在较大困难。而使用视觉线索，不仅可以调动儿童多感官理解对话内容，而且丰富的视觉线索有助于儿童理解会话双方的角色状态，锻炼预设能力。如在情境对话"去超市买东西"的会话活动中，康复师可以出示"售货员"和"顾客"的角色身份牌，展示超市的场景，并且在对话过程中出示与对话内容相对应的句卡和图片，儿童很快便能更好地理解情境的意义以及对话的主旨和内容。需要注意的是，对于能够识字的儿童可以使用字卡提示，对于不能识字的儿童应以实物或图片的提示为主。

（4）对话内容匹配法

对话内容匹配法即将儿童需要学习的会话内容通过图片或文字的形式呈现，并引导儿童将对应的会话内容进行正确搭配，从而帮助儿童理解对话中问答的内容，为其恰当地回应做铺垫。要想儿童在会话中合理地回应他人，儿童首先需要明白正确的回应内容，通过对话内容匹配法能有效帮助儿童理解常见对话内容的合理搭配。另外，孤独症儿童常常会使用"无关言语"来回应他人，导致会话中断。通过对话内容匹配法可以帮助这类儿童理解正确的回应内容，间接提高会话的维持能力。

（三）交谈

1. 目的及原则

在帮助儿童积累了与话题有关的会话经验后，可立足常见的会话范式，创设相关的会话情境，通过儿童亲身参与会话来提高其会话技能。为使交谈能顺利进行，可首先复现曾学习过的他人的会话，然后再根据需要变换会话。

（1）训练复现会话的能力

复现会话是指帮助儿童掌握几种典型的会话范式，在对应的情境中使用会话范式与他人开展会话交流的能力。

（2）训练变换会话的能力

变换会话是指在掌握多种典型的会话范式的基础上，根据当下的场景变化会话范式中的词语和句子，或调动自己的个人经验对会话范式进行合理的内容扩充，从而更加灵活地进行会话。

在此阶段需要注意两点：第一，注意会话内容应该从儿童眼前的、具体的事物逐渐过渡到不在儿童眼前的、抽象的事物，从内容上逐渐提高难度；第二，在会话过程中注意鼓励儿童用自己的语言进行会话，尤其是对于一些容易"鹦鹉学舌"的儿童，需要特别注意引导儿童对语言进行组织加工，使其会话具有灵活性。

2. 方法

会话能力训练策略在交谈阶段适用的方法有角色扮演法、轮流问答法、称赞开启法、参照比较法和视觉提示法。

(1) 角色扮演法

角色扮演法即通过扮演的方式,使儿童根据对象选择不同的词句和语气进行会话的训练方法。该方法既能够帮助儿童认识到与不同对象会话有不同特点,又能够提高儿童对他人会话意图判断的敏感性。如儿童通过扮演"妈妈"和玩偶会话,体会亲人之间会话的生活化和亲密性;儿童可以扮演"康复师"和小朋友讲话,体会师生之间会话内容的正式性、表达方式上的礼貌性;还可以扮演"大哥哥"和小妹妹会、话体会和小朋友说话的简洁性。通过角色扮演法可以帮助儿童体验不同人物的身份特点,有助于儿童建立合理的会话预设,提高会话维持能力。另外,通过扮演"超市售货员""医生"等具有明显工作任务的角色,儿童可以通过角色本身的职业特点来判断其会话意图,提高会话意图判断的意识和能力。

(2) 轮流问答法

轮流问答法即通过儿童轮流提问回答的方式,帮助儿童理解话轮转换的方法。如可以让儿童每人带一个喜欢的玩具上台分享,台下的儿童轮流提问"这是什么呀?""哪里来的呀?""干什么的呀?"等问题,与台上的儿童进行会话。根据儿童的能力不同,每个儿童可以只提问一个问题,形成一个"一问一答"的话轮转换;也可以每个儿童提问2~3个问题,形成多个话轮转换。另外,康复师可以让每个儿童都提问相同的问题,首先由康复师示范提问,然后由能力较好的儿童进行模仿提问,多次示范后再安排能力较低的儿童进行模仿提问。通过轮流问答法,能够帮助儿童理解和习得话轮转换的基本原则,提高会话互动能力。

(3) 称赞开启法

称赞开启法即通过主动称赞他人来引起他人注意,从而开启会话的方法。知道如何发起会话对提升儿童的会话参与度具有重要价值。如当儿童想要吸引同伴注意从而加入同伴游戏时,可以说"你的娃娃真好看!我们可以一起玩吗?"。这样通过称赞他人来开启会话,不但可以帮助儿童提高发起会话的能力,而且可以改善儿童的人际关系,提升沟通意愿。康复师可以通过示范模仿的方式让儿童学习称赞开启法。

(4) 参照比较法

参照比较法即借助障碍物将儿童和康复师分开,儿童需要一边操作物品一边描述操作过程,通过观察康复师的反应来调整会话预设的训练方法。如儿童可以一边给娃娃穿衣服,一边描述:"我开始了!我给娃娃穿了蓝色的衣服,白色的裤子,再穿上黑色的鞋子……"康复师根据儿童的描述一边回应,一边进行操作。操作过程中,儿童通过观察康复师的反应来判断康复师是否理解自己的表述内容。康复师可以提供多种材料来丰富儿童的会话内容,还可以故意对其描述的颜色、物品等表示不理解,引导儿童修补会话、调整预设。

(四) 运用

1. 目的及原则

在儿童具备基本会话技能的基础上,可创造情境和机会让儿童在不同的场景中,面对不同的会话对象进行会话,从而表达自己的所见所闻和所思所想,在真实的会话场景中提高语言综合运用和社会交往能力。

需要注意的是,儿童在会话时所表达内容的科学性不是第一要求,过分强调儿童的表达不足容易降低儿童的会话动机,打击儿童与他人会话的积极性。引导儿童练习会话时,应立足于提高儿童会话的主动性,不断地丰富其话题内容,增加话轮的长度和数量,并通过会话活动来提高儿童语言综合运用和社会交往的能力。

2. 方法

会话能力训练策略在运用阶段适用的方法有场景变换法和话题迁移法。

（1）场景变换法

场景变换法即通过创设、选择不同的场景,引导儿童在不同的场合、面对不同的会话对象进行会话。如在儿童能够围绕话题"我喜欢的玩具"与康复师进行会话后,引导儿童与家人进行谈论,与同伴进行谈论。除了进行一对一的会话练习,还可以进行多人会话练习,如让儿童面对集体会话,以便进一步丰富儿童对于某个话题的会话经验,提高参与会话的积极性。

（2）话题迁移法

话题迁移法即引导儿童将某一话题的会话经验迁移到相关的话题中,以提高会话技能的方法。如儿童已经能够在外形、习性和感受方面谈论"可爱的小狗",康复师便能引导其将会话思路迁移到谈论"可爱的小猫"上。通过谈论某一事物,再帮助儿童抽象出谈论该事物的思路并迁移到同类型的其他事物上,是快速丰富儿童会话经验的有效方法。

阶梯式会话能力训练

阶梯式会话能力训练的模拟案例参见视频资源。

二、常见临床表现及对策

（一）常见临床表现

1. 会话意图不足或表现不当

会话意图是会话活动产生的动力,语言障碍儿童往往缺乏会话意图,尤其是孤独症儿童。这类儿童往往不关注他人,即使他人主动发起会话,他们也不回应。还有的语言障碍儿童通过问题行为来表达沟通意图,比如当儿童想要获得某种食物或玩具,但由于缺乏必要的语言表达能力,就通过打人、不停哭闹等问题行为表达需求,常见于部分伴有情绪行为障碍的儿童。

2. 会话预设能力欠缺

会话预设能力与儿童的认知能力息息相关，儿童常见的错误表现为不能根据会话对象和场景调整预设。如有些孤独症儿童对新认识的同伴发起会话，说"椅子椅子，一起玩"，表示想和同伴玩他喜欢的"抢椅子"游戏，熟悉该儿童的家长和教师能够明白他的意思，然而新同伴因不理解他话语的意思而难以与其维持对话。尽管该儿童一再强调"椅子椅子，一起玩"，他们也难以共同完成游戏。难以进行沟通的原因就在于，孤独症儿童不能根据会话对象和场景的不同调整自己的会话预设，改变自己表达的内容和方式。

3. 会话技能薄弱

在会话技能方面，语言障碍儿童的临床表现多样，常见的表现有以下几种。① 很少主动发起会话。如大部分孤独症儿童，由于其社交和沟通障碍难以发起会话。② 会话发起方式单一。普通儿童在很小的年龄就能通过语音或者动作的方式吸引成人的注意、发起会话。然而，大部分语言障碍儿童只能使用简短的语言开启对话，其掌握的非言语发起方式也比较单一，常见的是使用手势指点，不能运用表情等其他方式发起会话。

发起会话后，儿童需要使用一定的会话维持技能来保证会话的顺利进行。然而，由于语言障碍儿童的语言水平有限，并不能流畅地与他人沟通，常常出现话题中断。语言障碍儿童面对会话中断的主要表现如下。① 无反应：面对他人的询问不做出任何回应；② 无意义的重复：不断重复自己或者他人的话，但没有实际意义，不能促进会话的进行；③ 难以理解的反应：包括语音含糊不清的回答，或谈论与当时情境无关的、让听话者不理解的内容。[①]

在会话过程中如果出现话题中断，需要会话者采用一定的修补策略维持话题。修补策略可以进一步分为自我修补和他人修补。自我修补指说话者自己发现表达不明确时，主动进行说明和解释；他人修补指听话者没有理解说话者表述的内容时，提出修补请求，要求说话者重复内容或进一步解释。语言障碍儿童在会话修补上常见的表现有：① 难以发起自我修补，语言能力较差的儿童往往难以判断听者的理解情况，也就无法主动修补自己的会话内容；② 修补策略单一，语言障碍儿童掌握的修补策略较少，在会话过程中往往只能"重复"。

（二）对策

1. 针对会话意图不足的问题

儿童会话意图不足可能是由于自身需要都得到了满足，也可能是外界环境对其缺乏吸引力导致的，因此可以从儿童自身需要和外界刺激两方面入手。具体训练方法参见本章第二节"会话能力训练策略"中"体验"环节的场景创设法和实物展示法。

---

① 李欢. 智力落后儿童语用干预研究 [M]. 北京：科学出版社，2014：68–76.

2. 针对会话预设不当的问题

儿童不能从他人的角度去思考，无法根据会话对象的实际状态或所处场景来调整自己的会话内容。针对这个问题，康复师可使用换位思考法和肢体语言解析法。换位思考法和肢体解析法均要求儿童重点感知会话对象主动表现出来的会话意图及会话技巧与儿童在行为上的明显区别，由此来丰富儿童自己的经验。

3. 针对会话技能不足的问题

面对儿童会话技能不足的问题，首先要分析哪一种会话技能不足。会话技能主要包括话轮转换能力、会话发起能力、会话维持能力以及会话修补能力。当明确了儿童的具体问题之后，才能有的放矢。

针对会话发起的问题，若儿童有了会话意图但依然不能成功发起会话，康复师可以采用称赞开启法对儿童进行训练，帮助儿童发起会话。

针对话轮转换的问题，若儿童在会话中不能理解和遵守"轮流"的规则，常常插话或者轮到他说话时需要再三提醒，康复师可以采用轮流问答法，帮助儿童掌握"轮流"说话的规则。

针对会话维持的问题，康复师可以采用角色扮演法和话题迁移法，提高儿童维持会话的积极性，并尝试举一反三，将维持技能熟练应用至其他相似的话题。

针对会话修补的问题，一方面康复师可以通过亲身示范，展示发起修补请求的方式，如用语言表达"你说什么？请再说一次"，还可以展示回应修补请求的方式，如重复话语、解释语义和会话意图等；另一方面，康复师可以采用肢体语言解析法，通过引导儿童观察会话对象的动作和表情，帮助儿童发起自我修补，提高会话修补技能。

讲述能力训练的内容

讲述能力是儿童语言能力的重要组成部分，主要指儿童独立构思并表述一定内容的能力，是儿童语言学习的重要内容。研究证明，讲述是儿童口语能力向读写能力过渡的桥梁，儿童的讲述能力与其入学后的读写能力和学业成绩呈正相关，是预估儿童学业成绩和读写能力的指标。在康复实践中，康复师主要以叙事性讲述为主要训练内容，而缺乏其他讲述活动的训练。本节将梳理及归纳叙述性讲述、描述性讲述、说明性讲述和议论性讲述的训练内容，建议以相应内容为载体，帮助语言障碍儿童提升讲述能力。

一、讲述能力的定义和组成

讲述能力的发展融合了语音、语义、语法、语用等多种语言基本要素，因此，该能力是儿童语言能力发展的高级阶段才会具备的。讲述是一个从独立完整编码到完整发码的过程，它要求叙述者首先能对事件进行正确排序，而后选用恰当的词汇按一定的语法规则进行组句，再将句子按时间或者逻辑顺序编排成符合既定文化背景的故事，随后以口头语言的方式将自己构思的内容说出来。除讲述具体的内容外，在讲述时还要综合考虑听者的注意力和感受，帮助听者理解故事。[1]当儿童习得基本的讲述技巧后，就可以使用该技巧接收和传递信息，更好地与人沟通。

二、主要训练内容

随着语言能力和认知水平的逐渐提高，儿童可以从讲述眼前的事件，过渡到能够讲述过去或近期即将发生的事件、想象中的事件，并能够在讲述中增加自己的感受或评论。根据体裁的不同，可将儿童的讲述活动分为叙述性讲述、描述性讲述、说明性讲述与议论性讲述（如表11-3-1

---

[1] 锜宝香.儿童语言与沟通发展[M].新北：心理出版社股份有限公司，2009：227-228.

所示）。其中，叙述性讲述训练是儿童讲述能力发展初期的重点训练内容。

表 11-3-1　讲述活动的分类、内容与举例

活动分类	内容	内容举例
叙述性讲述	静态的故事书和图片	● 故事书讲述：在讲述《小猫钓鱼》的故事时，儿童通过阅读故事书来讲述小猫在什么地方干什么，先怎么样后怎么样，最后故事的结局是什么。 ● 连续的图片讲述：儿童按顺序讲述排图故事《小蝌蚪找妈妈》，也可以根据自己的理解重新排列图片，讲述不同的故事。
	动态的表演或动画片	● 情景表演讲述：观看完《三只小猪》戏剧表演后，儿童凭借回忆或相关的视觉提示来讲述故事中有哪些角色，他们之间发生了什么，以及结局如何。 ● 动画片讲述：在观看完一集《小猪佩奇》动画片后，儿童可以讲出谁是故事的主人公，他们经历了什么事情，结果怎么样。
	生活经验	● 生活经验讲述：在儿童有看医生的经历后，可以讲一讲看医生的前因、经过和结果。
描述性讲述	用于观赏的实物、内容独立的图片或者照片	● 实物讲述：围绕"美丽的树叶"来组织讲述活动，用生动形象的语言描述不同树叶的形状、颜色和特点。 ● 照片和图片讲述：围绕"我的全家福"来组织讲述活动，儿童可以一边展示自己的全家福，一边描述照片上人物的服装、动作和心情。
说明性讲述	用于操作的实物、实物照片或者介绍活动的操作过程	● 实物或照片讲述：围绕"我喜欢的玩具"进行说明性讲述，儿童需要讲清楚玩具是什么颜色、什么材料的，该怎么玩，有几种玩法。 ● 操作步骤讲述：围绕"折纸飞机"进行讲述活动，儿童需要使用"先、再、然后"等表示顺序的词语，说明每个步骤的操作方法。
议论性讲述	能引起不同观点的话题	● 围绕"你喜欢冬天还是夏天？为什么？"进行议论性讲述，儿童需要表明自己的观点，并结合生活经验来说明理由，支撑自己的观点。

（一）叙述性讲述

叙述性讲述即使用口头语言把人物的经历、行为或事情的发生、发展、变化讲述出来，特别要求讲述者说清楚时间、地点、人物和事件的发展过程。讲述内容可以来自静态的图画书或者图片，如讲述《小猫钓鱼》的故事，儿童先通过阅读故事书来讲述在什么时间，小猫在什么地方干什么，先怎么样后怎么样，最后故事的结局是什么。讲述内容也可以来自动态的表演或者电视节目，如在观看《三只小猪》儿童剧后，可以凭借回忆或者视觉提示来讲述故事里有哪些角色，他们发生了什么事情；或在观看完《小猪佩奇》动画片后，儿童可以讲述主人公是谁，他们发生了什么事情，事件的结果怎么样等。讲述内容还可以来自儿童亲身经历的事件，利用其已有的生活经验来组织讲述内容，如在儿童有了看医生的经历后，可以引导儿童以"看医生"为主题，讲一讲看医生的前因、经过和结果。

（二）描述性讲述

描述性讲述即用生动形象的语言，把人物的外貌、动作、状态或者物体的特征描述出来。描述性讲述可以围绕实物进行描述，如讲述"美丽的树叶"，儿童可以围绕树叶的形状、颜色、纹路来讲述自己喜欢的树叶；还可以围绕图片和照片进行描述，如围绕"我的全家福"来组织讲述活动，儿童可以一边展示自己的全家福，一边观察描述照片上人物的服装、动作和表情，同时根据照片内容来描述人物的心情。与叙述性讲述相比，描述性讲述需要关注更多细节，讲述时可使用更加丰富的形容词、比喻句和比较句等，要求儿童依据图片信息，增加更多的想象成分，使语言更加形象生动。

（三）说明性讲述

说明性讲述即用简单明了的语言，把事物的类型、特征、用途等解说清楚。常见的说明性讲述主要包括对物品的介绍，如围绕"我喜欢的玩具"进行说明性讲述，儿童需要讲清楚玩具是用什么材料制作的，该怎么玩，有几种玩法等。说明性讲述还涉及一些简单操作步骤的讲述，如围绕"折纸飞机"进行讲述活动，儿童需要使用"先、再、然后"等表示顺序的词语，说明每个步骤的操作方法。

（四）议论性讲述

议论性讲述即通过提观点、摆事实来说明自己赞成或者反对什么。儿童的逻辑思维水平不高，议论能力较弱，因此往往进行简单议论。如围绕"你喜欢冬天还是夏天？为什么？"进行议论性讲述，儿童需要表明自己的观点，并结合个人的喜好和已有的生活经验来证明自己的观点，这种讲述对儿童逻辑能力的要求较高。

讲述能力训练的策略及方法

PART 4
第四节

讲述需要有良好的构思能力以及选用合适的句子进行有逻辑的表述的能力。语言障碍儿童在讲述时常表现出难以完整地讲述一个故事或说明事物的状态，出现缺乏主题、语法错误、篇幅较短、逻辑混乱等问题。本节将重点介绍阶梯式讲述能力干预策略和相关训练方法，为语言障碍儿童讲述能力的干预提供切实可行的手段，促进其讲述能力的发展。

一、阶梯式讲述能力训练策略

讲述能力是一种高层次的语言运用能力，需要语音、语义、语法等多种语言基础能力的支撑。良好的讲述能力体现在儿童既能理解他人讲述内容的主旨与细节，又能使用合适的词汇组成语法完整、语义连贯的句子，将事件用合乎逻辑的顺序讲述出来。语言障碍儿童在讲述时经常出现逻辑混乱、缺乏主题或偏离主题的现象。为系统地促进儿童讲述能力的发展，本书提出了阶梯式讲述能力训练策略，如图11-4-1所示。横轴代表讲述能力的发展水平，由低到高分为体验、理解、叙述和运用四个阶段。儿童需首先通过听他人讲述进行体验；而后通过大意理解和

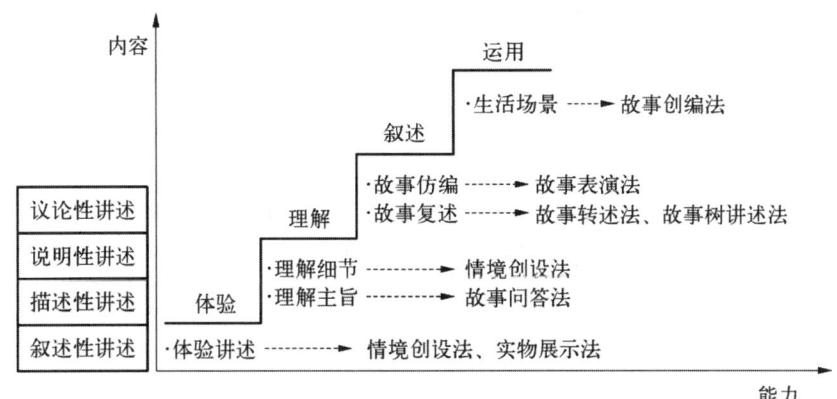

图 11-4-1　阶梯式讲述能力训练策略

细节把握逐步明白他人所讲的主要内容；之后通过复述、仿编等练习，逐渐积累讲述经验，最终用自己的话以及符合逻辑的方式讲述自己所听、所见、所想的人、事、物的状态或发展过程，还能给出自己的评价。纵轴代表训练的内容，包括叙述性讲述、描述性讲述、说明性讲述和议论性讲述。

（一）体验

阶梯式讲述能力训练策略的第一步是体验，通过情境创设、实物展示等方法充分调动儿童的兴趣。

1. 目的及原则

通过观看与讲述内容有关的视频、表演等，调动儿童的感官知觉，从多渠道让儿童体验讲述活动的独白形式，以及了解所述事件发生发展的起因、经过和结果，帮助儿童感知讲述活动的特点，并对讲述内容形成初步认识，激发其参与讲述活动的兴趣，提高参与的积极性。儿童体验的讲述内容必须是符合儿童身心发展规律的，儿童能理解和感兴趣的。另外，康复师提供的讲述活动的体验形式应多样，要调动儿童多感官、多通道进行体验，以便让他们获得丰富的感知经验，为参与讲述活动奠定基础。

2. 方法

在讲述能力训练策略的体验阶段，主要采用情境创设法和实物展示法。

（1）情境创设法

情境创设法是指康复师通过设计与讲述内容相关的情境，引导儿童关注即将要讲述的对象和事件，调动儿童讲述的积极性的方法。如在进行"小猫钓鱼"的讲述活动时，康复师先组织儿童观看小猫钓鱼的动画视频，对故事的主人公、主要事件进行初步的感知。

（2）实物展示法

实物展示法是指康复师通过展示与讲述内容有关的实物，吸引儿童注意力，设下悬念，为讲述活动的开展做铺垫。如在进行"花边帽子当妈妈"的讲述活动中，康复师首先展示花边帽子、厨师帽和运动帽等儿童生活中常见的帽子，引起儿童的好奇心，激发儿童参与讲述活动的兴趣，接着以"这些帽子会发生什么故事呢？"为导入，自然地进行讲述。

（二）理解

阶梯式讲述能力训练理解阶段的目标可细分为理解主旨和理解细节两个子目标。该阶段要求儿童能够听懂他人讲述的主题，并能从中提取关键信息。

1. 目的及原则

（1）训练理解主旨能力

理解主旨即儿童理解讲述内容中的主要事物和事件。在叙述性讲述中，其主旨就是主要事件；在说明性讲述中，主旨即需要说明的物品的功用或操作步骤。因为讲述内容的主旨往往会出现在故事的题目、凭借物或反复出现的词句中，因此康复师可通过提醒和引导儿童重点关注故事的题目、呈现的凭借物和重复性的词句，帮助儿童有效把握主旨。

（2）训练理解细节能力

理解细节即儿童能够理解事件的起因、经过和结果，以及事件中涉及的人物、物品或事件的发生顺序、相互关系等。丰富讲述内容的前提是儿童能够关注讲述内容中的多个对象和事件，并能够理解其发生的顺序和相互的关联。因此，在理解故事主旨的基础上，康复师还可引导儿童进一步关注具体内容，提升讲述的丰富性。

2. 方法

在讲述能力训练策略的理解阶段，主要采用故事问答法。

故事问答法是指康复师通过提问的方式帮助儿童明确故事要素，并理解故事主要内容的方法。康复师的提问方式进一步可分为闭合式提问和开放式提问。闭合式提问通常针对具体时间、地点和人物进行提问，具有固定的答案，如"小蝌蚪要找谁呀？"。开放式的提问则没有固定的答案，可以是评价性的问题，如"你觉得他做得对吗？为什么？"；也可以是感受性的问题，如"小蝌蚪找不到妈妈，心情怎么样？"；还可以是发散性的问题，如"要是兔子和乌龟再来一次跑步比赛，结果会怎么样呢？"。闭合式的问题有利于儿童把握故事的要素、记忆故事的主要情节，是帮助儿童"理解和记忆"故事内容的重要方法；开放式的问题能帮助儿童体会故事的隐含信息，并能引发儿童自己的独特思考，产生新的联想和想象，加深对故事内容的记忆。因此，康复师在运用故事问答法对儿童进行讲述训练时，可综合使用闭合式提问和开放式提问。

（三）叙述

叙述阶段是阶梯式讲述能力训练的重点。在该阶段有故事复述和故事仿编两个分目标。

1. 目的及原则

（1）训练复述能力

复述即康复师引导儿童在理解故事内容的基础上，将故事内容讲出来。对处于讲述能力发展初期的儿童来说，自主地组织语言讲故事具有较高的难度，因此康复师可帮助儿童将熟悉的故事进行整理，并根据儿童语言发展水平选择部分句子进行讲述。讲述篇幅需由少到多，降低儿童独立讲述时的认知负荷，提高儿童参与讲述活动的自信心和积极性。

（2）训练仿编能力

仿编即在复述故事的基础上，儿童能够替换部分词句、扩充部分情节，使故事在内容上保持一致性的同时，增加个体讲述的独特性。仿编要求儿童具有一定的词汇量和句法的丰富度，相比于复述阶段更强调儿童"用自己的话"对康复师提供的讲述范式进行组织和扩充,是儿童迈向独立讲述的重要一步。在训练初期时,建议康复师可选择具有重复结构的绘本和故事进行创编能力的训练,有利于儿童抓住讲述的语言模式。

2. 方法

在讲述能力训练策略的叙述阶段,主要采用故事转述法、故事树讲述法和故事表演法。

(1) 故事转述法

故事转述法,即根据儿童的年龄特征和语言理解能力,选择合适的故事内容向其讲述,并要求儿童用自己的语言进行故事内容转述。转述法进一步可以分为完全转述法和聆听补全法。完全转述法要求儿童将所学故事进行完整转述,适用于对新故事的讲述训练。康复师根据儿童的理解和记忆特点选择篇幅较短的小故事,并用精心组织的语言将故事的发生发展过程讲述给儿童听,并要求儿童完整转述。在训练过程中,康复师可以使用图画、手势和表情等进行提示,帮助儿童记忆故事内容、进行故事转述。聆听补全法要求儿童对所学故事进行选择性补充,适用于讲述儿童已经熟悉的故事。康复师在讲述过程中故意遗漏一部分关键信息,如遗漏某个人物或事件,引导儿童补全,之后要求儿童完整转述故事。另外,康复师还可以改变自己的语音语调,增加情绪情感的变化来吸引儿童,使讲述活动更加富有趣味性。

(2) 故事树讲述法

故事树讲述法是指康复师借助"故事树"的形象为儿童搭建支架,帮助儿童进行日常讲述活动的训练方法。当儿童积累了一定的词句和讲述经验后,就可以要求儿童根据日常生活场景进行讲述。然而,日常活动的讲述既要考虑事件发生发展的先后顺序,还可能涉及多个人物和事件,对于语言障碍儿童来说具有一定难度。康复师可以通过"故事树"这一形象生动的方法帮助儿童进行活动讲述,具体见图11-4-2。"故事树"的树干象征主要事件,"树枝"象征事件涉及的多个对象,"树叶"则象征着每个对象的细节内容。讲述的顺序是从树干到树枝,最后到树叶。即先讲述主要事件,接着讲述事件涉及的对象,最后对具体对象进行进一步的描述。例如,儿童想要讲述去动物园游玩的经历,康复师可以引导儿童这样讲述:"昨天我去动物园玩了(树干),看到了大象(树枝)、老虎(树枝)、长颈鹿(树枝),大象的鼻子特别长(树叶),老虎是黄色的,一直在睡觉(树叶),长颈鹿的脖子很长(树叶)……"当儿童能够按照由主到次的顺序讲述事件的主要内容后,康复师还可以要求儿童注意树叶与树枝之间的联系——即加入关联词讲述,如"先,然后,最后"等,来提高讲述的连贯性和流畅性。

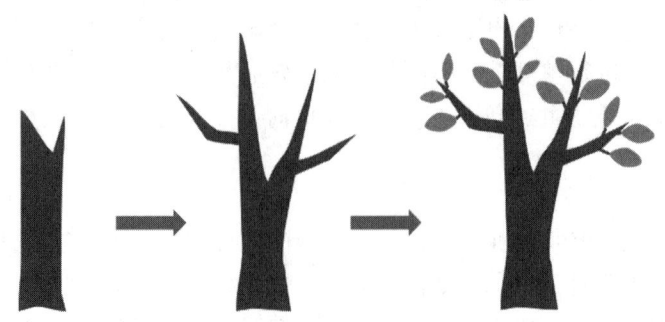

图 11-4-2　故事树讲述法示意图

（3）故事表演法

故事表演法是指康复师布置特定场景，通过让儿童分角色扮演的方式讲述训练的方法[①]。表演法进一步可以分为真人表演法和玩偶表演法。真人表演法是儿童自己做小演员扮演角色讲述故事内容，康复师可以通过布置环境、提供服装道具来帮助儿童记忆故事内容，并且通过念故事旁白来推进讲述活动。玩偶表演法即儿童利用人偶、动物玩偶等道具进行故事表演的活动。康复师可以为儿童提供多种材料，通过示范的方式让儿童熟悉这种故事讲述方法，从而丰富儿童故事表演的形式和内容，是仿编能力训练的有效方法。

（四）运用

运用阶段要求儿童能够在日常生活中，在面对不同的人时，都能用较为丰富的词句，有条理地组织讲述内容，并能表达自己对讲述内容的感受或做出评价。

1. 目的及原则

在讲述能力训练策略的阶梯中，运用能力主要体现为儿童创编故事的能力。所谓创编能力即儿童在抓住故事的关键要素的基础上，自行搭建故事框架，并能在不同场合，面对不同对象，自行组织语言向他人进行独立讲述的能力。创编需要儿童不依赖现有的讲述范本，自行组织故事内容，独立组织语言，从而实现真正的独白性表达。

2. 方法

在讲述能力训练策略的运用阶段，主要采用故事创编法。

故事创编法即儿童根据图片内容、言语内容或文字内容，结合自己的经验和想象进行故事讲述的方法。创编中儿童结合自己的生活经验与想象能力，进行有新意的独立讲述，如儿童在能够讲述《龟兔赛跑》故事后，尝试创编《新龟兔赛跑》的故事，在原有的故事情节中加上自己合理的想象，讲述兔子吸取了第一次比赛的教训，获得了第二次比赛的胜利。

阶梯式讲述能力训练

阶梯式讲述能力训练的模拟案例参见视频资源。

[①] 周红省，刘巧云，陆洋. 故事教学法在聋儿语言教育中的运用 [J]. 中国听力语言康复科学杂志，2005（3）：33-34.

二、常见临床表现及对策

（一）常见临床表现

儿童讲述能力发展过程经历句法从简单到复杂、讲述内容从单调到丰富的过程。对于正常发展儿童来说，讲述能力会随着语言和认知水平的发展而自然提高，但是对于存在语言障碍的儿童来说，讲述过程中出现的问题可能会长期存在。在讲述能力发展的过程中，语言障碍儿童常见的临床表现有以下几种情况。

1. 关键要素遗漏

由于对讲述内容的理解不到位，儿童会在讲述过程中遗漏故事的关键信息，如主要情节、人物、地点或时间。部分语言障碍儿童在进行看图讲述时，仅能说出谁在干什么，对于多个人物的行为描述能力较差，并且会遗漏图片中地点信息（如公园、超市）或时间信息（如早晨、晚上），使得讲述的内容过于简单。

2. 整体句法单一

对于词汇量较少、句法基础较薄弱的儿童，还会出现整体句法单调的问题，即通篇使用相似的句式进行讲述，并且大量重复使用词汇和句子。有些儿童仅能以词语或短语进行讲述，缺乏使用完整句子的能力，句子中修饰成分缺乏或稀少，导致其讲述缺乏生动性。

3. 讲述内容混乱

受认知局限，语言障碍儿童讲述过程中经常出现顺序混乱或缺乏连贯性的问题。部分儿童不能按照故事发生发展的顺序进行讲述，致使前后逻辑混乱；还有儿童即使能够按照故事发展的顺序进行讲述，但是情节之间缺少关联词和过渡语句，导致内容的连贯性差，使听众难以理解。

4. 含糊不清和韵律单调

听障儿童在讲述故事时常表现出清晰度较差、语速慢、停顿长、重复多等问题，而有些孤独症和智力障碍儿童则会存在讲述时声调单一、缺少韵律感等问题。

（二）对策

针对语言障碍儿童常见的讲述方面的临床问题，给出以下建议。

针对无法讲述故事的儿童，建议康复师从体验、理解、叙述、运用这一完整的讲述训练策略着手，循序渐进地进行训练。

若在临床中语言障碍儿童出现如遗漏关键要素的问题，建议康复师采用故事问题法进行训练，帮助儿童明确故事的关键性要素，使其能围绕一到两个事件，说出故事中关键的人、事、物的名称。

若儿童存在讲述内容混乱的问题，则建议康复师采用故事转述法、故事树讲述法、故事表演法，使其能够围绕几个相关事件，用常见的连接词按照一定的顺序讲述故事。

若儿童讲述过程中使用的句型过于简单，则可借鉴第九章中陈述句理解与表达能力的训练策略。

若语言障碍儿童有口齿不清和音调单一的现象，建议参考第十章语音感知与产生能力训练的相关策略和方法。

第十二章 读写能力的训练

读写能力主要指使用书面语进行沟通或使用某种语言进行阅读和书写表达的能力。读写能力的发展是一个连续性的过程，这种能力使得个人可以通过大量阅读拓展自己的知识和挖掘自己的潜力，从而更充分地参与到缤纷多彩的社会生活中。良好的读写能力包括识字、阅读、书写以及写作等方面的能力。本章将从主要训练内容、常见临床表现及训练方法等方面详述儿童读写能力的训练。

识字训练的内容及方法

PART 1
第一节

阅读可以让儿童认识更为广阔的世界,而识字能力则是文本阅读的基础。当儿童可以迅速而不费力地认识文本中的汉字时,才能有效地阅读。[1]由于汉字是音、形、义的统一体,所以汉语体系下的识字要求做到见形而知音义,闻音而知义形,表义而知形音。由于识字是从口语运用向书面语运用过渡的基本环节[2],因此,建议儿童具备一定的口语理解和表达能力后,再接受正式的识字训练。普通儿童从学前阶段便开始接触文字,入小学后正式开始学习汉字,在小学三年级左右则具备了基本的识字能力。[3]语言障碍儿童识字训练的开始时间可能更晚,持续时间更长。本节将介绍识字训练的主要内容、常见临床表现及常用方法。

一、主要训练内容

国家标准的一级字库收录常用汉字3 755个[4],这3 000多个汉字的音形义是人们为实现正常阅读与交流而需要掌握的内容。康复师难以做到逐字教数千汉字,因此识字训练一方面要循序渐进地增加儿童的识字量,另一方面也要教会儿童识字的方法。基于此,识字训练包括四个方面的内容:常用独体字的认识、简单合体字的认识、拼音的认读以及字体结构的认识。

(一) 常用独体字的认识

独体字(undecomposable Chinese characters)是由笔画构成的,不

---

[1] 黄信恩. 绘本教学对学习障碍儿童识字与阅读理解之成效研究 [D]. 台南:台南大学,2008.
[2] 王静. 汉字规律与识字教学 [M]. 北京:光明日报出版社,1990:3.
[3] 王琼珠,洪俪瑜,陈秀芬. 低识字能力学生识字量发展之研究:马太效应之可能表现 [J]. 特殊教育研究学刊,2007,32(3):1–16.
[4] 教育部语言文字信息管理司. GB2312–1980. 信息交换用汉字编码字符集·基本集 [EB/OL]. [2011–07–29]. http://www.moe.gov.cn/s78/A19yxs_left/moe_810/s230/201206/t20120601_136847.html.

能或不宜再进行拆分的汉字，如"月、雨、鱼、火、木"等。独体字的识记包括掌握字的读音、字形与意义，以及理解音、形、义之间密不可分的联系。比如看到汉字"月"，可以准确读出其发音 yuè，并且能想象月亮的形象。《说文解字》中常见的独体字有400多个。认识常用的独体字是认识数千汉字的前提，因为超过 80% 的汉字均由独体字组合而成。比如"日""月"组成"明"，"木""子"组成"李"，"雨""木""目"组成"霜"等。因此，先认识形义简单且经常使用的独体字，可以为儿童之后学习众多汉字奠定基础。

（二）简单合体字的认识

合体字（compounded Chinese characters）是由独体字按不同空间结构组合而成的汉字，比如"明、理、碧"等。常用的合体字有数千个，而在早期认字阶段儿童需要学习的合体字为：① 具有特别意义的合体字，比如自己的姓名；② 使用频率极高的简单合体字，比如"爸、妈、好"等；③ 经常组合成其他汉字的合体字，即作为常用合体字部件（compound component）的汉字，比如汉字"请、清、情"中的"青"，"想、箱、厢"中的"相"。掌握这部分简单的合体字，有利于儿童对字的音形义形成一个简单而整体的认识，对于儿童后续了解汉字整体结构规律，掌握独立认字的技能，亦具有铺垫作用。

（三）拼音的认读

字音是儿童识字过程中必须掌握的内容，现代汉语借助拼音这一工具来标注字音。拼音是自 1958 年《汉语拼音方案》颁布后开始推行的，由拉丁字母组成的汉字注音符号系统。为了掌握众多汉字的读音，儿童可以借助拼音认读生字，从而扩大阅读范围。具体训练内容见图 12-1-1。

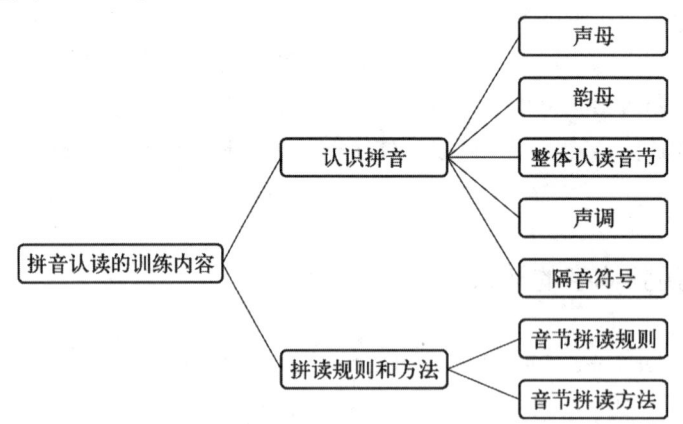

图 12-1-1　汉语拼音认读的训练内容

1. 认识拼音

学会拼读音节之前，儿童首先要能够认读汉语拼音的组成部分，包括声母、韵母、整体认读音节、声调和隔音符号。汉语有 23 个声母，包括 21 个辅音声母和 2 个零声母

y、w（详见表 12-1-1）。韵母 36 个，包括 6 个单韵母；1 个特殊韵母 er；13 个复韵母，其中 3 个复韵母在音节中的写法通常省略韵腹，iou→iu、uei→ui、uen→un；16 个鼻韵母（详见表 12-1-2）。整体认读音节 16 个（详见表 12-1-3）：其中 9 个整体认读音节是由 i、u、ü 作为音节本身或者韵头时改变其书写形式而成，i→y、u→w、ü→yu，当 i、u 独立为音节时则写作 yi、wu；另外 7 个整体认读音节是声母的呼读音，比如 zhi、chi、si。

此外，汉语是声调语言，汉字的字义随声调变化而变化，因此认读声调对于儿童学习普通话是不可或缺的。普通话共有 4 个声调（详见表 12-1-4），此外还包括轻声，但轻声不标调，例如"ma（吗）"。

汉语拼音还包括隔音符号。当 a、o、e 开头的音节连接在其他音节后面时，如果音节界限容易发生混淆，则用隔音符号（'）隔开，例如："pi'ao（皮袄）"。

表 12-1-1　汉语拼音声母表

	唇音	舌尖中音	舌根音	舌面音	舌尖前音	舌尖后音
不送气清音	b[p] ㄅ玻	d[t] ㄉ得	g[k] ㄍ哥	j[tɕ] ㄐ基	z[ts] ㄗ资	zh[tʂ] ㄓ知
送气清音	p[pʰ] ㄆ坡	t[tʰ] ㄊ特	k[kʰ] ㄎ科	q[tɕʰ] ㄑ欺	c[tsʰ] ㄘ此	ch[tʂʰ] ㄔ吃
鼻音	m[m] ㄇ摸	n[n] ㄋ讷				
清音	f[f] ㄈ佛		h[x] ㄏ喝	x[ɕ] ㄒ希	s[s] ㄙ思	sh[ʂ] ㄕ诗
浊音半元音		l[l] ㄌ勒	w[w] ㄨ污	y[j] ㄧ衣		r[ʐ] ㄖ日

表 12-1-2　汉语拼音韵母表

开口呼	齐齿呼	合口呼	撮口呼
-i zh(ẑ)、ch(ĉ)、sh(ŝ)、r、z、c、s 单用时之韵母	i ㄧ衣	u ㄨ乌	ü ㄩ迂
a ㄚ啊	ia ㄧㄚ呀	ua ㄨㄚ蛙	
o ㄛ喔		uo ㄨㄛ窝	
e ㄜ鹅	ie ㄧㄝ耶		üe ㄩㄝ约
ai ㄞ哀		uai ㄨㄞ歪	
ei ㄟ诶		uei ㄨㄟ威	
ao ㄠ熬	iao ㄧㄠ腰		
ou ㄡ欧	iou ㄧㄡ忧		
an ㄢ安	ian ㄧㄢ烟	uan ㄨㄢ弯	üan ㄩㄢ冤

续表

开口呼	齐齿呼	合口呼	撮口呼
en ㄣ恩	in ㄧㄣ因	uen ㄨㄣ温	ün ㄩㄣ晕
ang ㄤ昂	iang ㄧㄤ央	uang ㄨㄤ汪	
eng ㄥ亨的韵母	ing ㄧㄥ英	ueng ㄨㄥ翁	
ong （ㄨㄥ）轰的韵母	iong ㄩㄥ雍		ê ㄝ耶的韵母

表 12-1-3　普通话整体认读音节表

zhi 知	chi 吃	shi 诗	ri 日	zi 资	ci 雌	si 思	yi 衣	yu 鱼	ye 叶	yue 月
yuan 圆	yin 音	yun 云	ying 英	wu 乌						

表 12-1-4　汉语拼音声调表

调名	阴平	阳平	上声	去声
调序	1	2	3	4
调值	55	35	214	51
5	—			
4				
3				
2				
1				
举例	诗	石	史	室

2. 拼读规则与方法

能够认读音节的各成分之后，儿童需要掌握音节的拼读规则和拼读方法。拼读规则主要是指声母与韵母的组合规律，如单韵母 o 只跟声母 b、p、m、f 相拼，单韵母 e 不和 b、p、f 相拼。音节拼读的方法有：① 声韵两拼法，先读声母，再读韵母，然后拼出音节，比如 p–ǎo–pǎo（跑）；② 支架式拼读法，摆好发声母 b 的口部姿势，然后直接读出 à，最终发出 bà（爸）的音节；③ 三拼法，一般针对有介音的音节，为防止丢掉介音而变成另一个音节，可先读声母，再读介母 i、u、ü，然后慢速连续地读后面的韵母，最后拼出音节，如 h–u–āng → huāng（慌）；④ 声介合母和韵母连读法，先将声母和韵头拼在一起，然后再与后面的韵母相拼，比如 hu–āng → huāng（慌）。[①]

需要注意的是，康复师应根据儿童的现有水平进行拼音的认读训练。对于部分语言障碍程度较为严重的儿童，如果无法掌握一定量的基本常用简单汉字，则不建议进行拼音的教学。

---

① 银春铭，于素红. 儿童语言障碍及矫正 [M]. 北京：人民教育出版社，2001：102.

(四)字体结构的认识

汉字造字是有规律的,为了认识更多的常用汉字,儿童还可通过掌握字体结构规律,即部件构成汉字的方式和规则,对汉字形成更为清晰的认识和理解。具体训练内容包括:部件拆分、形旁和声旁的确认、形旁的含义和声旁的表音方式。

1. 部件拆分

部件拆分(component disassembly)是指康复师首先指导儿童将合体字拆分为不同的组字部件,从而化繁为简,帮助儿童识记和理解汉字。拆分时应根据字形的上下、左右、包围等空间结构,从构字原理出发,以识字为目的进行拆分。例如将"城"拆分为左边的"土"和右边的"成",将"盆"拆分为上面的"分"和下面的"皿"("分"无须拆分为"八"和"刀"),将"问"拆分为外面的"门"和里面的"口"。

2. 形旁和声旁的确认

形旁(semantic radicals)表示汉字的相关含义或者类属,声旁(phonetic radicals)表汉字的读音。儿童需要判断各部件是形旁还是声旁,这样才知道该如何推测字的音义。有的偏旁具有固定的位置和功能,比如部首"氵",一般位于左侧,表示与水相关。但是还有部分偏旁的位置和功能是可变的,主要有以下两种情况:① 部件既可为形旁,也可为声旁,以"木"为例,在左侧为形旁,如"杨",在右侧则为声旁,如"沐";② 形旁在不同位置时,外形有所变化,以"心"为例,在左侧为竖心旁"忄",如"惊",在底部为心字底,如"怒"。

3. 形旁含义和声旁表音方式的掌握

确认偏旁的类型之后,儿童需要掌握形旁的本义和声旁的表音形式,由此推测字的音义。因为80%以上的汉字为形声字,而形声字以形旁表义,声旁表音。因此,康复师需要通过一定量的形旁或者声旁相同的字,帮助儿童掌握主要常见形旁的本义和各声旁的发音。比如通过形声字"桥、杨、桃"等发现形旁"木"通常说明目标字的含义与树木相关;通过形声字"桥、荞、侨"等发现声旁"乔"表示其读音为qiáo。需要注意的是,声旁表音的方式是多样的,只有少部分声旁读音与汉字读音完全一致,有时声旁表声韵,调不同,如胆(dǎn)→旦(dàn);有时仅表韵母或者韵母相近,如荡(dàng)→汤(tāng),撑(chēng)→掌(zhǎng)。因此,康复师在训练过程中,需要按表音方式将声旁分类,并通过合体字教学来帮助儿童掌握声旁表音的多种方式。

二、常见临床表现

尽管汉字构造有其规律性,但是这些规律并不能覆盖所有的汉字。随着数千年的演变,有的字已经与本义、本音和原形相去甚远,加之许多汉字在音形义上有相似之处,所以儿童在识字过程中经常会出现一些错误。语言障碍儿童识字中的常见临床表现有四种:音近错误、形近错误、义近错误和多种错误交叉的混合错误。

（一）音近错误

音近错误是指儿童在认识发音相似或相同而形义不同的字时出现错误。汉语仅有400多个声韵组合音节，而汉字则上万，因此汉字中存在大量同音字或者近音字。低年级的学生由于识字量较少，因而在学习新字时容易使用学过的同音字进行代替，比如：在—再、向—象、长—常。高年级学生虽然有较多的识字量，但是如果未充分理解字义，也会出现混淆同音字的情况，比如雀—鹊、带—戴、烂—滥[①]。这种音近错误也体现在拼音方面，比如鼻音 n 和边音 l，这两个声母字母虽然形式差别明显，但均为舌尖中音，且部分儿童可能受到方言影响，难以区分这两个声母。

（二）形近错误

形近错误是指在认识字形相似或相同而读音不同的字时出现错误。一方面是由于许多汉字的字形相似，甚至仅在笔画上有细微差异。另一方面是因为儿童初期的方位知觉尚未发展完善，在认字或者拼音时，容易将上下、左右颠倒。形近错误又可细分为：① 形旁相同，如赏—尝、团—困；② 形旁相似，如斩—折；③ 声旁相同，逗—短、诞—涎；④ 声旁相近，如挡—抓、蹈—陷。在拼音训练中，也存在一些形似而致的混淆，如声母 b–d、p–q，韵母 ei–ie、uo–ou。

在形近字的错误中，要特别关注"有边读边"所致的错误[②]。据统计，声旁读音与字音完全一致的情况仅占形声字的10%，比如程（chéng）等。因此"有边读边"的识字方法，其运用范围是有限的。

另外汉字还存在多音字的现象，即多音共一形，这也是儿童识字学习中的难点。多音字的不同读音通常具备区分意义的作用，因此读错字音将有碍于字义的理解和沟通交流。比如，儿童可能将"重庆"的"重"chóng 误读为 zhòng，将"银行"中的"行"háng 误读为 xíng。

（三）义近错误

义近错误是指儿童在认识字义相关或相近但是形音不同的字时出现混淆。主要包括两种情况：一是有的汉字具有类似的含义，比如"使"读为"让"，"至"读为"到"；二是两个字的字义有所关联，经常一起出现在文中，所以儿童不自觉地将其联系在一起，出现误读，比如儿童将课文中的"一滴"读为"一泪"，"情"读为"景"等。

（四）混合错误

混合错误是上述两种或两种以上错误的叠加。儿童在学拼音时，容易混淆发音和书

---

① 佟乐泉，张一清. 小学识字教学研究 [M]. 广州：广东教育出版社，1999：39.
② 王静. 汉字规律与识字教学 [M]. 北京：光明日报出版社，1990：60–64.

写形式均相近的声韵母，比如前后鼻音（如 in 和 ing）、平翘舌音（如 c 和 ch）。识字中易混淆的类型包括：① 音形均相近的汉字，比如园—圆、泡—炮、沾—粘；② 形义均相近的字，比如看到"淳"，将其误认为"享"，又因为"享受"经常出现在一起，因而读成"受"（享受）；③ 音形义均相近的字，比如坐—座、刚—钢，或者看到"揉"将其认作"柔"而直接读作"软"（柔软）等。

三、识字能力的训练方法

识字训练不能只是简单反复地记忆、背诵或者抄写，而应注意儿童的认知发展规律及汉字本身的构造特点，采用趣味形象的训练方法。

（一）图文匹配法

图文匹配法是指康复师准备一张与目标字的字义相匹配的图片，先让儿童看图说一说图片的内容，然后再出示目标汉字，对照图片内容，记忆汉字，将抽象的方块字与生动形象的图片建立联系，帮助儿童记忆汉字的音形义。比如，在教汉字"云"时附上一张天空中白云的图片，康复师指着图片中的白云询问儿童"这是什么"，引导儿童回答"yún"，然后出示汉字"云"，让儿童对照云朵图片看着"云"字说出"yún"。注意图文匹配法中的图片，主要是启示作用，辅助儿童识记字的音形义，而非"看图说话"，因此不建议对图片内容作过多扩展。

（二）字源联想法

字源（Chinese etymology）联想法是指康复师同时出示字的甲骨文或金文等早期形态、图片，然后借助图示、联想、编故事等形式为儿童讲解构字原理及演变过程，以此帮助儿童依据字源识字。对于图示性较强的汉字，例如"羊"，可以出示羊的图片和甲骨文ϒ（表示羊头，尤其突出羊角），通过直观图示帮助儿童记忆"羊"的字形与字义（如图 12-1-2 所示）。对于无法直接图示的会意字，比如"沙"，则可以通过各部件的本义关系进行故事联想：从前，有一条小河，因为好长一段时间都没有下雨，河里的水变少了，沙子就露出来了。针对指事字，则要先根据构形原理将各部件拆分开来，再讲清楚指事符号的特点和作用。例如汉字"旦"，则需要引导儿童把"日"和"一"分开，

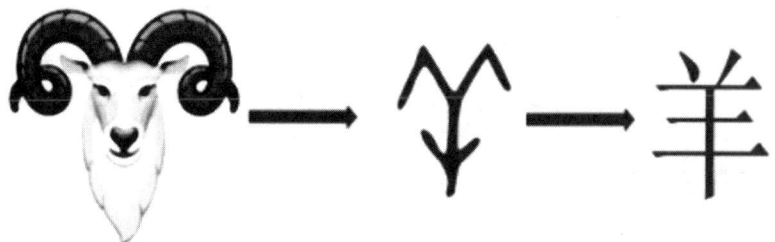

图 12-1-2　汉字"羊"的字源联想法示意图

强调指事性符号"一"的作用:"一"加在"日"下方,表示日出地平线,此时正是早晨。

(三)部件训练法

部件训练法是指康复师将具备相同部件的字归于一组,讲解这些字所共有部件的意义或者读音,从而帮助儿童掌握一批汉字的含义和发音。具体可以分为两种方法。① 部首训练法:适用于具有相同部首的一组字,比如"账、财、赃、赌"等,部首都是贝字旁。康复师先引导儿童理解:"贝"是贝壳,在古代曾经作为货币,因此贝字旁的字,通常与钱财有关。然后康复师再具体讲解每个字的意义。② 声旁训练法:也称为"基本字带字",适用于具有相同声旁的一组字,比如"情、清、晴、请"。康复师先帮助儿童掌握"青"的读音 qīng,然后引导儿童玩造字游戏——为"青"加上不同偏旁,再教儿童每个字的读音,即在 qing 的基础上加上不同的声调。

(四)分析比较法

分析比较法是指康复师先引导儿童比较经常混淆的字,找到差异所在,并且用标注的方式使差异更为突出,使得儿童从认知层面辨认易混淆的字。比如,对于汉字"未"和"末",康复师可以首先引导儿童比较上面两横的长短,并用红色蜡笔标注最上面的一横。然后可以向儿童说明:"末"本义为树梢,所以要在"木"上加一条更长的横线以作标记;而"未"原本是树木繁茂的意义,因为大树上面的枝叶更小,所以在"木"上面加一条短一点的"一"。分析比较法也适用于拼音的辨识。以字母 b 和 d 为例:康复师首先引导儿童比较两者半圆的方位,让儿童发现 b 的半圆在右,d 的半圆在左,并将半圆涂上不同的颜色;再通过趣味形象帮助儿童记忆,"弟(dì)弟打(dǎ)球 ddd,爸(bà)爸抱(bào)球 b b b"(如图 12-1-3 所示)。

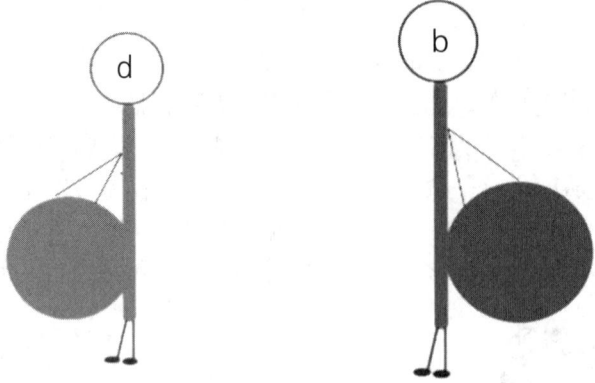

图 12-1-3 声母 d 和 b 的区分

(五)口诀识字法

口诀识字法是指康复师将需要儿童掌握的汉字或者拼音内容编成押韵的口诀、顺口溜、童谣等,从而帮助儿童记忆的方法。口诀识字法的应用范围广泛,学习拼音、字音、字形和字义时均可使用。① 口诀帮助记忆拼音,比如记忆单韵母的口诀,"小嘴张开 aaa,公鸡打鸣儿 ooo,白鹅游水 eee,牙齿对齐 iii,乌鸦喝水 uuu,鱼儿吹泡 üüü";② 口诀帮助记忆字形,例如"亡口月贝凡",帮助记忆汉字"赢"的各部件;③ 口诀帮助区分形近字,比如"有水冒气泡,有火放鞭炮,有足才能跑,草头在上是花苞",帮助儿童区分汉字"泡、炮、跑、苞"的部首与意义。

(六)字谜识字法

字谜识字法是指康复师将汉字的各个部件巧妙地编成简短的字谜,通过猜字谜帮助儿童加深对字形结构的记忆。例如字谜"王老师穿着白裙子站在石头上"(答案"碧")。使用字谜识字法的前提是儿童对目标汉字的字形较为熟悉。另外,考虑到字谜对抽象思维的要求较高,对语言障碍儿童有较高的难度,因此康复师应该选择更为简单直接的字谜,谜题应侧重于组字部件,而非高超的修辞技巧,比如"三个口"(答案"品")。

(七)拼音识字法

拼音识字法是指当儿童遇到不认识的字时,康复师出示该生字的拼音并指导儿童音节拼读的方法,然后向儿童说明这个拼音就是字的读音,以此帮助儿童掌握生字的读音;而掌握了字音之后,儿童可以联系日常生活中的场景,了解字义。例如儿童不认识玩具店招牌上的"玩"字,康复师可以在"玩"字的上方,贴上拼音"wán",然后告诉儿童:"它(指着汉字'玩')的读音是这个(指着拼音'wán')。"如果儿童能自行拼读音节,则鼓励他自己读出字音;如果儿童尚未掌握该音节的拼读方法,康复师则应该教读拼音,再引导儿童借由拼音读字。待儿童知道"玩"的读音后,可以联系口语中的"玩具店""玩皮球""玩积木"等,发现"原来这个字就是'玩具'的'玩'啊!",从而了解"玩"的字义。

康复师需要指导家长在日常生活中抓住机会,引导儿童以多种方式反复练习并使用拼音识字法。比如可以训练儿童拼读生活中的各种音节,包括路名、商场名称等等;也可以引导儿童阅读注音读物,可从故事的标题开始拼读;还可以训练儿童读《新华字典》中的汉语拼音。在拼音训练过程中应注重培养儿童"我可以自己认字了"的成就感,增加其对于拼音学习的热情,从而提高识字训练的成效。但也需要注意,正常发展儿童是在小学一年级阶段才开始系统学拼音,此时儿童已经能说出几乎所有的声韵组合。如果语言障碍儿童的认知发展及口语发展受限,难以学习拼音,此时可直接认读汉字。培智学校通常在 3 年级以后才开始要求儿童学拼音。

(八)形象记忆法

形象记忆法是指康复师在训练儿童识字时,将抽象的汉字或拼音符号与对应的特殊而生动的形象图画一同出示,引导儿童比较二者的相似之处,建立起形象与符号之间的联系,之后儿童则可以通过联想生动的图画形象来回忆该汉字。对于象形字的记忆,比如"瓜",康复师可以出示绿藤吊着一个瓜果的形象(如图12-1-4所示)。而对于部分汉字,康复师可以自编一些形象化的趣味说法,比如区分"乌"和"鸟"时,康复师可以向儿童解释道:乌鸦全身漆黑,眼睛与身体难以区分,所以和普通"鸟"类不同,字形上没有"丶"。形象记忆法亦可用于记忆声母、韵母,比如声母b,康复师可以引导儿童联想拔萝卜的形象(如图12-1-5所示)。

图12-1-4　汉字"瓜"的形象记忆法　　　　图12-1-5　声母b的形象记忆法

(九)吟唱记忆法

吟唱记忆法是指康复师将训练的内容加上旋律,使其变成可吟唱的歌曲来帮助儿童记忆汉字的方法。研究表明音乐可以促进儿童语言的学习。[①] 这主要体现在三个方面:一是儿童对于音高的感知能力有助于汉语声调语言系统的学习;二是音乐具有较强的情绪奖赏作用;三是吟唱中的多次重复与注意力的高度集中可以提高语言加工水平。[②] 例如歌曲《小星星》,"一闪一闪亮晶晶,满天都是小星星,挂在天上放光明,好像许多小眼睛",歌词不仅有助于儿童对汉字"星"的记忆,而且有助于同韵字"晶、明、睛"的记忆。在学拼音方面,《汉语拼音字母歌》可以帮助儿童记忆音序。

(十)随文识字法

随文识字法是指儿童将所要阅读的文章通读之后,康复师抽取文中儿童不认识的生字,再逐字进行音形义的训练。在此过程中,儿童不仅可以掌握字的音形义,而且可以了解使用该字的语境。这一方法注重识字与语境的有机结合,遵循"字不离词、词不离句、句不离文"的原则。比如,在阅读《乌鸦喝水》时,康复师除了要帮助儿童区分"渴"与"喝"的音形义之外,还要通过语境来教儿童这两个字的用法,如"因为乌鸦渴了需要水,所以渴有三点水,然后张口就喝水,所以喝是口字旁"。实际上,在使用随文识字法的过程中,康复师也会根据儿童的情况协调识字任务、阅读内容和句子表达等多部分语言训练内容之间的比重,力求找到适合儿童的最佳组合,从而使得识字能够更好地为提高儿童的阅读能力而服务,最终提升儿童的整体语言水平[③]。

---

① 南云.音乐学习对语言加工的促进作用[J].心理科学进展,2017(11):28-37.
② Patelad. Can nonlinguistic cmusical training change the way the brain processes peech? The expanded oper ahypothesis[J]. Hearing Research, 2014, 308:98-108.
③ 佟乐泉,张一清.小学识字教学研究[M].广州:广东教育出版社,1999:113.

阅读能力训练的内容及方法

阅读是除口语交际外的最为重要的一种语言输入通道，是掌握语言知识、获取信息的过程，是交流、分享信息和思想的方式。阅读能力指的是能够识别、理解不同形式的印刷或手写材料的能力，是现代人必备的重要学习技能之一。在日常生活中，很多信息的获取依赖于阅读能力。儿童可以经由阅读认识新的事物，建构更复杂、史系统的概念体系。

一、主要训练内容

阅读材料主要包括文字和图画两种形式。低龄儿童的主要阅读内容是以图画为主的图画书（绘本），随着儿童年龄的增长，逐步过渡到阅读以文字为主的文本材料。

在良好的阅读活动中，通过听、说、读等多方面的语言活动，可促进儿童的口语和书面语的共同发展。因此，促进儿童阅读能力的发展十分重要。但阅读能力的形成是一个循序渐进的过程，在此过程中，部分儿童受生理状况、教育或环境等条件制约，可能会在阅读时出现无法掌握阅读内容或理解片面的情况，影响其进一步学习其他内容。因此，对阅读能力欠佳的儿童进行阅读训练是有必要的。阅读能力训练可以从以下几个方面考虑。

（一）建立翻阅规则

训练儿童的阅读能力首先要激发儿童产生阅读意识并帮助他们建立正确的翻阅规则。阅读意识即让儿童获得图画书的基本概念，让儿童知道"书是用来看的，不是用来啃或者撕的"。基础的翻阅规则包括：以正确的方法拿书，知道书的封面和背面，翻书时会从前翻到后，阅读时以从左到右、从上往下的顺序阅读等。

（二）理解大意

理解大意是指在阅读时，儿童能理解所阅读的图片、文本的主要内容或大致情节。儿童理解大意能力的发展包括以下几个阶段：在前阅读时期，能注视书本中的图画，知道图画代表一定的意思；逐渐能辨认图画书中的角色，了解书中出现的人物或角色的名称；而后通过对书中主角形象的感知，理解主角行动和状态；再然后能根据画面信息说出图中有什么，发生了什么事等；最终发展为能大体讲出故事的主要内容或能根据连续画面提供的信息，大致说出故事的情节。

学龄儿童能逐步结合上下文和生活经验，了解课文中词句的意思，体会课文中关键词句表达的含义，并能说出叙事性文章中的人物、事件梗概以及地点等关键信息，能简单描述自己印象最深的场景、人物、细节，而且能把握文章的关键信息，体会文章表达的思想感情。

（三）评论或想象

评论或想象是指儿童能根据书中的语境、人物特征、文章脉络、故事主旨等，结合已有知识与生活经验，形成自己的理解和判断。如：关注听过的故事、看过的图书中感兴趣的人物和事件，并且能通过多种方式主动与他人交流自己的阅读感受或表达自己的观点。想象包括在阅读之后根据故事的部分情节或图书画面的线索猜想故事情节的发展，据此续编或创编故事。想象也包括能根据文章的内容、语境、线索，凭借个人的经验和知识积累，推测课文中有关词句的意思和文中没有详细描述的信息，以建立更为完整的意义。在阅读诗歌时，儿童需大体把握诗意，学会想象诗歌中描述的情境，体会作品所表达的情感[①]。

（四）培养元语言意识

元语言意识是指个体对语言和文字特征的认识和运作的能力，包括语音意识、词素意识、句法意识和语用意识。在中文阅读的过程中，语音意识和句法意识对阅读的影响很大。

儿童在阅读的过程中，一定的语音意识使儿童能有效地分解和合成语音，并能利用正字法与语音之间的联系，在书面语与口语的语音表征之间建立联系。形成元语音意识之后，儿童能够发现文字的形与音之间的对应规则，并利用这些规则认识不熟悉的词语，提高词语识别的速度，从而提升阅读能力。句法意识是指儿童在阅读的过程中能够反思句子内在语法结构的能力。儿童在阅读时能意识到句法规则的存在、使用常用的句法规则、自动修补句法，并将句法知识反应在语言或相关任务中。运用句法意识，可帮助儿童在阅读的过程中更有效地监控理解的过程。句法意识也帮助儿童通过句子的结构特征和有关句子的知识，结合语音信息和正字法知识来认识新词汇。

---

① 李季湄，冯晓霞.《3-6岁儿童学习与发展指南》解读[M]. 北京：人民教育出版社，2013.

元语言意识的发展对提高儿童阅读能力有着积极的影响，其中语音意识通过影响书面语与口语的联系而影响阅读能力，而句法意识通过有意识的句法分析影响上下文语境意义的加工[1]。

二、常见临床表现

阅读是一项需要长期发展的能力。阅读能力良好的儿童会对阅读有浓厚的兴趣，能理解阅读的内容并形成自己的想法，且对阅读内容做出评价。但部分儿童阅读能力存在障碍，主要表现如下。

（一）翻阅行为不良

部分阅读障碍的儿童在阅读时，不能按顺序翻阅图画书，常跳页；阅读时书本歪斜，姿势不正。在运动协调能力方面存在障碍的儿童，翻书时常多页一起翻或无法翻书，翻书时另一只手不能固定书籍或翻书时总是把书碰掉。

（二）跳字跳行阅读

部分阅读障碍儿童在阅读时，眼睛会不自觉地注视材料之外的其他地方，阅读时往往只关注一句话或者一段话中的一两个字，且阅读文本时换行时间长，回视次数多，易出现跳行、串行的现象，不能按顺序阅读。总体而言，阅读障碍儿童在阅读时通常表现为注意力不集中，阅读时不知道读到什么地方。

（三）大意理解困难

阅读障碍儿童在阅读图片内容时往往存在以下困难：① 儿童将每一页的图片当作独立的内容，不能理解该图片与下一页图片之间的联系，也不能将故事中的情节贯通在一起；② 儿童不能辨认图画书中的人物或角色，或不能辨认图画书中变换形象或不同状态的相同角色；③ 儿童不能通过提供的线索理解发生的事件或人物的活动，不能说出图画中发生了什么事情；④ 能正确阅读，但理解较差，不能获取文中描述的人物、事件梗概等关键信息；⑤ 儿童对字、词、句、段落和篇章等不同层次内容存在理解障碍，无法将多个句子或文本段落联系在一起理解阅读的内容。

（四）细节搜索困难

阅读障碍的儿童阅读速度慢且无目的，经常在阅读时忽略文中的关键词，不能体会文中关键词或关键句表达的信息；在阅读后不能根据文中的细节信息找出文本中对应的

---

[1] 姜雪凤. 元语言意识对阅读的影响研究综述 [J]. 大连民族大学学报, 2006, 8 (6): 44-45.

内容。

（五）快速加工困难

研究表明阅读障碍儿童的巨细胞通路受损，这对他们视觉快速加工有重要的影响作用，这主要是因为巨细胞通路负责处理快速、低对比度的视觉刺激[①]。除此之外，阅读障碍儿童在语言学方面的快速加工能力也明显不足，研究表明他们和正常儿童在快速命名技能上存在显著差异。有研究认为快速命名对阅读障碍儿童字词解码的影响要显著大于其对正常儿童字词解码的影响[②]。

（六）阅读流畅困难

阅读障碍儿童常存在阅读流畅性障碍。通常表现为阅读速度慢、停顿次数多和准确性差，出现更多的是省略错误、添加错误和替代错误。为了集中注意力，会出现用手指或者笔尖指着文章逐词阅读，一遇到生词或者不熟悉的词便停止阅读，无法通过上下的语境理解生词。

（七）信息存储困难

部分儿童在存储阅读信息上存在困难，表现为阅读后无法讲述故事或回忆阅读的内容，无法回答刚读过的材料的相关问题。

（八）自主评价和想象困难

阅读能力差的儿童不能准确提取文章中的实际含义，难以将阅读的内容与已习得的知识和个人的经历相联系，难以做出客观评价。由于背景知识、经验和想象力不足，词汇、语义知识薄弱以及无法全面获取信息，儿童难以理解文章中的隐含信息，难以对事情发展做出合理的推测。即使儿童可以认识和解码文本内容使用的文字，但仍不能解释和推测文本内容中的相关信息。

（九）元语言意识缺乏

阅读不良的儿童在语音意识方面存在缺陷，该缺陷会影响儿童阅读过程中的词语再认、假词拼读。句法意识受损的儿童在辨别句子结构、理解句子意义上表现不佳；同时会导致儿童难以记住不熟悉的词语，在结合文章内容学习新词时的效率下降，在联系上

---

① McLean G M T, Stuart G W, Coltheart V, et al. Visual temporal processing in dyslexia and the magnocellular deficit theory: the need for speed?[J]. Journal of Experimental Psychology: Human Perception and Performance, 2011, 37（6）: 1957–1975.
② 薛锦，舒华. 快速命名对汉语阅读的选择性预测作用[J]. 心理发展与教育, 2008（2）: 97–101.

下文的语境对信息进行加工方面也存在困难。

三、阅读能力训练的方法

儿童阅读能力的发展既需要良好的阅读习惯的支持，也需要细节搜集能力和理解文意能力等。康复师可以通过以下方法促进儿童阅读能力发展。

（一）指读法

指读法，即通过成人或儿童自己指点图画或文字的方式，帮助儿童理解阅读内容。这是一种辅助阅读的方法，目的是帮助儿童了解阅读规则，对读本内容形成整体理解。康复师在指导儿童阅读时，可通过指点读本中的图片来吸引儿童的注意，还可通过逐行指点读本中的文字，帮助儿童建立从左往右阅读的习惯，防止儿童跳行漏行。儿童也可运用指读法帮助自己理解，在用手逐行指读的过程中，帮助自己集中注意力，锻炼手眼协调的能力，防止漏行跳行，按顺序阅读。儿童遇到不会认读的字可跳过，利用完整的句子或者段落帮助理解个别字词，形成整体理解。需要注意的是，指读法在运用时不能一字一顿地指读，应连续流畅地指读。指读法可用于应对文章阅读中跳字、跳行、细节搜索困难、流畅性差等问题。

（二）朗读法

朗读法是指通过清晰响亮的有声语言表达文本内容的阅读方法，即在阅读时将文章出声念出来。该方法是培养阅读能力的基本方法之一。因为朗读法可以借助儿童的听觉通道提供阅读反馈，从而提高儿童阅读的专注度，有效防止内容漏读和内容添加，所以康复师可利用朗读法的特性，提高儿童阅读的流畅性。如康复师示范慢速朗读一段文字，示范文字正确的读音、停顿和断句，同时让儿童进行跟读模仿，之后要求儿童独立朗读。需要注意的是，对于阅读不流畅的儿童来说，在朗读中出现卡壳停顿的情况时，需要给予儿童足够的自我调整时间，不要轻易打断。另外，在朗读时，康复师还可以提醒儿童在语句中加上情感，这有利于丰富儿童的阅读体验，加深对读本内容的理解。朗读法对改善阅读流畅性障碍，以及阅读信息存储困难等现象有一定的促进作用。

（三）概括法

概括法即在阅读过程中，将文章内容分段总结，帮助儿童理解文章大意的方法。如儿童在阅读完一个自然段后，康复师引导儿童对段落内容进行总结、对段落关系进行分析；在整篇文章阅读结束后，引导儿童根据整体内容进行分段总结概括，形成对主要内容的概括性认识。在儿童阅读能力发展前期，康复师可以在儿童阅读之前提示其常见的结构框架，如"总—分""分—总"等，降低其概括难度；在儿童阅读能力发展起来后，可以引导儿童自主概括，进一步发展其阅读理解能力。概括法可以帮助儿童在阅读过程中有效地存储信息和理解文章的大意。

（四）图示法

图示法即通过可视化的图形帮助儿童整理故事结构、理解故事大意的方法。如康复师在儿童阅读之前提供一个"五指图"的框架，每个指头分别对应故事的标题、时间、地点、人物和事件（图 12-2-1）。向儿童示范如何在故事中寻找对应的信息并且填入"五指图"，在阅读结束后，康复师可以运用完成的框图帮助儿童梳理故事结构，回忆故事内容。图示法图示框架多种多样，除五指图外，还可以有小火车、小花瓣等，康复师可以在阅读活动之前选择合适的图示结构辅助儿童，也可以引导儿童自己在阅读过程中运用图示法理解所读内容，自主完成阅读理解。当儿童自己形成了相应的思维框架后，外在的图示可逐渐撤销。图示法可以改善儿童在阅读时信息存储困难和文章的大意理解障碍等问题。

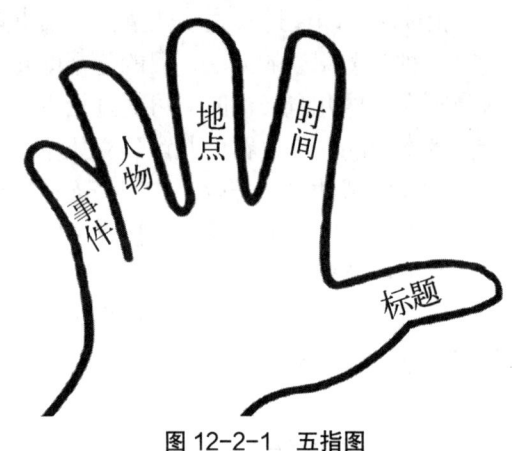

图 12-2-1　五指图

（五）预测法

预测法即利用读本中的某些信息，帮助儿童预测情节、建构意义，从而使儿童更深入地理解故事内容的阅读方法。由于适合儿童早期阅读的图画书往往按照重复的模式组织内容，所以预测法对于儿童阅读学前阶段的图画书十分适用。如康复师带领儿童阅读图画书《嘎嗒奶奶的裁缝店》时，在开始阶段重点引导儿童注意重复的、按顺序出现的动物和嘎嗒奶奶做的衣服，帮助儿童形成预期，降低阅读理解的难度；之后在重复内容出现时稍作提醒，强化儿童的预测；最后使儿童能自主意识到多次重复的内容，主动进行预测，理解故事内容。这一方法在指导儿童阅读文字材料时也适用。对于有重复内容的文字材料，康复师首先引导儿童关注重复的内容结构，形成阅读预期；对于没有重复内容的文字材料，可以引导儿童关注已知内容，再预测后续内容，不断形成新的阅读预期，一步一步地实现整体的阅读理解。预测法主要用于提高儿童的大意理解能力和元语言意识。

（六）追溯法

追溯法即综合文中出现的线索提出问题，并且将这些问题分解为一系列有关联的问题，引导儿童对阅读的内容进行思考和评论。对于文中已经发生的事情可以问儿童：这件事情发生的后果是什么、是什么原因导致的这个事件的发生、应该怎么做才能避免这样的事件发生或如何做才能将这件事情做得更好等问题。通过追问，让儿童推论文中已经发生但没有描述的事件，或者通过追问文中的细节和事情的发展趋势，推论在未来可能发生的事件。在提问过程中，可以结合自身的生活经验和学习经历，做出合理的推论。

（七）表演法

表演法即通过扮演故事中的角色，帮助儿童理解文章内容，加深记忆的方法。如儿童在阅读图画书《三只小猪》后，康复师帮助儿童分角色表演故事内容，加深对情节的记忆和理解。无论是图画故事还是文字故事，都可以采用表演法帮助儿童理解文章内容。对于图画书来说，其中直观形象的角色呈现有利于激发儿童的兴趣，有利于模仿和表演；对于文字故事，康复师需要帮助儿童了解角色特点和故事背景，以加深儿童对文章主要内容的理解。另外，尽管阅读与讲述紧密相关，但阅读中的表演法需要与讲述中的表演法相区分。讲述活动的重点在于发展儿童的表达性语言，表演中要求儿童运用规范的语言将内容完整、连贯地讲述；而阅读活动中的表演法的重点则是帮助儿童通过表演更好地理解内容。

（八）辨析法

辨析法即通过对文章内容进行评价和分析，加深儿童对文章意义理解的方法。康复师可以引导儿童对文中的主要人物进行评论，如在阅读完《龟兔赛跑》后，康复师可以让儿童说一说"你觉得小兔子怎么样啊？小乌龟怎么样啊？"。康复师还可以引导儿童分析书中的细节信息，如针对书中的部分内容，可以提问儿童"这是作者的看法，还是实际发生的事情？"，引导儿童分析观点和事实的不同，发展评价的能力。辨析法可以帮助儿童对阅读的内容进行评价和想象。

（九）经验关联法

经验关联法即通过调动或增加儿童经验的方式，帮助儿童理解读本内容的方法。如在阅读故事《小蝌蚪找妈妈》时，为了帮助儿童理解小蝌蚪的心情，康复师可以问"如果你找不到妈妈了，会有什么样的感觉？"来调动儿童已有的经验，帮助其理解故事内容。康复师还可以通过增加儿童经验的方式来帮助儿童理解阅读内容，如在阅读有关水果的文章时，康复师可以提供水果让儿童通过观察、触摸和品尝的方式获得直接经验，从而帮助儿童理解；在阅读有关动物的文章时，康复师可以通过展示动物的视频、文字描述等方式让儿童获得间接经验，帮助其理解阅读内容。

书写能力训练的内容及方法

书写是人的大脑、眼睛、手臂、手指等部位联合协调的活动，是儿童必须具备的一项重要的语言能力，规范、端正、整洁的书写是有效进行书面交流的基本要求。语言障碍儿童一般都伴有不同程度的书写障碍。书写能力分为拼写和写作两个方面。拼写是指笔画、结构、错别字等文字的处理，写作即为文字表达能力。本节中的书写障碍仅指在文字的输出过程中儿童出现的书写结构错置、镜像书写、笔画添漏等字词层面的书写障碍。本节将从儿童书写能力的训练内容及方法两方面展开，以期为康复师提供合适的训练内容及训练思路，促进儿童书写能力的发展。

一、主要训练内容

书写能力的训练主要从书写准备和文字书写两大方面进行。

（一）书写准备

书写准备包括写字姿势、握笔姿势和纸的摆放三个部分。

1. 写字姿势

正确的书写姿势可以提高书写的稳定性，提高注意力，提升书写的效率。教育部在《九年义务教育全日制小学写字教学指导纲要（试用）》中对写字姿势做了如下规定：① 上身坐正，两肩齐平；② 头正，稍向前倾；③ 背直，胸挺起，胸口离桌沿一拳左右；④ 两脚平放在地上与肩同宽；⑤ 左右两臂平放在桌面上，左手按纸，右手执笔；⑥ 眼睛与纸面的距离应保持在一尺左右[1]。

2. 握笔

上述文件也明确规定了三指执笔法为正确的执笔方式[2]。具体要求

---

[1] 国家教育委员会.九年义务教育全日制小学写字教学指导纲要（试用）[J].学科教育,1997(9):2-11.
[2] 王希.学龄前儿童握笔姿势的发展性研究[D].上海：华东师范大学,2008:18-19

是：(1) 右手执笔，大拇指、食指、中指分别从三个方向捏住离笔尖 3 厘米左右的笔杆下端；(2) 食指稍前，大拇指稍后，中指在内侧抵住笔杆，无名指和小指依次自然地放在中指的下方并向手心弯曲；(3) 笔杆上端斜靠在食指的最高骨处，笔杆和纸面呈 50° 左右。

3. 纸的摆放

纸张放置位置需正确，对右利手的儿童，应将纸张向左倾斜 115° 摆放；而对于左利手的儿童，应当将纸张放在向右倾斜 15° 的位置，避免他们垂直书写时感觉不顺手[①]。

（二）书写文字

书写文字首先需要了解基本的书写笔画，然后还要考虑书写的笔顺，字体结构布局必须合理。书写时还应考虑部首，以及用笔力度和书写速度。

1. 书写笔画

汉字笔画是指组成汉字，且不间断的各种形状的点和线，如横（一）、竖（丨）、撇（丿）、点（、）、折（𠃌）等，它是构成汉字字形的最小连笔单位。汉字的基本笔画共有 28 个，如表 12-3-1 所示。

表 12-3-1　汉字基本笔画

笔画	名称	例字	笔画	名称	例字
、	点	六	㇄	竖提	民
一	横	十	㇇	横钩	买
丨	竖	中	𠃍	横折	口
丿	撇	八	𠃌	横折钩	月
㇏	捺	人	乛	横撇	水
㇀	提	虫	㇈	撇折	去
亅	竖钩	小	㇉	撇点	好
㇁	弯钩	子	㇆	横折弯钩	九
㇂	斜钩	我	㇊	竖折	山
㇃	卧钩	心	㇋	竖折折钩	马
㇗	竖弯	四	㇌	横折折撇	边
㇉	竖弯钩	儿	㇍	横撇弯钩	那
㇊	横折提	话	㇎	横折折折钩	奶
㇋	横折弯	船	㇏	竖折撇	专

2. 书写笔顺

笔顺是指书写汉字时笔画的先后顺序。汉字对笔顺的书写有明确规则，见表 12-3-

---

① Marshall M J. Writing without Tears: Advanced Writing for Academic Success [J]. Classroom Techniques, 1986:30.

2。在此基本规则下，康复师若对单个汉字的笔画书写顺序不明确时，可参照国家语委标准化工作委员会编写的《现代汉语通用字笔顺规范》。

表 12-3-2　汉字笔画规则

规则	例字	笔顺
先横后竖	十	一 十
	下	一 下
先撇后捺	八	丿 八
	天	𠂇 天
从上到下	三	一 二 三
	尖	小 尖
从左到右	地	土 地
	你	亻 你
从外到内	月	丿 月 月
	向	门 向
先里头后封口	日	冂 日 日
	国	门 国 国
先中间后两边	小	亅 小
	水	亅 才 水

3. 字体结构

根据构字成分，可将汉字分成独体字和合体字两大类。由一个构字成分组成的汉字就是独体字，由两个以上构字成分组成的汉字是合体字。合体字的结构主要有以下 6 种（表 12-3-3）。

表 12-3-3　合体字的结构类型

结构	举例	结构	举例
左右结构	郑、请	左中右结构	粥、嘲
上下结构	息、怒	上中下结构	高、鼻
全包围结构	国、困	半包围结构	厌、爬

4. 汉字部首

部首是指可以成批构字的一部分部件，《九年义务教育全日制小学写字教学指导纲要》中明确给出的义务教育阶段儿童需掌握的常见部首[①]，如表 12-3-4 所示。

---

① 国家教育委员会. 九年义务教育全日制小学写字教学指导纲要（试用）[J]. 学科教育, 1997（9）：2-11.

表 12-3-4　汉字部首名词表

氵（两点水）	辶（走之儿）	欠（欠字旁）	钅（金字旁）
宀（秃宝盖）	寸（寸字旁）	火（火字旁）	四（四字头）
讠（言字旁）	扌（提手旁）	心（心字底）	皿（皿字底）
十（十字儿）	土（提土旁）	止（止字旁）	禾（禾木旁）
刂（立刀旁）	艹（草字头）	户（户字旁）	白（白字旁）
八（八字头）	大（大字头）	礻（示字旁）	鸟（鸟字旁）
人（人字头）	尢（尢字旁）	王（王字旁）	米（米字旁）
厂（厂字旁）	小（小字头）	木（木字旁）	西（西字头）
力（力字旁）	口（口字旁）	车（车字旁）	页（页字旁）
又（又字旁）	囗（方框儿）	日（日字旁）	舌（舌字旁）
亻（单人旁）	门（门字框）	曰（曰字头）	缶（缶字旁）
卩（单耳刀）	巾（巾字旁）	父（父字头）	耳（耳字旁）
阝（双耳刀）	山（山字旁）	牛（牛字旁）	虫（虫字旁）
廴（建字旁）	彳（双人旁）	攵（反文旁）	虍（虎字头）
勹（包字头）	犭（反犬旁）	斤（斤字旁）	竹（竹字头）
厶（私字儿）	饣（食字旁）	爫（爪字头）	舟（舟字旁）
冂（同字框）	尸（尸字旁）	月（月字旁）	走（走字旁）
匚（三框儿）	弓（弓字旁）	穴（穴宝盖）	足（足字旁）
氵（三点水）	子（子字旁）	立（立字旁）	角（角字旁）
彡（三撇儿）	女（女字旁）	目（目字旁）	身（身字旁）

5. 用笔力度与书写速度

用笔力度和速度也是书写训练中不可缺少的一部分。写字要用巧劲，执笔要做到"指实掌虚"，"指实"即手指握笔要实，写字时以指的按压用力、腕的左右前后移动为主；"掌虚"即无名指和小指不可蜷回掌心，这样书写起来才能灵活运笔。写字速度是指每分钟内书写字体的个数，一般低年龄段儿童由于骨骼发育不完全，小肌肉发育不成熟，写字速度较慢，而随着年龄的增长，儿童的写字速度可逐渐提升。康复师对语言障碍儿童书写速度提出要求时，需考虑儿童的实际发育水平，制定适合个体发展水平的写字速度目标。

二、常见临床问题

语言障碍儿童由于空间知觉、视－动协调和肌肉控制能力等方面的障碍，通常会表现出以下几种书写错误。

（1）笔画的遗漏或添补[①]。如遗漏"真"字中的横，把"西"增添一笔写成"酉"。
（2）笔顺错误。如"七"，大多数书写障碍儿童是先写竖弯钩再写撇，但正确的

---
① 刘永山. 汉字笔画的写法及常见错误分析[J]. 世界汉语教学，1990（1）：41-46.

书写顺序是先写撇再写竖弯钩。

（3）字体结构摆放不合理。如"冒"字有七横，七横间距应大体均等，但很多儿童会出现上部分的曰大，下部分目小的问题，导致整个字头重脚轻。

（4）汉字部首书写错误。如将"礻"示字旁写成"衤"衣字旁。

（5）用笔力度和书写速度不恰当。在写字过程中，有部分儿童书写速度过快，轻笔虚行，写字几乎来不及顿笔，写出来的字缺少力度、很轻，笔画粗细变化不明显，还有部分儿童则表现为握笔吃力，运笔用力过大，写字速度慢等问题。

此外，也会有儿童出现字间隔不合理、抄写时跳行等书写问题。

三、书写能力的训练方法

从上述情况可知，语言障碍儿童存在各种情况的书写问题，急需运用针对性的训练方法对其进行干预。本书根据普通儿童书写能力的发展规律，结合语言障碍儿童书写方面的薄弱点，整合了多种训练方法，康复师可根据儿童的实际情况选择合适的训练方法。

（一）描红法

描红法是指在印有红色字或空心红字的纸上进行摹写的方法，适用于初学写字的儿童。该方法旨在引导儿童在描红过程中领悟范字的基本笔法及书写要领，记忆范字的字形，为后期的独立书写奠定基础。描红前，康复师要指导学生掌握执笔要领，摆正书写姿势，而后可边范写边讲解书写要领，引导儿童观察示范字在格子中的位置、大小、间架结构等。描红时，康复师可要求儿童首先确定书写位置，落笔后每一笔画需用一笔写成。描红后，康复师可与儿童一起回忆范字的书写动作和字形，以巩固描红的效果。

（二）视知觉学习法

视知觉学习法是通过视觉通道加强语言障碍儿童的学习能力的方法，可将此法用于改善书写和强调书写过程[1]。在改善书写工具方面，可选用有明显凹凸感的刻字模板或字帖，加强书写的引导。在书写过程中，康复师教授儿童写字的动作幅度要大，动作要缓慢而分明，使儿童看清笔画顺序，并引导儿童用心观察，也可用纸折成各种形状或线条，展开后使儿童以指头书写折痕，加深印象。对于易错的地方，可通过颜色、粗细变化加强视觉刺激，使提示更加明确。此外，也可运用多媒体软件教学，如教"丿"这个笔画时，可出示滑滑梯的动画课件，将"丿"和滑梯建立视觉信息上的关联，帮助儿童熟记笔画形态。

（三）运动知觉学习法

运动知觉学习法是指通过多次重复动作训练让儿童掌握书写技巧的一种方法。康复

---

[1] 朱美云. 浅谈小学生书写障碍的解决途径 [J]. 科学大众（科学教育），2011（12）：113.

师可先给出示范字让儿童仔细观察，而后告知儿童闭上眼睛，扶着儿童的手指在已经看过的字上依笔画写字。随后移开或遮住这个字，要求儿童自己用手指在空中描摹并说出来，或是在自己的手心、大腿上摹写。通过多次重复的书写练习，达到巩固的效果。

（四）听知觉学习法

听知觉学习就是通过编写记忆口诀、笔画顺口溜等，向儿童系统地介绍各种笔画、结构的变化和写法。如在做书写前准备时，康复师可通过与儿童一起吟唱《写字姿势歌》，"肩平背直头摆正，眼离书本约一尺，手离笔端约一寸，胸离桌子约一拳，腿放平，脚放正，认真写字心要静"，让儿童依据儿歌的内容做好书写前的准备。

（五）拆拼学习法

拆拼学习法包括汉字的分解和组合环节。该方法需在儿童掌握了一定数量的偏旁、部首之后使用，适用于结构明确、笔画较多的字的书写练习。分解，即进行字形的拆分练习，把一个汉字分解成若干熟悉的汉字部件；组合，即将不同的部首和部件组合成新的汉字，在拆拼之间，让儿童加强对字体的认识。

第四节 写作能力训练的内容及方法

儿童语言能力的发展依循听、说、读、写的顺序，写是语言发展的一个重要成分与重要目标，也是最后发展出来的语言能力，对儿童来说具有较大的挑战。[1]本节中所指的写作能力是指个体综合文字书写能力、语言知识、文体结构知识、写作目标以及写作动机等因素，将个人在写作情境中形成的意念或构思的内容，转化为具体文字的高阶而复杂的过程。[2]写作是儿童必须学习的重要技能，它是一项基本的学科能力，也是辅助其他学科学习的重要工具。写作困难严重影响儿童的学业成绩和社会适应。因此，有必要对儿童的写作能力进行训练。小学生写作能力训练可参照吴立岗、杨文华著《小学交际活动作文理论与实践》[3]。本节仅介绍写作能力的一般训练内容和方法。

一、主要训练内容

（一）写作能力的训练内容

写作是一种可以表达个人感受、意见与态度的沟通方式，它需要个体具备文字书写、用字遣词、段落安排、主题取材等能力。写作能力的训练内容可按照文章的体裁分为记叙文、说明文、议论文和应用文。详见表 12-4-1。

表 12-4-1　写作能力的训练内容举例

内容		举例
记叙文	记事	《我去春游》
	写人	《我的爸爸》
	状物	《我家的"小守卫"》
	写景	《故宫》

---

[1] 宋红艳，张微. 不同类型学习障碍儿童的特点与干预[J]. 中小学心理健康教育，2010(2)：11-13.
[2] 廖兴君. 汉语读写障碍儿童个别化教育的实践研究[D]. 四川：四川师范大学，2015：5-10.
[3] 吴立岗，杨文华. 小学交际活动作文理论与实践[M]. 上海：上海教育出版社，2020.

续表

内容		举例
议论文	立论	《论缺点》
	驳论	《减负，就是减少作业》
说明文	事物说明	《海底世界》
	事理说明	《敬畏自然》
应用文	社交礼仪类	邀请信、欢迎词
	海报启事类	寻物启事、海报
	便条契据类	请假条
	家书情书类	写给长辈的信
	专用书信类	说明书、倡议书
	申请书类	入团申请书
	对联类	喜联、挽联

（二）写作能力的训练要求

《2018 小学语文新课程标准》中对学龄段儿童的写作能力有明确的要求，详见表 12-4-2。

表 12-4-2　《2018 小学语文新课程标准》写作要求

学段	要求
第一学段 （1~2 年级）	1. 以写话为主，要求儿童能够写自己想说的话，写想象中的事物。 2. 在写话中乐于运用阅读和生活中学习到的词语。 3. 根据表达的需要，学习使用逗号、句号、问号、感叹号。
第二学段 （3~4 年级）	1. 留心周围事物，乐于书面表达，增强习作的自信心。愿意将自己的习作读给人听，与他人分享习作的快乐。 2. 能不拘形式地写下见闻、感受和想象，注意把自己觉得新奇有趣的或印象最深、最受感动的内容写清楚。 3. 学习应用简短的书信便条进行交流。 4. 尝试在习作中运用自己平时积累的语言材料，特别是有新鲜感的词句。 5. 学习修改习作中有明显错误的词句。根据表达的需要，正确使用冒号、引号等标点符号。
第三学段 （5~6 年级）	1. 懂得写作是为了自我表达和与人交流。 2. 养成留心观察周围事物的习惯，有意识地丰富自己的见闻，珍视个人的独特感受，积累写作素材。 3. 能写简单的纪实作文和想象作文，内容具体，感情真实，能根据内容表达的需要，分段表述。学习常见的应用文。 4. 修改自己的习作，并主动与他人交换修改，做到语句通顺，书写规范、整洁。根据表达需要，正确使用常见的标点符号。

二、常见临床问题

语言障碍儿童常见的写作问题可分为三大类[①]。一是不想写。对于该类儿童而言，写作是一项巨大的挑战，因难度过大而使其望而却步，逃避写作，甚至是厌恶写作。二是不会写。对于传统写作教学的命题作文，语言障碍儿童可能会因平时缺乏观察积累而束手无策；对于开放式的命题写作，语言障碍儿童则会因无法挑选、凝练恰当题目，难以将看到的、听到的或想到的事变成书面文字。三是写不好。语言障碍儿童文章写不好主要有以下几方面的表现：① 在选词层面，语言障碍儿童词汇贫乏，词类少，较少使用形容词、连词、副词或成语、谚语等，且容易出现错别字、词语搭配不当等问题；② 选句层面，语言障碍儿童使用的句型均较为简单，难以使用多样化的句式精确、详细地描述内容，且一旦使用复句后语法错误明显增加；③ 篇章层面，语言障碍儿童文章组织能力不佳，分段能力不足，段落间结构错杂，文意前后一致性较低，常出现文不对题的情况。

三、写作能力训练的方法

（一）涂鸦创作法

涂鸦创作法是针对"不想写作文"的语言障碍儿童而设计的一种鼓励其学习写作的方法。该方法的目的是重塑儿童对写作的态度，激发其写作的兴趣。康复师使用该方法时，可鼓励儿童用他们自己喜欢的方式"写下"他们所做、所看、所闻的一些事情，可以是涂鸦、绘图或者是用他们自己理解的符号描绘。而后，要求他们将自己"写下"的内容"读"给康复师听。此时，康复师要通过微笑示意、点头认可、口头表扬等形式让儿童了解到自己作品的价值，树立信心，并尝试创作更多的内容与康复师分享。通过该方法，可使儿童理解和思考说话、写作与阅读之间的关系，为真正的写作奠定基础。

（二）头脑风暴法

对于"不会写"的语言障碍儿童，最棘手的问题就是文章内容的选择。此时，康复师可使用头脑风暴法帮助儿童思考内容。首先康复师可组织几个儿童围坐在一起，大家围绕一个题目讨论可供书写的题材，将收集到的内容进行筛选、组织、润饰，书写成文。

（三）图示组织法

图示组织法是指采用视觉图示形式来协助儿童组织写作的流程，明确写作的重点的方法。对于低年级的儿童，在写记叙文时，可采用蜈蚣式段落组织法（图12-4-1）。

---

① Susan Winebrenner. 学习困难学生的教学策略 [M]. 刘巧云，刘颂，译. 北京：中国轻工业出版社，2005：149-152.

康复师先在白纸上画出蜈蚣的身体,告知儿童蜈蚣身体上的每一个圆圈代表一个段落,第一个圆圈为文章的开头,中间几个圆圈为作文的重点,最后一个圆圈为文章的结束。每一个圆圈中需写明这个段落的中心思想。而后,在纸上画出蜈蚣腿,告诉儿童,一条蜈蚣腿即对应一句话,写好一句话就贴在蜈蚣的身体下面。而后进行筛选,康复师可让儿童念出段落的主要观点(蜈蚣身体)和段落中的每一句话(蜈蚣腿),并判断该句能否支撑段落的主要观点,把意义相关的观点合并在一起,舍弃无关紧要的句子。最后,康复师可要求儿童重新排列句子,并将排列好的句子抄写下来,形成一篇文章。

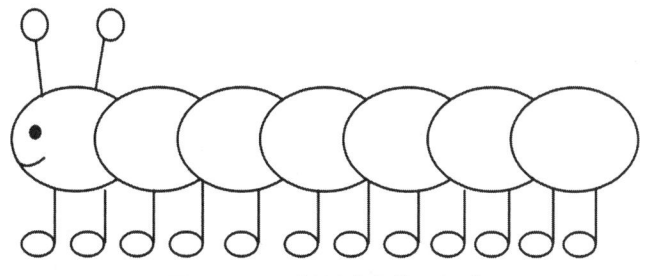

图 12-4-1　蜈蚣式段落组织法

对于高年级段的学生,则可采用列清单的方式,见表 12-4-3。首先康复师可要求儿童写出该段落的主要观点,而后将与该主题相关的所有想法列成一张清单,对所有想法进行排序,最后构成完整的段落。

表 12-4-3　清单式段落组织法

段落的主要观点:	
顺序	内容

(四)图示检核法

图示检核法是指通过图形帮助儿童对篇章段落进行检查和修改,具体可参照本章第二节。康复师可先让儿童沿着自己一只手的轮廓在纸上画出手掌,然后在手指上写下如下内容,① 大拇指:围绕主题;② 食指:内容通顺;③ 中指:书写无误;④ 无名指:标点正确;⑤ 小指:字迹工整。康复师可要求儿童在写完文章后,提醒自己按照以下内容检查自己的习作。此外,图示检核法的内容根据需要进行变通,比如每一只手指可以代表文章的组成要素——谁,什么时候,什么地点,做什么,为什么,让儿童在通读文章的过程中再次检查自己书写内容的完整性。

第十三章 语言康复方案的制订与实施

语言康复方案是指为改善、修正、预防不符合期望或不被接受的沟通行为、增加沟通需要语言等所特别设计的康复计划。合理制订并实施语言康复方案有助于有序提升儿童语言沟通能力。方案制订特别要注意结合儿童语言发展的情况、父母和老师的意愿、儿童社会沟通及学业情况来考虑干预的优先顺序。训练实施过程中，还应注意随时监控儿童语言康复训练的效果，并及时根据监控情况调整康复训练的目标、内容和方法。本章将从语言康复方案的制订和实施两部分展开，介绍如何撰写语言康复目标，如何制订和应用语言康复阶段方案、周方案和日方案，以及语言康复方案实施过程中的注意事项等内容，以期帮助康复师更有计划地进行儿童语言康复。

语言康复方案的制订

语言康复方案是根据儿童现有发展水平制订的有目的性、系统性的康复计划,其中康复目标是康复方案的关键所在。因此,本节从康复目标的撰写和康复阶段方案、周方案和日方案的制订及应用几方面来介绍。

一、语言康复目标的撰写

无论是阶段方案、周方案还是日方案,其中最核心的任务是将目标设定在最近发展区范围内。目标根据时间长短,可分为长期目标、中期目标和短期目标。长期目标是指通过实施康复计划期望儿童达到的结果,重点阐明儿童急需训练的语言要素,例如,提升儿童的词语理解能力;中期目标,又可以称为阶段目标,是达成长期目标的一种过渡目标,如儿童能理解日常生活中常见的名词60个,动词20个,形容词20个;短期目标则是中期目标和长期目标的具体化,一般出现在周方案和日方案中,如儿童能理解指物名词中的动物类名词猫、狗、鸟、兔等。

语言康复目标指引着康复内容的选择和康复资源的准备,科学的康复目标对儿童的语言康复有着至关重要的作用。本书中建议遵循SMART原则撰写康复目标。SMART是特定性(Specific)、可测量性(Measurable)、可实现性(Achievable)、相关性(Relevant)和时效性(Timely)的缩写[1]。具体含义描述如下。

S(Specific)是指康复目标的特定性,目标不仅要具体明确,而且要选择相对重要的目标。泛泛地提"提高语言能力,增加沟通交往"之类的目标对儿童来说是无法实现的。目标越具体,实现的可能性越大。具体目标可包括以下几个方面:

谁?(儿童,儿童与父母,儿童与康复师)

什么?(具体内容)

---

[1] Pacer Center, Inc. (1990). A guide for parents to the individual education program (IEP) plan. Minnesota: Pacer.

什么时候？（星期几/天）

在哪里？（在语言康复师的办公室，在家里，在路上，在学校……）

怎样？（需要准备的工具/用品）

例如，某儿童 6 个月的语言康复目标为：在熟悉的环境中面对熟悉的对象，儿童能从不足 25 个表达性词汇发展到在最少提示下能使用 100 个词语，且在 5 轮连续的任务中，其中 4 轮任务能有效地使用已习得的词语。

M（Measurable）是指康复目标应为可测量的目标。可测量目标的基本结构为具体的目标语言行为 + 特定的量化指标。量化指标可从正确率、正确频次、时限要求、距离要求、时间周期等方面选择。举例如下。

以正确率为测量指标：小明能理解他生活中常见的生活用品类词语，正确率达 80%。

正确频次：小明能理解他生活中常见的生活用品类词语 20 个，5 次中 4 次正确。频次可根据行为的性质选择，常用的频次目标有 4/5，8/10，10/12，15/20。

以时限要求为测量指标：小明能在 1 分钟内说出 20 个常见生活用品的名称。根据行为性质确定时限，常用 10 分钟，15 分钟，20 分钟，30 分钟等。

距离要求：小明能在 2 米处回答康复师的简单问题。常用距离 0.5 米、1 米、2 米等。

时间周期：小明能在每半天内提问 3 次。常用周期为每半天、每天、每周、每月等。

当某类行为描述难以使用以上量化目标时可采用行为描述。例如，小明的共同注意能力有所提升、错误有所降低或维持原有水平等。

A（Achievable）是指康复目标应为可实现的目标。同为语言障碍，某些儿童的语言康复可能会更困难，因此康复目标的设定必须基于其面临的具体问题，不能超越儿童的最近发展区，同时也应确保人员、工具等资源都能及时到位，有效保障康复目标的实现。在此过程中还应克服其他阻碍目标实现的障碍。例如，某儿童尚处于前语言阶段，将其 3 个月的康复目标设定为可以产生完整的句子，则是难以实现的目标。目标可降低为掌握 20～30 个新词语。但如果儿童在这 3 个月中没有丰富的语言环境，在家仅由只保障吃穿的照料者陪同，该目标也不具有可行性。

R（Relevant）是指康复目标应优先考虑与儿童生活密切相关的目标，如吃、玩、穿、行等内容。唐诗、宋词与儿童后面的语言学习也有关，可以作为语言康复后期的目标。在儿童尚无法表达"我想要××"的句子时，不宜将"熟练地背诵 5 首唐诗，正确率为 100%"作为康复目标。

T（Timely）是指康复目标应在一定时间期限内完成。例如，每周 4 天，每天 15 分钟的语言康复。

二、语言康复阶段方案的制订及应用

（一）语言康复阶段方案的制订

语言康复阶段方案是由具有评估能力的康复师根据评估结果而制订的阶段性康复指

导方案。它以阶段评估结果为依据，为语言康复的实施指明了方向。该方案一般以3个月为周期，主要包括以下几部分内容。

1. 基本信息

儿童基本信息包括儿童的姓名、性别、出生日期、联系人、联系电话、通讯地址、制订人、制订日期及实施时间等。

2. 语言评估摘要

语言评估摘要包括了语言评估中所记录的评估结果及结果分析，是评估结果的集中体现，是制订语言康复方案、确定康复内容的主要依据。

3. 康复目标

康复目标是康复师根据儿童阶段评估结果而确定的针对性康复目标，分为长期目标和阶段目标。长期目标以评估方案为依据，以各个语言要素发展为目标；阶段目标则是对长期目标的具体阐述。康复目标需明确、有针对性且切实可行。

4. 康复模式以及强度

康复模式及强度由康复师根据儿童的接受能力设定。语言康复模式主要可分为4种：个别康复、小组康复、集体康复和家庭康复。对于语言能力稍弱、年龄较小的儿童，建议以个别康复和家庭康复为主；对于语言能力较好、年龄较大的儿童，建议以小组康复、集体康复为主。康复师也可结合儿童的认知、语言水平或接受能力选用这4种模式。此外，也需要明确语言康复的强度，确定康复频次及时长，如每周训练6次，每次60分钟，共360分钟等。

（二）语言康复阶段方案范例

儿童语言康复阶段方案

基本信息

姓 名：	小明	性 别：	男	出生日期：	201×年×月×日（5岁）
联系人：	×××	联系电话：	136×××××	通讯地址：	××市××区
制订人：	××	制订日期：	201×年×月×日	实施时间：	201×年×月×日

语言评估摘要

　　目前该儿童已 5 周岁，但语言能力水平整体落后于 5 岁的正常发展儿童。具体来说，在语言理解方面，该儿童语音感知 23 分，词语理解 30 分，句子理解 13 分；在语言表达方面，该儿童语音产生 59 分，词语命名 50 分，句式仿说 20 分；在综合运用方面，该儿童看图叙事 21 分。参照 MCELF 参考标准，语音感知、语音产生、词语理解、词语命名相当于 5 岁正常发展儿童的水平；句子理解和句式仿说、看图叙事的能力落后于 5 岁正常发展儿童的水平，语言能力级别为 4 级。

　　该儿童当前语言康复的重点是句子的理解与表达训练，特别是加强含修饰词的句子的训练。建议至少康复训练 6 个月，采取直接干预模式，康复师和家长可共同参与，通过各种途径提高儿童的句子理解与表达能力。康复 6 个月后再次进行 MCELF 评估，考察儿童的语言能力发展状况。

1. 康复目标

长期目标（6 个月）：
（1）提高儿童句子理解能力，目标为能够理解含 1-2 个修饰词的句子。
（2）提高儿童句子表达能力，目标为能够表达含 1-2 个修饰词的句子。

阶段目标（3 个月）：
（1）能理解含 1 个修饰词的句子共 12 个，四选一的图卡辨认正确率达 80% 及以上。
（2）能表达含 1 个修饰词的句子共 12 个，仿说的情况下正确率达 80% 及以上。

2. 康复模式及强度

☐ 个别康复：每周 _2_ 次，每次 _45_ 分钟，共 _90_ 分钟；
☐ 集体康复：每周 ____ 次，每次 ____ 分钟，共 ____ 分钟；
☐ 小组康复：每周 ____ 次，每次 ____ 分钟，共 ____ 分钟；
☐ 家庭康复：每周 _5_ 次，每次 _30_ 分钟，共 _150_ 分钟。

三、语言康复周方案的制订及应用

（一）语言康复周方案的制订

　　语言康复周方案是康复师根据阶段方案制订、并由阶段方案制订者审核的每周实施计划。它明确了当周的康复目标、康复内容、康复资源及方法，并对目标达成情况进行记录。通过周方案，康复师能进一步明确康复训练进程，为语言训练日方案制订的针对性奠定基础。周方案主要包括以下内容。

1. 基本资料

　　基本资料主要包括儿童姓名、康复时间、康复地点、康复师。
　　基本资料的填写应简洁、准确、清楚，以便档案的整理、保存和提取。

2. 康复目标

周康复目标为某一周的训练所要达到的要求。康复师可从阶段目标出发，分析儿童已有的知识经验，从而更精确地制订每周的康复目标。周方案的制订通常在实施训练的前一周完成。康复目标应合理、具体，便于操作和评价。合理的康复目标必须在儿童的最近发展区之内。如在词语理解训练中，某儿童的周康复目标是"理解动作动词中操作类动词'抱、跑、跳、走'"。

3. 康复内容

康复目标的实现必须依靠有效的康复内容支撑。康复内容是康复师根据康复目标选择的具体内容，既要覆盖该周每天训练的内容，又要符合儿童现阶段语言发展特征，还应贴近社会生活，能够让儿童在家庭环境中将学习的内容进一步迁移应用，从而真正学会使用语言。康复内容包括核心内容和拓展内容。核心内容是康复训练中必须重点训练的内容，而拓展内容是根据儿童情况可添加的内容，该内容与核心内容难度接近。如儿童训练效果较好，学有余力，则可学习拓展内容。

4. 康复资源

康复资源是促进康复目标实现的媒介和桥梁，包括传统工具及现代化技术。传统工具一般为积木板、图片、字卡等。现代化技术包括多媒体技术、虚拟互动技术、机器人技术、经颅磁刺激技术等。康复师可根据儿童的经验、兴趣与需要，有效整合传统工具及现代化技术，选择最适合儿童的康复形式，促进儿童语言能力又好又快地发展。

5. 康复方法

康复方法是指为了实现相应的目标而需要借助的方法。方法需根据具体的训练内容和儿童的兴趣进行选择。具体方法可参见本书六至十二章。

6. 目标达成情况

目标达成情况是对本周康复目标实现情况的记录，主要记录符号以数据为主。当难以用确切数据记录时，建议采用符号记录，"√"表示掌握，"△"表示不稳定，"○"表示未掌握。

（二）语言康复周方案范例

儿童语言康复周方案

儿童姓名：小明　　康复时间：2020年3月8日至3月12日（周一~周三）　　康复地点：个训教室　　康复师：×××

康复目标	康复内容	目标达成情况						
			周一	周二	周三	周四	周五	周六	周日
1. 能在无辅助的情况下以80%的正确率理解并指认图卡"×× （谁）拍/踢××（修饰词）的××（皮球/气球）"（四选一）	1.1 拍（踢）皮球（气球）	1.1	90%						
	1.2 拍（踢）红色的（绿色的）气球（皮球）	1.2	80%		90%				
	1.3 老师（小明）拍（踢）红色的（绿色的）气球（皮球）	1.3			80%				
2. 能5次中3次在不辅助的情况下用句式"×× （谁）拍/踢××（修饰词）的××（皮球/气球）"进行表达	2.1 拍（踢）皮球（气球）	2.1	5/5						
	2.2 拍（踢）红色的（绿色的）气球（皮球）	2.2	4/5		5/5				
	2.3 老师（小明）拍（踢）红色的（绿色的）气球（皮球）	2.3			3/5				
康复资源	1.图卡和字卡若干；2.PPT；3.实物（红色、绿色皮球各1个；红色、绿色气球各1个）								

儿童语言康复周方案（空表）

四、语言康复日方案的制订及应用

(一) 语言康复日方案的制订

语言康复日方案是由康复师根据周方案的目标和内容而制订的每日语言康复训练的计划,用以明确当日的具体内容及训练流程。日方案的制订使康复目标和流程进一步细化,更具可操作性和针对性。日方案应包括以下几个部分。

1. 康复目标

日方案中的康复目标可从知识与技能、过程与方法、情感态度与价值观这三个方面进行撰写,撰写时需对应周方案中设定的目标,参考儿童的年龄及障碍程度,并遵循SMART原则。

2. 康复内容

康复内容来源于周方案,义务教育阶段的儿童训练内容可与其学校教材相吻合,也可是康复师自编的内容,但所选的内容必须符合儿童认知发展历程,适应文化与社会需求,更重要的是,选取的内容必须符合儿童的兴趣,最大限度地接近真实的生活。在对教材进行分析的过程中,康复师必须明确以下三点:第一,教育康复内容的范围与深度,即"训练什么"的问题,根据儿童能够理解和接受的顺序安排;第二,本堂课儿童所要达到的具体康复目标,即儿童必须掌握哪些相应的知识、技能和态度;第三,根据康复内容选择的教法、学法和康复手段。

3. 康复资源

康复资源包括训练中用到的康复设备、康复用具等。康复设备是指辅助康复的多媒体软件、虚拟仿真游戏、经颅磁刺激等。康复用具是指辅助康复的传统工具,如积木板、字卡等。训练前还应了解康复室的环境以及儿童的相关情况,做好偏好物调查,准备适合儿童的强化物。

4. 康复过程

康复过程是康复师引导儿童学习、帮助儿童康复的步骤。康复过程是日方案的核心组成部分,康复目标、康复内容、康复方法和手段都将在康复过程中一一体现。如何将这些因素很好地组合,最大化实现康复的效果,是康复过程中重点考虑的部分。一般而言,康复过程包括情景导入(前测)、新授、巩固练习、效果监控(后测)四个环节,与ATM模式相对应,A(Assessment)对应情景导入这一环节,T(Treatment)与新授和巩固练习两个环节相对应,M(Monitor)则对应着效果监控这一环节。在情景导入中,首先要激发儿童学习兴趣,康复师可运用语言、教育、活动等方法调动儿童的学习积极性,同时,巧妙地嵌入本堂课前测的内容,了解儿童对本次课所要教授知识的掌握情况。新授和巩固的环节并不是以教为主单线条前进的过程,而是学与教交错进行的过程,将激发儿童的动机作为第一步,随后康复师进行示范,示范之后康复师下达指令,要求儿童根据指令做出反应，若儿童反应正确，则给予儿童强化，而后训练新的内容；若儿童反应错误，则对儿童的行为进行矫正，在矫正过程中适当给予不同程度的辅助，帮助儿童正确完成康复师指令。效果监控环节，就是对本次训练进行后测，用以监控儿童的学习效果。在康复过程的书写中对于特别设计的环节可用虚框标注设计意图。

5. 家庭康复指引

家庭康复指引是康复内容在家庭中的运用。该环节与学校、家庭和社区的康复活动紧密联系，是儿童将学习的内容进行泛化的最佳途径。

6. 康复效果监控

康复效果监控是保证康复过程科学、有效的重要形式，可采用定量和定性两种形式。通过课堂效果的监控，可以给康复师提供目标达成情况以及儿童康复进步方面的信息，为康复师制订新的教育康复目标提供监控指标。教育康复效果的监控可以从前后测中体现出来，康复师可根据儿童的情况，对每一个目标达成程度进行记录，以此来分析本次训练目标的完成情况，了解儿童在学习方面的变化情形，引导康复师对过程进行修正，以设计出更加适合儿童的康复教学训练设计。对于熟手型康复师，训练监控可以在周方案中进行。

7. 反思

反思是康复师根据训练监控的情况对当天训练的过程及效果的总结与建议。反思主要包含三点，一是完成情况，通过定性及定量分析，确定训练目标及内容的完成情况和完成质量；二是难点聚焦，分析训练过程中所遇到的难点及原因；三是改进建议，根据难点聚焦所总结的问题及原因，提出相应的改进策略。

（二）语言康复日方案举例

我们爱运动
——句式"××（谁）拍/踢××（修饰词）的××（皮球/气球）"的训练

领域	语言沟通	设计人	梁洲昕
康复对象	小明	主讲人	梁洲昕
模式	个训课	课时	2课时（第2课时）

一、设计思路

本次训练内容选自阶梯式儿童语言康复训练课程（句子）第二册第二单元。核心训练目标为能理解与表达"老师（同学）拍（踢）红色的（绿色的）皮球（气球）"的句式。过程借助游戏活动展开，结合实际生活情境建立语言符号体系，提升儿童的语言应用能力。

该训练内容包括2课时：第1课时要求儿童能够使用"老师（同学）拍（踢）皮球（气球）"的句式进行表达；第2课时要求儿童能够用含一个修饰词的句式"老师（同学）拍（踢）

红色的（绿色的）皮球（气球）"进行表达。本次为第2课时。本次训练采用阶梯式陈述句理解与表达能力训练策略，通过体验（参与体验法、观察体验法）、理解（辨认——听话演示法、听话指认法；意会——听话演示法、听话指图法、听话排序法）、表达（组句——词语组句法；仿说——句式仿说法）、运用四个阶段的学习，鼓励儿童理解并尝试用含一个修饰词的完整句进行表达，引导儿童完成训练目标。

二、儿童情况分析

本次训练的对象为小明，5岁，男，经医院诊断为智力障碍，当前语言及相关能力如下：

语言能力现状	相关能力现状		
	言语	认知	情绪行为
该儿童当前表达性口语沟通能力级别为6级，正在训练第7-8级的内容，已能使用完整句表达简单要求，但不能使用完整句提问简单问题。在第1课时中，儿童已能在无辅助的情况下理解并指认简单句"老师（同学）拍（踢）皮球（气球）"，正确率达90%；且在无辅助的情况下，5次中有4次能用"老师（同学）拍（踢）皮球（气球）"句式表达。	嗓音：儿童说话听感自然、舒适；构音：处在构音的第五阶段，听者基本上能听清儿童连贯的句子。另有部分音在完整句的表达中会出现替代现象，如q→j。	有简单的空间概念，认识常见的人和物，包括老师、同学、皮球、气球等；认识常见的颜色，包括红色、绿色、黄色等。	无明显情绪行为问题，但注意力较难集中。

三、康复目标

（一）知识与技能

能在无辅助的情况下以80%的正确率理解并指认图卡"老师（同学）拍（踢）红色的（绿色的）皮球（气球）"（四选一）；

能5次中3次在无辅助的情况下用句式"老师（同学）拍（踢）红色的（绿色的）皮球（气球）"进行表达。

（二）过程与方法

在训练过程中学习通过听话演示、排序、组句、仿说等方法完整有序理解并表达句子。

（三）情感态度价值观

培养儿童参与游戏活动的兴趣，感受运动时的快乐。

培养儿童主动描述他人活动的意识。

四、康复重点和难点

（一）重点：能使用含一个修饰词的句子"老师（同学）拍（踢）红色的（绿色的）皮球（气球）"表达。

（二）难点：描述时正确使用颜色类的修饰词，如红色的、绿色的。

五、康复准备

（一）环境准备：个训教室，本底噪声≤45dB A

（二）教具准备：PPT、图卡、实物（红色、绿色的气球各1个，红色、绿色的皮球各1个）

六、康复过程

（一）训练准备

儿童坐在位置上，情绪状态调节良好。

（二）体验环节

康复师拿出一个红色的皮球，请儿童拍皮球。在儿童拍皮球的过程中，教师可采用语言韵律操输入目标句式，"拍，拍，拍皮球，小明拍皮球，小明拍红色的皮球"。也可以采用平行谈话的技巧，描述儿童正在进行的活动，"小明做什么？小明拍皮球，小明拍红色的皮球……"康复师在儿童拍皮球的过程中，至少输入目标句式5次以上，同时，还可以鼓励儿童尝试着跟康复师复述。而后，康复师请儿童体验踢绿色气球的过程，并输入目标句式，至少5次。

> 采用观察体验法（现场，也可以用视频）、参与体验法，让儿童在活动中充分调用视觉、听觉、触觉等感觉器官，激发儿童的动机，康复师输入目标句式，让儿童能感知含修饰词的目标句。同时观察儿童句式的掌握情况。从此处儿童的反应可以看出，该儿童能使用含主谓宾的基本句式描述，但回答问题时仅回答关键词。儿童有主动复述的意识，但句子中出现修饰词遗漏的现象，需进一步进行训练。

（三）理解环节

1. 辨认

（1）听话演示

康复师摆放好红色的皮球、绿色的皮球，对儿童说："小明，听一听，做一做。小明拍红色的皮球。"

儿童根据指令做动作。

师："对了，小明拍红色的皮球。"

师："再听一听，做一做。老师拍绿色的皮球。"注意观察儿童的反应，看儿童是否注意听应该谁拍。

康复师摆放好红色的气球、绿色的气球，对儿童说："再听一听。小明踢绿色的气球。"

若儿童拍了绿色的气球，则康复师进行错误纠正。康复师重复指令，"做一做，小明踢绿色的气球"，并辅助儿童完成。儿童在康复师的提示下做动作。

重复上述步骤，至少5次呈现目标句式。

> 在训练时，康复师可使用不同的主谓宾和定语组成的不同句子，如"小明拍红色的气球""小明踢绿色的皮球"等，让儿童快速做出演示。如果儿童能较好地完成，则可提升到意会阶段的听话演示，训练中还可考虑谁应该做出相应的动作，让儿童在此过程中对句子中的各关键条件都能关注到。

（2）听话指认

师："小明，请把气球、皮球放进篮子里。我们现在来找一找图片。"

康复师出示2张图片，分别是"老师拍红色的皮球""老师拍绿色的皮球"，请儿童辨认："指一指，哪一张是'老师拍红色的皮球'？"

儿童根据康复师的指令选择目标图片。

师："指对了，'老师拍红色的皮球'。"

康复师改变图片位置，让儿童听指令做一做，"指一指，哪一张是'老师拍绿色的皮球'"。

儿童指认错误，康复师进行错误纠正。不改变图片位置，康复师重新下指令，"指一指，哪一张是'老师拍绿色的皮球'"，而后立刻带着儿童的手指认正确的图卡，并对儿童说："老师拍绿色的皮球"。

重复上述步骤，至少5次呈现目标句式。过程中可使用不同的主谓宾和定语组成的内容图片，但辨认阶段的干扰项数量仅限1个。

该儿童有复述的能力，指认过程中可引导儿童复述目标句。

2.意会

（1）听话演示

听话演示基本流程同辨认阶段的听话演示，但在过程中使用干扰动作及干扰图片可从原先2个动作增加到3个条件及以上的随机动作。

（2）听话指图

康复师摆放4张图片分别是"老师拍红色的皮球""老师拍绿色的皮球""老师踢红色的气球""老师踢绿色的气球"，对儿童说："指一指，老师拍红色的皮球。"

儿童根据指令找出目标图片，康复师立刻反馈，"你指对了，老师拍红色的皮球，我们一起说一说"。儿童复述："老师拍红色的皮球。"

若儿童指认错误，可采用辨认环节听话指认中错误纠正的方法帮助儿童完成指令。重复数次。在儿童能跟老师复述后，还可以请儿童和康复师交换角色，让儿童说一说，康复师指一指。

> 意会阶段干扰项的数量在3个及3个以上，可根据儿童的能力进行调整。同时，干扰项的内容也需根据儿童在练习中出现的错误进行选择。

（3）听话排序

康复师拿出人物卡（老师、小明）、动作卡（拍、踢）、颜色卡（红色、绿色）、物品卡（气球、皮球），对儿童说："请你排一排，'老师拍红色的皮球'"，要求儿童按顺序排列图卡组合成句子。

若儿童无反应，康复师进行辅助。康复师说："我们一起排一排，'老师拍红色的皮球'。"指令明确但语速可放缓，同时带着儿童的手，按顺序拿人物卡、动作卡、颜色卡和物品卡，将图片排列成句子。排列完成后，康复师边用手指指着图片，边说出语序正确的句子"老师拍红色的皮球"，要求儿童复述。重复练习，目标句至少呈现5次，逐步撤除辅助。有能力的儿童可增加不同的颜色卡片。

> 通过听话指演示、听话指认、听话排序等方法，使儿童能辨别所学句子中正确信息与干扰信息，初步理解目标句式，掌握句子的语义和语法。

（四）表达环节

1.组句

康复师拿出四组图卡（人物卡、动作卡、颜色卡、物品卡若干）盲盒，和儿童一起玩抽抽乐的小游戏。康复师先给儿童示范游戏规则，先从四个盲盒中分别抽取一张图片，告知儿童每一张卡片的内容，而后组合成一个完整且正确的句子，对儿童说："我排好了，'老师拍红色的皮球'。"

而后康复师将颜色卡盲盒递给儿童，对儿童说："你来抽一张。"儿童抽出了绿色卡，康复师要求儿童将抽取的图卡替换康复师已组合好的句子中的其中一张图卡，并说出自己组合的句子。儿童替换红色卡为绿色卡，而后在图片的提示下说："老师拍绿色的皮球。"

重复上述步骤，目标句至少呈现5次。当儿童能熟练掌握替换主谓宾和定语中的其中一个句子关键部分后，可逐步替换2个及2个以上的关键部分。

儿童如有能力，则可和康复师轮流抽取打乱顺序的卡片。康复师在完成组句任务时，可故意犯错，请求儿童的帮助，让儿童在重组句子的过程中掌握主语、谓语、宾语和修饰词的排列顺序。

> 本次训练的重点是儿童在句中能够正确使用修饰词，因此，组句训练的第一步是替换颜色卡，而后替换句子中的其他关键成分。此外，需根据儿童的情况准备盲盒中卡片的数量及内容。有能力的儿童可多准备一些儿童认识的人物卡、动作卡、颜色卡、物品卡，如颜色卡中加入他已习得的黄色卡、蓝色卡、紫色卡等，给儿童增添新鲜感，增强学习的动机。若儿童能力稍弱，则可多准备同一颜色的图卡，在不增加其认知难度的同时激发儿童的好奇心。

2. 仿说

康复师出示幻灯片，幻灯片上左边是"小明踢绿色的皮球"，由康复师来说，右边图卡上是"老师踢红色的皮球"，由儿童进行仿说，要求用一样的句子结构。

师："我来说左边，你来说右边，用一样的句子结构。小明踢绿色的皮球。"

若儿童无反应或表达错误，康复师可播放提前录制好的仿说句，让儿童熟悉规则，明确任务。而后，继续使用本页幻灯片，对儿童说，"我来说左边，你来说右边，用一样的句子结构。小明踢绿色的皮球"，让儿童进行仿说："老师踢红色的皮球。"

康复师播放下一页幻灯片，重复上述步骤，目标句至少呈现5次。且过程中，示范句应逐步撤除，让儿童逐步主动使用该句式描述。

> 通过词语组句法、句式仿说法等，康复师逐步帮助儿童建立起提取示范句句式结构，并用于组织新内容的技能。

七、家庭康复指引

家长在日常生活中和儿童一起参加游戏活动中，鼓励儿童在生活中运用该句式说一说自己所参与的活动，至少10句。如，小明穿红色的外套；小明吃绿色的蔬菜；小明坐蓝色的椅子等。

八、效果监控

姓名	理解		表达	
	辨认	意会	组句	仿说
小明	①听话演示：√√P√√ ②听话指认：√√√√√	①听话演示：√√√P√ ②听话指图：P√√√√ ③听话排序：PPP√√	PPP√√	P√P√√

训练表现：儿童参与度高；在句中q发成j；红色与黄色易混淆。
备注：√表示自主完成　P表示辅助下完成。

九、康复延伸

（一）训练中发现儿童容易在句子中将q发成j，建议在言语个别化训练课中巩固。
（二）训练中发现儿童红色、黄色易混淆，建议在认知个别化训练课中加强训练。

十、康复反思

本次训练总体达到了预期目标。体验时儿童参与积极性高。理解目标初步达到，但进行排序活动的理解时仍不够熟练。表达目标已初步达到，但熟练程度仍有待加强。受时间限制，运用部分主要安排在家庭中完成。

在体验环节，儿童很活跃，能参与到游戏活动中，积极回答康复师的问题并回答准确，在康复师输入目标句式后，儿童在无提示的情况下也能试着复述，虽有遗漏修饰词的问题，但也能很好地完成。康复师本次训练的重难点在于帮助儿童建立起含一个修饰词的句子结构。理解环节分为辨认和意会两个环节。在辨认中的听话演示环节里，儿童在5次中有4次能在无提示下完成指令，其中一次错误是儿童没有注意操作的对象；在辨认中的听话指认环节，儿童正确率达100%，且反应速度很快，说明1个干扰项对其而言较为简单，他有能力进入到意会阶段的听话指图环节。在意会中的听话演示环节，儿童能较好地分清主语、谓语、宾语和定语的不同，在2个以上的干扰项中也能准确回应指令；在意会中的听话指图环节，观察到儿童指认的速度变慢，康复师随即调整了下指令的速度并提示儿童集中注意力，儿童能在无提示下正确指认图片，正确率达90%；在进行意会中的听话排序环节训练时，发现儿童容易将定语（修饰词）摆放在谓语之前，错误率较高，提示语序仍是后续训练的重点。在多次错误后，儿童出现了畏难情绪，康复师及时调整了任务难度，先帮助儿童排好一部分句子成分，再让儿童把缺少的句子成分添上。儿童顺利完成任务后，情绪也趋于稳定。

表达阶段分为组句和仿说两个环节。从听话排序的训练过程中可知，修饰词是儿童最容易错的点，因此在进行盲盒游戏时，仅要求儿童替换句子的一个关键条件（修饰词），但也发现多数情况下儿童需在康复师的提示下完成任务。尤其是当增加黄色颜色卡后，发现儿童在表达时易混淆红色和黄色，这提示在认知个训课时，需进一步加强这两个颜色词的区辨练习。由平时对儿童的了解可知该儿童特别喜欢当"小老师"，因此，当儿童多次出现错误情绪低落时，康复师立刻与儿童轮流玩抽盲盒的游戏，在组句时呈现儿童在听话排序时出现的错误，儿童能很快发现问题并指正康复师的错误，这一过程既增强了儿童的自信心，调动了儿童的学习热情，也帮助儿童更好地掌握本次训练的重点。

仿说环节中，儿童在5次中有3次能主动说出仿说句，提示康复师在支架式教学的情况下，该儿童能更好地掌握目标句式。但儿童表达时容易在含一个修饰词的句子中将q发成j，因此，在言语课时需加强变化发音训练。

下次训练应检查家庭康复的完成情况，进一步巩固康复效果，提升该句式的熟练程度。此外，还应结合儿童的最近发展区，将该内容结合疑问句进行训练。

儿童语言康复是一个漫长的过程，很难实现日新月异的突破。因此，日方案可能会出现大同小异的现象，这意味着儿童的多次训练流程类似，仅在目标方面略有不同。因而，在训练方案的制订上，对于这类的儿童，方案可以以周方案为主。一般中重度语言障碍儿童康复方案的制订建议围绕诊断性评估报告，以阶段方案（季度或月方案）为引领、以周方案为主体、以日方案为辅助进行方案的制订。医院、学校可依据儿童实际情况适当选择，制订相应的康复方案。

语言康复方案的实施

一、语言康复方案的实施

语言康复方案的实施在日方案中即可看到具体的过程。在实施过程若能充分考虑以下几点，会更有助于目标的实现。

（一）康复前的准备应充分

熟悉计划、准备材料、安排康复环境等工作都应事先准备好。对新手康复师来讲，还应该将康复活动进行演练，确保康复过程的顺利进行。在物理环境的准备上应注意排除视觉和听觉方面的无关干扰，并确保相关工具取用方便。

（二）与儿童建立良好的信任关系

儿童的年龄和经历在很大程度上影响着康复师取得其信任的时间和方式。学龄期的儿童可能通过简短的对话、猜谜游戏等就会放松下来，而学前儿童需要呈现符合他们发展水平的、好玩的游戏使他们放松。只有在儿童放松及合作状态下进行的语言康复才有价值和意义。

（三）采用简单易行的 MSBR 康复方案实施流程

MSBR 是 M（Motivation）、S（Stimulation）、B（Behavior）、R（Reinforcement/Repetition）的缩写。MSBR 康复方案实施流程是一个循环过程，如图 13-2-1 所示。第一步是激发儿童动机（Motivation），使儿童主动与外界的人和事建立联系，对人或事物产生兴趣和好奇，该步骤是语言训练的前提。康复师可先使用强化物调查表对儿童进行调查，找准儿童的兴趣点。而后康复师可创设增强沟通的环境，通过儿童需要或想要得到的物品、新奇的事物和有趣的事情来引发儿童的沟通行为。第二步是给出目标刺激（Stimulation），如指导语、手势等。康复师在实施过程中，需提供明确的指令要求儿童做出相应的反应，如康复师指着耳朵，对着儿童说"听一听，是什么声音？"或是"听一听，指一指"，"听一听，说一说"等。第三步是观察儿童行为（Behavior），可分为两种情况，B1为反应正确，B2为反应错误。第四步是针对性训练。若儿童反应正确，则采用强化措施R1（Reinforcement），巩固训练效果，而后加入新内容的学习；若儿童反应错误，则采用重复训练R2（Repetition），康复师在此过程中仍需使用原内容教授儿童，并提供足够的机会让儿童练习目标语言行为，并给予一定的辅助，直至儿童学会该内容。

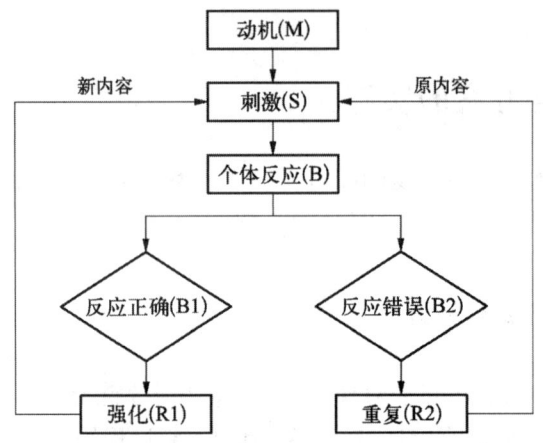

图 13-2-1　MSBR康复方案实施流程图

（四）尽量迁移目标语言的使用

语言干预的目的是帮助儿童在实际的沟通交流中使用相关的语言，因此仅在康复环境中达到了目标还不能算完成任务，真正完成康复的目标是儿童在生活中能灵活主动地使用这些语言，因此，拟定如何实现目标迁移的方案也非常重要。具体策略包括尽可能多地在真实场景中使用儿童能理解的语言描述，充分调动起儿童在日常环境中使用目标语言的积极性等。

（五）行为问题的管理

在语言康复过程中，如果出现异常行为问题，需采取有效的行为管理方式加以应对。一般应采取积极的行为支持，不建议采用惩罚的方式。

（六）小组或集体干预中儿童间互动关系问题的处理

在目前康复师稀缺的情况下，一对一的康复难以普及。在公立学校中，多数的语言康复是以两人以上的小组模式完成的。小组干预首先应选择短期目标相近、认知水平相近的儿童组成小组，这是小组干预的重要前提和基础。其次，在小组干预中康复师要充分了解每位儿童的优点和不足，及时预防相互干扰现象的出现。此外，在小组干预中还需考虑到每一个儿童的情况。

二、影响语言康复效果的因素

要实现提升儿童语言能力的目标，康复师在实施康复方案过程中，需考虑一系列影响儿童语言康复效果的因素，主要包括康复资源、备选项、内容相似性、语速、关键字强调、重复次数等（图 13-2-2）。

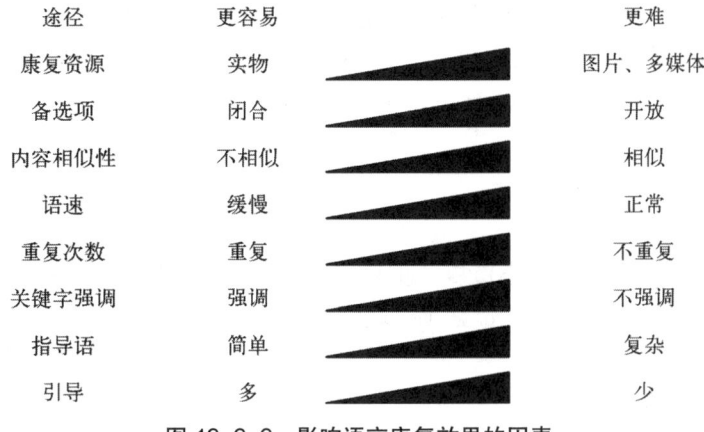

图 13-2-2　影响语言康复效果的因素

（一）康复资源

康复资源包括实物、图片和多媒体等。对于语言障碍儿童而言，实物相对于图片和多媒体，更加直观形象，尤其适合年龄小、障碍程度重的儿童，特别适用于儿童前 50～300 词的学习。而图片和多媒体资源，有便于获取、内容多样、形式丰富的优点，则可应用于有一定语言基础的儿童。

（二）备选项

备选项包括三个层次：闭合式、半开放式和开放式，难度依次递增。闭合式是指给儿童一系列有限的选项，让儿童从中选出。所谓有限，指的是在儿童注意广度范围内的选项，一般来说，闭合式选项数量在 5～6 个选项以下。例如可要求语言障碍儿童从"猫、狗、兔子、鸽子"中选出"兔子"。半开放式是指给儿童一定的提示，让儿童根据指令做出相应的反应。例如，首先给出指导语，"说一说你知道的红色水果"，接着让儿童说出他所知道的红色水果。开放式是指不给儿童选项，让儿童根据指令回答。例如，康复师给出指导语，"说一说你最喜欢的季节"，接着让儿童自己组织语句进行讲述。

（三）内容相似性

内容的相似性程度越高，则难度越大。为使内容难度递增，先安排差异较大的内容，再安排差异较小、较相似的刺激。例如，在理解名词"猫"时，先让儿童从相似程度较小的"猪""牛"等动物中进行对比，选出"猫"。在经过一段时间的训练后，可安排相似程度较大的动物，如"豹子""老虎"，要求儿童进行辨识理解。

（四）语速

语速变化可从慢到快，语速慢，则难度低；语速快，则难度高。一般刚开始对儿童进行训练时，采用比较慢的语速，约为 140 字／分钟；当儿童语言能力提高时，可逐渐增加到 180 字／分钟、220 字／分钟、260 字／分钟、300 字／分钟。

（五）重复次数

重复次数可从重复变化到不重复。重复可给儿童更多的理解机会，难度低；而不重复则仅给儿童一次机会，要求儿童必须有较强的能力，难度较高。

（六）关键字强调

在关键字强调方面，强调关键字难度低，不强调关键字难度高。在训练时，康复师可以通过语调的变化、重音的提示来突出关键字，建立起儿童听觉信号与关键字之间的直接联系；也可以改变目标词在句子中的位置，如将关键字放在句首或句末的位置，突出重点。而后慢慢弱化关键字，增加难度。

（七）指导语

指导语可从简单到复杂，指导语简单则难度低，指导语复杂则难度大。在训练初期，康复师可使用"简化"的语言对儿童进行训练，如要求儿童把球捡起来时，往往发出"捡球"的简单指令，这种简化的语言有利于儿童对语言的理解。但训练一定时间后，则可增加指导语的复杂性，如同样是捡球的指令，在训练后期，康复师可对儿童说"把黄色的球捡起来放在桌子上"。

（八）引导

引导示范多则难度低，示范少则难度大。如在康复过程中，康复师想要儿童用"××吃××"句式回答姐姐正在吃包子的画面内容，若康复师直接询问儿童："姐姐做什么？"

儿童可能无法作答。因此，在训练的初期，康复师可多做一些示范，呈现一系列的图片，如爸爸吃面条、弟弟吃馒头、奶奶吃馅饼，告诉儿童："让我们看看这些图片，第一张，爸爸吃面条。第二张，弟弟吃馒头。第三张，奶奶吃馅饼，那么你来告诉我第四张，姐姐做什么。"当给儿童提供足够的语言示范形式后，才能引出儿童正确的反应形式。

三、语言康复后的记录与方案调整

每次语言康复结束后，一般需要在方案中记录本次康复中儿童对目标内容掌握的情况，以及康复过程中的相关步骤、儿童的配合情况等。在教育机构，目前主要以教学反思的方式呈现，而在医疗机构，则更多采用SOAP格式报告完成个案就诊记录。SOAP是主观报告（Subjective）、康复目标（Objective）、评估（Assessment）和计划（Plan）的缩写，其目的在于促进与个案相关的专业人员之间的沟通，例如医生、护士、营养师和其他康复师。具体内容如下。

Subjective：该部分记录病史信息及难以量化的信息等。概括陈述该个案或照料者的观点，包括现病史及既往史，儿童的合作程度以及整体的情绪状态等。

Objective：该部分记录可测量的结果。如首次诊断、检查结果的记录。在康复过程中，该部分记录儿童在干预任务中的客观表现。

Assessment：该部分综合分析主、客观部分的信息。在诊断环节，主要写评估总结和建议。在康复训练环节，主要记录儿童与目标相关的情况。

Plan：撰写行动计划。

如果儿童在过程中出现特殊情况，使得原有目标无法实现或者超越了原计划的进度，则应根据儿童的当前情况调整目标。例如，儿童因为生病，半个月未能参与康复，影响了康复进度，则需调整原有的目标。而如果儿童语言累积到一定程度，刚好在儿童的语言爆发期，原有的目标过低，则应提高目标。总之，目标应始终处于儿童的最近发展区内。SOAP记录举例见表13-2-1。

表 13-2-1　SOAP 形式的语言康复记录

儿童姓名：小 M	康复时间：× 年 × 月 × 日
服务类别：语言康复	

主观报告（Subjective）

小 M 在 ECNU 独自接受语言康复。儿童意识清醒，配合良好。康复师助理在场观察和辅助康复，同时撰写记录。

康复目标（Objective）

1. 小 M 能通过增加词汇知识提高语言表达技能。
1.1 小 M 能对 5 项物品进行分类，正确的频次为 8/10。
1.2 在结构化任务中，小 M 能按照常见分类方式对物品做出正确分类，同时对此进行表达，例如苹果和梨是水果。
2. 小 M 能使用与其年龄相符的语法进行表达，逐步学会复合句。
2.1 小 M 能在简单的句子中，使用人称代词（我、你、你们），正确频次为 8/10。
3. 小 M 要能回答谁，什么，在哪里等问题，正确频次为 8/10。
4. 小 M 要提高言语清晰度，以帮助她与熟悉和陌生的人进行交流。
4.1 小 M 能在 80% 的时间内准确地发出声母。
4.2 小 M 能在 80% 的时间内准确地发出韵母。
4.3 小 M 能在减少辅助的条件下，以 75% 的准确度说出词里面的第一个音节。
4.4 小 M 能说出含 2~3 个音节的词，准确度达到 80%。

评估（Assessment）

实施：听觉分辨，t 的构音，代词，方位词的学习。
——听觉辨识：在中等线索提示下，t/k 辨识的正确率为 50%。
——声母 t 的构音：在最大的视觉提示下，t 构音正确率为 80%。
——人称代词我、你、你们的使用：视觉提示下正确率为 100%，无视觉提示正确率为 80%。
——常见物品的命名：在无视觉提示下，正确的频次为 9/12。
——第一阶段的方位词：在……上面，在……下面的正确率为 100%。

说明：
小 M 即使看康复师的口型，t/k 音的辨识也是不一致的，但是当响度增大时，对 t/k 音辨识的正确率有所提高。当康复师要求小 M 在发音时，舌头夸张地做出相应的动作时，他的 t 构音清晰度得到了改善，这种夸张的口部运动对他来说也是一种视觉提示。最终发 t 音时，舌的动作趋于正常。小 M 在无视觉提示下，简单句中人称代词我、你、你们的使用尚不能完全正确，在康复师的视觉提示下，能正确使用。在非视觉提示下，他可以对许多常见的东西进行命名，这里只提供了气球、蜡烛和勺子的模型。小 M 能够很好地理解方位词，但难以正确地命名，这可能是由于他语言表达存在困难。

计划（Plan）

康复师继续努力实现以上目标。通过电子邮件填写康复概况。
家庭康复：练习人称代词（你/你们）。比如，在玩积木的时候问他，说"你在做什么？"，让他用句子来回答。

四、语言康复的终止

由于语言康复师资源严重不足，无法充分满足所有儿童的语言康复需求。有些儿童终生伴随语言障碍，但语言康复往往难以持续终生。此外，在少部分儿童的语言康复中也存在过度康复的现象。何时终止语言康复服务是值得思考的问题。目前该问题并没有明确的政策规定，仅有一些机构对此做了一些说明。例如，密西根《2006 言语语言康复纲要》（Michigan Speech Language and Hearing Guidelines 2006）中关于语言康复的终止标准为：① 语言障碍问题已不存在；② 所有的语言康复目标都已经达到；③ 语言障碍不再影响儿童的教育成就，包括学业和职业的发展；④ 鉴于目前的医学、神经生理、认知、情感因素、发展水平等，学生的语言水平已达到预期目标；⑤ 在 1~2 年的连续康复中，尝试了各种方法成效甚微甚至看不到任何进步；⑥ 由于缺乏足够的生理、心理和情感因素的支持，儿童无法形成在一个及以上的环境中进行泛化的能力；⑦ 儿童出席率过低阻碍了康复进度；⑧ 家长或监护人要求终止语言康复服务；⑨ 儿童已毕业。只要满足上述 9 个方面的任何一点，康复就可以结束了。

在考虑终止语言康复时，需征得家长或监护人的同意。与此同时，应给予家长充分的支持，指导其在家庭中有效地利用相关资源进行交流，最大限度地维持并发展儿童的语言沟通能力。

主要参考文献
REFERENCES

一、中文文献

[1] 刘巧云, 侯梅. 康复治疗师临床工作指南·儿童语言康复治疗技术[M]. 北京：人民卫生出版社, 2009.

[2] Susan Winebrenner. 学习困难学生的教学策略[M]. 刘颂, 刘巧云, 译. 北京：中国轻工业出版社, 2005.

[3] 陈水平, 郑洁. 学前儿童发展心理学[M]. 北京：北京师范大学出版社, 2013.

[4] 丹尼尔·P. 哈拉汉, 詹姆士·M. 考夫曼, 佩吉·C. 特殊教育导论[M]. 北京：中国人民大学出版社, 2010.

[5] 但菲, 刘彦华. 婴幼儿心理发展与教育[M]. 北京：人民出版社, 2008.

[6] 方俊明. 特殊教育学[M]. 北京：人民教育出版社, 2005.

[7] 桂诗春. 新编心理语言学[M]. 上海：上海外语教育出版社, 2000.

[8] 顾凡及. 脑科学的故事[M]. 上海：上海科学技术出版社, 2011.

[9] 胡壮麟. 语言学教程[M]. 北京：北京大学出版社, 1988.

[10] 黄伯荣, 廖序东. 现代汉语（增订五版）[M]. 北京：高等教育出版社, 2011.

[11] 黄昭鸣, 朱群怡, 卢红云. 言语治疗学[M]. 上海：华东师范大学出版社. 2017.

[12] 静进. 神经心理学[M]. 北京：中国医药科技出版社, 2005.

[13] 孔令达, 胡德明, 欧阳俊林, 等. 汉族儿童实词习得研究[M]. 合肥：安徽大学出版社, 2004.

[14] 李欢. 智力落后儿童语用干预研究[M]. 北京：科学出版社, 2014.

[15] 李季湄, 冯晓霞.《3—6岁儿童学习与发展指南》解读[M]. 北京：人民教育出版社, 2013.

[16] 李胜利. 语言治疗学[M]. 北京：人民卫生出版社, 2013.

[17] 李宇明. 儿童语言的发展[M]. 武汉：华中师范大学出版社, 1995.

[18] 利伯特. 发展心理学[M]. 詹克明, 韦乔治, 等译. 台北：五洲出版社, 1987.

[19] 林宝贵，锜宝香．中文阅读理解测验指导手册[R]．台北：台湾师范大学特殊教育中心，1999．

[20] 林宝贵．语言发展与矫治专题研究[M]．高雄：复文图书出版社，1989．

[21] 刘昌．生理心理学[M]．北京：高等教育出版社，2012．

[22] 刘巧云．听觉康复的原理与方法[M]．上海：华东师范大学出版社，2011．

[23] 刘振铎．现代汉语复句[M]．天津：天津人民出版社，1986．

[24] 卢红云，黄昭鸣．口部运动治疗学[M]．上海：华东师范大学出版社，2010．

[25] 莫雷，温忠麟，陈彩琦．心理学研究方法[M]．广州：广东高等教育出版社，2007．

[26] 彭聃龄．汉语儿童语言发展与促进[M]．北京：人民教育出版社，2008．

[27] 齐沪扬，陈昌来．应用语言学纲要[M]．上海：复旦大学出版社，2009．

[28] 锜宝香．儿童语言与沟通发展[M]．新北：心理出版社股份有限公司，2009．

[29] 锜宝香．儿童语言障碍[M]．北京：首都师范大学出版社，2016．

[30] 乔姆斯基．乔姆斯基语言哲学文选[M]．徐烈炯，尹大贻，程雨民，等译．北京：商务印书馆，1992．

[31] 桑标．当代儿童发展心理学[M]．上海：上海教育出版社，2003．

[32] 孙汝建．现代汉语[M]．南京：南京大学出版社，2003．

[33] 天津师范大学语言研究所．学龄前儿童语言能力测试[M]．天津：天津大学出版社，2016．

[34] 佟乐泉，张一清．小学识字教学研究[M]．广州：广东教育出版社，1999．

[35] 王大延．儿童语言与沟通障碍[M]．新北：心理出版社股份有限公司，2009．

[36] 王静．汉字规律与识字教学[M]．北京：光明日报出版社，1990．

[37] 王渝光．语言学概论[M]．昆明：云南大学出版社，2005．

[38] 邢福义．现代汉语语法知识[M]．武汉：湖北人民出版社，1980．

[39] 杨润陆，周一民．现代汉语[M]．北京：北京师范大学出版社，1995．

[40] 杨淑兰．沟通与沟通障碍理论与实务[M]．新北：心理出版社股份有限公司，2005．

[41] 叶蜚声，徐通锵．语言学纲要[M]．北京：北京大学出版社，1981．

[42] 银春铭，于素红．儿童语言障碍及矫正[M]．北京：人民教育出版社，2001．

[43] 袁爱玲．幼儿园全语言活动设计与实施指导(中班)[M]．南京：南京师范大学出版社，2007．

[44] 张必隐．阅读心理学[M]．北京：北京师范大学出版社，1992．

[45] 张明红．幼儿语言教育与活动指导[M]．上海：华东师范大学出版社，2014．

[46] 赵寄石，楼必生．学前儿童语言教育[M]．北京：人民教育出版社，2003．

[47] 朱曼殊，华红琴．儿童对因果复句的理解[J]．心理科学，1992(3)．

[48] 朱曼殊，武进之，缪小春．幼儿口头言语发展的调查研究 1．幼儿简单陈述句句法结构发展的初步分析[J]．心理学报，1979(3)．

[49] 傅琳编译．新生儿能分辨母亲的声音吗？[J]．大众医学，1981(3)．

[50] 陈炳迢．现代汉语的句型系统[J]．复旦学报：社会科学版，1981(S1)．

[51] 陈顺森，白学军，张日昇．自闭症谱系障碍的症状、诊断与干预[J]．心理科学进展，

2011, 19(1).
[52] 邓广福, 王效, 刘鹏. 机器人技术的国内外发展现状探究 [J]. 装备制造技术, 2015(4).
[53] 范耀良, 梁金环, 李静, 等. 综合康复训练结合经颅磁刺激对提高脑瘫患儿发育商的效果 [J]. 中国医药科学, 2016(7).
[54] 龚勤. 早期儿童语音习得的若干特点探析 [J]. 湖北理工学院学报: 人文社会科学版, 2011, 28(5).
[55] 姜雪凤. 元语言意识对阅读的影响研究综述 [J]. 大连民族大学学报, 2006, 8(6).
[56] 金星明, 马骏, 章依文, 等. 儿童最初表达50个词语发展进程的初步研究 [J]. 中国循证儿科杂志, 2009, 4(3).
[57] 陈冠杏, 杨希洁. 自闭症儿童会话能力探究 [J]. 中国特殊教育, 2014(11).
[58] 李崽, 祝华. 说普通话儿童的语音习得 [J]. 心理学报, 2000, 32(2).
[59] 梁洲昕, 刘巧云, 陈思齐, 等. 语言障碍儿童语言训练的常用方法 [J]. 中国听力语言康复科学杂志, 2017, 15(3).
[60] 梁洲昕, 马鹏晓, 刘巧云, 等. 语言障碍儿童疑问句训练范式的设计与实施 [J]. 中国听力语言康复科学杂志, 2016, 14(2).
[61] 刘巧云, 黄昭鸣, 张梦超, 等. 语音能力评估的原理及方法 [J]. 中国听力语言康复科学杂志, 2011（3）.
[62] 刘巧云, 赵航, 陈丽, 等. 3~5岁健听儿童音位对比识别习得过程研究 [J]. 听力学及言语疾病杂志, 2011, 19(2).
[63] 刘莎, 韩德民, 吴璇, 等. 听力正常学龄前儿童语音发育规律研究 [J]. 临床耳鼻咽喉头颈外科杂志, 2008（7）.
[64] 刘翔平, 刘文理, 张立娜, 等. 儿童识字能力与汉字规则意识关系研究 [J]. 中国特殊教育, 2006(1).
[65] 刘永山. 汉字笔画的写法及常见错误分析 [J]. 世界汉语教学, 1990(1).
[66] 缪小春, 陈国鹏, 应厚昌. 词序和词义在汉语语句理解中的作用再探 [J]. 心理科学通讯, 1984（6）.
[67] 缪小春, 朱曼殊. 幼儿对某几种复句的理解 [J]. 心理科学, 1989(6).
[68] 缪小春. 汉语语句的理解策略——词序和词义在汉语语句理解中的作用 [J]. 心理科学, 1982（6）.
[69] 亓艳萍, 季恒铨. 六、七岁儿童掌握词汇情况的调查与分析 [J]. 语言文字应用, 1992（4）.
[70] N.Chomsky, 王宗炎. 评斯金纳著《言语行为》(中)[J]. 当代语言学, 1982(3).
[71] 司玉英. 普通话儿童语音习得的个案研究 [J]. 当代语言学, 2006, 8(1).
[72] 塔格茨 G E, 肖苏亦. 有关语言习得的三种主要理论 [J]. 当代语言学, 1985(4).
[73] 王艳霞, 严舒, 刘巧云, 等. 语言障碍儿童比较句训练范式的设计与实施 [J]. 中国听力语言康复科学杂志, 2017, 15(5).
[74] 吴天敏, 许政援. 初生到三岁儿童言语发展记录的初步分析 [J]. 心理学报, 1979, 2.

[75] 阎克乐, 邹春岚. 对 3~4 岁儿童语言的初步探讨 [J]. 河北师范大学学报: 哲学社会科学版, 1979(1).

[76] 于龙, 陶本一. 识字教学的问题与对策——基于语料库的小学语文教材用字研究 [J]. 语言文字应用, 2010(1).

[77] 张微, 郑丽娜. 应用自我调控策略发展模型 (SRSD) 提高写作障碍儿童的写作水平 [J]. 中小学心理健康教育, 2012(24).

[78] 郑静宜. 学前儿童华语声母之音韵历程分析 [J]. 特殊教育学报, 2011,(34).

[79] 白银婷. 3~5 岁上海特殊儿童实词理解能力评估及参考标准制定的探索研究 [D]. 上海: 华东师范大学, 2013.

[80] 崔荣辉. 5~6 岁儿童语言习得状况的考察与研究 [D]. 济南: 山东大学, 2009.

[81] 黄信恩. 绘本教学对学习障碍儿童识字与阅读理解之成效研究 [D]. 台南: 台南大学, 2008.

[82] 王希. 学龄前儿童握笔姿势的发展性研究 [D]. 上海: 华东师范大学, 2008.

[83] 严舒. 3~5 岁学前儿童语音能力评估标准化及应用研究 [D]. 上海: 华东师范大学, 2012.

二、英文文献

[1] Nelson C. Practical procedures for children with language disorders [M]. Austin, TX: Pro-Ed, 1991.

[2] Roseberry-Mckibbin C, Hegde M N. An Advanced Review of Speech-Language Pathology: Preparation for Praxis and Comprehensive Examination[M]. PRO-ED, Inc. 2011: 186-187.

[3] Roth F, Worthington C. Treatment resource manual for speech language pathology[M]. Florence, KY: Delmar- Cengage Learning, 2010:16-40.

[4] Adank P, Hagoort P, Bekkering H. Imitation improves language comprehension [J]. Psychological Science, 2010, 21(12).

[5] Armiloff - Smith A, Johnson H, Grant J, et al. From sentential to discourse functions: Detection and explanation of speech repairs by children and adults [J]. Discourse Processes, 1993, 16(4).

[6] Atkinson-King R B K . A First Language: The Early Stagesby Roger Brown[J]. Language, 1975, 51(3).

[7] Bates E, Macwhinney B. Competition, variation, and language learning [J]. Mechanisms of Language Acquisition, 1987.

[8] Bloom L, Lahey M. Language Development and Language Disorders. [J]. Language, 1978,(55).

[9] Charman T, Baron-Cohen S, Swttenham J, et al. Testing joint attention, imitation, and play as infancy precursors to language and theory of mind [J]. Cognitive Development,

2000, 15(4).

[10] Condon W S, Sander L W. Neonate movement is synchronized with adult speech: interactional participation and language acquisition[J]. Science, 1974, 183(4120).

[11] Eimas P D, Siqueland E R, Jusczyk P W, Vigorito J. Speech perception in infants[J]. Science, 1971,171.

[12] Flower L, Hayes J R. A cognitive process theory of writing [J]. College composition and communication, 1981, 32(4).

[13] Foster, Susan H. Learning discourse topic management in the preschool years [J]. Journal of Child Language, 1986, 13(2).

[14] Grunwell P, Russell J. Phonological development in children with cleft lip and palate[J]. Clinical Linguistics & Phonetics, 1988, 2(2).

[15] Hilbrink E E, Gattis M, Levinson S C. Early developmental changes in the timing of turn-taking: a longitudinal study of mother - infant interaction [J]. Frontiers in Psychology, 2015, 6(1492).

[16] Indrisano R, Chall J S. Literacy development [J]. Journal of Education, 1995, 177(1).

[17] Ingersoll B, Lewis E, Kroman E. Teaching the Imitation and Spontaneous Use of Descriptive Gestures in Young Children with Autism Using a Naturalistic Behavioral Intervention [J]. Journal of Autism and Developmental Disorders, 2007, 37(8).

[18] Lenneberg E H, Chomsky N, Marx O. Biological foundations of language [J]. Hospital Practice, 1967, 2(12).

[19] Li C N, Thompson S A. The acquisition of tone in Mandarin-speaking children [J]. Journal of Child Language, 1977, 4(2).

[20] Morales M, Mundy P, Christine E F, et al. Responding to joint across the 6-through 24-month age period and early language acquisition[J]. Journal of Autism and Developmental Disorders, 2000, 21(3).

[21] Morse P A . The discrimination of speech and nonspeech stimuli in early infancy[J]. Journal of Experimental Child Psychology, 1972, 14(3).

[22] Mundy P, Block J, Delgado C, Pomares Y, et al. Individual Differences and the Development of Joint Attention in Infancy [J]. Child Development, 2007, 78(3).

[23] Mundy P, Fox N, Card J. EEG coherence, joint attention and language development in the second year [J]. Developmental Science, 2003, 6(1).

[24] Mundy P, Gomes A. Individual differences in joint attention skill development in the second year [J]. Infant Behavior and Development, 1998, 21(3).

[25] Mundy P, Jarrold W. Infant joint attention, neural networks and social cognition [J]. Neural Networks, 2010, 23(8 - 9).

[26] Myers S M, Johnson C P. Management of children with autism spectrum disorders[J]. Revista De Neurologia, 2003, 36(2).

[27] Oken-Wright P. Transition to Writing: Drawing as a Scaffold for Emergent Writers [J].

Young Children, 1998, 53(2).
[28] Olswang L B, Bain B A. When to Recommend Intervention[J]. Language Speech & Hearing Services in Schools, 1991, 22(4).
[29] Patel A D. Can nonlinguistic musical training change the way the brain processes speech? The expanded OPERA hypothesis [J]. Hearing Research, 2014:308.
[30] Paul R, Norbury C F. Language disorders from infancy through adolescence: Listening, Speaking, Reading, Writing, and Communicating[M].United States of America: Elsevier, 2012: 68-77, 135.
[31] Rizzolatti G, Craighero L. The mirror-neuron system [J]. Annual Review of Neuroscience, 2004, 27(1).
[32] Tanner K, Hand B N, etal. Effectiveness of Interventions to Improve Social Participation, Play, Leisure, and Restricted and Repetitive Behaviors in People with Autism Spectrum Disorder: A Systematic Review [J]. American Journal of Occupational Therapy, 2015, 69(5).
[33] Teale, William H, Ed. Sulzby, Elizabeth, Ed. Emergent Literacy: Writing and Reading. Writing Research: Multidisciplinary Inquiries into the Nature of Writing Series[M]. Beginning Reading, 1986.
[34] Wada R. Clinician recasts and production of complex syntax by children with and without specific language impairment [N]. Dissertations & Theses - Gradworks, 2015.
[35] Weismer S E, Evans J L. The Role of Processing Limitations in Early Identification of Specific Language Impairment [J]. Topics in Language Disorders, 2002, 22(3).